한국 도학의 태산북두

조광조

한국 도학의 태산북두

조광조

이상성 지음

성균관대학교
출판부

| 머리말 |

사람의 삶은 그 생명이 다하여도 다른 사람들에게 기억되고 영향을 끼친다는 점에서 동물들과는 본질적인 차이가 있다. 대부분의 생명체들은 수명이 다하면 그 존재 의의나 흔적은 사라지고 말지만, 사람은 죽어도 다른 사람의 의식을 통해 오래도록, 때로는 영원히 살아 있기도 하는 것이다. 그런 것을 의식하는 존재이기 때문에 사람은 살아 있을 때는 물론 죽은 뒤 자신에 대한 세상 사람들의 평가에 대하여 유의하게 되고, 최선의 삶을 살아가고자 노력한다. 이런 점에서 보면 누구의 일생(一生)일지라도 최선(最善)의 결과가 아닌 것이 없다고 할 것이다. 사는 동안 누구나 자신의 삶에 대하여 늘 진지한 성찰로 접근하고 노력한 결과이기 때문이다. 바로 그런 이유 때문에 역사적 인물에 대한 삶의 궤적을 살피고 논할 때에는 진지함을 요구하게 된다. 최소한 그 사람이 처했던 여건과 상황 속에서 그의 입장이 되어 학문과 처신(處身), 그리고 설시(設施) 등을 살펴보아야 그 진면목을 알 수 있을 것이다.

이런 관점에서 접근하면 그동안 정암(靜庵) 조광조(趙光祖)에 대한 후인들의 평가(評價)는 다소 치우친 감이 있었다고 하겠다. 특히 그 입지(立志)와 입덕(立德)의 강건함과 숭고한 실천의 의미를 당사자의 입장이 되어 살피기보다는 사로(仕路)에서 나타났던 외형적 결말에만 주목한 나머지 그 실상(實相)을 놓친 경우가 많았다. 무엇보다 정치 일선에서 정암이 행하고자 하였던 지치적(至治的) 개혁의 성격과 의의가 중요함에도 불구하고 그 실천 과정의 완급성(緩急性) 자체를 문제 삼음으로써 본질보다는 외형에 치우친 면이 두드러졌다.

이 책을 준비하는 동안 정암의 행적(行蹟)을 따라 두루 다녀보았다. 용인(龍仁) 선영이 있던 자리에 세워진 심곡서원(深谷書院)과 묘소(墓所) 일대, 젊은 시절 호연지기(浩然之氣)를 키우며 즐겨 찾았던 곳에 세워진 도봉서원(道峰書院), 유배지였던 전라도 능주(綾州) 적려 유허지(謫廬遺墟地) 등 정암의 자취가 남겨진 곳을 찾아가 머물며 그 시간 속에 서보고자 하였다. 정암이 머물던 곳에서 매순간 가졌을 그 생각과 느낌을 함께 해보고 싶은 마음에서였다.

시대가 흐르면 모든 것이 변하고 달라지게 마련이다. 정암이 꿈꾸었던 이상과 세상도 오늘날의 관점에서 보면 모두 적합하다고 보기 어려운 면도 있을 것이다. 시대가 바뀌고 삶의 양식이 달라졌기 때문이다. 우리는 이미 달라진, 변화(變化)된 시대를 살아가고 있는 것이다. 그럼에도 불구하고 정암 조광조가 오늘을 사는 우리에게 시사해주는 바는 결코 적지 않다고 본다. 정암의 일생을 통하여 보면 분명하게 추구된 하나의 뜻이 있었음을 감지하게 된다. 그것은 변화하는 가운데에도 변하지 않음이 있음을 말하고자 하였던 것이라고 사료된다. 변화하는 상황에서는 변화를 추구하는 것이 당연한 이치이겠으나, 그럼에도 불구하고 시공(時空)을 초월하여 변하지 않는 것이 있다는 것을 정암은 분명히 인식하였고 보여주고자 하였던 것이다. 누구보다 당대(當代)의 변화를 추구하였으나, 사람 사는 세상에는 변하지 않고 항상(恒常)되는 것이 있음을 강조한 도학자였다. 변하는 세상에서도 변하지 않는 것이 있고, 변하지 말아야 할 것도 있다는 외침은 오늘날에도 사뭇 절실하게 다가온다. '항상(恒常)된 것은 항상(恒常)된다'는 의미이리라. 늘 세상의 변화를 꿈꾸되 '항상'되어야 할 것이 항상되는 사회를 정암은 가꾸고 싶었던 것이다. 사람 사는 세상에 바뀌지 말아야 할 것이 있는데, 그런 것이 존중되고 지켜지는 사회를 이룩하고 싶었던 것이리라. 세월이 흘러도 변하지 말아야 할 것, 변화를 추구하면서도 동시에 변하지 않아야 할 것을 꿋꿋하게 지킬 줄 아는 사회가 우리가 꿈꾸는 세상임을 정암은 깨우쳐주고 있는 것이다.

그렇다면 그 변하지 말아야 할 것이란 과연 무엇일까? 그것은 바로 사람이 '사람다움'을 잃지 않는 것과 '근본(根本)'이 지켜지는 사회라고 필자는 판단한다. 사람이 사람다움을 잃지 않으면 다른 사람을 가볍게 여기지 않으며 남을 배려할 줄 알게 되고, 더 나아가 생명의 소중한 가치를 존중하게 된다. 특히 근본이 지켜지고 원칙이 중시되는 사회에 대한 간절한 염원은 누구보다 정암 자신이 절실히 소원하고 이룩해보고 싶어 했던 내용이었다. 기본적 가치가 존중되고 정도(正道)가 지켜지는 세상이라야 인간은 비로소 평안과 평화를 누릴 수 있기 때문이다. 조선조 개국 이래 얼마나 많은 선비들이 사화(士禍)라는 참혹한 행위를 통하여 스러져 갔던가? 정암 자신도 결국 또 그런 비인간적·비인륜적 사건으로 희생되고 말았지만, 정암이 왜 그토록 기본이 지켜지는 사회를 꿈꾸었던가를 짐작하고도 남음이 있다. 시시각각 눈앞에서 펼쳐지는 살얼음판 같은 세상을 건너야 했던 당시 사회의 위기를 분명히 감지하고 '근본'이 바로 서는 나라로 만들고 싶었던 것이었음을 알 수 있다. 정암의 그런 소망은 오늘날에도 참으로 간절한 문제이다. 어떤 점에서 과거보다 현대에 더욱 절실하게 요청된다고 할 것이다. 바로 이런 점이 오늘 우리가 정암을 읽고 대면하는 이유라고 여긴다.

필자가 대학원에서 정암에 대한 연구를 시작한 지가 10년이 훨씬 넘었다. 처음 정암을 만나도록 인도하여주신 분은 스승이신 행촌(杏邨) 이동준(李東俊) 선생님이시다. 박사학위 논문을 준비할 당시만 하여도 '도학(道學)'을 연구한다고 하면 별로 '가치(價値)' 없는 것으로 여기는 분위기가 있었다. 그래서 길을 열어주신 선생님께 외람된 말씀을 올린 부끄러운 기억도 있다. 그러나 지금은 정암 도학을 연구하게 된 것을 스스로 참으로 다행(多幸)한 일로 여긴다. 뿐만 아니라 아직 정암은 물론이거니와 여러 도학자들에 대한 많은 연구가 더욱 요청되고 있음을 자각하고 일종의 책무감도 느끼고 있다.

위에서 언급한 것처럼 이 책을 쓰는 동안 조광조라는 인물에 되도록 가까이 다가서고자 노력하였다. 정암 속으로 들어가 그 마음과 입장에서 문제를 바라보고 이해하려고 시도하면서, 한편으로는 '매몰(埋沒)'되지 않으려고도 유의하였다. 그러면서도 한 가지 의식적으로 노력한 점은 정암이라는 인물의 진정성(眞正性)만큼은 밝혀보려고 하였다. 우리 역사상 드물게 보는 한 순정(純正)한 도학자의 삶의 진면목을 꼼꼼히 살펴보고, 그동안 다소 치우치게 드러난 바 있는 학계의 정암에 대한 인식이나 평가의 문제점에 대하여 지적해보고 싶었다.

이제 우리 학계의 정암에 대한 연구 성과도 상당한 축적을 보이고 있다. 그런데 일반인들은 물론 일부 학자들까지도 정암의 삶과 설시(設施)에 대한 평가가 상당히 피상적(皮相的)이거나 부분적으로 편협(偏狹)한 시각을 가지고 있음을 확인하게 되었다. 특히 일부 선현들의 단편적(斷片的)인 표현이 정설(定說)로 굳어 일반화되고 있다는 느낌을 많이 받았다. 조선조 성리학의 쌍벽인 퇴계(退溪) 이황(李滉)과 율곡(栗谷) 이이(李珥)가 정암에 대하여 설명하는 가운데 아쉬움을 표한 적이 있는데, 그 말씀의 진의(眞意)에는 유의하지 않고 일부 표현 자체만 확대·재생산되어 시대가 흘러도 그대로 답습되는 경우를 여러 곳에서 보았다. 퇴율(退栗)이 정암에 대해 아쉬움을 표현한 것은 극히 제한적인 측면에서 언급한 것임에도 불구하고, 후세의 사람들은 그런 내용을 '실패'의 근거로 주장하는 면이 많았다. 한 인물의 삶의 진정성을 그 사람 입장에서 깊이 있게 천착해 보는 것이 아니라 남의 말이나 글의 일부를 그대로 인용해버리는 경향이 있어 왔던 것이다. 정암이 기묘사화(己卯士禍)라는 참화를 당하였지만, 조선조 사림(士林)의 영수(領袖)이자 한국도학의 태산북두(泰山北斗)라는 정당한 평가를 받을 수 있

었던 것과 문묘(文廟)에 종사되어 진리(眞理)의 사표(師表)로 추존을
받게 된 일 등은 퇴계와 율곡의 지극한 존숭과 노력이 누구보다
큰 기여를 하였음은 재론의 여지가 없다. 퇴율만큼 정암을 존경하
고 흠모한 나머지 직·간접적으로 영향을 받은 성리학자도 드물
것이다. 그럼에도 불구하고 후학들은 퇴율이 정암에 대하여 상당
한 '비판'을 하였던 것으로 잘못 이해하는 경우가 많다. 이런 인식
의 문제점들은 이제라도 바르게 지적되고 자리매김될 필요가 있다
고 본다. 이 책이 그런 점에서 다소라도 기여를 한다면 더 바랄 바
가 없겠다.

정암이 이 세상에 왔다가 떠난 지 거의 오백 년이 되어간다. 종
명(終命) 이후 정암의 삶과 사상은 조선조 말기까지 강건한 선비정
신의 모범으로 사림(士林)에 절대적인 영향을 끼쳤다. 16세기 성리
학에 지대한 영향을 끼쳤음은 물론 17세기에 펼쳐진 사림정치(士
林政治)의 원류가 되었으며, 왜란과 호란 등의 국가적 위기에서 일
어났던 의병정신과 척화의리(斥和義理)의 사상적 원류가 되었고,
척사위정(斥邪衛正)과 국권 상실기의 독립운동 등에 끝없는 충직(忠
直)의 정신으로 연면히 계승되었다. 뿐만 아니라 오늘날에도 여전
히 물질적으로 풍요(豊饒)하면서 정신적으로 신성(神聖)한 사회를
이룩할 것을 요구하는 큰 울림의 메시지를 던져주고 있다. 그런
의미에서 보면 정암의 일생은 결코 '실패'가 아닌 것이며, 지금 정
암과 대면하는 일도 단순히 '과거'를 찾아나서는 것이 아니라 현재
의 '지속'인 동시에 또한 미래에의 '탐색'이기도 하다.

　이 책에서 정암의 입지(立志)와 추구하고자 하였던 세계를 찾아 자세하게 기술하고, 그 삶을 긍정적 측면에서 접근하여 지고(至高)했던 정신을 되찾아보고자 노력하였으나 결과는 미지수이다. 정암에게 갇혀 일방적인 미화(美化)나 찬탄에 치우치지 않으려고 유의하면서도, 정암을 알고 싶어 하거나 학문을 하는 분들에게 가능한 세밀하고 많은 자료를 모아 분석하여 제공해드리고자 노력하였으나 아직도 역부족이란 생각을 한다.

　다만 이번에 한 가지 얻은 수확이 있다면, 학위논문을 준비하던 때 필자의 큰 스승이신 도원(道原) 류승국(柳承國) 선생님께서 한국 도학자들의 특장(特長)을 '정고퇴심율정우대(靜高退深栗正尤大: 정암은 높고 퇴계는 깊고 율곡은 바르고 우암은 크다'라는 한마디 말씀으로 정리하신 적이 있는데, 그 탁견(卓見)을 조금이라도 이해할 수 있게 되었다는 점이다. '과연 그러한가?'라는 생각을 늘 가지고 있었는데, 다른 사상가들과 비교해보면 확실히 정암은 그 정신의 높고, 순수하고, 위대함이 있었다는 것을 줄곧 확인할 수 있었다. 이제야 조금 그 세계(世界)의 숭고함을 알 듯하다.

　그런 느낌과 생각을 바탕으로 현대인들이 거의 상실하고 있는 '동일시(同一視)' 대상이나 자아 성찰(自我省察)의 정신 모형으로 제시해보고자 하는 마음도 있었다. 본(本)과 말(末)이 전도되고, 체(體)와 용(用)이 구분되지 않으며, 진리(眞理)와 경세(經世)가 합일되지 못하는 '근본부재(根本不在)' 시대에, 우리 역사상 참으로 지고(至高)한 경지에 이르렀던 한 위대한 학행(學行)의 실재(實在)를 확인해

볼 수 있는 계기가 되었으면 좋겠다.

　부족한 원고를 꼼꼼하게 읽고 수정해 주신 고마운 분들에게 진
심으로 감사를 드린다.

2006년 丙戌 11월

이상성(李相星) 삼가 씀

제 1 부

정암의 시대와 생애

제1장 시대적 배경

1. 정치적 상황

인간의 삶은 자신이 처한 당대의 정치적 환경이나 조건 등에 의해 영향받거나 규제된다. 무엇보다 인간의 삶이 정치와 밀접하게 연계되는 것은 그 정치적 상황을 대상으로 보다 나은 삶을 위해 모색하거나 새로운 활동을 전개해 나가기 때문이다. 인간의 그러한 활동은 정치 구조를 변화시키거나 개혁을 통하여 보다 향상된 사회를 지향하는 형태로 나타난다. 그러므로 어떤 시대, 어떤 사회에서든 인간이 정치에 관계하는 방식은 그 시대의 사회 구조와 정치 현실 등과 긴밀히 연관될 수밖에 없다.

정암(靜庵) 조광조[趙光祖, 1482(성종 13)~1519(중종 14)]는 과연 당대의 현실을 어떻게 인식하였으며, 당시의 정치적 상황과 구조를 어떻게 파악하고 대응하였던가? 그리하여 무엇을, 어떤 방식으로 개혁하고자 하였던가? 그리고 어떠한 사상적 기반 위에 자신의 신념과 철학을 투입하였으며, 이룩하고자 하였던 세상은 또한 어떤 모습이었던가? 이런 내용들을 정확하게 고찰하기 위해서는 우선 당대의 정치·경제가 당면하고 있던 문제들을 시·공간적인 상황에서 종합적으로 검토할 필요가 있다. 정암 당대의 정치 국면이 당면했던 주요 문제점들을 정리해보면 다음과 같다.

첫째, 조선조 창업 이후 왕조의 역사적 정통성과 관련된 심각한 문제가 잠재되어 있었다. 정암이 출사(出仕)하던 16세기 초기는 조선왕조가 건국된 지 약 120여 년이 경과한 시기였다. 그리고 당시 군주였던 중종(中宗, 1506~1545 재위)은 태조(太祖)로부터 열한 번째 임금이었다. 조선왕조 전체의 역사를 편의상 '기승전결(起承轉結)'로 구분하면, '기(起)'에 해당되는 기간이 지나고 '승(承)'의 시대가 열리던 시기였다.

대개 새로운 왕조가 창업(創業)되어 1백 년 정도가 지나면 그 정치적 기반이 형성되기에는 충분한 시간이 경과하였다고 볼 수 있다. 조선 왕조도 제반 여건이 상당한 초석을 마련하고 있었다. 특히 조선조 초기 세종(世宗)과 같은 성군(聖君)이 출현하여 5백년 왕조의 기틀을 굳건하게 다지고 차원 높은 민족 문화를 창출해내었던 과정은 주목할 만하다.

세종은 1392년 조선왕조가 창업된 지 26년이 지난 시점에 등극한 제4대 왕이었다. 건국 이후 세종이 왕위에 오르기까지는 난세(亂世)였다. 역성혁명(易姓革命) 이후 새로운 왕조라는 구조물을 건설하여 놓았지만, 뼈대만 갖추어졌을 뿐 집안 내부에 제대로 갖추어진 것이 거의 없었다. 세종의 사업(事業)은 그런 뼈대만 갖추어진 집안 내부를 완성(完成)하는 일이었다. 정치의 근본(根本)을 세우는 일에서부터 이상적인 문화국가(文化國家), 왕도(王道)가 행해지는 대동(大同)의 국가로 나아가기 위해 시대상황에 적합하도록 고치고 보완하는 일들이었다. 누구보다 세종 자신이 학문(學問)을 사랑하고 미래적 관점에서 객관적인 기준을 마련하여 제반 업무를 처리함으로써 능력을 갖춘 학자들이 대거 현실 정치에 참여할 수 있었다. 그리하여 주자학적(朱子學的) 인문주의(人文主義)를 확립함으로써 이후 조선의 사회적・역사적・사상적 기반을 공고히 하고 국가의 방향을 결정한 것은 중요한 역사적 의의를 지닌다고 하겠다.

그러나 세종에 이어 등극한 문종(文宗)이 병약하여 39세로 세상을 떠나고 12세의 어린 단종(端宗)이 왕위를 계승하게 되자 왕권을 침탈하려는 세력이 성장하게 되었다. 문종이 원로대신들에게 단종을 부탁하였지만, 종친 내에서 수양대군이 중심이 된 도모자들은 결국 계유

정난(癸酉靖難)을 일으켜 왕위를 찬탈(纂奪)하고 말았다. 단종은 숙부인 수양에게 왕위를 찬탈당한 뒤 결국 죽음에 처해졌다. 수양의 행위는 건국이념인 유학의 춘추대의적(春秋大義的) 관점에 정면 위배되는 것이었다. 왕이 연소(年少)하여 정치가 어려우면 잘 보좌하는 것이 도리이지 왕위를 찬탈하는 것은 정도(正道)가 아니라는 관점이었다.

수양이 세조(世祖)로 등극한 이듬해(1456) 성삼문(成三問) 등이 단종복위를 도모하고, 그 이듬해 단종의 장인 송현수 등이 복위를 도모한 두 번째 사건 등이 발생한 것은 그런 인식에 기반한 것이었다. 왕족인 금성대군에 의해 다시 복위 사건이 일어났지만, 단종은 상왕(上王)에서 노산군(魯山君)으로 강등되어 영월로 유배된 뒤 결국 평민 신분으로서 사사(賜死)되었다. 수양대군과 대립관계에 있던 안평대군(安平大君)을 비롯하여 김종서(金宗瑞), 황보인(黃甫仁) 등 의정부 대신(大臣)들도 대부분 살해되었다. 특히 사육신(死六臣)과 생육신(生六臣)으로 불리는 인물 등이 세조의 정통성 시비를 제기하며 절의를 지키다가 죽임이나 유배를 당했다. 이 때문에 평생 벼슬하지 않고 절의를 지키려는 선비들도 늘어나기 시작했다.

세조의 왕위 찬탈 행위는 도학적(道學的) 관점에서 결코 정당화(正當化)될 수 없는 패도적 행위였다. 그런 이유로 정치적으로 일대 문제를 일으킬 소지를 근본적으로 안고 있었다. 도의적(道義的) 측면이나 조선조 제도(制度)나 관습(慣習)으로 볼 때도 수양대군은 군왕의 지위에 오를 수 없는 인물이었다. 그런 까닭에 왕위에 오르기까지 반대파를 제거하는 숙청 과정이 필요했고, 참화를 입은 많은 사람들에 대한 재평가가 필연적으로 요청될 수밖에 없었다. 그런 요인들은 당대에는 잠재될 수밖에 없었지만, 언제든지 전면에 부각될 수 있는 소지를 안고 있었다.

특히 도학자들은 세조의 왕위 찬탈 행위는 조선왕조의 정체성(正體性)을 혼란시킨 중대한 사건으로 인식하였다. 그리하여 세조는 재위

기간 중에도 끊임없는 정통성 시비에 봉착해야만 했다. 이 점은 조선 전기 정국 불안의 근원적인 요인이었던 것이다. 이 문제는 중종대(中宗代)에 이를 때까지 조선왕조의 정체성과 관련하여 지난(至難)한 논의를 불러오게 되는 정치적 사안으로 부상하게 되었다.

둘째, 권력을 독점해 오고 있던 훈구 세력에 대한 정당성 논의가 끊이지 않았다. 무엇보다 훈구 세력 자체가 시간이 흐를수록 지나치게 비대화되고, 비정상적 특수 권력화 양상을 띠게 됨으로써 그 심각성이 노출되고 있었다. 훈구 세력은 조선 건국 이후부터 사실상 정치 권력을 독점하고 무소불위의 실력을 행사하며 전횡을 일삼았다. 그런 점도 조선 건국의 이념적 기반인 유학적 관점에서 볼 때 결코 정당화될 수 없는 요소였다.

세조의 왕위 찬탈 사건은 그 자체가 왕조의 정체성을 뒤흔든 것이었지만, 동시에 더불어 형성된 훈구 세력을 양산해내는 문제를 안고 있었다. 수양대군은 쿠데타 성공 이후 자신의 추종자였던 정인지(鄭麟趾), 한명회(韓明澮), 권람(權擥), 신숙주(申叔舟), 성삼문 등 43명에게 정난공신(靖難功臣)을 내렸다. 이들 공신들은 세조대에 중앙 정계를 주도하면서 강력한 훈구 세력을 형성하고 각종 이권(利權)과 특권을 누렸다.

그런 훈구 세력이 정치 현장에서 강력한 권력으로 부상하여 비판 대상이 된 것은 이미 세조 당대는 물론이거니와 예종대에는 더욱 구체화되었다. 이른바 '민수(閔粹)의 사옥(史獄)'은 세조 당대의 막강한 훈구 세력이었던 한명회를 비방하였던 춘추관 사관이 일신상의 손해가 올 것을 두려워하여 사초(史草)를 고친 사건이었다. 이 일은 당시 권귀화(權貴化)된 훈구 세력의 위력이 어떠했던가를 알게 해주는 단적인 예였다.

이렇게 형성된 훈구 세력은 중종대 반정공신(反正功臣)까지 가세하면서 극단적인 양상을 드러내기에 이르렀다. 그들은 특수 집단화하여 정치 현장의 근본 질서를 왜곡하는 세력으로 부상했다. 무엇보다 공신 숫자의 누적된 증가는 국가 재정을 위협하였다. 조선 개국에서 중종반정에 이르기까지 무려 8차례에 걸쳐 375명에 이르는 과다한 공신 책봉이 이루어졌고, 그것은 곧 무소불위의 특권층을 양산하는 것이었다. 공신들에게는 과전(科田) 이외에도 막대한 규모의 공신전과 수십~수백 명에 이르는 노비가 주어졌다. 특히 태조의 개국공신이 52명이었던 데 반해 중종반정 공신은 무려 117명에 달하였다. 그들은 정권 중심에 포진하여 각종 이권을 차지하며 민생의 고통도 심화시키고 있었다.

무엇보다 훈구공신들은 권력의 핵심부를 장악하고 군주를 무력화(無力化)하거나 정치의 정도(正道)를 훼손·왜곡하는 등 경우가 잦아졌다. 공신들에 의한 권력 전횡 현상은 정암이 조정에 나아갔을 무렵 극에 달할 정도였다. 중종은 반정으로 추대된 군주여서 조정에서 공신들에 의해 조종되는 유명무실한 존재와도 같았다. 중종은 등극과 거의 동시에 공신 세력에 의해 왕후 신씨(愼氏)를 폐위시켜 궁궐 밖으로 쫓아내야 하는 수모를 당했고, 이른바 '3대신(大臣)'이라 불렸던 박원종(朴元宗), 성희안(成希顔), 유순정(柳順汀) 등이 조회(朝會)를 마치고 물러갈 때에는 자리에서 일어나 예를 표해야 했다.

셋째, 왕실 내부에서 정국 혼란의 불씨들이 계속해서 점화되고 있었다. 16세기를 전후한 시기 왕실 내부의 권력 승계 혹은 왕비 간택 등과 관련된 비윤리적 요소들이 확대 재생산되어 정치 불안을 가중시키고 있었다. 세조에 이어 등극한 예종(睿宗)은 부왕의 정책을 이어 강력한 중앙집권제를 추진하려고 하였으나 훈구 세력의 존재에 힘이 부딪쳤다. 훈구 세력들은 특히 남이(南怡)의 옥사(獄事)를 계기로 정국 주도권을 쥐고 권력의 정상부를 독점하고 정국을 좌지우지하게 되었다. 예종은 즉위 1년 만에 20세의 나이로 세상을 떠났고, 이어 등극한 성종(成宗)은 13세에 즉위하여 세조의 비였던 정희대비(貞熹大妃)에게 7년간 수렴청정을 받았다. 성종의 첫째부인은 세조 때 한명회(韓明澮)의 딸 공혜왕후 한씨였는데 즉위 5년 만에 세상을 떠났다. 첫째부인 사별 이후 성종은 당시 자신이 총애하던 숙의 윤씨(尹氏)를 두 번째 왕비로 책봉하였는데, 그가 바로 후일 폐비가 되는 사람이었다. 폐비 윤씨는 윤기무(尹起畝)의 딸로서 어려서 아버지가 세상을 떠나 홀어머니 아래서 자랐는데, 성종보다 열두 살 연상(年上)이었다. 어린 나이에 왕이 된 성종은 연상의 윤씨를 총애하다가 첫 부인 사별 이후 계비(繼妃)로 맞아들였으나, 윤씨는 강한 욕심과 질투심 등으로 성종과 불화(不和)가 깊어졌고, 훗날 연산군(燕山君)이 되는 원자(元子)를 낳고 난 뒤로는 그 정도가 더 심해졌다. 결국 성종은 당시 대부분의 신료들의 반대를 무릅쓰고 원자를 생산한 왕비를 재위 10년이 되던 해(1479) 6월 폐출시켰다. 왕비로 책봉된 지 3년 만이었는데, 이 일은 당대 많은 사람들이 예상했던 대로 큰 후환을 가져오고, 정치적 상황을 일대 혼란의 도가니로 빠뜨리는 결정적 사건이 된다. 성종과 윤씨와의 불화는 훗날 연산군(君)의 행적에 결정적인 악영향을 끼쳤던 것이고, 결국 15세기 후반의 조선 정치사에서 큰 변수로 작용하게 되었다.

성종은 정치적으로는 매우 치적이 높은 군주로 평가되지만, 개인이나 가정적인 측면에서는 순탄하지 못하여 부인을 폐출시킨 조선조 첫 군주가 된 것이었다. 재위 26년간 세조가 폐지한 집현전을 대신하여 홍문관을 설치하고, 김종직을 비롯한 신진사림(新進士林)을 등용시켜 새로운 정치 문화를 열었으며, 세조 때부터 편찬해오던 『경국대전』을 완성하는 등 세종에 이어 조선왕조의 문화적 기초를 완성한 것으로 평가되지만, 이후 정치 실종의 불씨를 남기게 되었던 것이다.

넷째, 거듭된 사화(士禍)는 사회 전체의 근본을 파괴하고 있었다. 성종은 특히 도덕적 수양이 갖추어진 지식인 관료들이 대거 정계에 진출하는 문치주의를 열었다. 지식인들은 왕에게 간언(諫言)을 하는 일과 사관(史官), 경연(經筵) 등의 업무에 종사하며 사림파(士林派)로 성장하게 되었다. 사림파는 도학과 의리를 기치로 정몽주와 길재, 이색 등으로 이어지는 조선 성리학(性理學)의 정통을 계승했다고 자부하는 일군의 신지식인 집단이었다. 이들은 조선 건국 과정에서 훈구파들에 의해 소외되었으나 성종대에 이르러 점필재(佔畢齋) 김종직(金宗直)을 중심으로 중앙 정계에 진출하여 정치적 영향력을 향상시킬 수 있었다.

정암 당대에 이르기까지 도학파들이 정치적 타격을 입게 되는 결정적인 계기는 사화였다. 성종대에 중앙 정계에 진출하였던 사림들은 연산군대에 이르러 훈구 세력에 의해 시작된 무오사화(戊午士禍)와 갑자사화(甲子士禍)를 겪으면서 엄청난 타격을 입었다. 세종과 성종대의 치세(治世)는 그렇게 멀리 가지 못한 채 연산군대의 난세로 이어졌다. 조선 초기에 이룩된 유교국가의 모양이 연산군대에 이르러 거의 다 망실(亡失)됨으로써 이념적 정체성에 심각한 문제가 노출되고, 특히 민생과 직결되는 정치 행위가 거의 마비됨으로써 국가의 근본이 흔들리고 있었다. 연산군 재위 10여 년이 정암의 10대(代)~20대 안에 걸쳐 있다. 정치적으로 매우 불안하고 염려되는 상황이 연속적으로 노출되고 있던 시기였다. 이에 따라 민생은 날로 피폐해지고, 사회적 불안도 가중되면서 문화와 학풍마저 크게 위축되고 있었다.

사화는 정암 당대에 있어서 가장 예민한 정치적 문제로 인식될 수밖에 없었다. 그것은 훈구파의 위기의식이 권력과 결탁하여 신진 도학파를 탄압하는 정치적 폭력이었기 때문이다. 언론 삼사(三司)의 활동은 위축되고, 대옥(大獄)으로 사류(士類)가 희생되면서 정국은 하루아침에 지각변동을 일으켰다.

정암 생애를 전후한 시기 약 50년간에 이른바 '사대사화(四大士禍)'가 발생하였다. 4대라고 할 때 '대(大)'는 큰 사화였다는 것이고, '작은' 사화도 끊이지 않아 전후로 12개 정도의 사화가 발생하였던 것으로 알려져 있다. 성숙한 사회에서는 사화가 거의 발생하지 않는다. 한마디로 이른바 '군자(君子)'가 아닌 '소인(小人)'이 난무하던 시대였던 것이다. 당쟁(黨爭)과는 달리 사화는 소인들이 군자를 일방적으로 몰아내는 과정에서 화(禍)를 입힌 정치적 폭거였다.

이런 정치적 상황은 당대가 '평상시(平常時)'가 아니라 '비상시(非常時)'였음을 의미한다. 정치의 근본이 훼손당하여 패악과 방탕이 만연하여 있었고, 신하들은 무사안일과 보신주의에 빠져 일대 쇄신이 요구되고 있던 상황이었다.

2. 사상적 과제

첫째, 조선 왕조의 이념적(理念的) 정체성(正體性)의 모순이 심화되고 있었다. 왕조가 지향하던 정교이념인 유학적 원리에 입각하여 볼 때 1백여 년이 경과되는 동안 지배 이념에 위배되는 심각한 이념적 혼돈 현상이 드러나고 있었다. 이념적 정체성의 모순이 심화되는 동안 지난(至難)한 논의만 계속되었을 뿐 바람직한 방향으로 결정되어 나가지는 못하고 있었다. 정체성의 혼돈은 그 시대의 보편 정신의 부재를 의미하는 동시에 당시 사회가 지향하는 이념적 방향의 상실을 의미한다.

그런 문제의 근원은 특히 세조에 의해 정치적 도의가 본질적으로 왜곡되거나 훼손됨으로써 본격화되었다. 춘추대의에 기반한 도학적 통서(統緒)를 중시하는 유학의 입장에서 세조의 권력 찬탈은 왕조의 정체성을 무시한 부도덕한 행위였다. 세조 자신도 문제의 본질을 인식하고 있어서 자유스럽지 못한 면이 있었다. 그래서 세조는 치세(治世)하는 동안 늘 그러한 자신의 정치적 부담으로 인해 학자들을 기피한 나머지 불교(佛敎)를 숭상하는 정책을 펼치기도 하였다. 유교적 대의명분(大義名分)과 정면으로 배치되는 형식으로 권력을 장악한 세조는 군주로서의 정당성 부재로 심리적인 시달림을 겪어야 했다. 세조가 집현전(集賢殿)과 경연(經筵) 등을 폐지한 것도 같은 맥락에서 시도한 것이었으나 그런 행위 자체가 도학적 입장에서는 더욱 용납될 수 없는 일이었다.

둘째, 건국 백년이 지난 시점이었지만 아직 성리학이 왕조의 정통 이념으로 확고하게 자리 잡지 못하고 있었다. 특히 왕실에서 이단사설(異端邪說)에 미혹됨이 많았다. 성리학은 근본적으로 불교와 도교 등을 이단으로 규정하고 이들을 극복하면서 성립된 사상이었다. 따라서 성리학자들은 특히 이단시 여기는 불교를 왕이나 왕실에서 숭앙하는 행위를 방관할 수가 없었다. 도학적 입장에서 보면 군주나 식자층에서 불교와 도교 등 이단에 기울어지는 것은 국가 이념의 혼돈을 의미하는 것이고, 그리하여 규범과 윤리강상의 근본이 훼손되는 것으로 이해되어 용납되기 어려운 문제였다. 숭유억불이라는 왕조 창건이념이 있었음에도 불구하고 조선조 왕실에서 불교에 대한 숭상은 건국 초기 세종대는 물론 중종 당대에까지 관습적으로 행하여져왔다. 특히 세조대에는 불교 숭상이 공공연히 행하여졌다. 1461년(세조 7)에는 고려의 대장도감(大藏都監)을 본떠 불경을 간행하는 간경도감(刊經都監)을 한양과 지방에 설치하였을 뿐만 아니라 막대한 재정을 들여 원각사(圓覺寺)를 창건하기도 하였다. 성종대에는 국가에서 사찰에 내려준 사사전(寺社田)를 혁파하고 도첩제를 더욱 엄격하게 시행하는 등 세조대의 불교정책을 대폭 철회하였으나 그럼에도 불구하고 여전히 왕실 내부에서 불교를 숭상하는 차원의 일은 계속되고 있었다. 오히려 일부 사찰들은 중창되거나 특혜를 받는 등 불교 보호 관행은 계속되어 중종대에 이르기까지 도교와 함께 여세를 떨치고 있었다.

특히 심각한 문제는 왕실 불사인 기신재(忌晨齋)였다. 기신재는 조선 초기인 태종 때부터 실시되어온 왕실 불사의 핵심 내용이었다. 특히 중종은 즉위하자마자 동서 잠실과 함께 기신재 담당 내관을 다시 설치하였다. 특히 당시 왕비나 왕대비 등 왕실 내부의 불교 숭상이 계속되었을 뿐만 아니라 연산군 때 폐지되었던 원각사(圓覺寺)와 정업사(淨業寺)를 왕실 원찰로 재건하려는 시도가 있었다. 기신재를 비롯한 음사(淫祀)를 금할 것을 요구하는 강력한 비판이 끊임없었던 것도 그런 이유에서였다. 중종대 태학생들이 신덕왕후 원찰 정릉사를 방화한 사건이라든지, 대비가 보낸 내관을 폭행하는 극단적인 배불운동이 확산 일로에 이르렀다. 이로써 수십 명의 초학자들이 하옥되어 고문을 당하기도 하였고, 민심도 흉흉해지면서 벽불(闢佛) 문제가 정국 불안의 주요 변수로 부각되고 있었다.

불교에 비해 도교(道敎)는 비교적 문제를 덜 드러냈지만, 역시 그 심각성이 보통 수준을 넘어서고 있다고 성리학자들은 판단하고 있었다. 특히 소격서(昭格署)가 가장 근본적인 문제를 안고 있다고 보았다. 소격서는 고려 때부터 있어왔던 것으로 조선조 창건 무렵 삼청동으로 이전하여 옥황상제를 비롯한 많은 신상(神像)을 두고 초제(醮祭)를 지내면서 도교 행사를 주관해 오고 있었다. 도학적 입장에서는 기복 행위가 민간은 물론 왕실에서도 그 정도가 지나칠 정도로 심각하여 더 이상 좌도(左道)의 사이비(似而非)함을 묵과할 수 없다고 판단하였다. 뿐만 아니라 소격서 행사는 국고의 지나친 낭비가 더욱 문제였다. 왕실에서의 미혹됨이 지방이나 민간에서의 극성을 유도하고 있다고 유자(儒者)들은 인식하고 있었다. 그래서 소격서는 정도(正道)를 쇠미하게 하는 허황된 근원의 원천으로 규정되었고, 왕도(王道)와 왕정(王政)을 위해서는 혁파 이외에는 대안이 없는 것으로 인식되었다. 도학자들은 정치·경제적 곤란의 가중과 함께 기상이변의 빈발 혹은 천재지변과 같은 재이(災異)로 인한 사회적 불안감의 진원지가 좌도로의 치우침때문이라고 판단하고 있었다.

지금까지의 논의를 통해서 알 수 있듯이 조선조가 건국되면서 불교에서 유교로 입국이념(立國理念)이 전환되었지만, 개국된 지 1백여 년이 지난 즈음에도 정치적 불안은 물론이거니와 사상적 측면에서도 심각한 문제들이 제기되고 있었음을 볼 수 있다. 성리학은 조선왕조를 창건하는 정교(政敎) 이념으로 자리 잡아 역사 발전에 매우 긍정적인 역할을 수행하고 있었지만, 우선 노불(老佛)을 극복해야 하는 문제점 이외에도 국가적 차원에서 새로운 이념으로서의 역할을 다하기 위해서는 중요한 과제를 안고 있었던 것이다. 무엇보다 도학적 견지에서 보면 여전히 유교사상 자체의 본질 확립이라는 측면에서 시급히 해결해야 할 과제들이 대두되고 있었던 시기라고 할 수 있다.

제2장 출생과 가문

1. 출생과 성장

정암 조광조는 조선 성종 13년(1482) 음력 8월 10일(丙午)에 한성부 동지제(洞之第)에서 태어났다. 본래 선영은 경기도 용인이었으나 조광조는 한양 태생이다. 동지제는 현재 서울특별시 종로구 경운동(돈의동) 18번지인데, 낙원상가 입구에 정암 조광조가 태어나 살던 곳임을 알리는 표지석이 서 있다. 경복궁과는 불과 10여 분 거리이다. 바로 이곳에서 조광조는 태어나 자랐고, 조정에도 출입하였다.

정암 조광조 출생지 표지석

조광조(趙光祖)의 본관은 한양(漢陽)이고, 자는 효직(孝直)이며, 스스로 호(號)를 지어 정암(靜庵)이라고 하였다. 아버지는 사헌부(司憲府) 감찰(監察)을 지낸 조원강(趙元綱)이었으며, 어머니는 여흥 민씨(驪興 閔氏)로 현감(縣監)을 지낸 민의(閔誼)의 딸이었다. 정암의 부친은 사헌부 감찰과 어천찰방 등의 벼슬을 지냈고, 세 아들을 두었는데 정암은 그 중 둘째아들이었다.

퇴계 이황이 쓴 정암의 「행장(行狀)」에 따르면, 정암은 나면서부터 특히 아름다운 자질(資質)이 있었다고 하며, 어려서 놀 적에는 이미 성인(成人)의 풍도가 있었다고 한다. 율곡 이이도 『경연일기(經筵日記)』에서 특히 정암의 천자(天資)에 대하여 다음과 같이 언급한 바 있다. "우리나라 유현(儒賢) 중에서 자질(資質)이 아름답기로는 조광조만한 이가 없다. 정신은 흰 달빛처럼 맑고, 행동거지는 움직이기만 하면 옛 예법(禮法)에 맞았다." 정암과 퇴계는 거의 20년 동시대인이었고, 율곡은 정암 사후 약 15년 뒤에 태어났으니 세 사람의 생존연대는 크게 차이가 나지 않는다. 정암의 타고난 자질이 아주 빼어났음을 퇴계와 율곡이 공히 인정하고 있는 대목들이다.

정암은 무엇보다 얼굴이 청수(淸秀)하였던 것으로 알려져 있다. 걸음걸이가 단정하고 의표(儀表)가 본받을 만하였을 뿐만 아니라, 얼굴이 옥과 같이 맑아 어진 사람이나 어리석은 사람이거나 정암을 보기만 하면 모두가 한결같이 사모하고 좋아하였다고 한다. 실제로 정암이 젊은 시절 어느 인가(人家)에 들어갔는데, 그 집의 아가씨가 사모하는 마음을 가지게 되었다. 이 사실을 알고 정암은 날이 저물자 아랫사람을 시켜 짐을 딴 집으로 옮기게 하였고, 그 여자는 비녀를 뽑아 정암에게 주었는데 벽에 꽂아놓고 떠나갔다고 한다. 이런 내용으로 미루어보면 정암의 외모가 남달리 준수하였음을 알 수 있다.

정암에게는 형과 아우가 각각 한 명씩 있었다. 형의 이름은 영조(榮祖)였는데 역시 아버지와 같은 벼슬인 감찰을 지냈고, 아우 숭조(崇祖)

는 목사(牧使)를 지냈다. 삼형제가 함께 자랐지만, 정암은 그 중에서도 남달리 조숙한 데가 있었던 것 같다. 『연보(年譜)』에는 다섯 살이 된 정암에 대하여 다음과 같이 적고 있다.

> 어른과 같은 행동거지가 있었으며, 예절 배우기를 좋아하였다. 조금이라도 잘못된 일을 보면 비록 상대가 손윗사람일지라도 지적하여 그만 두도록 하였다.

퇴계가 쓴 「행장」에는 정암이 "자라서는 글을 읽고 학업을 닦을 줄 알아서, 강개(慷慨)하게도 큰 뜻을 품으시고, 홀로 과거공부에 뜻을 두지 아니하고 성현의 풍도를 일으켜 사모하고, 널리 배우고 힘써 행해서 성공하기를 기약하였다"고 적고 있다.

정암은 17세기 되던 해 부친이 어천찰방(魚川察訪)이 되어 나갈 때 따라 나서 평안도 희천(熙川)에 유배 중이던 한훤당(寒暄堂) 김굉필(金宏弼)에게 찾아가 정식으로 사승(師承)관계를 청하고 수학하였다. 한훤당과 정암의 만남은 그 내용과 의의가 매우 중요하므로 다음 장에서 별도로 상세하게 밝히고자 한다.

이듬해(1499년, 연산군 5)에 18세가 된 정암은 첨사(僉使) 이윤형(李允泂)의 딸인 한산 이씨(韓山 李氏)를 부인으로 맞아 혼인을 하였다. 정암과 부인과의 사이에는 두 아들을 두었다. 장남 조정(趙定)은 정암이 34세, 차남 조용(趙容)은 37세 때 태어났다. 정암의 결혼이 18세였던 점을 감안하면 자식을 얻은 것은 상당히 늦었다. 그것은 결혼 이듬해 부친상(父親喪)을 당하였고, 30세에는 모친상마저 당하여 각각 3년간의 철저한 시묘 생활을 하였고, 그런 사이에서도 끊임없이 학문에 전념하던 정암의 생활과 관련이 있을 것으로 사료된다.

장남 조정은 부친이 기묘사화로 세상을 떠날 때 다섯 살이었는데, 후에 현감 권흡(權恰)의 딸에게 장가를 들었다. 그러나 불행하게도 자

정암 조광조 영정

＊〈심곡서원〉과 적려유허지 〈영정각〉에 보관된 영정(부분)

식을 낳지 못한 채 오래 살지도 못하고 일찍이 세상을 떠났다. 1518년에 태어난 둘째아들 조용은 자(字)가 대우(大字)였고, 형보다 두 살 아래였는데 음으로 벼슬하여 문천군수(文川郡守)에 나아갔고, 전주판관(全州判官)을 지냈다. 전주판관은 전주부(全州府)의 판관인데, 조선시대 중앙관청과 지방관청에 소속된 종5품직 관직이었다. 조용은 주로 선영이 있던 용인(龍仁)에서 살았는데 대호군(大護軍) 이경(李鏡)의 딸에게 장가를 들어 두 딸을 낳았다. 맏딸은 좌랑(佐郞) 허감(許鑑)에게 시집을 가서 아들 하나를 낳았는데 성명을 허윤(許昀)이라 하였고, 둘째딸은 진사 홍원에게 시집을 가서 두 딸을 낳았다. 정암의 장남에게는 아들이 없어서 사촌 조희안(趙希顔)의 아들인 종질(從姪) 조순남(趙舜男)을 후사(後嗣)로 두었다.

후일 정암의 차남 조용은 부친 조광조 생전의 뜻과 유실된 행적을 모아 퇴계에게 「행장(行狀)」을 청하였고, 퇴계는 64세가 되던 1564년 9월에 홍인우(洪仁祐)가 지은 기존의 「행장」을 바탕으로 너무 소략하다고 여겨지는 부분을 보충하고, 잘못된 부분은 바로 잡는 등 참작(參酌)·가감(加減)하여 오늘날까지 전하여 오게 되는 「행장」을 찬(撰)하게 되었다. 조용은 전주판관으로 있을 때 아산에 살고 있던 조카 조충남(趙忠南)을 당시 안동(安東)에 머물던 퇴계에게 두 번이나 보내 애초 신도비문(神道碑文)을 지어달라고 부탁했다. 그러나 퇴계는 평생 남의 비문을 지은 적이 없었기에 거절했고, 그 대신 정암의 행장(行狀)을 지어 자신의 손자 이안도(李安道)가 한양 가는 편으로 보냈다.

결혼 다음해(1500) 부친상(父親喪)을 당한 정암은 3년간 주자(朱子)의 『가례(家禮)』에 따라 철저하게 시묘(侍墓) 생활을 하였다. 복상(服喪)을 마친 뒤에도 정암은 경기도 용인의 선영(先塋) 밑에다 초당(草堂) 수 칸을 짓고 기거하며, 애통한 마음과 사모하는 마음을 그치지 아니하였다. 아울러 어머니를 지성으로 모시며 독서를 게을리 하지 않았다.

23세 되던 해(1504)에는 스승 한훤당이 갑자사화를 당하여 참화를 입은 소식을 들었고, 중종반정(中宗反正, 1506)이 일어나 정치가 일신(一新)되고 사습(士習)이 회복되는 기운을 목도하였다. 이 무렵 정암은 자신을 찾아와 배움을 청하는 선비들을 비로소 가르치기 시작했는데, 원근에서 풍문을 듣고 찾아온 사람들로 성황을 이루었다.

29세가 되어서는 진사시험(進士試驗)에서 「춘부(春賦)」를 지어 장원(壯元)으로 합격하였고, 송도(松都) 등지의 수려한 산사(山寺)를 찾아다니며 진적역구(眞積力求)하게 공부를 계속하였다. 그러던 중 30세에 모친상(母親喪)을 당하여 아버지 때와 꼭 같은 예로써 슬퍼하고 삼갔다.

정암은 38세가 되던 해(1519) 6월에는 장인상(丈人喪)을 당하였다. 당시 정암은 사헌부의 수장인 대사헌에 두 번째로 배명을 받았을 때였는데, 장인 이윤형이 제물포(濟物浦)의 만호(萬戶)가 되어 임지(任地)에서 세상을 떠났다. 이에 정암은 임금께 고하여 장인상을 치르고 돌아오겠다고 허락을 득하고 가서 장례를 해주었다. 정암의 처가에는 장성한 아들이나 동생이 없었다. 정암 자신도 6개월 뒤에는 기묘사화를 당하여 세상을 떠남으로써 부인과 이별하게 되는데, 상세한 기록이 있지 않아 잘 알 수는 없지만, 여러 가지 정황을 살펴보건대 정암과 부인과의 부부(夫婦)의 정(情)은 돈독했던 것으로 보인다. 정암은 벼슬에 나간 뒤 "사람의 마음은 두 가지에 쏟을 수 없으니, 가정일은 부인이 맡아달라"는 양해를 구하기도 했다. 부인에 대한 배려를 소홀히 하지 않았던 모습에서 한 자연인으로서의 남편을 볼 수 있다. 정암이 세상을 떠날 때 둘째아들은 두 살이었다. 늦게 자식을 얻어 기뻐하였을 터이나 성장하는 것을 보지 못한 채 세상을 떠나야 했을 인간적 소회도 짐작할 만하다.

남녀(男女) 혹은 부부관계와 생활에 대하여 정암은 당시 대부분의 사람들과는 달리 상당히 선진적(先進的)인 태도를 지녔던 것을 알 수 있다. 무엇보다 정암은 출사 이후 당상관(堂上官)의 지위에까지 오르지만 당시 보편화되었던 첩(妾)을 두지 않았다. 기록에 의하면 정암은 인물이 빼어났다고 하는데, 젊은 시절 자신을 연모하던 여인을 정중하게 거부하기도 하였다. 또한 술이 사람의 행의(行儀)를 해칠 수 있다는 인식도 분명하게 가지고 절주(節酒)할 줄 알았다. 기록상으로 보면 일생을 통해 정암이 술에 취한 적은 한 번 있었다. 기묘사화를 당하여 옥에 갇힌 뒤, 사건의 진상을 알기 위해 임금을 한번 뵙기만이라도 하면 여한이 없겠다는 요청을 했고, 그것이 거부당했을 때 정암은 술에 취하여 울분을 토하였다.

다음 사례를 통해서도 인간 정암 조광조의 면모가 드러난다. 대사헌으로 있을 때 같은 나이의 진사(進士) 중에서 가정이 불화(不和)한 사람이 자신의 아내를 '칠거지악(七去之惡)'으로써 내쫓으려고 친한 사람을 보내어 정암과 의논을 하였다. 이때 정암은 다음과 같은 말로써 오히려 그 친구의 잘못을 지적하였다.

부부는 인륜의 처음이요 만복의 근원이므로 관계되는 바가 지극히 중대하오 부인의 천성이 음암하고 무지하여 비록 잘못한 바가 있더라도 남편으로서는 마땅히 바른 도리로 거느려 감화시켜 가도(家道)를 함께 이룩하는 것이 후덕한 일이오 만약 혹시라도 모범이 되는 도리를 다하려고 노력하지 않고 갑자기 내쫓으려 한다면 이것보다 박정한 것이 또 있겠는가? 게다가 한 집안의 부부에 관한 일은 다른 사람이 감히 논의할 수 없는 것이니, 스스로 헤아려서 잘 처리하는 것이 좋을 것이오[1]

여기서 정암은 사람의 관계 중에서 무엇보다 부부관계를 특별하게 규정하고 있으며, 칠거지악(七去之惡)에 대해서도 부정적인 시각을 가지고 있었음을 알 수 있다. 여성의 순종을 정당하게 여기던 시대의 보편적 인식과는 달리 부부 문제만큼은 조심스럽게 다루어야 하는

1 『정암선생문집』〈부록〉권2, 「어류」.

특성을 갖고 있다는 인식을 지녔던 것이다. 부부가 서로 상의하고 함께 노력하여 가정의 질서와 윤리를 이루어 가는 부부공동의 책임을 언급하고 있는 것이다. 특히 한 가정의 부부관계는 각기 그 특수성(特殊性)이 있는 것이므로 남이 관계할 때 매우 조심스런 태도를 요구한다는 인식은 현대적인 측면에서도 아주 선진적(先進的)인 면이라 하겠다. 부부 문제에 있어서 정암이 상당히 선진적 견해를 기반하여 남편과 아내는 동등한 지위를 지닌다는 관점을 지녔던 것을 미루어 짐작할 수 있다.

뿐만 아니라 가정에서 부모에게 자식의 도리를 다하고 형제간에 우애하는 문제에 대해서도 정암은 누구보다 모범을 보였으며, 특히 가사(家事)와 국사(國事)를 구별함에 있어서 각별히 강조하는 점도 남다른 면이 있었다. 이와 관련하여 퇴계의 다음 기록을 살펴보자.

효도하고 우애하는 행실은 천성에서부터 나오셔서 날마다 가묘에 참배하여 비바람에도 폐하지 아니하셨다. 부모님을 봉양하시면서 복종하고 순종하는 것을 곡진히 하지 않음이 없으셨다. 집을 다스리는 것은 바름으로써 하셔서 안과 밖이 절연하게 분별되어 은혜와 신의가 행해지셨다. 청백(淸白)한 절개로써 스스로 갈고 닦으시어 자봉(自奉)하기를 마치 한토(寒土)와 같이 하시었다. 일찍이 부인에게 일러 말하기를, "내가 국사에 마음을 두어서 가사를 생각할 겨를이 없소"라고 하시어 집안 산업(産業)을 경영하지 않았고, 시관(試官)으로서 사사로이 사람을 대하지 않았으며, 수행하는 마부(馬夫)들 조차 집안으로 들이지 않으시니, 그 몸을 살피시고 사욕을 극복하시는 노력을 언제나 다 미치지 못하는 것이 있은 것처럼 행동하시었다.[2]

---

2 『정암선생문집』 〈부록〉 권6, 「행장」.

38

정암의 자(字)가 '효직(孝直)'인 것도 우연이 아니라 명실(名實)이 상부하였음을 알 수 있고, 인륜(人倫)의 이치를 다하는 동시에 그 마음을 미루어 국사에까지 나아가는 면을 볼 수 있다.

정암은 기묘사화를 당하여 1519년 12월 20일(乙亥)에 유배지 전라도 능주(綾州)에서 학포 양팽손(梁彭孫)과 장잠(張潛) 등이 지켜보는 가운데 종명(終命)하였고, 다음해 봄 선영이 있는 경기도 용인의 심곡리로 반장(反葬)되었다. 죽음을 앞둔 정암은 주위 사람에게 먼 길 갈 것을 염려하여 관(棺)을 가벼운 것으로 만들 것을 부탁하였다. 처음 능주에 귀양 왔을 때 고을 원에서 관동 몇 사람을 보내어 심부름을 하게 하였는데, 최후의 순간에 각각에게 은근한 정을 표하는 것을 잊지 않았다. 특히 머물던 집의 주인을 불러 위로하기를, "내가 그대의 집에 머물러 있으면서 언젠가 보답을 할 수 있으리라 생각했는데, 보답은 못하고 도리어 그대에게 흉한 모습을 보이고, 또 집을 더럽히니 이것이 한스럽다"[3]고 미안함을 표시하였다. 정암의 인간적 면모가 잘 드러나는 부분이다.

현재 '심곡서원'과 적려 유배지에는 똑같은 정암의 영정(影幀)이 모셔져 있다. 영정의 모습 또한 매우 단아(端雅)하면서도 예지(叡智)가 빛난다. 죽음 앞에서 정암이 보였던 세세한 인간적 배려도 그런 성품에서 비롯된 것이었음을 유추해볼 수 있다. 단아한 표정과 총명한 성품, 예민한 감각과 깊은 학문이 어우러져서 만나는 사람들마다 정암에게 감동하고 흠모하는 마음을 가지게 하였음을 그 삶의 편린들을 통해서 짐작 가능하다. 일반적으로 조광조라고 하면 개혁가 혹은 정치가로서의 일면만 알려져 있는데, '인간(人間) 조광조'의 면모도 당시 인구(人口)에 널리 회자된 바 있다. 여기서 그런 측면을 엿볼 수 있는 일화 하나를 더 소개해본다.

3 『정암선생문집』〈부록〉 권2, 「어류」.

정암이 대사헌을 두 번째 제수받은 뒤 성균관 유생 중에 부자(父子)가 한 여인을 상간(相奸)하였다는 유언비어로 억울함을 당하자, 그 아들이 사헌부에 변정(辨正)해 달라는 소장(疏狀)을 올린 자가 있었다. 당시 태학생들은 그 유생의 유건을 찢어 내쫓아버렸고, 소문은 종로 네거리에 가득 찼다. 당사자가 근거 없는 일이라고 하소연하여도 소용이 없었고 결국 사헌부에 변무(辨誣)를 청하게 되었던 것이다. 이와 관련된 사람이 6~7명이 되었으나 발설자를 가려내기 어려웠고, 출처 또한 불분명하였다. 마침내 조광조는 그 유생을 불러 변정 대신 다음과 같은 말로 판결을 내렸다.

> 이 일의 변정은 헌부(憲府)에 있기보다는 그대에게 있는 것이다. 오늘 이후로 그대가 만약 몸을 단속하고 스스로 덕(德)을 닦아서 착한 사람이라는 말을 듣게 되고, 이것이 소문이 나면 오늘 변정이 되지 않더라도 사람들이 반드시 전의 말은 거짓이라고 믿게 될 것이다. 그대의 행동이 어그러져서 착하지 못한 사람이라고 소문이 나면 오늘 헌부에서 변정된다 하더라도 사람들은 반드시 저들의 말이 헛말이 아니었다고 할 것이니, 이 일의 변정은 오늘 헌부에서 할 것이 아니라 바로 그대 스스로의 앞으로의 행동에 달려 있다네. 그대는 앞으로 힘쓸지어다.[4]

문제를 대하는 정암의 태도 자체에 인간적 면모가 깊이 자리하고 있음을 엿볼 수 있는 대목이다. 문제의 본질을 법으로만 해결하기에 앞서 개인의 문제는 무엇보다 그 개인에게 해결책을 모색하게 하는 정암의 면모는 현명하고 지혜롭다. 의심스러운 일을 처결하는 도리와 사람에게 권면하는 선(善)을 둘 다 얻은 명판결이라 할 수 있다.

---

4 『정암선생문집』〈부록〉권2, 「어류」.

특히 가족, 부부, 친구 간의 문제나 시비를 대하는 정암의 기본적인 태도는 늘 법보다 인간이 우선적이었음을 여러 가지 일화로써 확인 가능하다. 정암에 대한 인식의 전환 혹은 확대가 요청되는 부분이라 하겠다.

정암의 최후를 지켜본 사람은 학포(學圃) 양팽손(梁彭孫)이었다. 교리(敎理)였던 양팽손은 스승이 유배를 가게 되자 벼슬을 버리고 스승을 따라 낙향한 뒤 정암이 종명할 때까지 스승과 더불어 밤낮으로 사귀면서 매양 곤궁하여도 신의를 지키며 모든 수발을 다하였다.

정암이 유배지에 닿았을 때 학포도 파직되어 낙향을 하였는데, 학포는 밤낮으로 정암에게 찾아와 상종하였다. 이때 정암은, "우리 두 사람이 여기서 종유하게 된 것은 아마도 우연이 아닐 것이다. 서로 간절히 권면하여 당초의 뜻을 이루어 큰 허물이 없게 된다면 어찌 천운이 아니겠는가"고 하였고, 학포도 "돌아보면 지금 인정이 메마르기만 한데 우리들은 사방으로 내쫓기었으니, 하늘이 우리로 하여금 여기서 모여 마침내 평일 마치지 못한 일을 하게 한 듯합니다. 이런 하늘의 뜻을 또한 우리가 어떻게 이길 수 있으리오"[5]라고 답변하였다. 곤궁에 처하였지만 정암과 학포의 교유는 깊고 아름다웠다.

정암이 죽음을 앞에 두고 학포의 손을 잡고 눈물을 흘리자, 학포는 "얼마 후 따르겠다"는 말로써 함께 진리의 길에 섰던 마음의 스승과 영결(永訣)을 고하였다. 정암이 종명하자 학포는 밤새도록 울며 친히 스승의 시신을 염하여 보존하였다가 다음해 용인으로 모셨다. 학포 양팽손은 스승의 일을 말함에 매양 슬퍼 눈물을 흘렸고, 반구(返柩)를 한 후에도 그곳의 쌍봉(雙峰) 중조산(中條山) 아래에 사우(祠宇)를 세우고 해마다 스승이 사사(賜死)의 명(命)을 받고 돌아가신 날, 목욕재계(沐浴齋戒) 후 통곡하며 제자(弟子)나 자제(子弟)들에게 춘추(春秋)로 제사(祭

5 『정암선생문집』〈부록〉 권1, 「사실」.

祀)를 모시게 하는 등 정성을 다하였다.

현재 정암의 묘소는 경기도 용인시 상현동 산55-1번지에 자리 잡고 있다. 정암 묘소에서 가까운 거리에 선조 38년(1605)에 세워진 심곡서원(深谷書院)이 있는데, 여기에는 정암 조광조와 학포 양팽손의 신위가 함께 모셔져 있다. 학포가 정암 선영의 서원에 단독으로 배향된 연유를 짐작하고도 남음이 있다.

정암의 부인 이씨는 남편 사후 38년을 더 산 뒤 1557년 세상을 떠났다. 부인은 정암이 이 세상을 살았던 햇수만큼 남편 사후 홀로 더 살았다. 이에 12월 24일에 현재의 장소로 묘소를 이장하고 부인 이씨와 합장(合葬)하여 비로소 부인과 함께 영면에 들게 되었다.

정암은 중종 사후 이어 등극한 인종(仁宗) 원년(1545) 6월에 신원·복직되었다. 애초 정암은 성균관에서 효행(孝行)으로 추천을 받아 평소 원하지 않았던 벼슬길에 억지로 나가게 되었다. 하지만 출사 이후에는 마음을 고쳐먹고 당대를 천재일우(千載一遇)의 기회로 여기고 고기와 물과 같이 임금[中宗]을 믿고 우리 임금을 '요순(堯舜)'처럼, 우리 백성을 요순의 나라 백성들처럼 만들 수 있다는 자신감으로 몸을 잊은채 소신껏 일하였다. 그러다가 믿었던 그 임금의 배신으로 죽임을 당했다. 그럼에도 불구하고 중종은 세상을 떠날 때까지 끝내 정암을 신원해주지 않았다. 중종 말기에 수많은 선비와 학자, 신료들이 여러 통로를 통하여 결자해지(結者解之)의 뜻에서 중종 스스로 정암을 사면하고 복직시킬 것을 아뢰었으나 끝내 고집을 꺾지 않았다. 중종은 역사적으로 길이 올곧은 선비를 죽인 불명예(不名譽)를 씻지 못할 것이라는 극단적인 상소에 대해서도 대꾸하지 않으면서, 스스로의 과오를 인정하지 않으려는 태도를 견지하였다.

그러나 정암은 중종의 아들인 인종에 의해 바로 신원(伸寃)·복직(復職)되었고, 선조 원년(1568)에는 '대광보국 숭록대부 의정부 영의정 겸 영경연 홍문관 예문관 춘추관 영사 관상감사(大匡輔國 崇祿大夫 議政府

42

領議政 兼 領經筵 弘文館 藝文官 春秋館 領事 觀象監事)'를 추증 받았고, 이 듬해(1569)에는 '문정(文正)'이라는 시호를 받았다. 문정공에서 '문(文)'이란 '도덕이 크게 알려진 것〔道德博聞曰文〕'을 말하고, '정(正)'이란 '바른 것으로써 사람을 심복시킨 것〔以正服人曰正〕'을 의미한다.

그리고 마침내 광해군 2년(1610) 8월에 문묘에 종사되니, 비로소 정암은 조선조 사림(士林)의 영수(領袖)요, 한국도학(韓國道學)의 태산북두(泰山北斗)로서 그 진리를 위한 삶의 영원한 가치를 인정받고 존숭받게 되었던 것이다. 문묘는 정치를 한 인물이나 학문에 문제가 있다고 여겨지는 사람일 경우 결코 배향될 수 없는 진리(眞理)의 사표(師表)를 모신 전당이다. 인격(人格)과 진리(眞理)가 춘추의리(春秋義理)에 통하고 밝은 학자들을 배향하여 존숭하는 곳이다.

정암은 38년이라는 비교적 짧은 생애를 살았다. 정암의 삶은 인간의 삶이 '오래 사는 것'도 의미가 있지만, 뜻이 깊은 삶이어야 하고, 삶의 의미와 가치와 지향이 중요하다는 것을 깨우쳐준다. 짧은 생애였지만 학문이 순정(純正)하고 고결하여 명실공히 조선조 사림(士林)의 영수이자 한국도학의 태산북두로 평가되며, 우리나라 학술과 정신사에서 결정적인 역할을 하였던 큰 인물로 자리 잡게 되었다.

2. 가문과 환경

어떤 사람이든 대개 자신이 태어난 가정과 속한 사회의 환경에 많은 영향을 받는다. 따라서 한 사람의 일생을 살핌에 있어 그 가문과 환경을 살펴보는 것은 그 사람에 대한 올바른 이해를 위해서는 필수적인 일로 간주된다. 특히 정암이 살았던 조선조와 같은 전통시대에 있어서 가문은 그 사람의 자아 형성에 결정적인 영향을 미친다는 점에서 어떤 요소보다도 중요하다고 할 것이다. 이 점에서는 정암도 마찬가지라고 하겠다.

퇴계(退溪) 이황(李滉)은 정암의 숙부인 조원기(趙元紀)와 종형(從兄)인 조광림(趙光林)의 인물을 평가하면서 정암의 가문(家門)에 대하여 다음과 같이 언급한 바 있다.

정암 집안의 학문적 연원[家學淵源]이 우연이 아니다.[6]

정암의 집안과 그 학문적 내력이 이미 상당한 연원이 있음을 말한 것이다. 정암의 가문인 조씨(趙氏)는 한양(漢陽)의 성씨이다. 『정암선생 문집』〈부록〉 권6에 퇴계가 쓴 정암의 「행장(行狀)」에는 정암의 가문에 대한 자세한 기록이 있다. 그 기록에 의하면 정암의 7대조 조양기(趙良琪)는 고려조에서 총관(摠管)의 지위에 올랐고, 원(元)나라에 들어가서 세조조(世祖朝)에 벼슬하여 부원수(副元帥)로서 합단병(哈丹兵)을 격파하고 노획품을 바치자 원세조(元世祖)가 금포(錦袍)와 옥대(玉帶)를 하사하였다고 한다. 5대 조부 조인벽(趙仁璧)은 고려말 왜구(倭寇)를 물리친 원수(元帥)급 장수였으며, 고조부 조온(趙溫)은 조선조의 개국공신(開國功臣)으로서 한천부원군(漢川府院君)에 봉해졌고, 시호는 양절공(良節公)이었다. 정암의 고조할아버지는 의영고사(義盈庫使)를 지낸 증조할아버지 조육(趙育)을 낳았는데, 증조부에게는 사후 이조참판(吏曹參判)의 벼슬이 내려졌다. 증조부로부터 조부 조충손(趙衷孫)이 태어났는데 성균관(成均館) 사예(司藝)를 지냈고, 역시 사후에 이조참판에 봉해졌다고 한다.

정암의 부친이 지낸 사헌부 감찰은 종6품관으로 감사직 공무원이고, 찰방(察訪)은 역시 종6품관으로 역무(驛務)를 관장하는 공무원직이었다. 조부가 지낸 성균관 사예는 정4품관으로 학술직 공무원이었는

6 『정암선생문집』〈부록〉 권1, 「사실」.

데, 수양대군이 조카 단종의 왕위를 찬탈하고 일으킨 계유정난(癸酉靖難)의 반대파로 지목되어 10년간 유배를 겪기도 하였다. 퇴계로부터 평가를 받은 숙부 조원기는 우참찬(右參贊)을 지냈는데, 무오사화(戊午士禍) 때 사관으로서 연산군에게 사료 제출을 거부하여 유배를 당하기도 하였다. 이러한 정암 가문의 가계도(家系圖)를 그려보면 다음과 같다.[7]

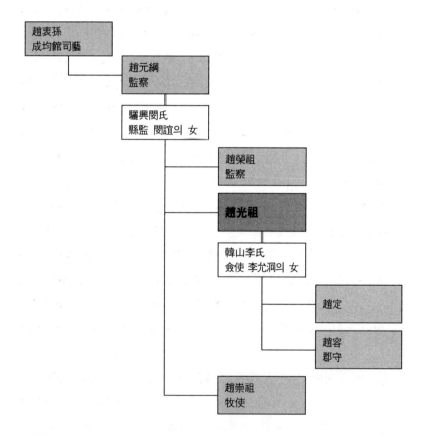

7 민족문화추진회, 〈한국문집총간해제〉『정암집』 해제.

　이런 정암 가문의 내력을 살펴보면 한양 조씨 집안은 고려조 윗대로 올라가면 무인(武人)이었음을 알 수 있고, 정암과 가까운 선조들의 경우 대부분 학문과 행실을 겸비한 문인(文人) 명문가였음을 알 수 있다. 이로써 볼 때 정암에게는 문무(文武) 양면의 경향이 집안 내력으로 이어져 내려오고 있었음을 확인할 수 있다. 정암이 강직한 성품으로 학문적 소신대로 출사 이후 근본적인 개혁을 단행해 나가는 강력한 추진력은 이와 같이 선대로부터 내려온 집안 분위기에서 상당부분 영향을 받은 것임을 미루어 짐작할 수 있다.

　여기서 정암이 태어난 해를 전후하여 국내외 상황을 잠깐 살펴보기로 하자. 정암이 태어나던 해(1482) 같은 달 국내에서는 연산군의 생모 폐비(廢妃) 윤씨(尹氏)가 사약을 받고 사사(賜死)되는 사건이 발생하였다. 이 사건은 후일 연산군이 알게 됨으로써 엄청난 피바람을 불러오게 되었는데, 이미 정암이 태어나던 해에 그런 국정 문란의 불씨가 배태되었음을 알 수 있다. 연산군은 정암이 열네 살이 되던 해(1495)에 성종(成宗)에 이어 왕으로 등극하여 1506년 중종반정으로 인하여 11년간의 군주 자리를 잃게 되는 조선조 비운의 임금이었다. 정암의 생애중 10대 후반 6년간과 20대 전반 5년간이 연산군의 재위기간에 해당됨을 알 수 있다.

　중국에서는 정암보다 10년 앞서 양명학을 완성하는 왕양명(王陽明)이 태어났다. 왕양명보다 10년 아래였지만 정암의 도학적 삶은 이미 양명이 말한 '지행합일'보다 더욱 엄숙하였을 뿐만 아니라, 주자학에서 보아도 전례가 없을 정도로 충실한 실천주의자였음을 알 수 있다. 도학에는 윤리적·철학적·종교적 의미가 총체적으로 내포되어 있는 특징이 있다고 할 수 있는데, 정암의 삶은 그런 도학자로서의 면모를 충실히 보여준 전형적인 사례였다. 국내에서는 정암이 태어나던 해 기묘사화(己卯士禍) 때 같이 투옥되어 당일 밤 함께 사사(賜死) 명령을 받았던 김식(金湜)이 태어났고, 그보다 5년 후(1488)에는 김구(金絿)가 출

생하였으며, 정암보다 7년 뒤에는 화담(花潭) 서경덕(徐敬德)이 태어났
다. 김구는 정암, 김식 등과 함께 역시 기묘사화가 일어나던 날 사사
명령을 받은 도학자였고, 서화담은 정암이 처음 실시한 현량과(賢良科)
에서 그 인물과 학문됨을 크게 높이 평가하여 조정에 추천한 바 있으
나 끝내 현실 정치에 참여하지 않고 개성에서 학문에만 전념한 사상
가였다. 정암이 태어난 다음해(1483)에 서양에서는 종교 개혁가였던
마틴 루터가 출생하였다.

제3장 학문과 입지(立志)

1. 성인(聖人)에의 입지

사람은 다른 동물과는 달리 입지(立志)와 의지(意志)로써 자신의 심신을 성장시키고 정신적 활동을 할 수 있는 존재이다. 이런 점에서 인간은 자기 규정적(自己規定的) 존재라고 할 수 있다. 스스로 자신의 인격과 성품을 얼마만큼 키울 것인가 목표를 정하는 것에 따라 사람의 성취는 달라질 수 있는 존재이다.

유학, 특히 도학은 인격 완성, 즉 자아 완성을 학문의 궁극적인 목표로 삼는다. 자신이 어떤 사람이 되겠다고 스스로에게 다짐하느냐에 따라 얼마든지 자신을 키울 수 있는 존재라는 점을 인정한다. 그래서 유학에서는 '성인(聖人)'을 최고의 이상적 인간상의 완성으로 제시한다. 한편으로 성인은 학문을 하거나 인격 완성을 위한 노력만으로 이루어지는 존재가 아니라 '태어나는', 이른바 '생이지지(生而知之)'라고 규정되기도 하지만, 일반적으로는 현실에서의 노력 여하에 따라 충분히 도달할 수 있는 존재라고 인식한다.

정암 조광조의 삶과 실천, 출생에서 죽음까지의 삶의 과정을 살펴보게 되면 인간의 성취와 관련하여 하나의 일관된 생각을 갖게 된다. 그것은 다름이 아니라 '인간이 학문과 수양을 통해 자신을 키워 나가면 대체 얼마만큼 커질 수 있는 존재일까?'라는 생각이다. 사람이 스스로 성인이 되고자 기약하고 자신을 갈고 닦으면 사람의 마음은 대체 얼마만큼 깊어질 수 있을까 하는 것이다. 아울러 사람의 실천은 또 얼마나 강건해질 수 있으며, 그런 힘은 대체 어디서 나오는 것일

48

까라는 생각도 동시에 가지게 되는 것이다.[1]

정암의 학문적 목표가 성인(聖人)이 되고자 함에 있었다는 것을 확인하기는 어렵지 않다. 이 점과 관련하여 율곡(栗谷) 이이(李珥)는 정암의 「묘지명(墓誌銘)」에서,

> (정암 선생이) 어려서부터 희롱을 좋아하지 아니하셔서 이미 성인(成人)의 규범을 갖추고 있으시고, 강개(慷慨)하게 큰 뜻을 가지시고, 성현(聖賢)을 흠모하는 생각을 일으켜서 반드시 끊어진 도리(道理)를 추구하여 계승하려 하시었다. 세속에서 비록 천 마리 말과 만종(萬種)의 녹봉을 숭상할지라도 조금도 개의치 아니하셨고, 선(善)을 좋아하시고 악(惡)을 미워하셔서 남의 비위(非違)를 보시면 마치 자신이 장차 더럽혀지시는 것과 같이 여기셨다. ……우리 동방(東方)은 기자(箕子) 이후로 인의로써 세상을 다스린 사람을 듣지 못해서, 주공(周公)의 법(法)과 공자(孔子)의 도(道)가 다만 빈 말이 되었는데, 선생께서 한번 일어나시니 비로소 거의 회복할 수 있게 되었다.[2]

고 밝히고 있다. 여기서 율곡은 정암이 학문의 궁극적 목표를 성인이 되고자 함에 두고 있었다고 규정하고, 특히 유학의 도학적 통서(統緖) 문제에 관하여 언급한 뒤 송대 도학의 정맥(正脈)을 정암에게서 찾고 있음을 볼 수 있다.

율곡은 또한 정암이 젊은 시절 즐겨 찾았던 도봉산(道峯山) 자리에 세워진 「도봉서원기(道峯書院記)」에서도 정암의 학문이 성인이 되고자 했음을 다음과 같이 밝히고 있다.

> 오직 우리 정암 선생께서 한훤당 문경공에게서 발달하여 독실한 행실

---

1 졸저, 『정암 조광조의 도학사상』, 심산, 2003, 「서문」.
2 『정암선생문집』〈부록〉권6, 「묘지명」.

을 더욱 힘써서 자득(自得)하는 학문이 아주 깊었다. 몸가짐에는 반드시 성인(聖人)이 되고자 하였고, 조정에 있을 적에는 반드시 도(道)를 행하려 하였다.[3]

이런 언급은 정암의 학문적 지향과 목표가 성현지도(聖賢之道)에 있었음을 한결같이 인정하는 내용이라 할 수 있다.

성인의 학문을 어떻게 배우고 행하느냐의 문제도 중요하지만, 정암 도학에 있어서 성인(聖人)을 목표로 삼는다는 것은 내가 어떻게 스스로 진리(眞理)가 되느냐, 혹은 성인이 되느냐의 작성(作聖)의 문제라는 데 그 본질이 있다. 진리를 배우고 행동하는 데 만 그치는 것이 아니라 어떻게 내가 성인이 되느냐의 문제는 그 심법(心法)의 세계와 수준이 이미 차원을 달리하는 것이다. 정암의 학문은 그런 경지에 이르고자 함을 목표로 하였다는 것이 중요하다.

정암은 무엇보다 스승인 한훤당을 만나 수학하게 되면서부터 학문의 방향과 목표를 체계화하는 계기로 삼는데, 여기서도 자신의 궁극적인 지향은 작성(作聖)에 있었음을 볼 수 있다. 바로 '한결같이 성현이 되는 것을 자신의 학문적 소임(所任)으로 삼았다'[4]는 내용이 그것이다. 뿐만 아니라 출사하기 이전에 정암은 결코 벼슬이 학문의 목적이 아니었음을 분명히 하였다. 정암은 효행(孝行)으로 성균관(成均館)의 최우수 추천(推薦)을 받아 처음 조정에 천거되었을 때, 본래 영예에 마음을 두지 않았지만, 추천을 받고 보니 과거 절차를 밟지 않을 수 없다고 술회한 바 있다.[5]

〈알성시〉에 응하기 이전과 추천을 받고 사로(仕路)에 서게 된 이후의 과정에서도 한결같이 정도(正道)를 추구하는 자세를 보여주고 있음

---

3 『정암선생문집』 〈부록〉 권4, 「도봉서원기」.
4 『정암선생문집』 〈부록〉 권5, 「연보」, 17세조.
5 같은 「연보」, 34세조.

이다. 그 무렵 이미 정암의 명성과 행실이 뚜렷이 나타나자 조정에서 장차 크게 쓰려 하였고, 이에 성균관에서도 의논하여 조정에 천거하였는데, 정암 스스로는 벼슬이 학문의 목적이 아니었음을 명확히 한 것이다.

이런 사실들을 통하여 보건대, 정암은 우리 역사상 가장 원대한 목표로써 스스로를 키우고자 하였으며, 그러한 경지에 실제로 이르렀을 뿐만 아니라 삶과 사상이 그런 경지에서 조금도 어긋나지 않았던 사람 중의 표본이라고 할 수 있을 것이다. 이런 정암의 학문이 갖는 내용을 고찰하여 몇 가지 특성으로 정리해보면 다음과 같다.

첫째는, 성인(聖人)에의 입지(立志)가 분명하였다. 성인이 되겠다는 목표 설정과 노력이 정암의 삶과 실천을 통하여 여실히 확인된다. 한마디로 명선(明善)과 성신(誠身)을 통해 스스로를 성인(聖人)의 경지에로 이르고자 하는 일관된 과정이었다. 선을 깨닫고 몸을 정성스럽게 하는 공부는 오늘날의 지식(知識) 공부와는 차이가 있다. 지성교육도 중요하지만, 덕성교육 혹은 인성교육이 무엇보다 요구되고 중요하다는 것을 정암의 학문을 통해 알 수 있다. 선의지(善意志)를 밝히고 키우는 것이 바로 정암이 한 공부의 핵심이었다. 천리를 밝히고[明天理], 나아가 사람의 마음을 바르게 하는 것[正人心]은 정암 도학의 본령이다. 이른바 '명천리(明天理)'는 천리를 밝혀 자기 자신을 닦는 수기(修己)의 차원이고, '정인심(正人心)'은 사람들에게 진리를 베풀고 실천에 옮기는 안인(安人) 혹은 치인(治人)의 차원이다. 유학은 모름지기 수기치인을 학문의 목적으로 삼는데, 정암 도학은 바로 그런 유학적 본령에서 조금도 어긋나지 않는다.

둘째, 정암의 학문과 노력은 철저하게 '마음 다스리고 키우는 공부'였다. 스승 한훤당을 평안도 희천 유배지로 작심하고 찾아가는, 공부하던 때의 일화는 정암의 노력이 무엇을 지향하고 있었는지를 가늠하게 해준다. 40대 스승에게 10대의 제자였지만, 마음 다스림에 조금이라도 방심함이 있으면 바로 지적하였다.[6] 마음 다스림의 중요성이야말로 성인에로 이르는 공부의 핵심임을 보여주는 사례이다. 정암은 조심하고 삼가 자기반성(自己反省)하는 태도에서 항상 예민하였다. 그리하여 지식과 학식보다는 인격과 태도의 문제를 더욱 중시하였다. 경건하게 조심하고 항상 높은 데를 존중하였으며, 이해득실이나 생사존망이 문제가 아니라 더 높은 천도를 실행하고자 하였다. 이러한 점은 정암의 삶 자체가 명성이나 재물, 표창에 움직이지 않았고, 죽음과 같은 생명의 위협에도 진리의 길을 택하는 모습에서도 잘 나타나고 있다.

셋째, 진리를 바깥이 아니라 자기 속에서 찾고자 하는 공부였다. 그래서 정암의 학문은 '자기〔己〕'에 기본을 두었다. 자기 혹은 자기 문제의 올바른 인식을 통해 스스로를 성인의 경지로 키우는 공부가 요점이었다. 내 안의 명덕(明德)을 밝히는 일〔'명명덕(明明德)'〕은 유학적 진리 추구의 본령이다. 이것은 『대학(大學)』〈삼강령(三綱領)〉의 처음으로서 도학의 요점이자 지향이다. 공자도 '천생덕어여(天生德於予)'라 하여 하늘이 사람을 낳을 때 덕을 품부해 주신다고 하였는데, 바로 그 덕(德)은 내가 태어나면서 '얻어서(得)' 스스로의 내면(內面)에 본유(本有)하고 있는 것이다. 그러므로 바깥에 나가지 않아도 자기 속에 천하가 있다는 것이 유학적 관점이다. 자기 속에 진리가 있으니 자기 완성〔正己〕이 학문의 본령이라는 것이다. 『중용(中庸)』에서도 '도불원인(道不遠人)'이라 하여 진리가 사람에게서 멀지 않다고 강조한 바 있다. 그러므로 '극기복례(克己復禮)'는 학문하는 사람이 가장 유의하여야 할 점이다. 진리를 다른 데에서 찾을 것이 아니라 자기 안에서 찾는다. 자기 성숙이야말로 성인이 되는 본령이라는 내용이다. 그런 점에서 '내'가 바로 소우주이다. 따라서 인간 본연으로 돌아올 때 학문은 올

---

6 『정암선생문집』〈부록〉 권5, 「연보」 17세조.

바른 결실을 맺는다는 것을 중시한다. 이러한 정신은 정암 도학에서도 자기의 영명성(靈明性)을 중시는 「계심잠(戒心箴)」이나 「춘부(春賦)」 등에서 일관되게 나타나고 있다. 정암이 그것을 중시하는 이유는 바로 도학적 본령이 '나'를 바르게 키우는 자기 완성을 통해 성인성물(成人成物)하는 공부이기 때문이다. 즉 자아 완성을 통해 남을 완성시켜 주는 데로 나아간다. 그런 점에서 도학자들이 하는 공부는 다름 아닌 '무자기(無自欺)'의 실천이다. 자기 스스로를 속이지 않고, 공명정대한 자기로 돌아가고자 하는 공부이다. 결국 자기 반성, 자기 충실의 위기지학(爲己之學)이라는 것이 정암 도학의 본령이다. 정암이 벼슬에 나가기 전까지 가장 힘써 노력한 것은 스스로의 내면을 키우는 공부였다. 그런 공부를 철저하고 충실하게 하였다. 당시 동료들과 여러 산을 찾아 호연지기(浩然之氣)를 키우는 공부를 승려들보다 힘썼다. 공부는 자기와의 싸움이지 남이나 바깥에서 추구할 것이 아니라는 것을 분명하게 인식하고 있었다. 천지의 충만한 기운과 정신은 모두 내 정신 안에서 우주를 아는 것이라고 보았다. 자기 속에서 좋은 소식을 듣고, 자기 속에서 진리를 터득하는 것이다. 그래서 「계심잠(戒心箴)」에서 일반심이나 타심을 말한 것이 아니라 '자심(自心)'을 기본으로 삼았다. 남이 알아주고 알아주지 않음에 개의치 않았다. 내가 얼마나 진실하게 성장하고, 내가 가진 내 속의 마음을 바르게 하는 것이야말로 공부의 핵심이라고 강조하였다. 바로 '성의(誠意)와 정심(正心)', 즉 항상 자기를 바르게 하는 것이 정암 공부의 본령이었다.

일찍이 정암은 한두 명의 학자들에게 강조하기를,

여러분들이 좋은 기질을 타고 났으나, 학문을 하는 데에는 절대로 먼저 표준(標準)을 세우지 말고 성인(聖人)의 훈고(訓詁)를 깊이 생각하여, 힘써 따라 마지않으면 절로 깨치는 바가 있게 될 것입니다. 시일이 아까우니 마음 두는 바를 게을리 하지 말아서 혹시라도 마음을 놓치거

나 지나치지〔放過〕 말기를 바랍니다.[7]

라고 하여, 주관적인 측면이 강한 개인적인 목표를 세울 것이 아니라 역시 성인(聖人)의 가르침으로써 성찰하여야 함을 주문하고 있다. 개인이 세운 목표는 어디까지나 진리의 실천이라는 궁극적 목적에 이르는 길에 객관성이 확보되지 않는다. 성인(聖人)에의 입지(立志)는 유교 문화 속에서 객관적 표준과 내용을 갖는다는 점에서 보편성(普遍性)을 갖는다. 그리고 그것은 최종의 지고지선(至高至善)한 가치를 지향하고 추구한다는 점에서 더욱 의의를 갖는다.

　이런 점에서 정암의 공부가 스스로를 키워 성인(聖人)에의 경지에 오르는 것임을 확인할 수 있다. 그런 점에서 큰 사람이나 작은 사람이 되는 갈림길은 결국 스스로의 입지(立志)가 어떠한가에 의해 결정된다는 평범하면서도 매우 중요한 진리를 확인하게 된다. 성장은 자기 속에서 생명(生命)이 크는 것이라는 의미이다. 나무가 저절로 크듯이 '자기 성장(自己成長)'이야말로 오늘날 교육에서도 특히 유의할 부분임을 알 수 있다. 사람을 키우는 교육은 다름 아닌 스스로 크는 법을 가르치는 것임을 정암은 말해주고 있다. 다만 악조건만 제거해 주면 큰 인격으로 성장 가능함을 의미하는 것이다. 진정한 자유인은 자기에서 어긋나지 않으면서 진리에도 합치되는 행동을 하는 사람임을 정암은 실천적으로 보여주었던 것이다. 요컨대 하늘의 요소가 내 속에 와 있다는 정암의 학문적 특성은 매우 시사하는 바가 크다고 하지 않을 수 없다. 특히 현대인들은 신(神)이나 물질(物質) 등 인간 외적 존재에서 인간 자신은 소외된 채 무엇인가를 추구하고 있다. 정암은 진정한 학문이란 인간이 중심이 되고 주체가 되는 인간론(人間論)으로 돌아와야 함을 근본적인 차원에서 역설하고 있다.

---

7 『정암선생문집』〈부록〉 권2,「어류」.

2. 한훤당 김굉필 사사(師事)

17세가 되던 해(1498) 정암은 부친이 평안도 어천찰방(魚川察訪)으로 부임할 때 따라 나서 한훤당(寒暄堂) 김굉필(金宏弼, 1454~1504)을 찾아가 제자가 된다. 정암이 한훤당을 만나 사제관계의 인연을 맺게 되는 것은 정암 도학의 성격을 이해함에 있어 매우 중요한 일이다.

정암과 한훤당의 만남에 대하여 그동안 대부분의 사람들이 인식하기를, 부임하는 부친을 따라 정암이 '우연히' 그곳을 지나다가 한훤당이 유배 중인 것을 알고 찾게 되었다고 기술하고 있다. 그런데 사실은 그렇지 않은 것으로 보인다. 정암은 처음부터 한훤당에게 배우겠다고 작심(作心)하고 소개장을 갖추어서 집을 나섰던 것임을 알 수 있다.[8] 그러기 위해 한훤당을 알고 있는 대봉(大峯) 양희지(陽熙止, 1439~1504)에게서 추천서를 받았다. 양희지는 연산군 때 사간원의 수장인 대사간(大司諫)을 지낸 인물로서 김굉필과는 친구 사이였다. 정암이 양희지에게 추천서를 부탁하였을 때, 이와 관련하여 양희지는,

> 수재(秀才) 조군(趙君=조광조)은 친구의 아들인데, 나이 스무 살이 안되었지만 개연히 도(道)를 구하려는 뜻을 가지고 김대유(金大猷=김굉필)의 학문이 연원(淵源)이 있다는 말을 듣고, 그의 부친이 있는 어천에서 대유가 귀양 가 있는 희천(熙川)의 적소(謫所)에 가서 옷을 여미고 공손히 공부하기를 청하려고 나에게 소개(紹介)하는 편지 한 장을 구하였다.[9]

고 밝힌 뒤, 한훤당과 자신이 편지 왕복을 끊은 지 오래 되었으나 다만 정암의 간곡한 뜻을 뿌리치기 어려워 다음의 두 구절 '리어(俚語)'

---

8 졸저, 『정암 조광조의 도학사상』, 100쪽.
9 『정암선생문집』〈부록〉권5, 「연보」 17세조.

를 써 주었다.

十七趙家秀   십칠 세의 조씨 가문의 수재,
三千弟子行   공자의 삼천 제자 같은 행동이라.
慇懃求道志   은근하게 도(道)의 뜻 구하려고,
迢遽關西鄕   멀리 관서향을 찾는구나.

양희지는 위에서 보듯이 한훤당과 연락이 닿지 않은 지 오래였다. 하지만, 정암의 요청이 너무 간곡하여 차마 저버릴 수 없었다고 말하고 있음을 볼 수 있다. 양희지는 정암이 한훤당에게 배우러 가는 것이 또한 혹시 화(禍)가 될지 걱정하였음을 알 수 있고, 그럼에도 불구하고 정암의 뜻이 굳건함을 알아차리고 소개서를 써 주었다는 내용이다.

양희지의 추천서는 한훤당이 정암의 사람됨을 알 수 있는 충분한 소개의 글이 되었으리라고 보아진다. 양희지는 정암의 비범함을 인정하고 '조수재(趙秀才)'라고 부르고 있음을 볼 수 있다. 물론 이러한 표현은 비록 상투적인 것일 수 있으나 그 인물됨을 알아보았음은 분명해 보인다. 뿐만 아니라 양희지가 써 준 소개장은 비록 두 구절에 불과하였지만 그 내용은 조광조의 의지와 사람됨, 찾는 목적 등을 정확하게 기술하고 있다.

정암이 한훤당 문하에 들어가 스승으로 모시고 배우겠다는 작심(作心)을 하였다는 것은 단편적이지만 다른 부분에서도 확인할 수 있다. 당시 한훤당은 그해에 일어났던 무오사화(戊午士禍)로 인하여 유배 중에 있던 인물이었다. 무오사화는 유자광(柳子光)이 사초(史草) 사건을 빌미로 무고(誣告)하여 사화(士禍)를 일으키니, 김일손(金馹孫)과 권오복은 처형되었고, 김종직(金宗直)은 부관참시(剖棺斬屍)를 당하였으며, 한훤당 김굉필은 김종직의 문하생이라 하여 평안도 희천(熙川)에 유배된 참화였다. 정암은 비록 한훤당이 유배 중이었지만 나아가 수학하기로

작심(作心)하고, 부친에게 정식(正式)으로 한훤당의 문하생이 되고자 상의(上議)를 하였던 것으로 보인다. 그러나 당시 피화자(被禍者)였던 한훤당을 만나는 것은 사람들이 한결같이 꺼리던 일로 결코 예사로운 일이 아니었다. 실제로 율곡 이이가 쓴 「희천양현사기(熙川兩賢祠記)」에도 당시 사람들은 한훤당과 정암이 사승관계를 맺고 학문을 강론하는 것을 보고 하나같이 비방하거나 비웃었다고 기록하고 있음을 볼 수 있다. 이런 정황으로 보면 정암의 부친도 한훤당에게 수학하겠다는 아들의 청(請)을 쉽게 허락하지 않았던 것으로 보인다. 그것은 '수품명(遂稟命)' 즉, '마침내 명을 받았다'라는 내용을 통해서 미루어 어느 정도 짐작이 가능하다. 한훤당에게 학문을 배우겠다는 정암의 몇 차례 요청이 있고 난 뒤에서야 '마침내' 부친은 승낙하였던 것이다. 미루어 보건대 정암이 재차 간곡하게 말씀드렸음이 틀림없고, 부친은 고민 끝에 한훤당에게 배우러 가도 좋다는 명을 내린 것이 분명해 보인다. 이를 통하여 볼 때 정암이 우연히 그곳에 유배 중이던 한훤당에게 나아가 배운 것이 아니고, 주체적(主體的) 판단에 근거하여 진지하게 마음을 먹고 부친께 상의를 거친 후 한훤당 문하에 들어간 것이 확실하다고 하겠다.

한훤당이 화를 입은 무오사화는 김종직(金宗直)이 세조(世祖)의 무도한 왕위 찬탈을 비난한 조의제문(弔義帝文)이 직접 발단이 되었다. 김종직은 항우(項羽)에게 죽은 초희왕, 즉 의제(義帝)를 조상하는 글을 지었던 것인데, 이것이 세조에게 죽임을 당한 단종을 비유한 것이라고 이극돈과 유자광은 해석한 뒤 정치적 사감(私感)을 계기로 연산군에게 고하여 사림파를 일망타진하는 정치적 참극을 일으켰던 것이다. 김종직은 부관참시되고 사초를 기록했던 김일손도 혹독한 고문에도 불구하고 세조의 집권이 부당함을 주장하다가 능지처참을 당했으며, 권오복, 권경유, 이목, 허반 등이 참형을 입었고, 한훤당은 유배를 당했다.

그런데 정암의 조부 조충손(趙衷孫)도 바로 이 세조의 쿠데타를 반대하다가 10년간이나 유배생활을 했던 터라 정암의 부친은 한훤당에게 아들이 나아가는 것을 새삼 신중하게 고려했을지도 모른다. 그러나 정암의 부친 역시 아들이 정도(正道)를 지향하는 것을 자랑스럽게 여겼을 것이라는 점은 집안의 내력과 학문 분위기로서 충분히 감지하고도 남는다. 그런 점에서 정암의 가문도 가깝게는 무오사화와 전혀 무관한 것이 아니었던 것이다. 사제관계의 인연을 맺은 뒤 한훤당은 조광조를 심히 사랑하며 중히 여겼고, 정암은 이때부터 한결같이 성현(聖賢)이 되는 것을 자기 학문의 소임(所任)으로 삼았다고 기록은 전하고 있다.

특히 김굉필 문하에서 공부하던 때 이른바 '건치묘식(乾雉猫食)' 문제로 군자의 언사(言辭)와 노기(怒氣) 성찰에 대해 스승에게 청의(請疑)한 정암의 일화는 유명하다. 스승인 한훤당이 꿩 한 마리를 얻어서 어머니께 보내려고 말리던 중 마침 고양이가 그것을 먹어버렸다. 그러자 한훤당은 꿩을 말리던 종 아이를 크게 꾸짖으면서 언성을 아주 높였다. 이에 정암이 스승에게 나아가 말하기를,

> 어머님을 봉양하려는 정성은 비록 지극하오나 군자의 언사와 노기는 성찰(省察)하지 아니하면 안 되는 것으로 압니다. 불민한 저의 마음에 의심되는 점이 있어 감히 스승님께 여쭙니다.

라고 하였다. 그러자 한훤당이 일어나 정암의 손을 잡으며,

> 나도 방금 스스로 후회하고 있었는데, 너의 말이 또한 그러하니 심히 부끄러워 어찌할 바를 모르겠구나. 바로 네가 나의 스승이지 내가 너의 스승이 아니다.[10]

---

10 『정암선생문집』〈부록〉 권5, 「연보」 17세조.

라고 하였다. 이 일이 있은 후로 한훤당은 정암을 더욱 경중(敬重)하게 여겼다고 한다. 특히 정암은 스승 한훤당의 문하에 있으면서 뜻을 가다듬고 학업을 정돈하기를 확고하고 독실하게 하여 일과(日課)의 규칙을 어기지 않았다. 낮에 스승이 강하여 주실 때에는 반드시 절실하게 질문하고, 밤에 물러나서는 깊이 생각하기를 조금도 태만히 하지 않았다. 문장을 연습하는 일에 이르기까지 또한 조금도 마음에서 떠나지 않았으며, 사람들이 혹 과거 공부를 권하면 번번이 문장이 미숙하다고 하면서 거절하였다고 한다.

이로써 한훤당과 정암의 사제 간 공부가 참으로 깊고 넓으며 높은 경지에 이르고 있었음을 확인할 수 있다. 비록 한훤당은 유배 중이었지만 정암과 같은 제자를 맞아 함께 도를 논하고 상장(相長)하는 기회로 삼았으니 마음 흐뭇하고 든든하였음이 틀림없었을 것이다. 그래서 한훤당은 정암을 매우 애중(愛重)했다고 한다. 그리하여 한훤당은 후일 공부를 마치고 돌아가는 정암에게 "우리의 도(道)가 동쪽으로 왔도다"고 하시니, 정암은 더욱 철저한 신념(信念)으로 민첩하게 탐구해서 세습(世習)을 씻은 듯이 탈피하였다고 한다.[11]

한훤당과 정암은 도학의 기본 경서를 중심으로 강학을 게을리 하지 않았고, 대화와 토론은 밤이 깊어가는 줄도 모른 채 성과를 더하여갔다. 당시 한훤당이 정암에게 강학한 경서로는 『소학(小學)』과 『근사록(近思錄)』이 주를 이루었다. 정암은 한훤당을 통하여 이 두 텍스트의 근본정신을 철저하게 다시 공부하였다. 그리하여 『소학』과 『근사록』은 정암 도학의 경학적 기반이 되었다. 뿐만 아니라 이 두 책은 이후 모든 사림파(士林派) 선비들에게 수신(修身)과 학문(學問)의 가장 중요한 텍스트로서 인식되어 도학사상의 근간이 되었다.

한양에서 출생한 한훤당 김굉필은 어릴 때부터 정의감(正義感)과 자

---

11 『정암선생문집』 〈부록〉 권6, 「神道碑銘」.

존심이 강하였을 뿐만 아니라 힘이 걸차고 활달하여 영기(英氣)가 뛰어나 발양(發揚)하였으므로, 시가(市街)를 다니며 장난칠 적에 뭇 아이들이 두려워하였다고 한다. 무례하게 조롱하고 거만스러운 사람을 보면 그들이 파는 물건들을 채찍으로 갈겨서 사람들이 그가 다가오는 것을 두려워하고, 그 행동을 자못 특이하게 여겼다고 기록되어 있다.[12] 19세에 혼인하여 처가에 사는 동안 작은 서재를 지어 '한훤당'이라 이름하고 독서에 몰입하였다. 21세 때 일두(一蠹) 정여창(鄭汝昌)과 함께 당시 함양(咸陽) 군수로 있던 점필재(佔畢齋) 김종직(金宗直)을 찾아가 사제의 인연을 맺게 되었는데, 김종직은 이들에게 특히 『소학』을 힘써 읽으라고 하였다. 한훤당이 평생 『소학』을 자신의 학문적 기반으로 하여 모든 언행의 규율(規律)로 삼았던 것은 스승 김종직의 영향이었음을 알 수 있다.

김굉필은 당시 소학적 실천 윤리에 충실하다가 41세가 되어서야 은일(隱逸)로 추천되어 참봉(參奉)직을 제수받았고, 43세에는 사헌부 감찰, 그 이듬해에는 형조좌랑(刑曹佐郞)이 되어 본격적으로 정사(政事)에 참여하였다.

그러나 45세에 무오사화(戊午士禍)에 연루되어 희천에 유배되었고, 이때 정암 조광조가 그의 문하에 들어와 수학을 하였다. 2년 후에 한훤당은 전라도 순천(順天)으로 옮겨졌고, 51세 때 갑자사화(甲子士禍, 1504)로 적소에서 사사(賜死)되었다. 중종 2년(1507)에 신원되고, 중종 10년(1517)에 '우의정'으로 추증되었으며, 선조 8년(1575)에는 시호 문경공(文敬公)을 추증받았다. 그리고 광해군 2년(1610)에 문묘에 종사되었는데, 그때 제자인 조광조도 함께 배향되었다.

정암이 스승 한훤당의 부음을 들은 나이가 스물세 살이었으니, 희천에서 사제의 연을 맺은 지 6년째 되던 해였다. 정암이 출사 이후

---

12 『國譯 景賢錄』〈景賢續錄〉上, 「年譜」, 寒暄堂先生紀念事業會, 2004, 158~160쪽.

중종에게 끊임없이 군주가 군자(君子)와 소인(小人)을 구별할 수 있는 능력을 기를 것과 소인배(小人輩)들이 도모하는 사화(士禍)가 얼마나 사습(士習)을 쇠락시키는지에 대한 심각한 문제점을 강조한 것은 이와 같이 20대 초반에 스승의 참화를 직접 경험한 것과 무관하다고 보기 어렵다. 그런 이유로 입사 후 정암은 중종에게 임금이 학문을 명철하게 하고 광명정대한 정사를 베풀면서 무엇보다 사화를 경계하여야 한다고 누누이 강조했다. 그럼에도 불구하고 정암 자신이 또한 그로부터 15년 뒤에 기묘사화(己卯士禍, 1519)를 당하여 종명(終命)하고 말았으니, 역사(歷史)의 악순환(惡循環)이라 하지 않을 수 없다.

김굉필의 문하에서는 조광조를 위시로 김안국, 김정국, 이장길, 이장곤, 성세창 등 많은 제자들이 배출되었다. 특히 연산군대와 중종 초기에 대사헌을 역임한 바 있는 5세 연상의 반우형(潘佑亨)이 제자가 되고자 청하였을 때, 한훤당은 사양하다가 〈한빙계(寒氷戒)〉 18개 조목[13]을 써 주었다. 이 한빙계는 도학자 김굉필의 사상을 파악할 수 있는 좋은 자료이다. 그 내용을 정리해보면 다음과 같다.

구분	행동조목	내용
학문대요 (學問大要)	1) 정심솔성(正心率性) 2) 심척선불(深斥仙佛) 3) 지명돈인(知命敦仁)	1) 마음을 바르게 해서 착한 본성을 따르라. 2) 도교와 불교 등 이단을 깊이 배척하라. 3) 천명을 알고 인에 힘쓰라.
학문방법	1) 일신공부(日新工夫) 2) 독서궁리(讀書窮理) 3) 극념극근(克念克勤) 4) 지언(知言) 5) 지기(知幾)	1) 날마다 새로워지는 공부를 하라. 2) 책을 읽고 이치를 탐구하라. 3) 깊이 생각하고 부지런히 노력하라. 4) 말을 알라. 5) 일의 조짐을 알라.

---

13 『國譯 景賢錄』〈景賢附錄〉上, 「遺書」: 「手書寒氷戒若干條贈潘佑亨」, 387~405쪽.

마음공부	1) 질욕징분(窒慾懲忿) 2) 안빈수분(安貧守分) 3) 주일불이(主一不二) 4) 지경존성(持敬存誠)	1) 욕심을 막고 분함을 참으라. 2) 가난 속에서도 마음을 편히 하고 분수를 지켜라. 3) 마음을 하나로 하여 두 갈래로 하지 말라. 4) 공경함을 지니고 성실함이 있으라.
행동거지	1) 동정유상(動靜有常) 2) 정관위좌(正冠危坐) 3) 통절구습(痛絶舊習) 4) 거사종검(去奢從儉) 5) 불망어(不忘語) 6) 신종여시(愼終如始)	1) 움직이고 머무름에 떳떳함이 있도록 하라. 2) 의관을 바르게 하고 꼿꼿한 자세로 앉으라. 3) 낡은 습관을 철저하게 끊으라. 4) 사치함을 버리고 검소함을 좇으라. 5) 망령된 말을 하지 말라. 6) 끝을 시작할 때처럼 신중히 하라.

〈한빙계〉의 실천 요목은 기본적으로 『소학』의 내용에 근거하였음을 알 수 있다. 그것은 『소학』의 기본 정신을 계율화하여 실천하도록 강조하는 것이다. 한훤당이 『소학』의 중요성을 깊이 인식하고 몸소 실천한 전통은 정암을 비롯한 여러 제자들은 물론, 일반 민중에게까지 전파되어 그 저변 확대에 크게 기여한 바 있다. 그러한 공로는 높이 평가되어야 하고 큰 의의를 지닌다고 할 수 있다. 정암은 한훤당을 통하여 비로소 학문의 방향을 결정하게 되었고, 『소학』과 『근사록』을 그 경학적 근거로 삼아 매진할 수 있는 계기를 마련하였다. 그런 점에서 한훤당 문하에서의 공부는 정암의 생애를 통하여 매우 중대한 의미를 지니는 것이다.

3. 정암 도학의 경학적(經學的) 기반

정암 도학은 아주 확고한 경학적 기반 위에서 형성된 것이라는 점에서 단순한 실천지학(實踐之學)이 아니다. 정암의 삶과 실천에 대하여 단지 실천 한쪽만을 지적하는 경향도 있지만, 철저하게 유교 경전에서 그 원리적 배경을 기반으로 하여 나온 실천지학이라는 점에서 의심의 여지가 없다. 이것은 바로 정암 도학의 경전적 연원이 아주 분명하기 때문이다.

그러면 정암의 일생을 통하여 일관된 도학적 이상은 어느 경전에 기반한 것인가? 정암의 학문 과정을 통해 보면 그 도학사상의 경학적 근거가 되었던 유교 문헌의 섭렵은 크게 3가지 성격으로 구분해볼 수 있다. 첫째는 정암이 스승 한훤당을 통해 배웠던 『소학』과 『근사록』이고, 둘째는 『대학』·『논어』·『맹자』·『중용』과 『주역』·『시경』·『서경』 등 주요 유교 경전인 사서삼경(四書三經)을 체계적으로 섭렵한 과정이다. 특히 38세 되던 해에는 『주역』을 매우 정성스럽게 탐독하였던 것을 알 수 있다.[14] 그리고 세 번째로 송대 학문을 집대성한 책이라고 할 수 있는 『성리대전(性理大全)』을 봉하여 도학적 의리 정신을 체득하고, 『통감절목(通鑑綱目)』과 같은 역사서도 정독하는 심화 과정이 그것이다. 정암은 경연에서 중종에게 어진 정치를 펼치려면 『성리대전』을 중히 여겨야 한다고 다음과 같이 강조하기도 하였다.

> 『성리대전』은 체와 용, 본과 말이 다 갖추어져 있는 책입니다. 천문·지리·예악·법제·성명(性命)·도덕의 이치와 역대 군신의 현부(賢否)가 다 갖추어지지 않은 것이 없으니, 진실로 이것에 밝으면 나라를 다스리는 방법은 그 이외의 다른 것을 기다릴 필요가 없고, 국가의 원기(元氣)도 비로소 서게 될 것입니다.[15]

---

14 『정암선생문집』〈부록〉 권5, 「연보」(38세): 先生晩好羲經 手未嘗釋.
15 『중종실록』 권34, 13년 11월 경자(庚子)조: 性理大全之爲書 體用該備 本末畢具 天文地理禮樂法制 性命道德之理 歷代君臣賢否 靡不備具 苟明乎此 則治世之方 不待乎外 而元氣於是乎立矣.

정암은 추구하는 이상정치의 근본 원리와 내용이 『성리대전』에 온전하게 갖추어져 있을 뿐만 아니라, 궁극적으로 지향해야 할 방향까지 제시되어 있다고 파악하고 있는 것이다.

그런데 정암의 일생과 학문에 가장 큰 영향을 미친 책은 무엇보다 『소학』과 『근사록』이었다고 할 수 있다. 이 두 책은 정암 도학의 이념적 기반이자 근원처라고 할 수 있을 뿐만 아니라 한국 도학을 특징 짓는 측면에서도 가장 중요한 위치를 차지한다.

『소학』은 강호(江湖) 김숙자(金叔滋, 1389~1455)가 그 중요성을 강조한 책으로서 특히 한훤당 김굉필(金宏弼)이 중시하고 조광조에게 전수됨으로써 비로소 한국 도학의 기본 경전이 되었다. 이로써 조선조 도학의 근간이 되는 텍스트로 『소학』을 중시하는 학통이 수립되었던 것이다.

『소학』은 초학자들이 쇄소응대(灑掃應對)와 진퇴지절(進退之節)을 배우는 기초 수신서(修身書)였다. 초학들이 배우는 책임에도 불구하고 『소학』이 도학자들이 어떤 경전 못지않게 중시하게 된 이유는 무엇일까? 그러한 이유를 주희(朱熹)의 『소학』 서문에서 엿볼 수 있는 내용이 보인다.

> 옛날에 소학교에서 사람을 가르치기를 물 뿌리고 쓸며 응하고 대답하며 나아가고 물러나는 예절[灑掃應對進退之節]과 어버이를 사랑하고 어른을 공경하며 스승을 높이고 벗을 친애하는 방도[愛親敬長隆師親友之道]의 도리로써 함은, 그 모든 것이 수신제가치국평천하(修身齊家治國平天下)의 근본이 되는 까닭이요, 그리고 반드시 어릴 때에 그것을 강하여 익히게 한 것은 그 익힘이 지혜(智慧)와 함께 자라며, 그 교화(敎化)가 마음과 함께 이루어져서 감당하지 못하는 근심을 없게 하고자 함이다.[16]

---

16 『소학집주』 「小學書題」.

64

『소학』은 비록 어린 학동들이 배우는 책이지만 '수제치평(修齊治平)'의 근본이 될 뿐만 아니라 어릴 때 강습하여야 그 실천이 지혜와 함께 어우러지고, 그 교화도 마음과 함께 이루어져서 지와 행이 어긋나는 환난을 예방할 수 있다는 내용이다. 이러한 이유로 해서 조선조 건국과 함께 도학이 유학의 중심 이론으로 자리 잡으면서 『소학』은 도학파의 기본서이자 핵심 교재로서 가장 중요한 경전으로 인식되어 선비의 필독서로 여겨지게 되었던 것이다. 그리하여 조광조 이후 김안국(金安國), 이황(李滉), 이이(李珥) 등에 이르기까지 한결같이 『소학』을 학문의 기본서(基本書)로 존신(尊信)하게 되었다. 정암도 후일 양산보가 찾아와 제자가 되어 배우겠다고 청할 때 『소학』을 주면서, "진실로 학문에 뜻을 둔다면 마땅히 이 책부터 시작해야 한다"고 하였으니, 스승 한훤당에게 전수받은 그대로 자신의 제자에게 『소학』의 중요성을 강조하였음을 볼 수 있다.[17]

특히 『소학』이 도학의 핵심 교재로 인식되고 그 가르침대로 실행하게 된 직접적인 이유는 한훤당 김굉필의 학문과 실천 때문이었다. 그는 평생 『소학』을 중시하여 '소학동자(小學童子)'라 자칭하기도 하였는데, 30세가 되도록 이 『소학』에만 전념하였던 것으로 유명하고, 그 이후에야 비로소 다른 책을 읽었던 것으로 알려져 있다.

『소학』과 함께 도학자들에게 특히 중시된 또 다른 책은 『근사록』이었다. 『근사록』은 12세기말 경 주자(朱子)가 친구 여동래(呂東萊)와 함께 주렴계(周濂溪), 정명도(程明道), 정이천(程伊川), 장횡거(張橫渠) 등 북송(北宋) 대현(大賢)들의 저서, 문집, 어록 등에서 뜻이 깊고 중요한 문장을 가려 뽑고 주제별로 분류하여 편찬한 책이다. 말하자면 『근사록』은 주자와 여동래가 성리학(性理學)의 핵심을 추린 기본 텍스트라고 할 수 있다. '근사'란 『논어』에서 "널리 배우고 뜻을 돈독하게 하며, 절실하게

---

17 『정암선생문집』〈부록〉권1, 「사실」.

묻고 가까운 것에서 생각하면, 인(仁)이 그 가운데 있으리라"[18]고 한 말에서 취한 것이다. 고묘하고 신비로운, 혹은 인간의 현실을 떠난 고원한 것에서 찾는 것이 아니라 손에 닿을 만큼 가까운 일상적인 것들에 대한 성찰을 중시한 것이다. 역시 실천적인 도학자들이 일상생활 속에 실천해야 할 평범하고 일상적인 차원의 가르침과 내용상 일치한다. 그러므로 도학자들은 일상생활에서 『소학』과 함께 『근사록』을 지극하게 여기고 실천해야 할 중요한 규범적 가치들이 명시된 중요 경서로 인식하게 되었다. 그 구체적인 편명은 우주와 도덕의 근본적인 원리를 밝힌 도체(道體)를 비롯하여, 논학(論學), 치지(致知), 존양(存養), 극치(克治), 가도(家道), 출처(出處), 치체(治體), 치법(治法), 정사(政事), 교학(敎學), 계경(戒警), 변별이단(辨別異端), 총론성현(總論聖賢) 등 모두 14권으로 이루어져 있다. 조선조의 도학자들이 주자를 절대적으로 신봉했던 점에서 보면 『소학』과 함께 이 『근사록』을 사서(四書) 못지않게 중요하게 여긴 이유를 알 만하다.

정암은 『소학』을 바탕하면서도 다양한 경전을 섭렵하였거니와, 훗날 우암 송시열은 유현들이 존숭한 문헌에 대하여 언급한 적이 있다. 우암은 말하기를, 김굉필은 특히 『소학』을 중시하였고, 조광조는 『근사록(近思錄)』을, 퇴계 이황은 『심경(心經)』을, 율곡 이이는 『대학』·『논어』·『맹자』·『중용』의 사서(四書)를, 사계 김장생(金長生)은 『소학』과 『가례(家禮)』를 가장 중시하였다고 정리하였다.[19] 학자마다 조금씩의 차이가 있으나 대체로 『소학』과 『근사록』이 도학자들의 삶을 규정하는 기본 경전이 되었음을 알 수 있다.

김굉필과 조광조 등 도학자들의 실천과 이상이 다름 아닌 『소학』과 『근사록』에 기반한 것이었다는 사실로 인해 특히 기묘사화 이후

---

18 『논어』「자장」: 博學而篤志 切問而近思 仁在其中矣.
19 『송자대전(宋子大全)』〈부록〉 권16,「어록」2: 我東儒賢 寒暄堂尊小學 靜庵尊近思錄 退溪尊心經 栗谷尊四書 沙溪尊小學家禮.

에는 이 두 책은 금서(禁書)로 지목되어 상당 기간 진리의 암흑기에 빠지기도 하였다. 기묘사화 이후 『소학』과 『근사록』을 크게 금하여 끼고 다니기만 하여도 기묘의 무리로 지목하여 비웃고 일체 배격하며 책을 찢어 벽을 바르는 일까지 생겨 그 폐단을 염려하는 글들이 당시의 기록에서 어렵지 않게 확인할 수 있다.[20]

비록 일정 기간 『소학』과 『근사록』이 훈구 세력에 의해 금서로 배척당하기는 하였지만, 도학의 기본 서적으로서 당시 조선조 사회를 전면적으로 규율하는 사회지도 이념으로 자리 잡게 된 것은 김굉필과 김종직 등 16세기를 전후한 시기 일련의 도학자들의 강건(剛健)한 실천에 의해서였음은 부인하기 어렵다. 그리하여 이 두 책은 이후 조선조 사회 전반에 침투하여 명실상부하게 지배했던 이념이자 사상의 근원이 되었다. 조선조가 오백년이라는 유례가 드문 오랜 기간 동안 하나의 이데올로기로서 유지될 수 있었던 이유를 생각한다면 물질적으로는 다소 풍족하지 않은 면이 있었을지라도 정신적인 측면에서 사회를 지탱하던 굳건한 사상과 이념이었음을 부인하기 어려울 것이다. 바로 그런 이유로 적어도 사회 지도층에 대한 엄정한 도덕적 의무를 강조하였는데, 그것은 전적으로 『소학』과 『근사록』을 중시하던 선비문화의 엄정한 실천의지에 기반하였다고 할 것이다.

4. 성균관에서의 공부와 학풍(學風)의 변화

정암은 29세가 되던 해 봄에 진사시(進士試)에 합격하여 성균관에 들어가 생활하게 되었다. 초시(初試)를 보는 연령이 대개 20세 전후임을 감안하면 정암은 무려 10년이나 늦은 나이였다. 스물아홉 살이나

---

20 『중종실록』 28년 11월 16일자.

되어서야 성균관에서 생활하게 된 연유는 정암 스스로 공부가 부족하다고 여기면서 사람들이 권유를 하여도 과거시험에 일체 응하지 않았기 때문이다.

이미 17세 무렵에 사람들이 정암에게 과거에 응시하라는 권고를 하였다. 당시 정암이 한훤당의 문하에서 뜻을 가다듬고 독실하게 공부하기를 조금도 태만히 하지 않는 모습을 본 주위 사람들이 그 인물됨을 알아보고 과거 응시를 권고하였으나 번번이 공부가 부족하다고 사양하는 모습을 볼 수 있다. 그런 뒤에도 10여 년 이상 학업에 정진하였다. 물론 그 동안에 부친상을 당하여 시묘 생활도 있었으나 복(服)을 벗은 뒤에 다시 독서를 게을리 하지 않았다는 기록을 보면 평소 학문하는 자세를 충분히 엿볼 수 있다. 당시 연산군의 폭정이 극에 달하고 있던 시기여서 과거에 나가기에는 적절하지 않은 여건도 있었다. 정암이 열일곱 살 되던 해 무오사화(戊午士禍)가 발생하였고, 6년 후 스물세 살 때는 갑자사화(甲子士禍)가 일어나 사습이 퇴색하여 암흑기와도 같은 정치사회적 상황이 계속되었던 점도 선비들이 과거에 나아가지 않는 중요한 요인으로 작용하였다. 거듭된 사화는 당시 조선 사회의 분위기를 크게 냉각시켰고, 사습을 위협한 결정적인 사건이었다. 두 사화는 누구보다 정암에게 직접적으로 관계되었다. 스승 한훤당이 무오사화에 연루되어 평안도로 유배되었고, 갑자사화로 인해 목숨을 잃었다. 그런 상황에서 과거에 응시하는 것은 어려운 일이고, 특히 정암에게는 더욱 그러하였으리라는 것은 쉽게 짐작할 수 있다.

그러나 당시 거듭된 사화로 선비들이 공부하는 것을 꺼리던 상황에도 불구하고 정암이 홀로 삼가며 학문에 더욱 정진하였던 사실은 특히 남다른 면이 있었다. 당시 주위의 사람들이 정암이 공부하는 것을 보고 어떤 사람은 '미치광이[광자(狂者)]'라고 하였고, 어떤 이는 '화근' 혹은 '재앙의 씨앗[화태(禍胎)]'이라고까지 할 정도였으니, 시대적 상황을 짐작하고도 남음이 있다. 더러는 심지어 정암과 가까이 하면 안 되겠다는 생각에서 발길을 끊은 사람들도 있었다는 기록을 보면, 정암의 공부가 남을 의식하는 것도 아니었거니와 사회적 분위기에도 개의하지 않았음을 알 수 있다. 오직 스스로 참다운 학문을 하여 덕기(德器)를 쌓는 '위기지학(爲己之學)'에만 전념하였던 것이다. 이런 점은 당시 대부분의 사람들과는 아주 다른 부분이라 하겠다.

정암이 25세이던 해(1506) 마침내 중종반정(中宗反正)이 일어나 정치가 쇄신되고 침체했던 사습(士習)도 일신되어 비로소 학업에 힘쓰는 사람들이 많아졌다. 이 해는 정암의 학업에서도 변화가 일어난 해이다. 학문을 닦으면서 다른 사람을 가르치는 이른바 교학겸비(教學兼備)의 시기에 접어든 것이었다. 이미 정암의 학문이 널리 알려져 배우겠다는 많은 청년 학도들이 원근(遠近)에서 몰려들어 성황을 이루었다. 그리하여 도야되고 분발한 공이 큰 성과를 거두었다.

그런 분위기에 고조되어 정암도 중종 5년(1510)에 마침내 진사시(進士試)에 응시하였던 것이었다. 정암은 당시 「춘부(春賦)」로써 장원급제를 하였는데, 시험관들이 놀래 칭찬을 아끼지 않았다는 기록을 통하여 정암의 학업 정도를 짐작할 수 있다. 진사시험에 합격하면 성균관에 입재(入齋)하여 기숙사인 동·서재(東西齋)에서 생활하며 더욱 학업을 닦게 된다. 그런데 중종반정이 일어난 지 5년이 지났지만, 사풍(士風)과 성균관(成均館)의 학업 분위기는 크게 달라지지 않았던 것으로 보인다. 여전히 진지하게 실천하는 분위기는 이루어지지 않아 공부하는 풍토가 거칠었던 모양이다. 연산군 시대에 훼손된 성균관의 학풍은 중종반정 이후에도 깊은 침체의 늪에 빠져 있었던 것이다.

정암이 29세에 성균관 유생(儒生)으로 입재(入齋)할 무렵 그곳의 상태는 어떠하였는가? 당시 성균관 대사성 유숭조(柳崇祖)는 생도들이 절의와 염치가 없다고 보았다. 다른 대신들도 유생들이 화려한 의복만 좋아하고 책을 가지고 다니는 일도 드물다고 부정적인 평가를 보였다. 중종반정으로 성균관을 놀이 장소로 전락시켰던 연산군이 폐출되면서 사풍이 진작되어 성균관 유생들도 늘어나게 되니, 유생들은 나빠진 급식에 불평을 늘어놓기 예사였다. 동·서재에서 몰래 고기를 먹기도 하고, 과거를 거치지 않고 관직을 얻으려고 노력하기도 하였으며, 세력가에게 연줄을 대는 데도 열심이었다. 학문 경향도 경전 구두점 찍는 데 그칠 뿐 의리(義理)를 탐구하는 것에는 관심이 없었고, 오직 화려한 문장을 꾸미는 데만 정성을 쏟았다. 더구나 드물게 성현을 숭배하며 본받으려 하는 유생이 있으면 무리지어 헐뜯고 비웃는 자들도 적지 않았다.[21]

후일 정암이 조정에 들어가서 '경연(經筵)'에서 당시 성균관의 학풍에 대하여 다음과 같이 언급한 적이 있다.

> 뜻있는 유자(儒者)는 모두 고요한 곳에서 독서하고자 하지 학궁(學宮)의 시끄러움과 협착함을 싫어하기 때문에 맑게 하려고 하여도 결과를 보기가 어렵습니다. / 근래 선비의 습성이 변해서 배움에 나아가지 않습니다. 시골에 학문에 뜻을 둔 자는 무릇 수십의 무리가 있습니다. 이 무리로 하여금 조정에 퍼져 있게 한다면 매우 좋겠습니다만, 그 사람들은 산사에 살면서 자신들의 학문에 정진하고자 하지 학궁(學宮)에 살기를 즐겨하지 않습니다. / 근일 학교의 일은 유명무실합니다. 학문에 뜻을 둔 선비가 모두 성균관(成均館)에 거처하지 않으려 하여 동·서재에 기숙하는 자는 빼어난 인재들이 아닙니다.[22]

이를 통하여 보면 정암이 벼슬에 나아갈 즈음 성균관의 학풍이 쇄락하여 학문에 뜻을 둔 유자들은 한결같이 산사나 시골 등지에서 공부를 하며 학궁으로 나오지 않는 풍토라고 지적하고 있다. 당시까지

---

21 이종호, 『정암 조광조』, 일지사, 1999, 90~93쪽.
22 『정암선생문집』 권5, 「연중기사」.

만 해도 연산군대의 퇴폐적인 풍토가 아직 완전히 정리되지 못하여 올곧은 선비들은 은일(隱逸)하여 현실에 나오려 하지 않는 학궁(學宮) 기피 분위기가 만연해 있었음을 알 수 있다. 당시 성균관의 학습 분위기가 소란스럽고 안정되지 못하여 염려된다는 걱정을 하고 있다. 사실 정암이 처음 성균관에 입재할 무렵만 하더라도 분위기가 퇴락할 대로 퇴락한 상태였다.

그런 분위기 속에서 정암이 성균관에 입재한 것이다. 정암의 출현으로 변화가 일어나기 시작하였다. 정암은 입재한 후 몸에 밴 절제와 엄숙함으로 누구보다 모범적인 생활을 하였다. 동학 김식(金湜) 등과 함께 말을 함부로 하지 않고 관대(冠帶)를 갖추고 온종일 단정하게 앉아 강의시간 외에도 책 읽고 연구하는 일에 집중하였다. 지연히 마음으로 따르는 동학들이 생거나게 되었고, 그런 반면 비웃거나 비난하고 다닌 이들도 있었다. 이들 중에는 "조광조 등이 건방지게 자신들을 4성〔四聖; 복희씨, 문왕, 주공, 공자〕이며 10철〔十哲; 안연, 민자건, 염백우, 중궁, 재아, 자공, 염유, 계로, 자유, 자하〕로 일컫고 다닌다"고 비난하는 무리까지 등장했다. 성균관의 이러한 구설수는 조정에까지 알려져 예문관, 승문원, 교서관에서 징계할 움직임까지 있게 되었고, 결국 이 문제는 임금이 참석한 조강(朝講)에서까지 논의되었다. 마침내 참찬관 김세필(金世弼)이 "지금 선비들의 습속이 크게 무너진 세상에서 조광조 등의 근실(勤實)한 행동은 오히려 그 뜻을 장려할 일이지 벌을 주어서는 안 된다."는 결론을 내려 마무리 짓게 되었다.[23]

정암의 평소 공부하는 태도로 미루어볼 때 성인을 본받고자 근실한 행동을 해왔던 것은 이미 어릴 때부터 몸에 밴 습성 같은 것이었다. 성균관에 들어갈 즈음 정암의 공부는 그 어느 때보다 정제 엄숙한 태도가 몸에 배어 있었다. 이 무렵 정암은 어느 수도자와 견주어

---

23 『중종실록』 권12, 5년 10월 계사(癸巳)조.

도 유례를 찾기 어려울 정도로 내용과 태도면에서 고행에 가까운 공부를 하고 있었다. 그해 봄 진사시험에 장원하여 성균관에서 생활하던 5월에 정암은 기준(奇遵) 등과 함께 천마산(天磨山)과 성거산(聖居山) 등지를 돌며 글을 읽었다. 그때 독서하던 모습이 「연보」에는 다음과 같이 상세하게 기록되어 있다.

혹 기묘한 절경을 만나면 문득 소요하고 읊으며 티끌 같은 세상을 떠난 듯한 취향을 가져 청아하고 깊숙한 곳을 택하여 그곳에 들어 앉아 조용히 잠겨 의리의 깊음을 독파하였다. 경전의 참뜻을 탐색하고 정신을 모아 단정히 앉았는데 그 우뚝함이 마치 조각한 사람 같았다. 소찬의 밥을 먹으면서 고행(苦行)하기를 스님들과 더불어 같이 하였는데, 비록 숙달된 스님들일지라도 모두 같이 하기 어려운 일이었다. 대체로 식사하고 뒷간에 가는 일 외에는 절대 한가한 시간은 조금도 없었고, 오직 삼경 후부터 오경 사이를 옷을 벗고 잠자리에 드는 시간으로 삼아 학문에 힘씀이 더욱 돈독하였다.[24]

독서와 학문을 하는 정암의 이러한 태도는 어떤 수도자 못지않게 절제되고 엄숙하다. 동학 기준(奇遵)과 서로 장려하며 고행(苦行)에 가까운 수도를 하고 있는 모습인데, 일찍이 정암은 산사(山寺)에서 『맹자(孟子)』의 「호연장(浩然章)」을 한 달 동안 읽고 그 진의(眞義)를 해득한 바 있다.

선(善)을 밝히고 몸소 행함에 성실하게 최선을 다하는 이런 명선(明善)과 성신(誠身)의 공부는 사실 누구나 다 할 수 있는 내용은 아니다. 학행(學行)이 일치하는 공부가 도학의 본령이라고 하면 정암의 경우 성균관에서 생활하던 시기에는 이런 측면에서 거의 완전한 수준에

---

24 『정암선생문집』 〈부록〉 권5, 「연보」 29세조.

도달하였음을 본다. 이미 스승 한훤당을 만나 수학하던 시절에서부터 익힌 무자기(無自欺)의 공부는 이 무렵에 이르러 최고의 단계에 이르고 있음을 확인할 수 있는 것이다

정암의 공부는 내용면에서는 광명정대(光明正大)하였고, 태도면에서는 지극히 정제엄숙(整齊嚴肅)한 것이었다. 그런 정암의 태도는 성균관의 학습 분위기를 전면적으로 변화시키는 계기가 되었다.

정암이 성균관에서 모범적인 생활을 함으로써 연산군 이후 쇠퇴했던 분위기는 크게 쇄신되었다. 침체되었던 성균관 분위기는 정암의 등장으로 비로소 일신(一新)되고 마침내 크게 변화하기에 이르렀다.

그런 변화는 정암이 성균관의 추천을 받아 조정에 들어갈 무렵 동료 김식(金湜)이 성균관 대사성(大司成)을 맡았는데, 유생들이 앞다투어 성균관으로 모여들어 동·서재는 학생들로 꽉 찼다. 그리고 매일 대성전에 분향(焚香)하고 문묘(文廟)에 참배(參拜)하니, 당시 사람들이 아주 훌륭한 일이라고 하여 모두 칭찬하며 아름답게 여겼다.

그러나 시간이 지나면서 다소 형식적인 측면에 치우치는 면도 차츰 나타나게 되었다. 그런 사실을 전해들은 정암은 다음과 같이 지적하고 있다.

> 공자(孔子)는 다만 하나의 천리(天理)이다. 학자들은 이 마음을 삼가 지켜서 상제(上帝)를 대하듯 하면 우리 공부자(孔夫子)를 저버리지 않게 될 것인데, 꼭 그렇게 시끄럽게 날마다 참배하고서야 얻으려 할 필요는 없다.[25]

공자에 대한 진정한 존경은 진리의 표준으로 여기는 마음의 문제이지 형식적인 태도에 있지 않다는 분명한 지적이다. 성균관의 학도

---

25 『정암선생문집』〈부록〉권2, 「어류」.

들이 매일 정성을 다하여 올리는 문묘 참배는 누가 보더라도 지극한 정성으로 여길 만한 내용으로 보일 수도 있다. 그럼에도 불구하고 그런 형식적인 태도 문제가 공부의 핵심은 아니라는 엄정한 지적을 하였던 것이다.

이런 정암의 인식은 매우 중요하다. 정암은 평소 누구보다 공자(孔子)를 이상적 인물로 여겼다. 그럼에도 불구하고 매일 공자에 대한 정성으로 예(禮)를 올리는 것에 대해 부정적 시각을 가지고 지적한 것은 어떻게 이해해야 할까? 이는 정암이 학문의 내용을 공자나 이전 성현의 말씀을 단지 존숭하고 지키는 그런 형식주의(形式主義)에 빠지는 것을 경계하고자 한 것이다. 공부의 핵심은 자기 자신의 내면(內面)을 키우는 공부, 즉 위기지학(爲己之學)이지 단순히 성현을 숭상하는 것이 아니라는 분명한 언급이다. 말하자면 내가 성현(聖賢)이 되고자 노력하는 것이 중요한 것이지 성현 그 자체는 내 공부의 중심 내용은 아니라는 것이다. 이 점은 매우 정밀하게 구분할 필요가 있는데, 정암은 예리하게 성균관의 유자(儒者)들에게 지적하였던 것이다. 말하자면 형식(形式)이나 양(量)보다는 내용(內容)이나 질(質)이 중요하다는 관점인 것이다.

그런 이유로 정암은 자기 내면을 키우는 공부는 단순히 스스로의 도덕성을 잘 발현하고 키우는 것도 중요하지만, 무엇보다 마음의 그릇, 즉 덕기(德器)를 키우는 노력임을 강조하였다.

학자가 뜻을 세우는 데에는 비록 성인이 되기를 스스로 기약하더라도 지나칠 것은 없다. 하지만 남을 대하는 데에는 각기 그 장점을 취하여 남을 용납하는 도량을 넓히기에 힘쓰는 것이 중요하다. 그래서 옛 성현이 말씀을 남기시기를, '자신에 대한 책망은 심하게 하고, 남에 대한 책망은 박하게 하라〔窮自厚而薄責於人〕'고 하셨던 것이니, 깊이 살피지 않을 수 없다.

　마음의 도량을 넓히는 것이 공부하는 사람이 우선적으로 유의하고 노력해야 될 부분이라고 지적하고 있는 것이다. 자신의 내면을 키우는 공부는 곧 남을 받아들이는 도량을 넓히는 마음공부임을 말하는 것이다. 이런 정암의 주장은 성균관의 학풍을 진취적이고 성숙한 방향으로 인도하는 계기가 되었다.

　정암은 벼슬에 나간 뒤에도 집과 가까웠던 도봉산(道峯山)을 찾아 산수를 즐기며 마음공부를 게을리 하지 않았다. 도봉산의 수려한 산수를 좋아하여 즐겨 찾았는데, 특히 그곳의 수석(水石)을 퍽 좋아했다.

　도봉산의 정취를 느끼고 오가며 호연지기를 키웠고, 조정에 있을 적에도 또한 공무(公務)를 마치고 물러 나오면 수레를 그곳으로 몰게 해서 자연 속에서 휴식을 취하였다. 학업을 닦던 시절에는 물론 벼슬에 나간 후에도 정제엄숙(整齊嚴肅)한 노력을 게을리 하지 않았던 것이다. 율곡은 「도봉서원기」에서 정암에 의해 조정은 물론 당시 학풍

정암이 즐겨 찾았던 도봉서원 앞 계곡

의 변화가 놀랄 정도였음을 다음과 같이 언급하고 있다.

> (정암 선생은) 몸가짐에는 반드시 성인(聖人)이 되고자 하였고, 조정에
> 있을 적에는 반드시 도(道)를 행하고자 하였다. 그가 조심스럽게 하고
> 자 했던 일은 임금의 마음을 바르게 하고, 왕도 정치를 베풀고 정의의
> 길을 개척하고 이욕(利慾)의 근원을 막는 것을 급선무로 삼았으니, 창
> 도(唱道)하신 지 얼마 안 되어서 사풍(士風)이 크게 변하였다.[26]

정암의 정제엄숙한 공부로 인하여 얼마 되지 않아서 당시 선비들
의 공부하는 풍습이 달라지고 있었음을 알 수 있다. 모범적인 생활과
학문의 성숙함으로 정암의 출현이 성균관의 변화는 물론 사회 전반
의 여러 선비들에게도 많은 변화를 가져다주었음을 알 수 있다.

5. 진적역구(眞積力久)와 진리의 자득(自得)

인간의 성장은 육체적인 면과 정신적인 측면까지 두 가지가 아울
러 고려되는 점이 다른 동물과의 큰 차이점이라 할 수 있다. 그런 점
에서 인간의 활동 중 정신적인 성장을 추구하는 노력이 인간됨의 가
장 중요한 요소라 할 것이다. 그리고 인간은 스스로의 노력을 통하여
자신의 인격과 인품을 성장시킬 수 있다는 사실을 확신하며 실천에
옮긴다. 인간의 지적(知的) 축적과 문명(文明)은 그러한 정신 활동의 결
과라 할 수 있다.

유학(儒學)은 전통적으로 특히 인간의 정신적 성장에 대한 확신을
기반으로 무엇보다 실천적 수양(修養)을 중시하는 사상이요 학문체계

---

26 『정암선생문집』 〈부록〉 권4, 「도봉서원기」.

이다. 그러한 유학의 흐름 가운데에서 지(知)와 행(行)의 온전한 합치
와 그것의 현실적 반영을 무엇보다 강조한 사상은 도학(道學)이라고
할 수 있다. 그리고 '한국도학의 태산북두'라는 평가를 받고 있는 조
광조의 경우 수양을 통한 인격의 도야를 통해 마침내 조선조 유림(儒
林)의 영수(領袖)가 되었고, 가장 대표적인 도학자로서 지고(至高)의 실
천적 지식인상(知識人像)을 보였다.

그렇다면 정암이 과연 어떤 수양의 과정을 통하여 호연지기(浩然之
氣)를 키웠고, 진리를 따라 사는 삶의 실천적 힘을 축적할 수 있었던
가? 한마디로 참되게 추구하며 오랫동안 힘써 쌓고 쌓은〔진적역구(眞積
力久)〕진리 추구의 수양에서 비롯된 것이라 할 수 있다.

퇴계는 「행장」에서 남다르게 치열했던 정암의 학문과 수양에 대하
여 다음과 같이 설명히었다.

> 그 학문을 함에 있어서 『소학(小學)』을 철저히 믿고, 『근사록(近思錄)』
> 을 높이 숭상하여 모든 경전(經典)에서 발휘하시고, 그 평소에는 이른
> 아침부터 깊은 밤까지 몸가짐을 엄숙히 하여 엄연하고 숙연하여 관복
> 과 위의가 혹시라도 법에 어김이 없으시고 말씀과 행동에 있어서도 옛
> 교훈을 근거로 하시니, 이것이 그 공경함을 가지는 방법이었다. 일찍이
> 천마산(天磨山)에 들어가시고, 또 용문산(龍門山)에 들어가셔서 강습하
> 는 틈에는 올연(兀然)히 외로이 혼자 앉아서 날을 마치고, 마음을 잠기
> 고 하느님을 대하듯 하셔서 성품(性品)의 근본을 함양하시고 괴로움을
> 참고 명심하며 힘써서 다른 사람이 일찍이 미치지 못하는 바가 있었으
> 니, 이것은 그 정일(靜一)에 주(主)를 하신 학문이었던 것이다.[27]

정암의 학문은 『소학』과 『근사록』, 『성리대전』 등을 섭렵하여 이론

27 『정암선생문집』〈부록〉 권6, 「행장」.

적 기반을 폭넓게 다지는 동시에 잠심체도하는 진적역구의 수양공부에 몰입하는 과정을 밟고 있다. 그 삶은 어떤 경우에도 원칙과 정도(正道)를 지켰으며, 의(義)와 인(仁)을 바탕으로 하는 도학적 본령에 충실했다. 앎과 삶이 도(道)를 떠나지 않았고 온전하게 합일되었던 것이다. 이미 앞에서 언급한 내용이지만, 「연보」에서 과거에 합격했던 29세 무렵 기준(奇遵) 등 동학과 더불어 정암이 성거산과 천마산 등지에서 공부할 때의 모습에서 확인하였듯이 종교적(宗敎的) 구도(求道)에 가까운 수양은 이미 20대 초반부터 힘써 닦아온 진적역구의 공부였다. 「연보」 21세조(條)에 나타난 다음 글에서 그런 특성을 다시 확인할 수 있다.

> 매일 닭이 우는 새벽에 일어나 세수하고 빗질한 후 엄숙 단정하게 앉아 마음을 평안히 하고 기운을 부드럽게 하여 구부려 읽고 우러러 생각하였다. 생각하여도 체득(體得)하지 못하는 것이 있으면 날이 저물고 밤이 새도록 노력하여 반드시 깨쳐 얻고 난 뒤에 그쳤으며, 결코 스스로 단정해 버리는 마음은 갖지 아니하였다. 진적역구(眞積力久)하여 덕기(德器)가 성취된 연후에도 오히려 조금도 스스로를 속이지 않음으로써 힘써 신독(愼獨)하였다.[28]

사실 이런 공부는 보통 사람이 하기 어려운 수준의 수양(修養)이자 수도(修道)이다. 당시 동행하였던 벗들도 감히 따르지 못해 놀라는 기록도 보인다. 불교계 스님들의 정진(精進)도 어려운 고행(苦行)에 속하지만 숙달된 불승(佛僧)들도 따르기 어려운 수준의 엄정한 수양이었다. 이로써 보면 정암의 극기수양(克己修養) 공부가 얼마나 곡진(曲盡)하고 엄숙(嚴肅)하였던가를 알 수 있다.

---

28 『정암선생문집』 〈부록〉 권5, 「연보」, 21세조.

　당시 연이은 사화(士禍) 등으로 인하여 학문하는 선비들의 의기(義氣)가 크게 저하되어 사람들마다 학문하는 것 자체를 꺼리던 상황이었다. 그래서 당시 사람들은 정암이 이와 같이 엄정하게 정진(精進)하며 공부하는 자세를 보고 '화태(禍胎)'라고 부를 정도였으며, 친구들조차 왕래를 끊을 정도였지만 정암 스스로는 조금도 개의치 않았다.

　그런데 정암의 진적역구한 수양공부는 불교계의 참선(參禪)과 근본적으로 차이가 있음을 알 수 있다. 무엇보다 불교의 참선은 자신의 화두(話頭)를 바탕으로 하는 개인적(個人的)인 깨달음을 추구하는 것인 반면, 정암의 공부는 철저하게 경전(經典)에 근거하여 그 내용을 바탕으로 실천력(實踐力)을 배양하는 차원이라는 점에서 크게 다르다. 참선을 통한 개인적 득도는 주관적인 측면이 강한 공부이다. 진리를 깨달음도 개인의 마음 안에서 일어나는 결괴이다. 정암의 공부는 머리로 부처의 가르침의 본질을 깨닫는 수도와는 달리 성인지학(聖人之學)의 근본인 경전의 내용에 근거하는 도학적 진리(眞理)의 체인(體認)이다. 단지 세속적 번뇌를 피하여 고요함을 찾아 산으로 들어가는 것이 아니라 아름다운 자연을 찾아 그 속에서 자연에 내재한 원리를 발견하고 음미하며 몸에 익히고 실천하고자 하는 호연지기(浩然之氣)를 키우고 기르는 훈련이다. 동시에 자연 속에서 그것에 내재한 천지자연의 도(道) 혹은 법칙(法則)을 발견하고 깨닫는 격물치지(格物致知) 공부이다. 그런 점에서 정암의 수양은 매우 객관적인 공부이다. 호연지기도 도가(道家) 차원에서 논의되는 단순히 기(氣)가 아니다. 도가에서 중시하는 기(氣) 수양은 정신적 측면보다는 육체적 수양이라는 성격이 강하다. 불로장생(不老長生)을 추구하는 자연주의적(自然主義的) 성격을 강하게 띤다. 정암이 중시한 호연지기는 이미 맹자(孟子)가 밝힌 바대로 마음이 의(義)와 도(道)를 겸비하는 것이며, '직(直)'으로써 길러지는 것(直養)으로서 결코 외형적(外形的)으로 의리(義理)에 맞는 행동을 취한다고 얻어지는 기(氣)와는 다르다.[29] 천지간에 가득 차 있는 지극히 크며 지극히 강건한 기이다. 따라서 정암이 수양을 통하여 얻고자 한 호연지기는 인간의 영묘(靈妙)한 심성(心性)을 키우는 엄숙한 훈련이다.[30] 일찍이 정암은 산사(山寺)에서 『맹자』의 「호연장」을 한 달 간이나 읽고 그 진의를 완전히 득해(得解)한 바도 있다.[31] 이런 수양은 격물 궁리와 마음공부의 조화를 추구하는 점에서 조금도 공허하지 않다. 단순히 자연의 이치만을 추구하는 도가적 차원을 넘어서는 동시에 마음 안에서 모든 문제를 해결하고자 하는 불교적 차원과도 다르다. 경전의 의리를 기반으로 마음의 깊은 이치를 확인하는 공부라는 점에서 현실적인 수양인 동시에 객관적 성격을 갖는다.

그런데 이런 정암의 수도와 수양은 기본적으로 진리(眞理)가 바깥에서 오는 것이 아니라 자기 자신 속에서 나오는 것이라는 입장에 서 있음을 알 수 있다. 진리 인식과 수양론적 측면의 문제로서 정암 도학의 성격과 관련하여 중요하게 여겨지는 부분이다.

진리가 어디에 있으며, 그것을 어떻게 인식하고 체득할 수 있는가와 관련하여 특히 유학에서는 '자명성(自明誠)'과 '자성명(自誠明)'을 구분하여 설명한다. 『중용(中庸)』에서 밝히기를,

성(誠)으로부터 명(明)에 이르는 것〔自誠明〕을 성(性)이라 하고, 명(明)으로부터 성(誠)에 이르는 것〔自明誠〕을 교(敎)라 한다. 성(誠)하면 명(明)하여지고, 명(明)하면 성(誠)하게 된다.[32]

고 하였다. 여기서 '자성명'은 하늘이 인간에게 부여한 천성이 드러나서 밝아짐에 이르는 것으로서 인간의 노력이나 작위가 개입되지 않

29 『맹자』「공손추」상: 其爲氣也 至大至剛 以直養而無害 則塞于天地之間 其爲氣也 配義與道 無是餒也.
30 졸저, 『정암 조광조의 도학사상』, 134쪽.
31 『정암선생문집』〈부록〉권5,「연보」, 29세조.
32 『중용』제21장: 自誠明謂之性, 自明誠謂之敎 誠則明矣 明則誠矣.

은 측면이 강한 것이고, '자명성'은 지성적(知性的)인 노력에 의하여 스스로의 본성을 밝혀나가는 '하학이상달(下學而上達)'의 측면이 강한 수양론이자 진리 인식의 방법론이다. 말하자면 '자성명'은 방법적인 측면에서 천성으로부터 확인하여 내려오는 하강적(下降的), 종교적(宗敎的) 특성이 내포된 수양론으로 볼 수 있다. 반면 '자명성'은 아래에서 올라가는 공부로서 상향적(上向的), 과학적(科學的) 방법과 비슷한 특성이 있다고 하겠다. 그런 의미에서 주자(朱子)도 진리 인식 행위의 주체와 관련하여 설명하면서 '자명성'은 점진적으로 밝혀가는 방법으로서 현인(賢人)이나 군자(君子)가 행하는 수양의 방법이라고 보았고, '자성명'은 성자(聖者)의 도라고 구분하였다.[33] 정암이 산속에서 '올연(兀然)히 앉아 하느님을 대하듯 성품(性品)의 근본을 함양하는' 내용은 '자명성'보다는 '자성명'의 방법론에 해당된다. 이런 정일(精一)한 공부는 사물의 이치부터 하나하나 인식하고 학습하는 차원을 넘어 내면(內面)을 밝히고 키우는 수양공부이다. 가르치고 배우는 교육(敎育)을 통한 공부라기보다는 그 성격상으로 볼 때, 바로 내면의 성(誠)을 밝히는 자성명적(自誠明的) 수도(修道) 과정인 것이다. 엄정한 수양을 통하여 인간 본성에 품부되어 있는 근본을 밝히고 드러내는 방법이다. 이런 수양방법은 논리적이며 이지적(理智的)으로 접근하는 격물치지(格物致知)와는 내용면에서 상당히 다르다. 이치를 밝힘으로써 나아가 인간 내면의 성(誠)에 이르고자 하는 이지적 방법이라기보다는 내면의 성(誠)을 밝히고 따르는 심령적(心靈的), 수도적(修道的) 방식과 상통한다. 본성(本性)을 올바르게 인식하고 그 본성대로 따르기만 하면 되는[性之] 수양 방법론이다. 정암의 수양공부는 그런 특성을 띠었다.

그러므로 정암의 공부는 무엇보다 '자득적(自得的)' 측면이 강하게 나타난다. 진리에 대하여 스승에게 나아가 배움을 통하여 듣고 아는

---

33 『중용』 제21장 주자주.

것이 아니라 스스로 확인하고 터득하는 특성을 보였다. 이 점은 율곡 (栗谷) 이이(李珥)와 우암(尤庵) 송시열(宋時烈)의 글에서 분명하게 확인할 수 있다. 율곡은 정암이 젊은 시절 즐겨 찾았던 곳에 세워진 「도봉서원기」에서 정암의 학문적 연원과 관련하여 다음과 같이 언급하고 있다.

우리나라는 본디 문헌의 나라라고 일컬어지고 있지만, 고려 이전에는 소위 학문이라는 것이 공교함과 화려함만을 다툴 뿐이었으니, 성리에 대한 말은 아예 들을 수가 없었다. 그 말엽에 포은 정몽주라는 분이 있어서 비로소 '이학(理學)의 조(祖)'라고 불리지만, 그 자세한 언론(言論)과 풍지(風旨)는 얻어 볼 수가 없고, 후세 사람들은 다만 한 몸을 가지고 오백년 동안의 무너진 강상(綱常)을 떠받들려 했다는 것을 알 뿐이다. 조선시대의 문풍(文風)은 규성(奎星)이 모이는 운을 계승함직 하지만 능히 위기지학(爲己之學)으로 세상에 이름난 사람은 역시 일찍이 배출하지 못하였다. 오직 우리 정암 선생(靜庵先生)께서 한훤당 김굉필에게서 발단하였으나 독실한 행실을 더욱 힘써서 자득(自得)하는 학문이 매우 깊었다.

여기서 율곡은 정암의 학문이 한훤당에게서 발단했지만, 역시 자득(自得)의 성격이 매우 강하다고 밝히고 있다.

또한 우암도 「심곡서원강당기(深谷書院講堂記)」에서 다음과 같이 언급한 바 있다.

대개 선생은 특출한 자질(資質)로 문장의 기운을 지녔는데, 스승의 전수를 거치지 않고 홀로 도(道)의 묘리(妙理)를 터득하였다. 염락(濂洛)과 관민(關閩)의 학문으로 말미암아 위로 『대학』·『논어』·『맹자(孟子)』·『중용(中庸)』의 뜻을 구하였으며, 그 규모가 정대(正大)하고 공부가 엄밀하였으며, 순수한 성현의 도(道)이고, 순전한 제왕의 법(法)이었던 것이다.[34]

우암 송시열이 쓴 〈심곡서원강당기〉

  여기서 우암은 정암의 학문 연원이 진리의 자득적 성격이 강하다고
밝히고 있다. 대개 우리나라의 도학적(道學的) 통서(統緒)를 말할 때 포은
정몽주 - 야은 길재 - 강호 김숙자 - 점필재 김종직 - 한훤당 김굉필 -
정암 조광조를 말하지만, 정암이 진리를 터득한 부분에 있어서는 스스
로 공부한 측면을 인정하는 것이다. 그리하여 우암은 우리나라에 정암
이 태어난 것은 마치 주렴계(周濂溪)가 송나라에 태어난 것과 같다고 하
였다. 주지하다시피 주렴계는 「태극도설(太極圖說)」로 성리학(性理學)의
시발을 연 비조(鼻祖)로 일컬어지는 인물이다. 주렴계는 도학을 창시한
인물로 주고받은 뚜렷한 연원이 없었듯이 정암의 학문도 자득적(自得
的) 특성(特性)이 있음을 강조한 것이다. 우리나라에서 도학을 학문의
표준으로 삼은 것은 정암에게서 비롯되었다는 것을 분명히 하고 있다.
그런 선상에서 우암은 또 정암이 사약을 받은 능주(綾州)의 적려지에
세운 추모비각에서, "우리나라와 같이 궁벽한 땅의 사람들이 군신(君臣)
과 부자(父子) 간의 윤리를 알게 되어서 이적(夷狄)과 금수(禽獸)의 지경

---

34 『정암선생문집』 〈부록〉 권4, 「심곡서원강당기」.

을 면하게 된 것은 오로지 선생의 덕분이다."[35]고 의미를 부여하였다.

지금까지의 고찰을 통하여 정암의 학문적 성격이 그 근본은 유학의 경전을 바탕으로 추구하였지만, 그것을 체득하고 실천하는 것은 정암 스스로 수양과 수도를 통한 자득(自得)의 측면이 특히 강하였음을 알 수 있다.

6. 후학 교도(敎導)와 정암 학맥(靜庵學脈)의 형성

정암은 38세의 비교적 짧은 일생을 살았지만, 상당히 많은 제자들을 두어 후학을 교도하였다. 무엇보다 스스로 성인이 되고자 입지를 굳히고 정제엄숙한 수양을 통하여 성품을 키우는 공부를 게을리 하지 않았지만, 그런 공부가 세상에 알려지면서 자연 많은 후학들이 배우기를 청하였다. 기묘사화의 상황을 기록하였던 당시 사관은 정암에 대하여 다음과 같이 논한 바 있다.

> 조광조의 학문은 김굉필에게서 나왔으며, 외모가 단정하고 말이 분명하며 풍채가 남들을 감동시키므로 사류가 사모하여 문하에 가득히 모여들었다.[36]

그리하여 이미 20대 중반에 원근에서 소문을 듣고 정암에게 배우기를 청하는 사람들이 늘어나기 시작하였다. 특히 연산군대의 학정(虐政)이 종료되고 정치가 혁신되면서 사기(士氣)를 장려하는 분위기가 확산되면서 학업에 힘쓰는 사람들이 증가하였고, 정암도 비로소 여러

---

35 『정암선생문집』〈부록〉권4, 「능주적려유허추모비기」.
36 『중종실록』권37, 14년 11월 18일 무신(戊申)조.

후학들을 가르치기 시작했는데 도야되고 분발한 공이 성황을 이루었다.[37] 이때는 정암이 아직 과거에 응시하지도 않은 상태였다. 정암은 29세가 되어서야 진사시에 응시하는데, 이미 그보다 4~5년이나 앞서 학문이 세상 사람들에게 널리 알려져 배우겠다고 청하는 사람들이 많아진 것이다. 정암은 17세에 한훤당 김굉필을 스승으로 모시고 『소학』과 『근사록』 등을 배움으로써 한국의 도학적 통서를 이은 바 있다. 그리고 이미 연산군대부터 정암은 주위 사람들로부터 공부하는 모습으로 인하여 '광자(狂者)'니 '화태(禍胎)'라는 말을 들을 정도로 소문이 났었다. 그리하여 정암에게 수학한 많은 제자들이 학맥을 이루기에 이르렀다. 『정암선생문집』 「문생록(門生錄)」에는 정암의 문하생들이 기록되어 있는데, 무려 30명에 달한다. 정암의 제자들을 도표로 정리해보면 다음과 같다.

성 명	본 관	호(號)	벼 슬
성수침(成守琛)	창녕	청송(聽松)	현감
성수종(成守琮)	창녕	절효당(節孝堂)	문과급제
조욱(趙昱)	평양	용문당(龍門堂)	군수
백인걸(白仁傑)	수원	휴암(休菴)	찬성(贊成)
정환(丁煥)	창원	회산(檜山)	문과급제
정황(丁煌)	창원	유헌(遊軒)	문과급제
양산보(梁山甫)	제주	소쇄원(瀟灑園)	
나식(羅湜)	안정	장음정(長吟亭)	참봉
허백기(許伯琦)	김해	삼송(三松)	감사
홍봉세(洪奉世)	남양		판결사
정원(鄭源)	동래		승지
윤관(尹寬)	남양	삼휴당(三休堂)	도사

37 『정암선생문집』 〈부록〉 권5, 「연보」 25세조.

홍섬(洪暹)	남양	인재(忍齋)	영의정
이령(李翎)	함안	성재(惺齋)	
이희민(李希閔)	합천		정랑
이충건(李忠楗)	성주	눌재(訥齋)	정랑
이문건(李文楗)	성주	묵재(默齋)	승지
박세후(朴世煦)	상주	인재(認齋)	감사
윤변(尹忭)	해평	지족암(知足庵)	문과급제
이기(李巙)	연안	정헌(靜軒)	승지
장잠(張潛)	인동	죽정(竹亭)	
이연경(李延慶)	경주	탄유(灘叟)	교리
박소(朴紹)	반남	야천(冶川)	문과급제
최여주(崔汝舟)	해주		
조희윤(趙希尹)	한양		진사
기준(奇遵)	행주	복재(服齋)	응교
안담(安曇)	경주	송애(松崖)	찰방
홍순복(洪順福)	남양	원암(願庵)	
정의손(鄭義孫)		추파(秋波)	
김광원(金光遠)	영광	월봉(月峰)	

30여 명의 제자는 정암의 38년 생애를 고려할 때 결코 적은 숫자라고 하기는 어렵다. 그리고 정암 스스로가 남을 가르치거나 과거 등에 마음을 두기보다는 위기지학(爲己之學)에 집중하였던 측면을 유의하면 그 숫자는 오히려 상당히 많은 편이라고 할 수 있다. 뿐만 아니라 정암의 제자들은 한결같이 스승 정암의 삶과 학문을 본받고 실천함으로써 그 학문적 특성을 계승하려고 한 점은 높이 평가할 만하다고 하겠다.

『정암선생문집』의 「문생록」에 기록되어 있는 정암 제자들의 삶에 대하여 간략하게 살펴보면 다음과 같다. 우선 성수침(成守琛, 1493~1564)

과 성수종(成守琮, 1495~1533) 형제를 들 수 있다.

성수침은 자가 중옥(仲玉)이고 호가 청송(聽松)이어서 사람들이 '청송 선생'이라고 불렀는데, 대사헌을 역임한 성세순(成世純)의 아들이다. 성수침의 아들이 우계(牛溪) 성혼(成渾)인데, 율곡 이이의 가장 가까운 벗으로서 두 사람 간에 전개된 '인심도심논변(人心道心論辨)'은 조선조 성리학사에서 중요한 의의를 지니는 점에서 특히 유명하다. 성수침은 관직에 뜻을 두지 않고 평생 경기도 파주에서 은일(隱逸)로 생을 마쳤는데, 조정에 천거되어 주부와 현감 등의 관직을 받았으나 사양하고 나아가지 않았다. 성수침이 그런 삶을 지향한 것은 스승인 정암이 참화를 당한 '기묘사화(己卯士禍)'가 결정적 원인이었던 것으로 보인다. 정주학(程朱學)에 깊은 관심을 가진 그는 영의정을 지낸 이준경(李浚慶) 등 벗들과 깊은 교우관계를 유지하며 당대 유일로 명성이 높았다. 사후에 퇴계 이황은 그의 「묘갈명(墓碣銘)」을, 고봉 기대승은 「지명(誌銘)」을, 율곡 이이는 「행장(行狀)」을 지어 예를 표했다. 후에 우의정에 추증되고 문정공이라는 시호를 받았다. 문집으로는 『청송집(聽松集)』이 있고, 경기도 파주의 파산서원(坡山書院)에서 제향하고 있다.

성수침의 아우 성수종은 형보다 두 살 아래였는데, 자는 숙옥(叔玉)이고 호는 절효(節孝)였다. 기묘년(1519)에 별시문과의 병과로 합격하였으나 정암의 제자라는 이유로 명단에서 삭제당하였다. 이 일을 계기로 성수종은 평생 관직에 나아가지 않고 학문에 전념하였다. 사후 직제학(直提學)으로 추증되었고, 호를 따라 절효공의 시호를 받았다. 창녕의 물계서원(勿溪書院)과 파주의 파산서원(坡山書院)에서 제향되었다.

다음으로 조욱(趙昱, 1498~1557)은 판관 조수함(趙守諴)의 아들로 정암과 충암 김정에게 배웠는데, 평소 스승으로부터 "내 문하에 독실하게 구도하기로는 조욱만한 사람이 없다"고 칭찬을 들을 정도였다. 스승 정암이 공부하였던 용문산(龍門山)에 오랫동안 들어가 학문을 하였는데, 이 때문에 호를 용문당(龍門堂)이라 하였고, 사람들은 '용문 선생'이

라 불렀다. 화담 서경덕(徐敬德), 퇴계 이황, 모재 김안국(金安國) 등 당
대의 명유들과 교유하였으며, 유일(遺逸)로 천거되어 내섬시(內贍寺) 주
부(主簿)와 장수(長水) 현감을 지냈다. 사후에 이조참의로 추증되었고,
운계서원(運溪書院)에 제향되었으며, 문집으로 『용문집(龍門集)』이 있다.
　정암의 제자 중 스승의 신원과 문묘 배향을 위해 가장 애를 쓴 사
람이 바로 휴암(休菴) 백인걸(白仁傑, 1497~1579)이다. 휴암은 특히 정암
의 문묘종사에 결정적인 역할을 한 인물이다. 휴암은 김식(金湜)이 성
균관 대사성이 되어 새로운 학풍이 일어나게 되자 구도(求道)의 뜻을
세우고 학문에 전심하였는데, 특히 정암을 존경하여 정암 집 옆에 집
을 짓고 살면서 나아가 배우기를 청하였다. 1519년 기묘사화(己卯士禍)
가 일어나자 비분강개하여 금강산으로 들어가 마음을 달랬다. 그러다
가 1531년에 생원시에 합격하였고, 1537년에는 41세의 나이로 식년문
과 병과에 급제하였다. 그러나 기묘사림의 일원으로 지목되어 성균관
에 머물다가, 이후에야 예문관 검열이 되었다. 이후 예조좌랑을 거쳐
남평현감이 되어 학당(學堂)을 세우고 학장(學長)이 되어 후진 교육에
정성을 쏟았다. 인종(仁宗)이 등극하자 지평을 거쳐 호조정랑이 되었
으며, 춘추관 기주관을 겸하기도 하였다. 같은 해 명종(明宗)이 등극하
고 윤원형(尹元衡) 등이 문정왕후(文定王后)를 등에 업고 을사사화(乙巳
士禍)를 일으켰을 때 휴암은 헌납으로 있으면서 모친과 아내의 반대
에도 불구하고 대비의 밀지(密旨)의 부당함과 사화(士禍)의 문제점을
조목조목 왕에게 고하였다가 파직되었다. 이후 다시 안변(安邊)에 유
배되고, 1551년 사면되어 고향으로 돌아가 학문에 집중하였다. 선조
즉위년(1568)에 기대승의 건의로 다시 71세의 나이로 정계로 나가 교
리, 직제학, 대사간(大司諫)이 되었고, 같은 해 공조참의와 대사헌을 역
임하고 병조참판, 공조참판 등 관직을 두루 역임하였다.
　휴암은 지조가 굳건하고 청렴결백하여 청백리로 뽑혔으며, 스승
정암을 모신 도봉서원(道峰書院)을 물심양면으로 지원하였다. 그러면

서 휴암은 죽는 날까지 스승인 조광조의 문묘(文廟) 배향(配享)을 주청
하였다.

백인걸은 우리나라의 도학이 정몽주와 김굉필을 연원으로 하여 조
광조에 이르러 정주의 학문이 밝혀지게 되어 거의 요순(堯舜)시대와
같은 덕정을 수행하게 되었지만, 남곤과 심정 등의 귀역 같은 짓으로
원통하게 죽임을 당하여 조야의 통분이 오래되었다고 전제하고, 정암
을 문묘에 종사하여 천리를 밝히고 인심을 맑게 할 것을 주청하였
다.[38] 백인걸은 경오년(庚午年)에 다시 올린 상소에서도 정암이 고종명
(考終命)은 못하였지만, 남긴 미풍(美風)과 은택은 죽은 뒤에 오히려 더
나타나서 사람들이 도학을 숭상하여 왕도를 귀하게 여기고 패도를
천하게 여기게 되었다고 설명하고, 어진 선비를 추념하여 문묘에 종
사함으로써 사람들이 법받고 풍회에 도움이 있게 할 것을 주청하였
다.[39] 백인걸은 선조 9년(1576)에 다시 올린 상소에서 문묘에 종사된
선비들 중에는 설총과 최치원, 안유 같은 분들은 조광조에 비해 훨씬
미치지 못하는데도 불구하고 문묘에 종사되어 성대한 예를 받고 있
다고 주장하고, 대신과 의논하여 정암을 종사함으로써 사류들을 흥기
시키고 사문을 변화시킬 것을 주청하였다.[40] 휴암은 또 기묘년에 올
린 상소에서는 오로지 조광조의 사업(事業)과 공로(功勞)를 들어서 문
묘 종사의 이유를 설명하였다.[41]

정암을 신원하고 문묘에 종사할 것을 주청하는 상소는 이후에도
끊이지 않았다. 대표적인 인물로는 율곡 이이(李珥)와 중봉 조헌(趙憲),
임숙영(任叔英), 홍인헌(洪仁憲), 이준경(李浚慶) 등이 있다. 그런 노력의
결실로 정암 조광조는 광해군 2년(1610) 9월에 마침내 문묘에 종사되

---

38 『정암선생문집』〈부록〉권3, 「請加褒贈從祀文廟箚」.
39 『정암선생문집』〈부록〉권3, 「請從祀疏署」.
40 『정암선생문집』〈부록〉권3, 「又疏」.
41 『정암선생문집』〈부록〉권3, 「又己卯疏」.

어 그 도학적 삶의 정당한 평가를 받게 되었다. 정암이 문묘에 종사될 수 있게 된 과정에는 많은 사람들의 주청이 있었으나 그 중심에는 휴암 백인걸의 역할이 절대적이었음을 확인할 수 있다.

특히 휴암은 기묘사화 뒤 명종대까지 계속된 훈구 세력의 발호에 맞서 사림파를 유지하는 데 중요한 구실을 하였고, 을사사화(1545) 때에는 몸을 돌보지 않고 윤원형의 음모에 대항하는 등 스승의 모범을 본받아 올곧은 도학자로서의 삶을 살았다. 남평의 봉산서원(蓬山書院)과 파주의 파산서원에 제향되었고, 시호를 문경공(文敬公)으로 받았다.

다음으로 정환(丁煥, 1497~1540)과 정황(丁熿, 1512~1560) 형제를 들 수 있다. 정환은 32세에 별시문과 을과에 합격한 뒤, 성균관 전적을 거쳐 경상도 도사(都事)를 지내던 중 순직하였다. 문집으로 『회산집(檜山集)』이 있으며 전라도 남원의 영천서원(寧川書院)에 제향되었다. 정황은 25세에 문과 친시(親試)에 을과로 합격하여 승문원 부정자와 병조정랑, 형조정랑, 의정부 검상과 사인을 역임하였다. 강직한 성품으로 널리 알려졌는데, 특히 명종 때 수렴청정을 하던 문정황후가 서둘러 장례를 마치려고 하자, 극력 반대하여 예법에 준하여 장례를 치르도록 하였던 일로 유명하다. 명종 즉위 이후 윤원형이 득세하자 벼슬을 버리고 고향으로 돌아갔는데, 정미사화에 연루되어 거제도로 유배되었다가 그곳에서 세상을 떠났다. 사후 이조판서로 추증되었으며, 충간공(忠簡公)이라는 시호를 받았다. 저서로 『장행통고(壯行通考)』, 『부훤록(負喧錄)』이 알려져 있으며, 형과 함께 남원의 영천서원에 제향되었다.

정암의 제자 중 마음으로 스승을 모셨던 인물 중 소쇄옹(瀟灑翁) 양산보(梁山甫, 1503~1557)가 주목을 받는다. 양산보는 15세가 되던 해 그의 아버지가 정암 선생에게 데리고 가서 글공부를 부탁하였는데, 정암이 기특하게 여겨 쾌히 승낙하고 『소학』을 주면서 그 책부터 공부하도록 하였다. 그때 10세 위의 성수침과 8세 위의 성수종 형제도 함께 입학하였는데, 서로 존경할 만한 벗으로 여겨 친근하게 지냈다.

90

소쇄원

양산보와 성수종은 중종 14년 과거에 함께 급제하였으나 조광조의
문인이라 하여 과방(科榜)에서 삭제당하였다. 기묘년에 스승 조광조가
사화를 당하게 되자 출세에 뜻을 버리고 고향인 전라남도 담양(潭陽)
에 따라 내려가 '소쇄원(瀟灑園)'을 지었다. 그곳에서 두문불출(杜門不
出) 지조(志操)를 지키면서 사람이 지켜야 할 도리를 밝히는 일로 깨
끗함과 고요함에 만족하며 30여 년을 자연과 더불어 고고하고 단정
하게 살았다. 스스로의 호도 소쇄옹(瀟灑翁)이라 하였고, 효부(孝賦)를
지었다.

　전라남도 담양군 남면 지곡리에 있는 소쇄원은 국가사적 제304로
자연과 인공을 조화시킨 조선 중기의 대표적인 정원(庭園)이다. 선비
의 고고한 품성과 절의가 풍기는 아름다운 뜻을 찾아 오늘날에도 사
람들의 발길이 끊이지 않는다. 당시 많은 학자들이 모여 학문을 토론
하고 창작 활동을 벌인 선비 정신의 산실로 알려져 있다. 특히 양산

보는 정암의 신원을 위해 노력을 기울인 하서(河西) 김인후(金仁厚)와 각별하게 지냈는데, 하서가 지은 '소쇄원 48영(詠)'이 유명하다. 우암 송시열은 소쇄원에 '소쇄처사양공지려(瀟灑處士梁公之廬)'라 글을 써 붙이고, 양산보가 어지러운 세상을 등지고 처사(處士)로서 은일(隱逸) 생활을 한 것에 의의를 부여하였다.

소쇄원 오곡문(五曲門) 담장 아래로 맑고 깨끗한 물이 흐르고, 계곡 옆으로 '비 개인 하늘에 내리 비치는 맑고 상쾌한 달'이라는 의미의 주인집 '제월당(霽月堂)'과 '비온 뒤에 부는 청량한 바람'이라는 뜻의 한 칸 사랑방 '광풍각(光風閣)'이 선비의 기상처럼 서 있다.

나식(羅湜)은 생몰연대가 확실하지 않으나 자는 정원(正源)이고 호는 장음정(長吟亭)이다. 한훤당 김굉필과 정암 조광조에게 동시에 수학하였다. 음보(蔭補)로 능참봉이 되었으나 을사사화(乙巳士禍) 때 대윤(大尹)인 윤임 일파로 몰려 강계로 유배되었다가 사사(賜死)되었다. 문집으

소쇄처사양공지려

로 『장음정유고(長吟亭遺稿)』가 있다.

허백기(許伯琦, 1493~?)는 기묘년(1519)에 별시문과에 을과로 합격하여 승정원의 주서(注書)를 지냈다. 이후 병조좌랑, 형조좌랑, 형조정랑, 사간원 헌납, 사간원 사간, 사헌부 장령, 홍문관 교리, 승정원 동부승지, 형조참의, 장예원 판결사, 동지중추부사 등을 역임하였다. 정암 사후 훈구 세력들이 집권하는 동안에도 여러 관직을 두루 맡은 인물로, 시호는 정헌공(正憲公)이다.

홍봉세(洪奉世, 1498~1575)는 기묘사화 이후 관직을 단념하고 낙향하였다가, 뒤에 춘천부사, 남양부사, 괴산군수, 여주목사 등을 두루 지냈으며, 중앙에서 판결사를 역임했다. 특히 성수침과 아주 가까이 지냈던 인물이다.

정원(鄭源, 1495~1546)은 기묘년 별시문과에 병과로 합격되어 성균관 전적과 공조좌랑, 형조좌랑, 형조정랑, 사간, 세자시강원 보덕, 사헌부 집의, 홍문관 직제학, 동부승지 등을 역임하였고, 곤양군수를 지냈다. 을사사화에 연루되어 창성에 유배되었다가 사약을 받았다.

윤관(尹寬, 1490~1550)은 기묘사화 때 부친상을 당하여 화를 면하고, 3년 뒤 소격서 참봉과 충익부 도사, 군자감 판관 등을 역임하였다. 동문 중 기준(奇遵)과 특히 친분이 두터웠던 인물이다.

홍섬(洪暹, 1504~1585)은 정암의 이종아우로서 영의정을 지낸 홍언필의 아들이고, 자신도 영의정까지 오른 인물이다. 1531년 식년문과에 병과로 합격하여 정언, 이조좌랑, 수찬, 부제학, 대사헌, 경기도 감사, 이조판서, 예조판서, 대제학, 좌의정, 우의정, 영의정을 차례로 지냈다. 벼슬을 지내는 동안 의(義)를 행하고 퇴계 이황과 친구로 교유하였으며, 김안로(金安老)와 이량(李樑) 등 훈구 세력에 올곧게 맞서는 기개가 있었다. 이준경이 붕당을 경계하는 글을 올렸으나 오히려 그것이 문제로 부각되자 홍섬은 그를 적극 옹호하였다. 기개로 유배를 당하거나 관직에서 축출되기도 하였으나 자호(自號)처럼 참고 견디어 최고의 벼슬인 영의정에 세 번이나 올랐다. 그러나 홍섬은 초기 벼슬 과정에서 다소 그 의행(義行)이 불분명한 부분도 있었다. 하서(河西) 김인후(金仁厚)가 경연 검토관으로 있으면서, 인종(仁宗)에게 "근래에 상 없는 소인〔심정(沈貞)·이항(李沆) 등〕은 죽여도 남은 죄가 있는 자들인데 다 복직이 되었고, 비록 한때 행사가 혹 그릇된 점은 있을지라도 그 본심이 국가를 기만하지 않은 자들〔조광조(趙光祖), 김식(金湜), 김정(金淨), 기준(奇遵), 윤자임(尹自任), 한충(韓忠)〕은 오히려 상의 은혜를 입지 못했사오며, 상의 은혜를 입지 못했을 뿐만 아니오라 그 사람들이 숭상하던 서(書)〔『소학(小學)』·『향약(鄕約)』〕조차 버려 던지고 쓰지 아니하오니 지극히 미편한 일입니다."고 말하자, 임금은 당시 승지(承旨)였던 홍섬(洪暹)에게 김인후가 말한 사람들이 과연 어떤 사람들인가를 하문하였다. 이에 홍섬은 "신도 역시 미처 자세히 듣지 못했사옵니다."고 한 뒤 사관(史官)에게 물어보고서 "본심이 국가를 기만하지 않았다는 것은 기묘(己卯)의 사람들을 지적한 것입니다."고 임금에게 고하였다. 이 사실을 두고 당시 사관은 홍섬의 태도에 대하여 다음과 같이 크게 비판한 바 있다. "상께서 홍섬에게 하문하신 것은 참으로 그 어느 사람인지를 모르신 게 아니라 요는 그 아래의 정(情)을 살피고자 하여 당겨 물으신 것이니, 상의 마음이 거의 다시 밝아지고 사람의 울분한 심정도 거의 펴질 수 있는 기회라 생각되는데, 홍섬의 처지로는 마땅히 물음에 따라 분명히 변론하고 곧이곧대로 계를 해야 할 것이거늘, 홍섬 역시 '신 또한 자상히 듣지 못했습니다'고 말하였으니 그 변죽만 울리며 제 몸을 보전하려는 꾀는 교묘하다 하겠지만 상의 하문을 저버렸음에 어찌하랴. 후설(喉舌)의 직(職)을 맡아 있는 자가 진실로 이 같을 수 있으랴. 비단 과감히 직계(直啓)하지 못했을 뿐 아니라 또 사관에게 물어서 계를 한 것을 보면 이는 회계(回啓)한 말이 자기에게서 나오지 아니하고 다른 사람에게서 나오게 하고자 해서 그런 것이다."[42] 홍섬의 문집으로 『인재집(忍齋集)』, 『인재잡록(忍齋雜錄)』이 있다.

이령(李翎)은 자가 여익(汝翼)이고, 호는 성재(惺齋)이며, 경상도 함안(咸安) 사람으로 생몰연대나 이력에 대한 것은 상세하게 남아 있지 않다.

이희민(李希閔, 1468~?)은 정암보다 14년 연상의 인물로 유명하다. 정암의 사람됨과 학문을 존경하여 배우기를 주저하지 않았던 사람이다. 43세 늦은 나이에 진사가 되었고, 그 후 6년 뒤에 별시문과 병과로 합격하여 이조정랑에 올랐으나 기묘사화로 관직에서 파직되었다.

다음으로 이충건(李忠楗, ?~1521)과 이문건(李文楗, 1494~1568) 형제를 들 수 있다. 이춘건은 태어난 연도는 확실치 않으나 정암과 같이 알성시에 병과로 합격하였다. 이조좌랑이 되었으나 기묘사화로 파직되고, 2년 후 신사무옥(辛巳誣獄)에 연루되어 장형을 받고 유배 도중 청파(靑坡)에서 생을 마쳤다. 그의 아우 문건은 1523년 별시문과에 병과로 합격한 뒤, 주서, 장령, 통례원의 우통례, 승문원의 판교 등을 역임하였으나, 을사사화 때 대윤 일파로 지목되어 성주로 유배당한 뒤 유배지에서 생을 마쳤다.

박세후(朴世煦, 1493~1550)는 기묘년에 별시문과에 을과로 합격한 후 전적, 감찰, 장악원의 첨정, 교서관의 교리, 강원도 감사를 지낸 인물이다.

윤변(尹忭)은 생몰연대가 확실치 않으나 자는 도가적 의미가 담긴 지족암(知足庵)이다. 기묘년에 생원시에 합격하여 성균관 유생으로 있던 중, 기묘사화가 일어나자 스승의 무죄를 극력 호소하였다. 3년 후 식년문과에 병과로 합격하여 성균관 학유, 군자감정을 지냈다. 그의 아들 윤두수는 선조대에 영의정을 지냈다.

이기(李巙, 1493~1547)는 기묘년 식년문과에 병과로 합격하여 부정자, 주서, 대호군, 첨지중추부사 등을 역임했다. 그의 손자 이귀(李貴)는 인조반정을 주도한 인물이다.

---

42 『중종실록』 권101, 38년 7월 20일 계해(癸亥)조.

장잠(張潛)의 생몰연대 역시 불확실한데, 그는 스승 정암이 능주에 유배되었을 때 따라가 지내며 최후까지 함께한 제자였다. 그 후 죽을 때까지 관직에 나가지 않았으며, 오직 스승의 신원(伸寃)을 위해 소를 올리며 예를 다하였다.

이연경(李延慶, 1488~1552)은 조상의 음덕으로 관직을 얻어 선릉참봉과 공조좌랑, 형조좌랑을 지냈다. 기묘년에 실시된 현량과(賢良科)에 병과로 합격하였는데, 기묘사화로 유배를 당할 처지였으나 중종이 파직시키는 선에서 마무리를 지시한 인물이다. 이후 충청도 충주에 내려가 은둔하며 벼슬에 나가지 않았다. 시호는 정효공(貞孝公)이다.

박소(朴紹, 1493~1534)는 기묘년에 식년문과에 장원으로 합격하여 수찬, 세자시강원 설서, 사서, 필선, 사간과 성균관 사성 등을 역임하였다. 김안로의 탄핵을 받고 파직되어 합천에서 후학 교도에 전념하다가 세상을 마쳤다. 사후 영의정에 추증되고, 시호를 문간공(文簡公)으로 받았으며, 전라도 나주의 반계서원(潘溪書院)에 제향되었다.

최여주(崔汝舟, ?~1567)는 세종 때 청백리 최만리의 현손으로 정암과 충암 김정에게서 수학하였다. 의금부도사와 목사 등을 역임하였다.

조희윤(趙希尹)은 정암의 아우 조숭조(趙崇祖)의 아들인데, 진사로 생애를 마쳤다.

제자 중 백인걸과 함께 문신이자 혁신적인 학자로 널리 알려진 인물로 기준(奇遵, 1492~1521)이 유명하다. 기준의 자는 자경(子敬)이고, 호는 복재(服齋)이다. 1513년 사마시에 합격하고, 이듬해 별시문과에 급제하여 사관, 홍문관 정자, 천문이습관, 검토관, 수찬, 검상, 장령, 시강관 등을 역임하였다. 도학자로서 지치적(至治的) 개혁에 정암 못지 않게 진보적인 성향을 지녔으며, 특히 사회경제적인 측면에서의 개혁에 지대한 관심을 보였는데, 토지문제에서 균전제 실시를 주장하였다. 이성언(李誠彦)의 부정을 탄핵하고, 대간이 이를 묵인한다고 논박하는 상소를 올려 훈구파인 남곤과 심정의 질시를 받았다. 기묘사화

를 당하여 조광조와 김식(金湜), 김정(金淨)과 함께 하옥되었다가 아산
으로 유배되었으며 이듬해 죄가 가중되어 온성으로 이배되었다. 모친
상을 당하여 고향으로 돌아갔다가 1521년 송사련의 무고로 신사무옥
(辛巳誣獄)을 당하여 다시 유배되어 30세의 나이에 교살을 당해 세상
을 떠났다. 기묘명현(己卯名賢)의 한 사람으로 인종 1년에 스승 조광조
와 함께 신원되어 이조판서에 추증되었고 시호는 문민공(文愍公)이다.
온성의 충곡서원(忠谷書院), 아산의 아산서원(牙山書院), 고양의 문봉서
원(文峯書院)에 제향되었고, 문집으로 『복재집(服齋集)』이 있다. 선조 때
대사간을 지낸 고봉 기대승은 기준의 조카이다. 기대승은 퇴계 이황
과 '사단칠정논변(四端七情論辨)'을 전개함으로써 16세기 이후 한국 성
리학의 이론적 심화와 발달에 특히 기여한 공이 있다.

안담(安曇)은 생존연도기 확실하지 않으나 자가 태허(太虛)이고 호가
송애(松厓)다. 자로 보아 도가적 관심이 있었던 것을 알 수 있고, 효성
으로 천거되어 참봉과 찰방을 지냈다. 정암 문하생인 성수침이 죽었
을 때 자신의 재산으로 장례를 치렀고 사후 이조판서로 추증되었다.

홍순복(洪順福)은 자가 자수(子綏), 호가 고암(顧菴)인데 생존연도와
사실이 잘 알려지지 않았다.

정의손(鄭義孫)은 호가 추파(秋波)이며, 조상의 음덕으로 직장(直長)을
지냈다는 사실만 기록되어 있다.

김광원(金光遠, 1478~1550)은 문장과 행실(行實)로 조정에 천거되어 승
문원 이문습독관을 지냈다. 기묘사화 때 전라도 장흥의 월봉산으로
들어가 학문에 전념하였고, 자호도 월봉(月峰)으로 하였다. 신사무옥
으로 영변에 12년간이나 유배되어 지내다가 풀려난 뒤에도 후학 양
성에만 힘쓰다가 세상을 떠났다.

이외에도 팔도감사를 지낸 송애(松厓) 반석수(潘碩粹), 파주목사 등을
지내며 지방관으로서 선정을 베풀어 치적을 쌓은 순암(純庵) 심광언(沈
光彦, 1490~1568), 김일손의 조카로서 정여창에게서도 배우고 기묘사화

후 청도의 산속에 들어가 숨어 산 삼족당(三足堂) 김대유(金大有, 1479~
1551), 기묘사화 이후 은둔한 민의(閔義), 아버지는 한훤당에게 수학하
고 그 자식인 두 형제는 정암의 제자가 된 이윤경(李潤慶, 1498~1562)과
이준경(李浚慶, 1499~1572) 형제, 강원도 관찰사, 의주목사 등 지방관을
두루 역임한 임붕(林鵬), 황해도 어사 등을 역임하고 유배 중이던 김
안로의 복직에 반대해 탄핵을 받았던 조종경(趙宗敬), 정언, 지평, 교리
등을 역임한 김진종(金振宗, 1496~?), 학문과 행실로 평판이 높았고 원
주와 제주 목사 등을 두루 겸임한 이세번(李世蕃), 성균관 사성과 어천
찰방, 정언 등을 지낸 이겸(李謙), 기묘사화 때 성균관 유생들의 대표
로서 궐내에 들어가 스승의 무죄를 주장하다 의금부에 갇혔던 이약
수(李若水)와 정미사화(丁未士禍) 때 죽임을 당한 이약해(李若海) 형제,
충무공 이순신 장군의 조부로서 학문과 행실로 이름이 나 천거를 받
아 참봉으로 임명되었으나 나아가지 않은 풍암(楓岩) 이백록(李百祿),
문무를 두루 겸직한 인물로 알려진 이홍간(李弘幹), 효행이 지극하고
문무에 두루 재능이 있었던 최필성(崔弼成)과 일사(逸士)로 천거되어
왕 앞에서 성균관 유생 자격으로 강독을 하였던 최계성(崔繼成) 형제,
소격서 참봉을 지낸 이지남(李至男), 문과에 합격한 이언호, 전주인 최
희정(崔希汀) 등 수많은 인물들이 정암의 제자로 알려져 있다.

　이와 같이 정암을 따르고 기꺼이 제자가 되기를 청했던 수많은 제
자들은 정암이 세상을 떠난 이후에도 학계와 정계 등 사회 전반에서
그 학맥의 줄기를 형성하고 조선 사회에서 폭넓은 역할을 수행했던
것을 확인할 수 있다.

　특히 여기서 학포(學圃) 양팽손(梁彭孫, 1488~1545)에 대하여 언급하고
자 한다. 양팽손은 정암보다 여섯 살 연하의 인물로서, 정암이 유배
를 간 능주(綾州) 출신이었다. 정암과 함께 1510년 생원시(生員試)에 합
격하고, 1516년에는 식년문과에 급제하였으며, 또한 정암이 제창한
현량과(賢良科)에 발탁되었다. 이후 그는 정언(正言), 전랑(銓郎), 수찬(修

撰), 교리 등 여러 관직을 역임하였다. 그는 정언 때에 이성언(李誠言)을 탄핵한 일로 대신들의 의계(議啓)를 받아 체직되었지만, 정암으로부터 언로를 부호한 인물로 평가받기도 하였다. 특히 양팽손은 1519년 기묘사화가 일어나자 조광조와 김정 등을 위하여 소두(疏頭)로써 상소하였다. 이 일로 인하여 삭직되자 고향인 능주로 돌아와 중조산(中條山) 아래 쌍봉리(雙鳳里)에 학포당(學圃堂)을 짓고 정암과 매일 경론을 탐구하며 지냈다. 그는 정암이 사사(賜死)되는 종명(終命)의 마지막 순간까지 함께 하였으며, 시신을 염하고 반장하였다. 정암 사후에는 중조산 아래에 사당을 세워서 매년 정암이 죽은 날 제자들과 함께 제사를 드리고 슬피 울었다.

정암이 학포와 함께 생원시에 합격하였을 무렵 서로 추종하며 강론하기를 힘썼는데, 당시 정암은 학포에 대하여 자신의 느낌을 말한적이 있다. 정암은 학포가 같은 해 진사에 합격하였기 때문에 학포를 '양동년(梁同年)'이라 불렀는데,

내가 양동년과 더불어 말을 할 적에는 마치 지초(芝草)와 난초(蘭草)의 향기가 사람에게 풍기는 것 같아, 나도 모르게 비루함이 사라지게 된다.[43]

고 할 정도로 친애하였다. 뿐만 아니라 정암은 학포의 기상에 대해서도 "가을 하늘에 흰달이요, 사람의 탐욕이 씻은 듯 깨끗하다"고 할 정도로 마음으로 좋아하였다. 학포가 모든 것을 버리고 스승 정암을 따라 낙향한 마음을 이해할 수 있는 부분이다. 정암과 학포가 서로 마음으로 깊이 소통하고 있었음을 볼 수 있는 대목이다.

정암 사후 양팽손에게는 조정에서 여러 차례 관직을 내려 벼슬을 유도했으나 매번 사양하고 나아가지 않았다. 그러다가 1544년 김안로

---

43 『정암선생문집』〈부록〉 권1, 「사실」.

심곡서원 양팽손 위패 사진

가 죽임을 당한 이후 용담현령에 잠시 나갔으나 바로 사임하였고, 다음 해 58세를 일기로 세상을 떠났다. 그는 송순(宋純) 등과 함께 송흠 (宋欽)에게 나아가 수학하였고, 항상 『소학』과 『근사록』을 처신의 지침으로 삼았던 인물이다.

1570년 조정에서는 능주에 '죽수서원(竹樹書院)'을 세우고 정암을 추존하였다. 그리고 1630년 사계 김장생(金長生)의 주청으로 죽수서원에 정암과 함께 학포를 배향되게 되었다. 학포는 정암의 선영 아래 세워진 용인(龍仁)의 심곡서원(深谷書院)에도 배향되어 있다.

양팽손은 정암에게 직접 수학한 제자는 아니었지만, 도학자 정암의 삶과 사상에 전적으로 뜻을 함께 하며 올곧은 선비의 길을 걸었다. 그의 정암에 대한 존숭은 당대 어떤 학자들보다 지극하고 정성스러웠으며, 특히 유배 마지막 순간까지 정암과 함께함으로써 정암에게 최대의 존경의 예를 표했다. 그가 정암 조광조를 모신 용인의 심곡서원에 정암과 함께 배향되어 있는 것은 충분한 이유가 있음을 알 만하다.

제4장 지치적(至治的) 개혁의 실천과 좌절

1. 정치 입문과 무차서(無次序) 등용

정암이 실천을 강조하던 스승 한훤당 김굉필로부터 도학에 감화되어 학문과 수양에 더욱 매진하게 된 것은 17세 때의 일이었다. 그 다음해에는 혼인을 하였고, 19세 때에는 부친상을 당하여 예법(禮法)에 따라 엄숙하고 한결같이 3년 시묘생활을 하였다. 복을 마친 후에는 지금의 경기도 용인시 수지구 상현동에 위치하는 심곡서원(深谷書院) 자리에 집을 짓고 어머니를 봉양하며 더욱 학문에 매진하였다. 그 시기에는 주로 『소학』과 『근사록』, 사서(四書) 등의 성리서(性理書)와 『통감절목』 같은 역사서 등을 읽으면서 실천지학(實踐之學)에 전념하였다.

당시는 연산군의 폭정이 그 정도를 더하여 가던 시절이었고, 그러던 중 23세 때에는 스승 한훤당이 갑자사화(甲子士禍)로 참화를 당하는 것을 목격했으며, 25세가 되던 1505년에는 중종반정(中宗反正)이 일어났다. 이 시기에는 이미 정암의 학문이 높다는 소문이 퍼져 원근(遠近)에서 풍문을 듣고 배우러 오는 사람들이 대단히 많아졌다. 이것은 20대 중반에 이미 정암이 학문과 행실로 대단한 명성을 얻고 있었음을 의미한다.

이로부터 4년 뒤 29세의 정암은 초시(初試)에 합격하여 비로소 성균관(成均館)에 들어가 공부를 하게 되었다. 당시 성균관의 학풍은 연산군대의 훼손으로 말미암아 아직도 미진한 분위기였으나 정암은 한순간도 흩어지지 않는 꼿꼿한 자세로 학문에 몰두하여 주변을 놀라게 하였다. 남들이 감히 따르지 못할 의지와 실천의 경지에 도달하고 있었던 정암은 이무렵 기준(奇遵) 등과 함께 개성(開城) 등지의 여러 명산 (名山)을 찾아가 고행(苦行)스런 수양을 하며 성인(聖人)의 학문에 더욱 매진하였다.

그러던 중 30세 때 모친상(母親喪)을 당하여 다시 3년 시묘생활을 어김없이 하였고, 탈상 후 학문에 더욱 전념하였다. 34세가 되던 해 봄 용문사 등지로 찾아다니며 학문에 몰두하였다. 그해 여름 마침내 정암은 성균관(成均館)의 추천(推薦)을 받아 첫 벼슬길에 나서게 되었 다. 중종반정이 일어난 뒤 꼭 10년이 지난 뒤였다.

그동안 정암의 학문은 높은 경지에 이르렀다. 그보다 10년 전이었 던 20대 중반부터 정암의 학문은 이미 대단하다는 소문이 날 정도였 으니 30대 중반에 이르던 당시에는 그 명성이 어떠하였으리라는 것 을 짐작하고도 남음이 있다.

정암 스스로 나선 벼슬길이 아니라 그의 인격과 학문에 감동한 성 균관 유생들이 적극적으로 추천하여 정치 일선에 나가게 된 것이었 다. 그동안 정암은 학문을 하면서도 벼슬에 대한 적극적인 계획을 가 지고 있지는 않았다. 게다가 부친과 모친이 10여 년 간격으로 돌아가 시는 바람에 시묘살이를 계속하였기 때문에 벼슬길에 나갈 시기가 적절하지 않은 측면도 있었다. 이런 까닭에 정암은 무엇보다 성인(聖 人)의 학문에만 전념하였지 벼슬 자체를 염두에 두지는 않았다.

성균관 입학 5년 후 34세에 이르러서야 정암은 유생들의 절대적인 지지와 추천에 의해 정치 일선에 첫발을 내딛게 된 것이었다. 나이에 비하면 벼슬길이 남들보다 이른 것은 결코 아니었으나, 스스로 원해 서 나선 것은 더욱 아니었다. 정암의 뚜렷한 행실과 학문에 감동한 성균관 유생들의 일방적인 천거였던 것이다.

정암이 처음 제수받은 벼슬은 종6품직인 조지서(造紙署) 사지(司紙) 였다. 종이를 제작하는 부서의 초급관리였다. 대개 과거시험 합격자 들 대부분이 처음 받는 벼슬이 종9품직이었고, 장원 급제자 한 사람

정도가 종6품직을 받았던 것을 고려하면 정암의 첫 벼슬 직위가 낮은 것은 아니었다.

34세에 처음 입문한 벼슬길은 이렇게 추천에 의한 것이었기에, 정암은 기왕에 벼슬을 할 것 같으면 정식 경로인 과거(科擧) 시험을 통해 나아가겠다는 결심을 하게 되었다. 당시 정암의 생각을 보면 정치에 임하는 확고한 마음가짐을 알 수 있다. 평소 정암은 스스로 입신출세(立身出世)에 마음을 두지 않았고, 헛된 명예로 세상에 나서는 것을 철저하게 경계하여 오던 중이었다.

정암은 늦은 벼슬길이었지만 스스로 나선 것은 아니었기 때문에 이왕 정치를 할 것이면 정식 절차를 밟아 당당히 벼슬을 하겠다는 태도를 보였다. 그리하여 그해 가을 임금이 직접 시행하는 문과시험인 알성시(謁聖試)에 자진 응시하였다. 이 과거 시험에서 중종은 '옛 성인(聖人)의 이상적인 정치를 오늘에 다시 이룩하기 위해서는 무엇을 어떻게 하여야 하는가?'를 물었다. 이러한 책제(策題)에 대해 조광조는 '임금이 마음으로 백성을 감화시켜야 하며 대신(大臣)을 믿고 함께 국사(國事)를 처리할 때 위대한 업적을 이룩할 수 있다'는 내용의 책문으로 답하였다. 이러한 조광조의 답안은 중종의 마음을 사로잡았다. 단순명쾌한 답변이었고, 당시 조광조의 명망이 알성시 책문으로 확인된 셈이었다. 그리하여 조광조는 사간원(司諫院) 정언(正言)으로 옮겨져 비로소 정식 벼슬길에 들어서게 되었다.

34세에 정치에 입문한 조광조는 중종의 절대적 신임을 받으면서 역사상 유례가 없는 초고속 승진을 하였다. 종6품직으로 시작한 조광조는 정치 입문 4년째 되던 해 종2품 사헌부(司憲府) 수장(首長)인 대사헌(大司憲) 자리에 올랐다. 보통 과거에 장원급제를 할 경우 종6품직에서 시작하여 아무리 능력 있는 사람일지라도 고급관료인 정3품 당상관(堂上官) 자리에 오르려면 10년 이상이 걸렸는데, 조광조는 불과 4년도 안 되어 그 직위에 올랐던 것이다. 중종은 차서(次序)를 불문(不問)

하고 조광조를 초고속 등용하였는데, 다음 기록을 통하여 당시 정암
에 대한 임금과 조정대신들의 태도를 살필 수 있다.

중종 12년(1517) 7월 이조판서 남곤(南袞)은 정청(政廳)에서 임금에게
조광조는 자급(資級)을 헤아리지 말고 4품에 의망하도록 아뢰고 있다.

> 조광조는 이학(理學)에 뛰어나고 실천이 독실하기 때문에, 전날 생원
> (生員)으로서 바로 6품직에 임명되었으며, 동료들에게 추복(推服)받아
> 온 지 오랩니다. 그러므로 출신(出身)한 지 얼마 안 되어 부교리(副校
> 理)에 임명되었으되 오히려 그 사람의 자격에 차지 않는다고 여겼으
> 며, 단 자급(資級)이 부족하기 때문에 비록 4품에 궐원(闕員)이 있어도
> 준례에 따라 초서(超敍)하지 않았으니, 이 사람은 자급을 헤아릴 것 없
> 이 궐원이 있으면 4품에 의망(擬望)하는 것이 어떻겠습니까?

남곤의 이러한 진계에 대한 중종의 전교는 다음과 같았다.

> 조광조는 그 인물됨이 과연 아뢴 바와 같다. 유생(儒生) 때로부터 현자
> (賢者)라고 일컬었기 때문에 6품에 발탁하여 서용하였으며, 급제(及第)
> 한 뒤로는 오래도록 시종(侍從)의 반열에 있었으니, 대저 선류(善類)들
> 은 차서(次序)에 의하지 않고 발탁하여야 한다. 자급이 비록 부족하더
> 라도 발탁하여 전한(典翰)에 임명하는 것이 어떠한가?[1]

이러한 기록을 통하여 당시 조광조에 대한 차서 없는 승진은 임금
은 물론 조정 관료들의 적극적인 건의와 소망에 의해 이루어진 것임
을 알 수 있다. 특히 주목되는 것은 당시 중종도 유생들 간에 조광조
가 '현자(賢者)'로 불리는 것을 벌써 파악하고 있던 사실이다. 이미 성

---

1 『중종실록』 권28, 12년 7월 29일 임인(壬寅)조.

균관에서 공부하던 시절부터 정암은 당시 학자들의 한결같은 숭모를
받았고, 벼슬길에 들어선 이후에도 임금과 조정대신들로부터 특별한
주목과 대우를 받고 있음을 알 수 있다. 정암에 대한 중종의 전폭적
인 지지와 무차서의 등용은 그런 배경 하에서 이루어진 것이었다.
　출사 이후 기묘사화 이전까지 조광조의 승진 직급을 차례로 정리
하여 보면 다음과 같다.

부서	직위	직급	승진연도
조지서	사지	종6품	1515년 6월(34세)
성균관	전적	정6품	1515년 8월(34세)
사헌부	감찰	정6품	1515년 8월(34세)
사간원	정언	정6품	1515년 11월(34세)
호조	좌랑	정6품	1516년 봄(35세)
예조	좌랑	정6품	〃
공조	좌랑	정6품	〃
홍문관	부수찬	종6품	1516년 3월(35세)
홍문관	수찬	정6품	1516년 3월(35세)
홍문관	부교리	종5품	1517년 2월(36세)
홍문관	교리	정5품	1517년 2월(36세)
홍문관	응교	정4품	1517년 7월(36세)
홍문관	전한	종3품	1517년 8월(36세)
홍문관	부제학	정3품	1518년 1월(37세)
승정원	동부승지	정3품	1518년 5월(37세)
홍문관	부제학	정3품	1518년 5월(37세)
사헌부	대사헌	종2품	1518년 11월(37세)
홍문관	부제학	정3품	1519년 4월(38세)
사헌부	대사헌	종2품	1519년 6월(38세)

조광조는 이와 같이 유례없는 초고속 승진을 하였을 뿐만 아니라, 벼슬 자체도 사간원(司諫院), 홍문관(弘文館), 사헌부(司憲府) 등 왕과 매우 밀접한 직위를 두루 역임했다. 이러한 조광조의 고속 승진은 중종의 전폭적인 신뢰가 있었기에 가능했다.

그렇다면 중종은 왜 조광조를 그렇게 신임했는가? 조선 11대 임금 중종은 반정(反正)의 최대 수혜자였다. 연산군대의 폭정으로부터 유교 정치를 복원하는 일과 훈구 세력의 모순이 지속되던 시절 반정으로 임금 자리에 오른 왕이었다. 반정공신들에 의해 추대되어 재위 10년 정도에 이르는 동안 자신을 폐위시키고자 하는 역모(逆謀)가 끊이지 않았고, 무엇보다 반정공신들이 실권(實權)을 완전히 장악하고 왕을 유명무실하게 농락하던 때였다. 잦은 역모 사건과 반정공신을 중심으로 하는 훈구 세력의 횡포는 중종을 무력화(無力化)시키고 있었던 것이다. 정암이 정계에 진출하기 직전까지 중종은 나날이 매우 난처하고 답답한 심정을 표현하고 있었다. 반정공신들의 무도한 행태로 인한 불안한 왕권과 분위기를 쇄신하기 위해 일대 전환이 절실히 요청되고 있던 때였다.

무엇보다 중종은 세자로 책봉되어 왕세자 수업을 차근차근 받은, 이른바 '준비된' 군주가 아니었다. 왕세자에 책봉되면 많은 관료들을 접하며, 체계적인 수업을 받으면서 정치적 실무를 익히고 장차 자신을 도울 인물들도 물색하는 등 준비를 하게 된다. 그러나 중종은 반정공신들에 엎혀 왕위에 추대된 임금이었기에 자신을 지지하는 인맥(人脈)이나 기반(基盤)이 전무(全無)했다.

그러던 중 중종 즉위 초반 정국을 장악하였던 박원종(朴元宗) 등 반정 3공신이 차례로 죽자, 즉위 10년이 지날 무렵부터 차츰 왕권을 장악할 계획을 세우기 시작하였다.

그러한 계획은 다름 아닌 향촌(鄕村)에서 학문에만 전념하고 있던 사림(士林)을 대거 등용하여 반정공신이 중심이 된 훈구 세력을 견제하는 것이었다. 정세 전환의 계기를 새로운 사림파 등용으로 모색하고, 이들을 주로 국왕을 지근에서 모시는 홍문관, 사간원, 사헌부, 승정원 등의 요직에 배치하여 중용하면서 훈구파의 세력을 약화시키고자 하였던 것이다. 이러한 중종의 정국 전환 모색에 의해 향촌에서 학문에 전념하던 사림들이 대거 등용되어 세력을 형성하기 시작했는데, 그 중심에 조광조가 있었다.

그리하여 중종 12년에 이를 즈음 홍문관, 사간원, 사헌부, 승정원 등은 거의 신진 사림들이 장악하기 시작했다. 이들은 주로 삼사(三司)를 중심으로 하는 국가 언론 기능을 전담하면서 정국의 주도권을 확보할 수 있었다. 이러한 일은 전적으로 중종이 정권 주도권을 잡기 위한 정책적 배려에 의한 것이었다. 중종의 전폭적인 지지에 힘입어 조광조를 중심으로 하는 신진 사림은 그동안 갈고 닦은 학문을 펼치며 성리학적 이상사회(理想社會)를 이룩하기 위한 지치적(至治的) 개혁 조치들을 적극적으로 단행해 나가기 시작했다.

2. 개혁 실천 과정과 지치적 성격

연산군대의 폭정과 혼란을 극복하고 반정공신이 중심이 된 훈구 세력의 권력 횡포에 의한 누적된 모순을 타개하여 당시 사회를 성리학적 이상세계로 이끌기 위해서는 과감한 개혁을 단행하는 일밖에는 다른 방도가 없었다. 사회 전체에 만연된 극심한 문제들을 개선하고 침체된 학풍을 바로 세우는 일은 진취적인 개혁을 단행하여 백성들에게 변화된 세상을 느끼게 하고 학자들로 하여금 자신들의 학문을 현실에 적용하고자 하는 의욕을 불러일으키는 일이 급선무였다. 이런 요청은 중종 자신이 누구보다 절감하고 있었다.

조광조가 중종의 절대적인 요구에 부응할 수 있는 인물이라는 것이 드러나게 된 계기는 폐비 신씨(愼氏)에 대한 복위상소 처리 문제에 대한 칼날 같은 지적에서 비롯되었다. 중종반정 직후 왕비에서 폐위된 신씨는 연산군의 측근이었던 신수근의 딸이었다. 당시 반정을 모의하면서 주도세력들은 신수근의 처리 문제로 고민하다가 결국 처단하고 반정을 일으켰다. 반정에 성공하자 그들은 곧바로 왕비가 아버지 신수근의 문제로 언젠가 자신들을 반격하게 될 것이라고 염려하여 중종의 비였던 신씨를 몰아내기로 결심을 굳혔다. 후환이 두려워 화근(禍根)을 제거하겠다고 나서는 반정 주동자들의 요구에 중종은 눈물로 호소를 해보았지만, 그들은 국모(國母)조차 마음대로 갈아치웠다. 결국 반정 8일째 왕비 신씨는 폐위되고 말았다.

그 후 새로운 왕비가 된 장경왕후(章敬王后) 윤씨가 중종 즉위 10년째 되던 해 25세로 세상을 떠났고, 왕비 자리가 비게 되자 계비 논의 중에 중종은 전국에 구언(求言)을 내렸다. 즉위 10년이 되었지만 왕권을 실질적으로 장악하지 못하여 정국 주도권을 빼앗기고 있었을 뿐 아니라 재변(災變)이 빈번하여 민심조차 흉흉하던 상황을 타개하기 위하여 중종은 고민 끝에 전국에 임금의 정치적 시시비비(是是非非)를 거침없이 논해보라는 요구를 내리게 되었던 것이다.

이에 담양부사(潭陽府使) 박상(朴祥)과 순창군수(淳昌郡守) 김정(金淨)이 구언에 따라 비어 있는 왕비 자리에 폐비 신씨를 복위시키라는 상소를 올렸다. 박상과 김정의 상소는 반정공신들의 행동과 반정의 정당성에 근본적인 문제를 제기함으로써 그들의 권력을 무력화시킬 수 있는 치명적인 내용을 담고 있었다. 이에 조정은 논란 끝에 이들을 처벌하고 유배시키는 조처를 단행하였다. 반정공신 세력이 중심이 된 훈구파들이 그들을 용납할 수 없었던 것은 당시 정황으로 보면 명약관화한 일이었다.

바로 그 무렵 과거를 통해 사간원 정언(正言)이 된 조광조는 바로 이 사건의 처리 과정에서 양사(兩司)가 중대한 과오를 저질렀다고 판단하고, 사간원과 사헌부의 수장(首長)들을 파직하라는 놀라운 상소를 올렸다. 이 문제 제기는 정국의 주도권을 전면적으로 바꾸어놓을 수 있는 엄청난 파장을 몰고 왔다. 구언(求言)에 의해 상소한 사람들을 언로(言路)를 열어야 될 양사(兩司)의 수장(首長)들이 도리어 그 직분을 망각하고 국가의 언로를 막았다는 대단한 문제제기였다. 조광조는 사간원의 정언으로서 가장 하위의 직급이었다. 그런 사람이 사간원과 사헌부의 최고 직위에 있는 사람들이 그 직무를 잘못하였으므로 파직시키라는 추상같은 상소를 함으로써 조정에 일대 회오리바람을 불러일으켰다. 조광조의 상소는 예상했던 대로 온 조정을 들끓는 논쟁 속으로 몰아넣었고, 지난한 논쟁 끝에 결국 조광조의 논리대로 처리되었다.

이 문제 제기로 조광조는 일약 중종의 눈에 띄는 중요한 인물로 급부상하게 되었고, 이후 정국을 주도하는 사림의 핵심으로 우뚝 서게 되었다.

조광조의 지적으로 폐비 신씨가 복위된 것은 아니었지만, 훈구파들은 결정적 타격을 입었고, 사림파는 정국의 주도권을 잡게 되는 계기를 마련하였다. 중종의 선택은 이제 훈구파가 아닌 사림파 쪽으로 옮겨가고 있었던 것이다. 폐비 신씨의 복위 문제는 사실상 사림파가 정국의 주도권을 쥐게 되는 조광조의 첫 번째 개혁조치였던 것이다. 조광조는 국가의 언로를 훼손하고 있던 훈구파의 논리와 행태에 일대 제동을 걸었던 것이고, 이로써 조정의 중대사가 정도(正道)를 회복하게 되는 계기를 마련하였다. 국왕 주변에서 언로를 담당하던 훈구 세력을 차단함으로써 사림 세력이 결집하여 정국이 올바르게 나아갈 수 있게 되는 길을 열었던 것이다.

이 사건의 처리는 정암의 개혁 성격이 지극한 정도(正道)를 지향하는 지치(至治)에 목적을 두고 있음을 알게 하는 분명한 내용을 담고 있었다는 점에서 매우 중요한 것이었다.

　박상과 김정의 상소건을 도학적 지치 이념에 입각하여 처리한 조광조는 정국을 주도하는 핵심 인물로 부상하여 중종의 신망을 한 몸에 받게 되었고, 그의 주장은 더욱 설득력을 얻게 되었다. 아울러 조광조의 개혁 추진에 힘을 얻는 계기가 되었다.

　무엇보다 이 사건의 처리 과정에서 사림 세력은 반정공신들을 누르고 훈구파 일색의 중종조 초기 정국 주도권을 확보하기 시작하였다. 그리하여 훈구 세력에게 압박당하여 밀리던 왕권을 어느 정도 회복하는 계기를 마련하였다. 현량과(賢良科)의 시행도 바로 그런 차원에서 중종은 수용하였다.

　현량과는 새롭게 정계에 진출한 사림파가 훈구파와의 대립 속에서 시험만으로 인재를 뽑는 과거제도에서 탈피하여 추천을 통해 천거된 인재를 시험을 거쳐 등용하고자 하는 제도였다. 연산군대와 반정 초기의 쇠퇴한 사습으로 인하여 학문과 행실이 뛰어난 국가적 인재들이 향리에서 벼슬길에 나오지 않는 분위기를 타개하기 위하여 단순한 지식이나 사장(辭章)에 능한 자를 선정하는 과거제에서 벗어나 인품(人品)과 학식(學識)을 겸비한 인재를 가리기 위한 시도였다. 현량과의 적극적인 시행을 촉구하는 쪽은 당연히 사림파였다. 그런 점에서 훈구파에게는 위기감이 고조되었고, 김우중 모반 사건 등을 통하여 훈구 세력의 계책에 회의를 느낀 중종은 현량과 시행을 허락하기에 이르렀다. 그리하여 처음으로 현량과를 통하여 28명의 신진 인사들이 대거 요직에 등용되어 고급관료로 성장해 가기 시작했다.

　당시 정국공신들은 육조(六曹)를 장악하고 있으면서 거대한 세력을 형성하고 있었기에 신진 사림 세력은 조광조를 중심으로 더욱 개혁에 박차를 가하기 시작했다. 현량과는 사실 정국공신이 중심이 된 훈구파의 세력을 약화시키고 조정을 새로운 관료들이 장악하여 구시대의 모순을 탈피하고 성리학적 도의 세계로 나아가고자 했던 현실적 요구의 적극적인 반영이었다. 무엇보다 중종 자신이 훈구파 일색으로 포진되어 있던 당시 조정의 권력 구조를 어떤 형태로든지 개조하지 않으면 안 되겠다는 필요성을 절감하고 있었기에 조광조 등의 요구를 들어주었다.

이렇게 등용된 신진 사림들은 특히 경연(經筵)을 통하여 국가의 중요 현안을 협의하면서 중종에게 성리학적 이념에 투철한 성군이 될 것을 강조하였다. 조광조는 중종에게 무엇보다 경연에 충실할 것을 요구하였는데, 성군으로서의 자질을 키울 수 있는 유일한 통로임을 인식하고 있었기 때문이다. 신료들은 중종이 왕세자 교육을 받지 않았기 때문에 경연을 통해 성리학적 이념을 학습하고, 자질을 갖춘 군왕이 될 수 있다고 믿었다. 조광조를 비롯한 신진 사림은 경연을 통해 주요 국정 현안에 대하여 조언을 하고, 국왕으로서의 올바른 처신을 익힐 것을 요구했다. 권력 기반이 허약하였던 신진 사림에게 유일한 안전보호막은 군왕이었다. 임금의 마음이 흔들리면 언제든지 권력 구조의 변동이 가능한 시대였다. 지치를 이룰 수 있는 관건도 사실 군주에게 달려 있다고 판단하였다. 임금이 강건한 자세를 갖추는 것이 무엇보다 시급하다고 보았던 이유가 바로 그런 점에 있었다. 임금이 학문을 좋아하고 새로운 세상에 대한 의지를 굳건하게 갖추고 있을 때 도학적 염원도 실현 가능하다고 믿었다. 중종이 경연을 어렵게 여기고 힘들어하였지만, 사림파는 왕이 변하지 않고는 어떤 개혁도 할 수 없다는 단호한 입장을 보였다. 그들이 개혁을 통하여 꿈꾸었던 새로운 세상을 열어나가고, 성리학자로서 성리학적 이상사회를 완성할 수 있는 길은 무엇보다 임금의 의지가 중요하다고 판단하였기 때문이다.

다음으로 조광조는 중종에게 소격서(昭格署) 혁파를 강력하게 주장하였다. 입사 초기부터 지치적 개혁을 이루기 위해서는 필수불가결한 일이라는 판단에 따른 것이었다. 소격서는 질병(疾病)이나 기우(祈雨) 등의 문제와 관련하여 국가가 주관하여 드리는 도교(道敎) 제사 관청이었다.

　도교는 중국의 대표적 민속 종교로서 황제와 노자(老子)를 교주로 여기는 토착 종교로 발전하였다. 그것은 불로장생(不老長生)이나 연단술 등을 통해 현세(現世)의 복(福)을 기원하는 신앙 활동을 중시했는데, 우리나라에는 고구려 시대에 들어와 민간신앙과 결합하면서 조선조까지 내려오고 있었다. 소격서는 조선조의 경우 태조 때 경복궁 바로 옆에 건립된 이후 임진왜란 때까지 약 200년 동안 옥황상제(玉皇上帝)와 노자(老子), 그리고 염라대왕(閻羅大王) 등에게 제사하는 임무를 수행해 왔다.

　조광조는 출사 초기 단계에서 지치적 개혁의 일환으로 도교를 미신(迷信)으로 신봉하는 소격서 혁파를 강력하게 주청하였다. 중종은 국초부터 있어온 전통이라면서 맞서고 있었지만, 조광조의 결심은 바뀌지 않았다. 조광조는 국왕이 성리학적 이념에 충실한 나라를 건설하기 위해서는 어떠한 요소의 신앙도 '사시이비(似是而非)'한 것은 안 된다는 순정성(醇正性)을 믿고 있었다. 사실 조선이 성리학적 이념을 정교의 정통이념으로 채택하고 건국한 지 이미 백 년이 지났지만, 아직도 그러한 이념이 실현되기에는 많이 부족하다고 조광조는 판단하고 있었다.

　조광조는 자신이 추구하던 이상정치의 시작이 여기에 있다고 인식하고 중종에게 도교(道敎)나 유교(儒敎)냐를 선택할 것을 요구했다. 이와 관련하여 조광조는 무려 다섯 차례의 상소를 올렸고, 홍문관에서도 일곱 번의 철폐 상소를 올렸다. 조광조를 비롯한 사림은 사직서를 제출하면서까지 집요하게 중종에게 성리학적 이념에 충실할 것을 요구했다. 중종의 반대도 완강했지만 신료들 역시 성리학을 조선의 지치적 통치 이념으로 확립하고자 하는 뜻을 굽히지 않았다. 그리하여 이단시(異端視) 하던 소격서를 혁파하지 못하는 군왕을 거세게 몰아붙였다. 결국 중종은 소격서 철폐 쪽으로 마음을 돌렸지만 동시에 상당한 타격을 입은 셈이었다.

이 땅에서도 요순과 같은 지치의 이상이 이루어지기 위해서는 도학적 견지에서 무엇보다 성리학적 이념 자체에 충실할 필요가 있었다. 중종의 반대에도 불구하고 조광조는 소격서 혁파를 이루어냈다. 물론 기묘사화 이후 곧바로 소격서는 복원이 되었지만, 조광조가 중종에게 소격서 혁파를 윤허받은 사실 자체는 '유학(儒學)의 나라'였던 조선이 이념적 정체성(正體性)을 확립하게 되는 결정적인 계기가 되었던 것은 부인하기 어렵다. 이런 점에서 볼 때 조광조에게 있어 소격서 혁파는 도학적 지치 이념에 충실하기 위한 필수적 과제였던 것이다.

조선조 역사를 통하여 볼 때 도덕공동체 지향과 관련하여 다른 왕조에서 볼 수 없었던 특별한 사례는 바로 '향약(鄕約)'의 실현이었다. 이 '향약'의 실천도 조광조에 의해 사실상 시행되었다는 점에서 그의 지치적 개혁 내용으로서는 매우 중요한 의미를 갖는다.

도학은 기본적으로 도덕적 실천을 강조하는 학문이다. 이러한 의의를 향촌사회에서 실천으로 옮길 것을 중시하는 것이 바로 '향약'이었다. 조광조는 좋은 일은 서로 권하고, 과실은 서로 규제하고, 예의로써 서로 사귀고, 어려운 일은 서로 규제한다는 '여씨향약'의 전국 유포를 건의하였다.

향약은 이후 조선조 사회의 자치 규약으로 자리 잡고 성리학적 이념 공동체 구현에 충실한 아름다운 전통을 이룩한 바 있다. 각 마을에는 향약청이 있어 주민 자치의 구심처가 되었고, 화민성속(化民成俗)의 도덕적 윤리 규범을 실천하는 중심 요소가 되었다. 마을마다 향촌 자체의 법과 규율에 의해 향촌사회는 질서를 유지하였으니, 바로 동헌(洞憲)이 그런 것이었다.

향약은 유교적 이념을 실현하기 위한 마을 단위의 자치 규범으로 질서를 규율하고 마을 도덕공동체를 가꾸어 가고자 하는 지치적(至治

的) 방안이었지만, 동시에 현실적으로는 훈구파와 결탁된 부패한 지방 수령 견제가 중요한 목적이기도 하였다. 사림들은 주민 자치 조직을 강화해서 지방 사회의 안정을 해치는 수령들을 견제하기 위한 수단으로 향약을 연구하고 강구하였던 현실적 이유도 갖고 있었던 것이다.

이외에도 조광조는 백성들의 빈부격차의 심각성을 해소하고 부패한 관료와 부호의 특권을 바로 잡기 위하여 토지제도(土地制度)의 개혁을 단행하기도 하였다. 균전제(均田制)와 한전제(限田制)의 실시를 주장한 것이 바로 그것이다. 훈구 세력의 토지를 제한하여 그들의 물적 기반 확대를 방지하고 부패한 재물을 부각시켜 그 타락상을 드러내고자 함이었다.

조광조가 이상사회를 위한 지치적 개혁 조치로서 가장 역점을 둔 것은 바로 훈구파의 기존 이득권을 해체하는 것이었다. 그렇게 해야 한다고 보고 마지막 단계로 접근한 것이 바로 반정공신(反正功臣)들에 대한 위훈삭제(僞勳削除)였다. 이것은 훈구파에게는 결정적인 타격을 주는 개혁인 동시에 그가 정계에 진출하면서 자신이 꿈꾸었던 도학적 이상 정치 실현을 위해 해결해야 할 당면 과제로서 가장 지난(至難)한 것이기도 하였다. 그것은 기존 권력층의 완전한 붕괴를 의미하는 것이었을 뿐만 아니라 중종의 존재 근거를 흔드는 것이기도 하였다.

중종반정 공신은 역대 최고인 117명이나 되었다. 그들은 엄청난 부와 권력을 가지고 자손대대로 안정적인 생활을 보장받았고, 호의호식하며 사치를 누리면서 국가 재정을 곤란하게 하고 있었다. 중종 초기부터 무엇보다 공신책봉 자체가 잘못되었다는 문제 제기가 끊임없이 있어 왔으나 강력한 권력을 형성하고 있던 훈구 세력들이 서로 철벽처럼 특권을 옹호하고 있었기 때문에 감히 도전하지 못하고 있던 상황이었다. 무엇보다 공신 숫자가 너무 많았는데, 특히 뇌물로 공신이 되거나 억지 책봉이 된 경우 혹은 친인척이라는 이유로 공신이 된

자, 또는 아첨하여 공신록에 오른 경우 등 위훈(僞勳)이 적지 않았던 점에 그 심각성이 있었다. 조선 개국 이후 수차례 공신책봉이 있어 왔는데, 우선 표를 통하여 비교하여보자.[2]

책봉시기	공신명	공신수	책봉 관련 사유
태조(1392)	개국(開國)공신	52	조선 개국 역성혁명 공로자
정종(1398)	정사(定社)공신	29	제1차 왕자의 난 공로자
태종(1401)	좌명(佐命)공신	46	제2차 왕자의 난 및 태종 즉위 공로자
단종(1453)	정난(靖難)공신	43	계유정난 때 수양대군을 도운 공로자
세조(1455)	좌익(左翼)공신	46	세조 즉위 공로자
세조(1467)	적개(敵愾)공신	45	이시애의 난 정벌 공로자
예종(1468)	익대(翊戴)공신	39	예종 즉위 및 남이 옥사 관련 공로자
성종(1471)	좌리(佐理)공신	75	성종 즉위 공로자
중종(1505)	반정(反正)공신	117	중종 즉위 공로자

이 통계를 비교해보더라도 중종조 반정공신이 그 사안의 중요성으로 보나 숫자로 보나 턱없이 많았다는 것은 바로 알 수 있다. 개국과정에서 역성혁명 관련 공신이 52명에 불과한데 중종 반정공신이 그 두 배 이상이나 되었다는 것은 상식적으로도 납득하기 어렵다. 뿐만아니라 개국 이후 공신 책록의 빈번함이 얼마나 많은 특권층을 양산하고 있었으며, 국가 경제력의 손실 또한 어느 정도로 심각하였을지 짐작하고 남음이 있다.

조광조는 중종 14년(1519) 바로 이 위훈 삭탈을 강력하게 추진하였다. 그리하여 전체 공신의 약 70%에 해당하는 76명의 위훈이 결국 삭탈되었다. 이들이 임금 주변에 포진하여 권력을 좌지우지하며 각종

2 이덕일, 『사화로 보는 조선 역사』, 석필, 1998, 441~444쪽.

특권과 이권을 장악하고 있었으니 개혁의 최대 걸림돌이 제거된 것이었다.

결과는 사림의 승리로 끝이 났고, 훈구파의 몰락을 예고하는 것이었으나 문제는 중종의 태도 변화였다. 중종은 이제 조광조를 자신도 제어할 수 없는 인물이라고 판단하였고, 더 이상 방치하다가는 자신도 조광조에게 당할 것 같은 위기감을 느끼기 시작했다. 그런 중종의 심경 변화를 남곤과 심정 등 훈구 일파가 감지하였고, 중종은 그들을 이용하여 조광조를 비롯한 도학자들을 일망타진하는 참화를 종용하게 되었다.

결국 기묘사화로 조광조의 개혁도 끝이 났고, 조광조의 죽음으로 그의 모든 개혁적 조치들도 일시적으로 복구되었다.

그러나 이후 역사는 결국 조광조가 그릇되지 않았으며 사사로운 학자가 아니었음을 밝혀주었다. 그의 지치적 개혁 과정과 정신은 이후는 물론 오늘날에도 살아 전하고 있음이 바로 그것을 반증한다.

그는 개혁에 임하면서 정당성, 즉 명분 하나만으로써 국사에 임하였고, 자신의 개혁을 뒷받침할 만한 실질적 권력을 준비하지 않았다. 언론(言論)은 장악했지만 경비(經費)나 군부(軍部)를 장악하려고 하지 않았다. 바로 이 점은 정암의 도학사상을 이해하는 중요한 요소가 된다. 그렇기 때문에 실패했다고 말하기도 하지만, 그렇기 때문에 조광조의 삶과 설시(設施)가 주목을 받는 것이다.

사실 그의 죽음은 끝이 아니라 시작이었다. 그의 죽음 이후 비로소 그가 살아 있던 동안 시종일관 주장한 일, 즉 성리학이 조선왕조의 중심 이념으로 자리 잡는 것이 비로소 가능해졌다. 그는 자신이 살았던 시대와 나라를 지고의 가치가 운용원리로서 제시되는 사회, 다시 말해 이 땅에도 요순과 같은 성군의 나라를 가꾸어보고자 하는 순수하고 맑은 꿈 하나로 살았던 인물이었다. 그러므로 그런 기준에 어긋나는 행동은 시도조차 하지 않았으며, 자신의 지치적 도학 이념에서

한 치의 흐트러짐도 없었다.

그 결과 그의 죽음 이후 한때 학문이 쇠퇴하는 시기도 있었지만, 결국 성리학은 조선조의 확고부동한 이념으로 자리 잡게 되었던 것이다. 그가 죽은 후 그의 학풍과 정신은 조선조 성리학의 쌍벽인 퇴계 이황과 율곡 이이 등 수많은 도학자들의 표준이 되었다. 뿐만 아니라 조선조 말까지 굳건한 이상으로 확연히 내면화되어 살아 흘렀다.

3. 훈구파의 반역사적(反歷史的) 모반과 개혁의 좌절

1519년 11월 15일, 역사상 유례가 없던 숙청극은 한밤중에 벌어졌다. 중종은 밤을 틈타 사헌부 대사헌 조광조를 체포하게 하였다. 연산군대의 폭정과 혼란에 빠진 조선 사회를 개혁해 지치적 이상사회를 만들고자 했던 도학자 조광조의 개혁 프로젝트에 일방적인 제동이 걸린 것이었다.

일반적으로 기묘사화의 직접적인 원인으로 조광조의 급진적 개혁 정책을 지적하는 경우가 많은데, 그것은 문제의 본질을 크게 왜곡한 시각이라 하지 않을 수 없다. 우선 조광조를 비롯한 신진 도학자들은 참혹한 피해자(被害者)이지 가해자(加害者)가 아니다. 문제는 피해자보다는 가해자가 누구였던가를 중심으로 보아야지, 조광조를 비롯한 도학자들이 너무 급진적인 정치 개혁을 이룩하고자 했다는 점에 초점을 맞추는 것은 논의의 본질을 매우 흐리는 것이다. 그리고 사화를 주동했던 인물들이 왜, 무엇을 위하여 사화를 도모하였던가를 보아야 한다. 조광조 일파가 훈구파에게 참상을 입히기 위해 기묘사화를 일으킨 것이 아니라 중종의 종용(慫慂)을 받은 훈구파들의 거사(擧事)였던 것이다. 기묘사화는 올곧았던 선비들을 일거에 소탕하고자 했던 반역사적(反歷史的) 모반이었음을 인식하는 것이 중요하다.

사화는 당쟁(黨爭)과는 근본적으로 그 성격을 달리하는 것이다. 당쟁은 권력 쟁탈을 위한 세력 간의 투쟁인 반면, 사화는 순수한 선비들에게 무고하게 죄를 씌워 제거하고자 하는 일방적인 참화이다. 기묘사화는 조선조의 여러 사화 중에서 그 희생자 숫자는 물론 이후 사회와 학계에 미친 부정적인 영향으로 볼 때 가장 폭력적(暴力的)이었으며 동시에 비윤리적(非倫理的)인 폭거였다. 그리고 사화의 핵심 주동 인물에 중종이라는 군주가 자리하고 있다는 점도 주목할 만한 일이다.『조선왕조실록』과『연려실기술』등 관련 기록에 나타난 것으로 볼 때 기묘사화를 주동한 핵심 인물은 바로 중종임을 알 수 있다.

중종은 조광조를 신임하여 차서를 불문하고 등용시켜주었던 군주였다. 조광조는 죽는 순간까지 중종이 자신을 차마 그렇게 버리지는 않을 것이라는 미련을 가지고 있었다. 조광조는 중종에 대하여 너무 호의적인 믿음을 가지고 있었던 것이다. 조광조가 임금을 생각하는 마음보다 훨씬 가볍게 중종은 조광조를 이용하였다가 배척하였다. 그런 점에서 중종은 신하를 아낄 줄 아는 군주가 아니었다.

조광조가 판단하기에 훈구파들의 부패의 온상은 바로 '위훈'에 있었다. 그 문제를 개혁하는 일이 얼마나 어렵고 큰일인가는 조광조 자신이 누구보다도 잘 인식하고 있었다. 그리고 그것이 중종의 왕위 존재 자체, 즉 정체성(正體性)까지 흔들 수 있는 문제라는 사실도 조광조는 분명히 인식하고 있었다.

그러나 그것이 얼마나 정치의 근본을 왜곡하고 국가 재정을 파탄으로 몰고 갔으며, 정사(正邪)를 뒤흔들면서 권력을 남용(濫用)하는 일이었던가를 조광조는 분명히 알고 있었다. 그러므로 어떤 위험과 곤란이 닥칠지라도 근본적인 치유를 하지 않을 수 없는 일이었다. 어떤 희생, 곧 죽음을 각오하고서라도 조광조는 바로 잡아야 할 문제라고 판단하였던 것이다. 위훈 삭제는 정암의 출사 이후 개혁해야 할 조정의 여러 문제점들 중에서 거의 마지막 단계의 문제로 여겨졌던 것이다.

그러나 중종은 조광조가 중심이 되어 펼쳐온 끝없는 개혁에 싫증을 느끼고 있었다. 그런 점에서 중종은 포용 능력에 문제를 노출했다. 조광조의 지칠 줄 모르는 압박에 불안한 마음도 들기 시작했다. 훈구파의 대반격은 바로 중종의 그러한 싫증과 불안을 간파함으로 시작되었다. 훈구파들은 '주초위왕(走肖爲王)'으로 중종의 불안을 더욱 가중시켰고, 온 나라의 인심이 조광조에게로 돌아갔다고 위협하기도 하였다. 그리하여 훈구파들은 왕인 중종을 앞세운 일종의 친위 쿠데타를 도모했다. 결국 중종으로 하여금 조광조가 왕권을 위협하는 존재라고 인식하게 만들었고, 왕권을 능멸하는 존재로 느끼게 하였다.

중종은 훈구대신들에게 밀서(密書)를 내려 조광조를 없앤 후에 자신에게 보고하라고 지시하였다. 중종은 훈구파에게 경복궁의 북문인 신무문(神武門)을 통해 군대를 진입시킬 것을 지시하는 등 구체적인 행위까지 하달하였다. 중종은 자신을 그렇게 믿고 충성을 바치던 신료들을 처벌하면서 한밤중에 홍경주 등 무인들을 동원해 비정상적으로 처리하였다. 중종의 묵인하에 남곤과 심정 등 훈구 세력은 홍경주와 같은 반정공신들을 선동하여 전격적인 숙청극을 자행하였다.

그로 인해 조광조를 중심으로 도학자들에 의해 펼쳐지던 지치적 개혁도 중단되었다. 우리 역사상 가장 순정한 신진 도학자들에 의해 펼쳐졌던 성리학적 이상정치가 좌절되는 순간이었다. 공자는 3년이면 다스림의 효과를 볼 수 있을 것이라고 말한 바 있지만, 출사 4년 만에 이룬 조광조의 개혁정치는 세상 사람들이 한결같이 공감할 정도로 놀라운 변화를 가져오고 있을 때였다.

조광조는 〈알성시책〉에서 자신의 정치적 포부와 이상을 매우 근본적으로 제시한 바 있다. 그는 자신이 꿈꾸었던 유교적 이상정치를 거의 그대로 이루어 가고 있던 중이었다. 우리 역사상 가장 순정한 정치가 구체화되고 있던 시기였다.

훈구파의 사화 모의는 바로 그런 역사적 성취를 좌절시켰다는 점에서 역사를 거역하는 행위였다. 당대 역사를 크게 진전시킬 수 있는 기회를 앗아갔다는 점에서도 반역사적 행위라는 지탄을 면치 못할 것이다.

조광조의 죽음으로 말미암아 76명의 위훈 삭제도 원상회복되었고, 현량과도 폐지되었으며, 소격서도 복원되었다. 겉으로 보면 조광조가 시행하였던 모든 개혁 조치들은 실패로 돌아갔고 좌절한 것으로 부정적인 평가를 내릴 수도 있을 것이다. 그러나 조광조는 중종의 아들인 인종(仁宗)에 의해 바로 신원·복직되었고, 이후 조선조 역사를 통하여 가장 정당한 평가를 받았다. 지금까지 정암의 지치적 개혁 자체가 근본적으로 잘못된 것이었다는 평가를 내린 사람은 거의 없다. 다만 정암이 개혁 자체를 너무 급진적으로 실시하여 당시 죽임을 당하고 정권에서 배척당한 것 자체를 부정적으로 평가하는 사람들이 있었다. 그들도 정암의 개혁 자체가 근본적으로 잘못된 것이었다는 평가를 내리지는 않는다. 훈구파와 사림파의 대결 구도 속에서 정치적 실패를 하였다는 것은 있을 수 있어도 개혁 그 자체가 부당하고 틀렸다는 평가를 내리지는 않는다. 그것은 정암의 설시와 실천이 근본적으로 잘못된 기반 위에서 시도되지 않았음을 의미한다. 정암이 역사적으로 중대한 의의를 갖는 이유는 바로 여기에 있다. 정치적 승패를 떠나 조광조가 후대의 선비들로부터 영원히 깊은 존경을 받는 것은 그 개혁이 조금이라도 사사로움이나 불의와 결탁하지 않은 지고지선(至高至善)한 도학적(道學的) 천형(踐形)이었다는 데 있다. 정암의 도학사상과 지치적 개혁이 시대와 공간을 초월하여 큰 의의를 지니는 것은 그런 이유 때문이다.

그런 점에서 정암의 죽음은 실패가 아니다. 38세의 나이로 종명한 것을 아쉽게 여긴다면 그 점은 인정할 수는 있을 것이다. 그러나 인간 삶의 물리적인 기간 자체가 삶의 가치를 결정하는 것이라고 보기

는 어렵다. 동서양의 역사를 통하여 선각적 삶을 살았던 성현들 중에
는 짧은 인생 역정을 살았던 인물도 있었음을 알 수 있다. 인간의 절
대 수명 자체로써 사람의 삶의 의의와 가치를 논하기 어려운 면은 바
로 그런 점에 있다. 무엇보다 정암 자신이 죽고 사는 문제를 이미 초
월한 삶을 살고 있었다. 일찍이 『맹자』의 호연장을 득해하여 생사의
의미를 터득한 바 있고, 삶의 과정을 통하여 보더라도 정암은 사생관
자체가 남달랐다. 삶은 영원한 것이 아니고 죽음이 인간 삶의 끝을
의미하는 것은 더욱 아니라는 것을 누구보다 명확하게 인식하고 있
었다.

정암을 죽음으로 몰았던 훈구파의 대표적 인물 남곤(南袞)은 올곧은
선비들을 무고하게 죽였다는 비난을 죽을 때까지 면하지 못하였고,
역사는 그 불명예를 영원히 기술하고 있다. 남곤은 기묘사화 이후 동
생에게서마저 사람 취급을 받지 못하였으며 죽기 직전 자신이 썼던
모든 글을 불태워 자신의 존재 자체를 흔적조차 남기지 않았다. 스스
로 자신이 저지른 반역사적 행위의 문제점을 자인한 셈이다. 인간의
삶은 생사가 있지만 역사는 인간 개개인의 삶의 시시비비를 가려 평
가를 남긴다.

남곤과 심정, 홍경주 등 훈구 세력들은 조광조를 죽임으로써 자신
들이 살 수 있을 것이라고 생각하고 참화(慘禍)를 주도하였지만, 더럽
혀진 것은 조광조의 이름이 아니라 그를 죽인 자신들의 이름이었을
뿐임을 역사는 올바르게 증명해주고 있는 것이다.

한 사람의 위대한 인품이 탄생하기까지 개인적으로 숭고한 노력을
필요로 한다. 그런 점에서도 훈구파의 행동은 반인륜적이며 비인간적
인 행위였다는 비판을 면하기는 어려울 것이다.

4. 도학적 삶과 죽음 - 그 순도적(殉道的) 일생(一生)

1519년 12월 20일, 38세의 도학자 조광조는 유배된 전라도 능주(綾州)에서 종명(終命)하였다. 유배된 지 한 달 만에 자신이 그토록 믿었던 군주 중종에 의해 사약(賜藥)을 받았다. 한 달 전인 11월 15일 기습적, 전격적으로 체포되어 '붕당죄'라는 인위적(人爲的)인 죄명(罪名)을 받고 능주 땅에 유배되었지만, 다시 왕의 부름이 있으리라는 믿음을 끝까지 버리지 않고 기다리던 중이었다.

이보다 나흘 전인 12월 16일 중종은 비현각(丕顯閣)에서 금부당상(禁府堂上) 심정 등을 불러서 조광조를 사사할 것을 직접 명하였다.

조광조는 38년의 인생과 마음을 정리하는 글을 남겼다. "임금 사랑하기를 어버이 사랑하듯 하였고, 나라 걱정하기를 집안 걱정하듯 하였노라. 밝은 해가 이 세상을 내리 비추니, 거짓 없는 나의 마음을 훤히 밝혀주리라"는 절명시였다. 유학적 가르침에서 효(孝)는 충(忠)에 우선하는 덕목이다. 어버이를 사랑하는 마음을 미루어 남의 부모를 존경하고, 내 자식을 사랑하는 마음을 확충하여 다른 사람의 자제들을 아끼고 사랑하는 것이다. 이른바 '수신제가치국평천하'는 그런 조건적·확충론적인 유학의 덕목을 요약해서 표현한 것이다. 정암이 '애부(愛父)'하듯이 '애군(愛君)'하였다는 고백은 솔직하면서도 진실하다. '우가(憂家)'하듯이 '우국(憂國)'하였다는 고백 또한 인간적인 동시에 객관적인 내용이다. 조금도 허황된 고백이 아닌 동시에 조금도 가감이 없는 진솔한 회고이다. 그래서 정암의 사세(辭世) 순간의 모습은 장엄하고 고귀하다. 이런 도학자의 삶은 추호의 가식 없이 매순간 진실 그 자체이다. 누구나 이를 수 없는, 아무나 도달하기 어려운 경지에 정암은 닿아 있었다. 그래서 다음의 고백도 조금도 거짓됨이 없는 순결한 삶의 자연스런 표현임이 드러난다.

신의 나이 이제 서른여덟입니다. 선비가 이 세상에 태어나 믿는 것은 오직 임금의 마음뿐입니다. 망령되이 국가의 병통이 이익을 추구하려는 마음과 권력에의 욕망에 그 근원이 있다고 생각하고 이것을 바로잡아 국맥(國脈)을 새롭게 하여 영원무궁(永遠無窮)케 하고자 하였을 뿐입니다. 결단코 다른 뜻은 없었습니다.[3]

옥중에서 죄인(罪人)으로 몰린 조광조가 남긴 최후의 진술이다. 하늘에 한 점 부끄럼 없이 당당하고 엄숙하다. 한 인간의 삶의 목표와 지향이 무엇을 추구하고 있었던가를 정리한 말로서 이보다 의미 깊은 글이 어디 있겠는가! 간결한 표현 속에는 임금을 비난하거나 아쉬운 마음을 조금도 담지 않았다. 정명(正命)으로 받아들이면 죽음마저도 숭고하고 엄숙하다는 것을 정암은 충분히 보여주고 역사의 현장에 우뚝 섰던 것이다. 한순간도 원칙(原則)과 명분(名分)에 어긋나는 삶은 생각하기조차 두려워하였다. 우리 역사를 돌아보아도 이렇게 철저하게 도덕적(道德的)·이상적(理想的) 삶을 산 사람은 드물었다. 누구에게나 있어 삶은 숭고하고 절실한 것이지만, 정암은 오히려 죽음이 인간의 모습을 더욱 위대하고 진실하게 할 수 있다는 것을 말해주듯이 종명했다.

퇴계는 정암의 삶과 죽음이 불행하다고 평가를 내린 바 있다. 퇴계는 정암이 뜻은 높았으나 정세 전반을 파악하지 않고 무리하게 개혁을 추진한 점과 개혁의 소용돌이 속에서 정치적 타협을 이루지 못한 것을 실패의 원인으로 지적하였고, 율곡도 조광조가 현철(賢哲)한 자질과 뛰어난 재능을 가졌음에도 학문이 무르익기 전에 정치 일선에 나가 좌초한 사실을 안타까워했다.

자고로 동서양을 막론하고 개혁이란 대개 시급을 요하는 상황에서

---

3 『정암선생문집』 권2, 「옥중공사」: 臣年三十八 士生斯世 所侍者 君心而已 妄料 國家病通在於利源 故欲新國脈於無窮而已 頓無他意.

문제가 되는 경우가 많았다. 개혁은 '개혁'해야 하는 시기를 놓치면 의미가 별로 없다. 빠르게 해야 하는 것은 빠르게 추진해야 하는 법이고, 완급을 조절하면서 할 수 있는 개혁이라면 천천히 할 수도 있을 것이다. 필자가 판단하기에, 정암이 당면한 과제들은 시간적 여유를 가지고 천천히 할 수 있는 성질의 것들이 아니었다. 하루라도 빨리 개선하지 않고서는 나라의 상황과 백성들의 삶이 더 이상 버티기 어려울 정도로 심각한 문제점을 노출하고 있던 일들이었다.

더 이상 방치할 수 없었기에 미룰 수 없는 상황이었고, 훈구파와의 대립과 대결 없이 쉽게 해결할 수 있는 문제는 아무것도 없었다. 막강한 권력을 장악하고 임금마저 무력화한 채 정국을 농락하고 있던 훈구 세력을 해체하는 것이야말로 누구보다 중종 자신이 가장 절실하게 그 필요성을 인식하고 있었던 일이었다. 왜냐하면 즉위 10년이 지나도록 임금이 임금의 역할을 제대로 수행해보지 못한 중종이었기 때문이다. 중종이 조광조를 그렇게 신임하며 초고속 승진을 시켰던 이유도 그만큼 훈구 세력을 견제하는 것이 절실하였기 때문이었다. 그리고 정암을 비롯한 신진 도학자들은 하나같이 중종 임금만을 믿고 앞만 보고 나아갔지 다른 대비책을 전혀 수립하지 않았다.

적어도 그들이 정권을 장악하고 권력 자체를 탐하는 사사로운 마음을 가진 세력이었다면 군부를 장악하면서 개혁을 단행하였을 것이다. 그러나 그들은 그런 대책을 세우면서 추진하지 않았다. 오직 의(義)에 따라 판단하고 실천할 뿐 다른 것을 계산하지 않았다. 그런 도학자들의 실천을 성공과 실패라는 단순 논리로 접근하는 것은 재고되어야 할 것이다. 그들의 개혁은 좌절되었으니 모두 실패하였다는 평가를 내리는 것도 성급한 결론이라고 하지 않을 수 없다. 그런 평가는 그 자체가 성급한 일반화의 오류를 범하고 있다는 비난을 면하기 어려울 것이다. 문제를 보다 근본적으로 접근하여 본질적 의미와 의의를 올바르게 파악하는 것이 중요하다고 할 것이다.

그리고 정암을 비롯한 신진 도학자들의 개혁 추진이 항상 '정당성 (正當性)'의 기반 위에서 진행되고 있었다는 점을 특히 유의할 필요가 있다. 문제는 언제나 정당성이 결여될 때 나타난다. 정당성을 확보한 개혁(改革)은 힘차고 강력하게 추진되기 마련이다. 정당성이 결여될 때 그것을 이겨내기 위하여 억지로 장고(長考)를 해야 하는 것이지 정 당성이 확보되면 오래 생각할 필요가 없다. 어떻게 행동(行動)하고 나 아갈 것인가가 아주 분명(分明)하기 때문에 이것저것을 따질 필요가 없다. 나아가야 할 길이 눈앞에 선명하게 제시되기 때문이다. 정당성 이 결여될 때 진행 방향이 불분명하고 길도 어둡기 마련이다. 정암이 나아가고자 하는 길은 너무나 분명(分明)하고 확실(確實)하여 한 치의 의심도 필요 없는 것이었다. 그런 까닭에 망설이거나 주저할 이유가 없었던 것이다. 정암의 개혁이 일사불란하게 일직선(一直線)으로 진행 될 수 있었던 것은 바로 그들의 개혁 방향이 그렇게 철저하게 정도(正 道)를 지향하고 있었기 때문이다.

오늘날 21세기 정치 현황에서도 '원칙 없는 정치'가 언제나 문제가 되고 있는 점을 보게 된다. 사후 오백 년이 지난 오늘에 이르기까지 정암이 그렇게 오랫동안 사람들의 존숭을 받아 오는 이유가 결코 우 연이 아님을 알 수 있다.

퇴율(退栗)의 정암에 대한 평가는 결코 정암의 삶과 설시(設施)가 실 패하였다는 것이 아니다. 정암의 성리학적 이상은 특히 퇴계와 율곡 에게 그대로 이어져 한국 도학 발전의 밑거름이 된 사실에서도 이 점 은 드러난다. 정암의 이상은 후대 사람들에게 이어졌고, 성리학적 이 념이 충만한 이상사회를 만들고자 하는 표준이자 준거가 되었다. 그 개혁 정신은 영원히 의미를 지니는 것이었기 때문이다.

인류 역사를 통하여 보면 동양이나 서양을 막론하고 종교적 신념 에 따라 자신을 순교(殉敎)의 제단에 바치는 경우는 흔하게 있었다. 그러나 동서양 고금을 통하여 진리를 위한 죽음, 즉 '순도(殉道)'는 소수의 인간만이 보여주었을 뿐이다. 학행일치(學行一致)하는 순정(純正)한 성현들이 그런 삶을 살았을 뿐이다. 정암은 당대(當代)의 질곡(桎梏)과 사회적(社會的) 모순(矛盾) 앞에 '스스로를 죽여 진리를 따르는, 이른바 이신순도(以身殉道)의 삶'으로써 일생(一生)을 마쳤다.

그리하여 살아서는 조선조 사림(士林)의 영수(領袖)로서, 죽어서는 한국(韓國) 도학(道學)의 태산북두(泰山北斗)로서 영원한 숭앙과 존경을 받게 되었다. 정암 조광조는 비록 4년이라는 비교적 짧은 기간이었지만, 우리 역사상 가장 순결한 영혼을 지니고 완전에 가까운 이상정치(理想政治)를 펼쳤던 도학자(道學者)였다.

그 삶은 개혁(改革)을 통한 정국의 변화와 이념(理念)의 형성을 통한 조선조의 정체성을 확립하는 일종의 지식인(知識人) 운동이었다. 정암은 그러한 지식인의 역할과 사명을 투철하게 인식하고 실천한 인물 중 단연 돋보이는 존재였다. 그리하여 당대를 조선조 역사상 정치의식(政治意識)이 가장 빛나는 지점(地點)에 위치하게 하였던 사실은 높이 평가받아야 할 것으로 판단된다.

제 2 부

정암 도학의 현실적 구현과 역사적 의의

제5장 정암 도학의 철학적 특성

1. 존재론적 성격

1) 정암 도론의 형이상학적(形而上學的) 특성

일반적으로 도학(道學)이라고 하면 실천(實踐)을 중시하는 학문적 특성으로 인하여 형이상학적(形而上學的)인 문제에 관심을 가지지 않거나 소홀히 여기는 것으로 알기 쉽다. 그런데 사실은 그렇지 않다. 도학에서 중시하는 실천은 단순히 행동하는 것을 의미하는 것이 아니라 그 행동이 나오게 되는 고도의 철학적 근거를 바탕으로 하는 것이다. 정암을 비롯한 도학자들이 매우 중시한 '호연지기(浩然之氣)'도 성리학에서 '이(理)'와 '기(氣)'를 논할 때 말하는 일반적인 기가 아니다.

이렇듯 도학자들이 이론보다는 실천지학을 중시한다고 하여 그들의 실천이 한갓 실천 그 자체만이 있는 것이 아니라 그것이 나오게 되는 근본적인 원리가 반드시 있게 마련이다. 말하자면 도학에서 인간의 행위와 실천, 혹은 행동을 강조할 때 그러한 제반 행위는 반드시 철학적 원리를 기반으로 한다는 것이 중요하다. 그러므로 단지 원칙도 없는 행위나 그때 그때의 상황에 따라 행위 주체가 주관적인 판단에 의해서 자신의 행동을 결정하는 방식과는 매우 다르다. 한마디로 도학에서의 실천은 철저하게 고도의 형이상학적 원리에 기초한다. 이런 점은 특히 정암 도학에서 매우 두드러지게 나타났다. 그렇다면 정암 도학에서의 제반 행동 원리는 무엇인가?

정암 도학에서 인간의 제반 행위가 나오게 되는 궁극적 근원은 '도(道)'이다. 이것은 유가의 전통적 관점과 다르지 않다. 그러므로 도는

정암 도학에서의 모든 실천의 근거 혹은 준거가 된다. 그러면 도는
그 자체로서 존재하는 것인가? 정암은 이 문제와 관련하여 천(天)을
제시하였다. 인간의 모든 행위의 준거가 되는 것은 도인데, 도는 천
에 근거한다고 파악한 것이다. 그리고 무엇보다 천에 근본 하는 도이
지만 도 그 자체는 홀로 존재하는 것이 아니라 반드시 인간을 매개로
발현된다고 보았다.

> 무릇 도(道)라는 것은 천(天)에 근본 하면서 인간에 의존하고 일과 행
> 위 속에서 행하여져서 나라를 다스리는 방도가 된다. 도는 심(心)이 아
> 니면 의존하여 설 수가 없고, 심은 성(誠)이 아니면 의지하여 행할 수
> 가 없다.[1]

도는 인간이 어떤 행위를 하기 전에 반드시 그 출발점으로 삼아야
하는 준거 혹은 기준이다. 사람의 모든 행위는 도에 맞는가의 여부로
써 그 타당성의 근거로 삼는다는 의미이다. 도에 근거한 인간 행위라
야 가장 보편적 의의를 갖는다는 것이다. 사람이 자기 스스로의 주관
적 판단에 근거한 행동은 올바른 것이 아니다. 반드시 도와 합치되는
행위여야 이상적인 것이 된다.

그런데 그 도는 천(天)에서 비롯되는 것이므로 다름 아닌 천도(天道)
이다. 도가 천에 근본 한다는 것은 도학에서 말하는 도의 준거를 천
에서 찾는다는 의미이다. 도는 홀로 그 자체로 존재하는 것이 아니라
천(天), 곧 삼라만상의 모든 존재를 낳고 기르는 하늘로부터 나온다고
보고 있는 것이다. 인간 행위의 준칙이 되는 도는 다름 아닌 만물을
생육하는 절대적 존재인 천(天)에 근본 한다고 파악한 것이다.

---

1 『정암선생문집』권2, 「대책」, 〈알성시책〉: 夫道也者 本乎天而依之於人 行於事爲之
間 以爲治國之方也 道非心 無所依而立 心非誠 亦無所賴而行.

이러한 도는 어떤 형태로 실재하는 것은 아니다. 그래서 성리학에서는 '태극(太極)'이라고 한다. 모든 존재가 나오는 '근본 존재'로서 소리도 없고 형체도 없으니 '무극(無極)'이지만, 그럼에도 불구하고 엄연히 존재하는 최고의 존재이니 태극이라고 규정하였다. 그런 점에서 도학에서 말하는 도는 도가(道家)에서 말하는 도와는 그 존재 양상이 다르다. 도가에서 도는 자연 그 자체를 의미한다. 그러나 정암 도학에서의 도는 자연 존재적 도가 아니다. 천에 근본 하는 천도이다. 천도는 그 자체로서 홀로 존재하는 것이 아니라 천지자연 안에서 원리로서 내재한다.

무엇보다 정암 도학에서 도는 특히 인간을 떠나서 존재하지 않는다. 인간의 모든 행위 안에서 도가 논의되는 것은 바로 그런 이유에서이다. 도는 최고의 원리로서 인간 행위의 최고 준거가 되지만, 그 자체 홀로 존재하는 것이 아니라, 반드시 인간을 통하여 실현된다는 의미이다. 그러므로 인간을 떠나서는 도는 사실상 존재하지 않으며 의미도 없게 된다.

정암은 천에 근본 하고 있는 도의 실현이 사람에 의해서 가능하다고 인식하고 인간의 주체적이면서 적극적인 역할을 강조하고 있는 것이다. 도가 천에 근본 한다고 할 때의 도는 비단 인간에게만 한정되는 것은 아니다. 이때의 도는 우주 만물의 궁극적 원리이자 이치라는 의미가 되는데, 그럼에도 불구하고 도는 구체적인 현실에서는 특히 인간을 통해 드러나고 발현됨을 강조하였다. 이 점은 정암 도학의 본질을 이해하는 데 매우 중요하다. 동양 철학 사상에서 모두가 '도'를 말하지만, 유학 특히 도학에서 말하는 도는 인간과 인간 현실 자체가 가장 중요하고 중심이 됨을 강조한다. 도가 인간이나 사회 현실을 떠나면 고원(高遠)하고 신묘(神妙)한 어떤 것으로 인식한다. 이러한 점에서 정암은 특히 도가 인간을 떠나 논의되어서는 안 된다고 강조한 것이다.

이러한 정암의 관점은 기본적으로 성리학의 존재론 혹은 형이상학적 이론과 크게 다르지 않다. 그러나 도의 실현이 철저하게 인간에 의해 가능한 것이라고 하는 인간 주체의 적극적 역할을 강조한 것은 정암 도학의 특성이 기존의 성리학과 차이를 보인 면이라고 할 수 있다.

그렇다면 도는 과연 어떤 형태로 인간에게 의존하는가? 이 점과 관련하여 정암은 인간의 심(心)으로 나타난다고 보았다. 도는 바로 인간의 마음과 관계한다는 내용이다. 그러므로 도를 실현하는 것은 사람의 마음을 어떻게 하늘의 이치와 합치되게 운영할 것인가를 의미한다. 인간의 행위는 심이 선택하고 결정한다. 선을 행할 것인지 악행을 저지를 것인지의 문제는 마음의 지향과 관련되는 것이므로, 사람이 자신의 마음, 즉 심을 어떤 방향으로 견지하고 이끌어 가느냐에 따라 도의 실행 여부도 결정된다는 의미이다.

그러면 심이 어떤 방향을 지향하는 것이 바로 도에 합치되는 행위인가? 이 점에 관련하여 정암은 '성(誠)'을 들었다. 이미『중용(中庸)』에서도 "성(誠)은 하늘의 도이고, 성(誠)하고자 하는 것은 사람의 도"라고 천명하였다. 내 마음이 하늘의 이치대로 따르는 것이 바로 도(道)이고, 그것이 바로 성이라고 보았다. 마음을 성실하게 하는 것이 바로 천도를 실천하는 요체라는 것이다. 정암의 이러한 내용을 정리해보면 다음과 같다.

천(天) → 도(道) → 인(人) → 심(心) → 성(誠)

하늘에 근본 하는 도는 반드시 사람을 통해서 드러나고, 사람에게서는 마음에 의존하는데 마음은 성실하게 하는 것이 바로 도의 실천이라는 내용이다. 여기서 정암이 중시하는 성(誠)은 단순히 성실한 태도를 의미하는 것이 아니다. 그것은 바로 내가 성실한 존재(存在)가 되는 것까지를 뜻한다. 그런 의미에서 성은 정암 도학의 학문적 요체이자 수양의 궁극적인 목표이다. 도를 세우는 것[立道]은 다름 아닌 인간 마음의 성실성[心誠]을 확보해 나가는 과정임을 밝힌 것이다. 모든 인간의 내면에 선성(善性)이 품부되어 있지만, 모두가 다 도를 실천하는 것은 아니다. 그 전제 조건으로 마음의 성실성, 즉 '심성(心誠)'이 갖추어져야 한다는 것이다. 도덕적 실천에 대한 인간 개개인의 주체적 각성을 통해서 비로소 도가 실천되는 것이라는 논리이다.

그런 논의를 통하여 정암 도학에서의 모든 실천은 바로 하늘에 근원하는 천도(天道)의 실천이고, 그것은 인간 내면(內面)의 성실성(誠實性)으로 발현되어 나온다는 내용으로 정리된다. 즉, 정암 도학에서 천에 근본 하는 도는 철저하게 인(人)이라는 실천 주체에 의존하여 발현되고, 인간에 있어서는 심(心)으로 매개되며, 심은 성(誠)을 확보하여야 한다는 것이다.

그런 이유로 정암은 도가 한결같아야[道一] 덕(德)도 밝아진다[德明][2]고 강조하였다. 덕은 인간 내면의 본성이 밖으로 실현되어 나오는 것으로 인간 행위의 도덕성을 가늠하는 요체이다. 정암이 '도일(道一)'이라야 '명덕(明德)'이라고 한 것은 원리적으로 덕은 도에서 나온 것이지만 도 자체의 인식은 덕에서 구해야 한다는 중요한 뜻을 담고 있다. 여기서 명덕이란, 사람이 태어날 때 하늘로부터 품부받는 밝은 덕을 말한다. 존재론적 차원에서는 도가 덕에 우선하지만 궁극적인 진리를 인식하여 들어갈 때에는 덕에서 도를 찾는 순차여야 한다는 의미이다. 이것은 명덕(明德)을 통한 도의 통달을 강조하는 것으로서 정암 도학에서 매우 중시되는 부분이다. 형이상학적 원리인 도는 명덕, 즉 인간 내면의 구체적인 밝은 덕에 의해 구현되는 것이라고 하여 정암은 도와 명덕을 상호 유기적인 연관성 속에서 파악하고 있음을 볼 수 있다.

---

2 『정암선생문집』 권2, 「홍문관청파소격서소」 : 道惟一而德無不明.

2) 정암 도론의 인간학적(人間學的) 전개

위에서 살펴본 바와 같이 정암에 의하면 도는 인간 내면에 덕(德)으로 품부되어 밖으로 드러난다. 그러므로 도가 한결같아야 그 덕도 밝아진다. 이것은 천이 품부한 덕이 명덕(明德)이 되려면 인간의 적극적인 자기 노력이 필요하다는 의미이다. 사람이 하늘로부터 부여받는 천성은 모두 같지만 기품에 따라 선함과 악함의 차이를 보이는 까닭도 이 점과 연관된다.

> 대저 사람은 천지의 중(中)을 받아서 태어나므로 인의예지(仁義禮智)의
> 덕을 갖게 되는 것이니, 천리에 어찌 악함이 있으리오. 다만 기품(氣
> 稟)에 얽매이는 바가 있어서 사람마다 차이가 있게 되는 것이다.[3]

모든 사람에게는 공통적으로 인의예지(仁義禮智)의 덕이 있어서 선한 조건이 갖추어져 있지만, 이러한 선성(善性)은 미미하여 기품(氣稟)에 얽매이거나 구속되기가 쉽다. 그래서 도를 실천함에 있어서 사람마다 차이가 나타나게 된다는 것이다. 사람의 본성은 모두 선하게 주어지지만 현실적으로 악한 사람이 있게 되는 것은 기품에 얽매여 선한 본성을 실천하지 못하기 때문이라는 내용이다. 그러므로 인간 내면에 품부되어 있는 덕을 밝혀서 밝은 덕이 되도록 하는 노력, 즉 마음공부가 필요하다고 보는 것이다.

> 이(理)는 오직 미미하고 기(氣)는 쉽게 타므로 착한 사람은 항상 적고,
> 착하지 않은 사람은 항상 많은 법입니다. 옛사람이 이르기를 "안자(顔
> 子)를 바라는 이는 또한 안자가 될 수 있다"고 하였으니, 중요한 것은

---

3 『정암선생문집』 권4, 「복배부제학시계」 13 : 夫人受天地之中以生 只有仁義禮智之
德 天理豈有惡哉 但爲氣稟所拘 故乃有差焉.

마음을 굳세게 하는[心剛] 데 있습니다. 마음이 진실로 굳세면 선을
행하기는 어렵지 않은 것입니다.[4]

인간에게 선한 덕이 품부되어 있지만 그것은 언제나 미미하여 쉽
게 현실 속 기품에 얽매여 구속되어버리니, 덕을 밝히는 노력의 중요
성을 말한 것이다. 정암은 그러한 마음, 다스리는 노력을 '심강(心剛)'
공부라고 하여 강조하고 있다. 마음을 강건하게 하여 악에 빠지지 않
으려는 부단한 수양공부가 필수적으로 요청된다는 것인데, 정암 도학
의 존재론에서 중요한 부분이다. 도학에서는 마음공부를 어떤 노력보
다도 중시하였는데, 이런 점과 관련하여 정암 자신이 누구보다 고되
고 힘든 수양공부를 실천한 바 있다. 마음을 강건하게 하여 어떠한
상황에서도 흔들림이 없도록 다스리는 공부야말로 '실천지학(實踐之
學)'인 도학의 요체이다.

소신과 같은 사람도 청명한 밤 고요한 가운데 혹 지기(志氣)가 맑아질
때가 있습니다. 진실로 이것을 잘 함양하여 잃지 않는다면 옛사람을
바랄 수 있을 것입니다. 그러나 마음 씀이 굳세지 못하기 때문에 다음
날 도리어 어지럽고 동요되는 근심이 있게 되는 것입니다.[5]

스스로 심강공부를 통하여 지기(志氣)가 맑아짐을 경험하고 있다는
고백을 하기는 사실 쉽지 않다. 누구나 할 수 있는 말이 아니기 때문
이다. 정암은 참으로 마음 수양 공부를 성실하게 하였던 도학자로 유
명하다. 특히 고요한 시간에 지기(志氣)를 청명(清明)하게 함양(涵養)하

---

4 위와 같음: 理惟微而氣易乘 故善人常少 而不善人常多 古人云希顔亦顔 要在用
  心剛 心苟剛 爲善不難矣.
5 위와 같음: 如小臣者 亦於淸夜岑寂之中 或有志氣淸明之時矣 苟能養之不失 則
  古人可希 而用心不剛 故明日還有紛擾之患矣.

여 잃어버림이 없도록 하는 심강공부를 독실(篤實)하게 하였다. 옛 성인(聖人)을 닮아서 그러한 경지에 이르고자 하는 입지(立志)로써 초심(初心)을 잃지 않으려는 노력을 조금도 게을리 하지 않았다.

이와 같이 정암은 인간의 선성(善性)을 신뢰하면서도 그것 자체로는 인간의 도덕적 완전성을 기대하기는 어렵기 때문에 부단한 마음공부를 통하여 그 착한 씨앗을 더욱 키우고 확대하는 개인적 노력을 기울일 것을 특별히 강조하였다. 그리하면 마음에 깊이 침잠하는 바가 있어 도를 체득하게 되고 마침내 덕화(德化)가 나타나게 된다고 보았다.[6]

이와 같이 정암이 강조하는 심강공부는 마음을 항상 선(善)에 머무르게 하고자 하는 의지의 수양이다. 이런 노력을 통하여 마음 수양을 지속적으로 계속하여 고요한 상태에 이르면 도를 체득하게 되고, 그것이 현실 세계에서 덕화로 실현된다는 것이다.

그런데 정암 도하익 존재론적 특징 중에서 인간과 관련하여 특히 인간 마음의 영묘성(靈妙性)을 긍정하고 그 가능성을 인정하는 점이 주목된다.

정암은 누구보다 실천적 삶을 중시하고 출사 이후에는 당대 상황을 지치적으로 개혁하는 일에 전념하다가 기묘사화로 종명(終命)하였기 때문에 형이상학적 문제와 관련하여 체계적인 저술을 남기지는 못하였다. 그러나 사후 정리된 『정암선생문집』 등의 여러 글들에는 정암의 진리관과 인간관의 구조를 파악할 수 있는 글들이 있다. 정암은 인간을 통하여 천에 근본 하는 도가 실현된다고 하여 진리의 구현자로서의 인간의 긍정적인 역할에 큰 의미를 부여했다. 그러면서도 도가 온전히 실현되려면 인간 마음의 성실성을 강조하였다.

그런데 무엇보다 인심(人心)의 영묘성을 인정하는 부분은 정암 인간관의 가장 특징적인 부분이라 할 수 있다. 조광조가 중종에게 올린 「계

---

6 『정암선생문집』 권4, 「복배부제학시계 5」: 潛心體道 然後德化出矣.

심잠(戒心箴)」, 즉 마음을 경계하는 잠언은 그 자체가 인간 마음의 영묘
함을 설명하는 인식의 바탕 위에서 기술되어 있다.

> 사람이 천지로부터 강유(剛柔)를 품부받아서 형체를 이루고, 건순(健
> 順)함을 받아서 성(性)이 되었으니, 기(氣)는 곧 사시(四時)이고 심(心)은
> 곧 사덕(四德)이다. 그러므로 천지 기운의 큼은 호연(浩然)하여 두루 포
> 용하지 않음이 없고, 사람 마음의 신령스러움은 묘연(妙然)하여 두루
> 통하지 못하는 바가 없다. ……그러나 사람의 마음에 욕심(欲心)이 있
> 으므로 그 마음의 본체의 영묘(靈妙)함이 침체되어 사사로운 정(情)에
> 구속되어 능히 유통하지 못하여 천리(天理)가 어두워지고, 기(氣)도 또
> 한 막히어서 천성(天性)과 인륜(人倫)이 무너지며, 천지의 만물(萬物)도
> 생을 이루지 못하는 것이다.[7]

여기서 사시는 춘하추동(春夏秋冬)이고, 사덕은 인의예지(仁義禮智)이
다. 정암은 특히 사람 마음에 이성(理性)만으로는 설명하기 어려운 영
묘성(靈妙性)이 있음을 인정하고 있다. 인심(人心)이 천지(天地)의 호연
함을 본받아 한없는 포용성(包容性)과 신령성(神靈性)을 갖추고 있다는
내용이다. 그리하여 논리적 합리성보다는 신령스런 묘연성이 사람 마
음의 근본 특성임을 밝히고 있다. 이 점은 정암 도학의 존재론 중에
서 특히 인간에 관한 관점을 이해하는 핵심 부분이다.

「알성시책」에서도 조광조는 중종에게 '일심(一心)의 묘(妙)함'으로써
기강(紀綱)과 법도(法度)의 근본으로 삼아서 일용정사에 적용할 것을
요구하기도 하였다. 일심지묘(一心之妙)로써 마음의 본체로 삼아 그 본
체를 광명정대(光明正大)하게 하고 주류통달(周流通達)하게 한 뒤 천지

---

7 『정암선생문집』 권2, 「계심잠(戒心箴)」: 人之於天地 稟剛柔以形 受健順以性 氣則
　四時 而心乃四德也 故氣之大浩然 無所不包 心之靈妙然 無所不通 然人心有欲
　所謂靈妙者 沈焉 梏於情私 不能流通 天理晦冥 氣亦否屯 彝倫斁而萬物不遂.

와 더불어 그 본체를 같이 하고 그 작용을 크게 하면 일상에서 도가 드러나게 되어 나라의 기강과 법도는 일부러 세우려고 하지 않아도 저절로 세워지게 된다고 하였다. 여기서 정암은 '일심지묘(一心之妙)'라고 하여 심의 영묘성을 분명히 언급하고 있다.

심의 영묘성은 인간의 특질을 파악함에 있어서 정암이 이성적(理性的) 합리성(合理性)도 인정하지 않는 것은 아니지만, 영감적(靈感的) 묘연성(妙然性)을 근본적으로 중시하였다는 것을 의미한다. 이런 인식은 이(理)와 기(氣)를 묘합(妙合)하여 둘이지만 하나로 보는 정암의 일원론적(一元論的) 이기론(理氣論)과도 합치되는 부분이다.

인간에게 이성적 합리성은 진리의 인식과 관련된 지적인 측면에서 중요한 요소이고, 감성적 영묘성은 진리의 실천과 관련하여 의지적 측면에서 매우 중시되는 요소라 하겠다. 이성적이고 지적인 측면에서 객관적인 인식을 도모하고 그 바탕 위에서 인심의 영묘한 특성이 조화를 이루어 진리를 실천하는 원동력으로 표출된다는 것이다. 어떤 사람에게 이성적 요소만을 강조할 때 자칫 경직되거나 규격적인 행동밖에 하지 못하는 경우가 있을 수 있다. 합리적인 사고를 바탕으로 하되 거기에 마음의 영묘성을 결합할 때 지행이 묘합하여 큰 실천이 수반된다는 것이다.

성리학에서는 불교나 도교와 비교하여 인간의 본질에 관한 철학적인 설명에서 매우 합리성(合理性)이 있다고 강조한다. 심지어 성리학과 학문적 연원이 다르지 않은 양명학(陽明學)조차 그런 부분에서 이론적 오류가 있다고 하여 조선조 성리학자들은 역사적으로 정통 유학으로 인정하지 아니하기도 하였다. 그것은 주로 인간을 보는 관점과 관련된다. 이를테면 성리학자들은 '성(性)이 곧 이치다'는 '성즉리(性卽理)'를 인정하는 반면, 양명학에서 강조하는 '심(心)이 곧 이치다'고 하는 '심즉리(心卽理)' 주장은 옳지 않다고 부정하는 것이다. 불교에서 모든 것을 마음의 문제라고 삼는 부분이라든지, 마음 안에서 일체의 깨달음을 얻으려는 선종(禪宗)의 가르침도 주관적인 것이라고 하여 문제점이 있다고 성리학자들이 비판하는 것도 같은 맥락이다. 유자들이 도가주의자들이 인간의 현실을 버리고 초월적인 자연세계에 침잠하는 것을 비판하는 태도는 여기서 더 언급하지 않아도 될 것이다. 이런 유가, 특히 성리학자들의 한결같은 문제 제기는 공통적으로 인간을 보는 기본적인 관점에서 연원하는 것이라고 할 수 있다. 그 핵심에는 인간에게는 천(天)에 근본 하는 도(道)라는 보편타당한 이치(理致)가 성품(性品)으로 품부되어 있다는 인식이다. 이것은 인간의 본질이란 개인의 주관적인 학습이나 노력으로 사람에 따라 그 성질이 변하거나 달라지는 것이 아니라 모든 사람이 모두 다 같이 한결같은 공통성으로 갖는다는 의식의 표현이다. 그러므로 진리의 인식이나 실천에 있어서 모든 사람은 보편타당한 이치를 내면에 바탕으로 지니고 있는 합리적인 존재라는 것이다. 따라서 진리를 알고 실천함에 있어서 모든 사람은 선(善)을 지향할 수 있는 능력이 열려 있다고 본다. 그런 점에서 모든 사람은 다 하늘과 같이 고귀한 절대적 존재 가치를 지닌다는 것이다.

그런데 인간에게 영묘성을 인정하는 관점은 성리학적 인간관과 차이가 있는 것으로 생각하기 쉽다. 그러나 정암이 말하는 심의 영묘한 특성은 인간 마음의 본질을 합리성만으로 설명할 수 없는 측면을 강조한 것이지만, 심의 본질을 신비주의적(神秘主義的) 특성으로 규정하는 것은 결코 아니다. 정암이 중요하게 여기는 심의 영묘성(靈妙性)은 초월적인 신비성(神秘性)과는 다르다. 이것은 특히 인간이 자신의 내면적 도덕성을 함양하는 측면에서 심을 수양할 때 하늘로부터 품부된 본성을 키우고 확대하는 것을 최고의 수준으로 이끌 수 있다는 자신감과 의지를 강조하는 것과 관계된다고 볼 수 있다. 말하자면 인간의 자기 성취를 위한 원대한 목표 설정과 그것에 도달할 수 있는 자신의 무한한 가능성을 긍정하는 의지적 표현이라 볼 수 있다.[8]

2. 인식론적 성격

1) 진리의 인식과 인식 주체

정암 도학에서 진리의 본질 혹은 진리 자체는 보편적 이치인 '도 (道)'라고 인식한다. 이미 존재론 설명에서 밝혔듯이 도는 천에 근본 하는 것으로서 천도를 의미한다. 그런데 도는 인간에 의해 드러나고 밝혀지는 것이라고 하여 인간을 진리 인식의 주체로 규정하였다.

> 사람[人君]의 일심(一心)은 천의 광대함을 체득하는 것이니, 천지의 기 운과 만물의 이치가 다 내 마음의 운용하는 가운데에 포함되어 있다.[9]

도를 체인하는 존재는 인간이며, 인간이 체인하는 도는 천도이다. 그리고 천도를 체인하는 것은 인간의 마음, 즉 일심이다. 그리고 마 음의 운용 가운데에 천지만물의 이(理)가 내재해 있다고 보고 있다. 도는 초월적이고 보편적인 원리이지만 인간의 인식 가능성 안에서 의미를 갖는 것이라는 점을 분명히 한 것이다. 정암 도학에서는 도 자체의 초월적 존재 가능성을 인정하지 않는다.

그러면 진리는 어디에 있으며 어떻게 인식하고 체득하는 것인가? 이와 관련하여 정암은 다음과 같이 정리하고 있다.

> 도(道)를 벗어나서는 물(物)이 있을 수 없고, 마음[心]을 벗어나서는 일 [事]이 있을 수 없다. 그래서 그 마음을 잘 보존하여 그 도를 마음에 서 나오게 하면 인(仁)이 되어서 하늘이 봄이 되게 하는 것과 같은 데 이르러서 마침내 온 세상의 만물을 인(仁)으로 화육(化育)시키게 될 것

---

8 졸저 『정암 조광조의 도학사상』, 심산, 2003, 109~125쪽 참조.
9 위와 같음: 況人君一心 體天之大 天地之氣 萬物之理 皆包在吾心運用之中.

이고, 의(義)가 되어서 하늘이 가을이 되게 하는 것과 같은데 이르러서 마침내 온 세상의 만민들을 올바르게 할 것이며, 예(禮)와 지(智)가 되어서 또한 하늘이 하는 것과 같은 데에 이르지 않음이 없을 것이다. 인의예지(仁義禮智)의 도가 천하에 반듯하게 서게 되면 나라를 다스리는 규모와 방법들이 이보다 더 나은 것이 어디 있겠는가?[10]

'도외무물(道外無物)'과 '심외무사(心外無事)'는 정암이 진리인 도(道)와 인식 주체인 사람을 유기적으로 연관시켜 관계를 밝힌 것이다. 도는 사물(事物)을 존재하게 하는 근본 원리이지만, 사람의 마음을 통하여 실현되는 것이니, 도를 인식하고 체득함에 있어서 인간이 빠지면 의미도 없어진다는 것이다.

도가 만물의 존재 원리이지만 초월적으로 존재하는 것이 아니라 사물 안에 내재하고, 사물 안에 내재하는 도는 또한 인간의 심(心)을 통하여 체득되는 것이니, 결국 진리라는 것이 인간을 벗어나 논의되거나 인식되는 것이 아니라는 의미이다. 진리와 그것을 인식하는 주체를 논할 때 진리가 바깥으로부터 오는 것인가, 내 안에 존재하는가는 매우 중요한 문제인데, 이 점에 있어서 정암은 전자(前者)의 입장에 서 있음을 알 수 있다.

이와 같이 진리가 자신 안에서의 인식의 문제라면 인식 주체인 '나'에게 부여되는 가장 중요한 점은 어떻게 진리를 인식하고 실천하느냐는 것이다. 진리가 내 안에서 인식되고 실천되는 문제라는 사실은 매우 주관적(主觀的)인 측면으로 흐를 경향을 배제할 수 없기 때문이다.

그러나 정암 도학에서는 진리를 인식하고 실천하는 주체가 단순한 주관주의로 흐를 가능성은 희박하다. 왜냐하면 그 진리라는 것이 천

---

10 『정암선생문집』 권2, 「대책」 〈알성시책〉: 道外無物 心外無事 存其心 出其道 則爲
仁而至於天之春 而仁育萬物 爲義而至於天之秋 而義正萬民 禮智亦莫不極乎天
而仁義禮智之道 立乎天下 則爲國之規模設施 何有加於此耶.

142

에 근본 하는 보편적이면서 객관적인 이치로 인간에 내재하는 것이므로 인식 주체인 '나'는 그것을 있는 그대로 올바르게 체득 혹은 체인하기만 하면 되기 때문이다. 내 마음 안에서 내가 진리를 만들어내는 것이 아니라 내 안에 하늘로부터 들어와서 내재하는 객관적인 이치, 즉 도를 올바르게 인식한 뒤 실천하면 되는 것이라는 의미이다. 이런 점에서 정암 도학은 모든 것을 마음 안에서만 문제 삼는 유심주의(唯心主義)와는 차이가 있다.

하늘에 근거하는 진리가 객관적으로 나에게 내재해 있지만, 내가 어떻게 그것을 본질 그대로 인식하고 체득해내느냐 하는 개별적 차이가 있을 수 있다. 사람에 따라 차이가 있을 수는 있을 것이다. 진리의 내재화는 객관적이지만, 진리의 인식은 주관적일 수 있다. 그래서 정암 도학에 있어서는 주관과 객관을 아우를 수 있는 측면을 모색한다. 그것은 바로 수양을 통한 진리의 체인이다.

정암 도학에서 진리 인식 및 체득의 문제와 관련하여 강조하는 중요한 특성은 수양을 통하여 자기 자신이 '진리화(眞理化)'를 지향한다는 것이다. 말하자면 정암 도학에서 진리의 인식은 바로 진의 체득(體得)과 체찰(體察)로 이어지고, 나아가 지(知)와 행(行)이 하나로 파악되어 스스로가 진리의 주체로 변화해가는 과정으로 나아가는 것을 이상(理想)으로 여긴다. 진리의 본래성과 현실성을 주체적으로 심화된 자기 속에서 하나로 파악하는 것이다.[11]

이와 같이 진리를 인식하고 실천하는 단계에서 내 스스로 진리화 과정으로 나아간다는 논의는 정암 도학이 한갓 이념적으로 천착(穿鑿)하는 학문의 세계가 결코 아님을 뜻하는 것으로서 중요한 의미를 가진다. 그래서 도학은 실천지학(實踐之學)이다. 그냥 진리를 실천하는 수준을 넘어 내 자신이 진리의 화신으로 변화하는 수준까지 지향한

---

11 柳承國, 『東洋哲學研究』, 東方學術研究院, 1983, 248쪽.

다. 정암이 진리대로 살고 진리대로 실천하다가 진리를 위해 순도(殉
道)하는 길을 걸었던 것도 이런 학문적 특성을 그대로 따른 것이다.
그런 점에서 정암 도학은 단순한 실천지학이 아니다.

그러므로 정암 도학에서는 진리의 인식과 실천 문제와 관련하여 특
히 수양론(修養論)이 매우 중요한 문제로 대두되는 것이다. 진리 인식
과 진리 실천의 차원이 언제나 동일한 차원에서 논의되고, 그것은 궁
극적으로 자신의 진리화라는 실현의 차원으로 나아가야 하기 때문에
무엇보다 자신의 본성을 밝히는 수양론적 차원이 같이 논의되는 것이
다. 정암 도학에서 나타나는 수양론적 특성은 자성명적(自誠明的) 측면
과 관련되는 성명론(誠明論)과 격치성정론(格致誠正論)을 들 수 있다.

2) 성명론(誠明論)과 격치성정론(格致誠正論)

정암 도학에서 진리 인식의 방법적 특징으로 나타나는 자성명적 수
양론은 『중용(中庸)』에서 자명성(自明誠)과 함께 제시된 이론이다. 『중
용』에서는 다음과 같이 설명하고 있다.

하늘이 명(命)한 것을 성(性)이라 하고, 성(性)을 따르는 것을 도(道)라
하며, 도를 닦는 것을 교(敎)라 한다.[12]

성(誠)으로부터 명(明)에 이르는 것〔自誠明〕을 성(性)이라고 하고, 명(明)
으로부터 성(誠)에 이르는 것〔自明誠〕을 교(敎)라 한다. 성(誠)하면 명
(明)하여지고 명(明)하면 성(誠)하게 된다.[13]

'자성명(自誠明)'은 하늘이 인간에게 부여한 선성이 드러나서 밝아짐
에 이르는 것으로서 무작위하게 되는 것을 말하는데, 방법론적인 측

---

12 『중용』 제1장 : 天命之謂性 率性之謂道 修道之謂敎.
13 『중용』 제21장 : 自誠明 謂之性 自明誠 謂之敎 誠則明矣 明則誠矣.

면에서 천성으로부터 확인하여 내려오는 절차를 따른다. 이것은 이른 바 '하학이상달(下學而上達)'과는 반대되는 과정으로서 종교적 방법과 유사한 면이 있다. 반면, '자명성(自明誠)'은 지성적으로 밝혀 나가는 것으로서 아래에서 위로 올라가는 것이며 과학적인 방법과 유사하다. 이 두 가지 수양론에 대해 주자(朱子)는, 자명성은 인식 행위의 주체가 점진적으로 밝혀나가는 것이니 현인이나 군자가 행하는 도라고 보았고, 자성명은 성자(聖者)의 방법이라고 밝혔다. 정암 도학은 자성명적(自誠明的) 수양론(修養論)의 성격이 강하게 나타난다. 먼저 수양의 필요성과 관련한 정암의 인식을 살펴보자.

> 사람의 천성은 선(善)이 아님이 없으나, 사람마다 기(氣)를 타고남이 다르다. 사람이 선(善)을 행하지 않음은 기(氣)가 그렇게 하게 하는 것이다. 그러므로 비록 성인(聖人)이라 할지라도 보통 사람과 같은 마음〔人心〕이 없지 아니하니, 기미를 살피지 않아서는 안 된다.[14]

유가의 전통적 사유 구조는 물론 정암의 인간론에서도 모든 인간은 착한 본성을 지닌 존재이다. 그러므로 모든 사람은 잠재적으로 선행을 행할 수 있는 기본 바탕을 지니고 있다. 이와 같이 사람은 모두 아름다운 바탕, 즉 선성(善性)을 가지고 있음에도 불구하고 악행을 저지르는 것은 무엇 때문인가? 이러한 문제 제기에 대하여 정암은 사람마다 지닌 기질적(氣質的) 특성 때문이라고 파악하고 있는 것이다. 모든 사람에게 공통적으로 선한 이치, 즉 선성이 품부되어 있지만, 기(氣) 혹은 기질지성(氣質之性)은 사람마다 차이가 있다는 것을 정암도 인정하는 것이다. 사람마다 차이 나는 이 기질지성으로 인하여 악행을 저지르게 된다는 것이다.

---

14 『정암선생문집』권5, 「연중기사」, 1: 性無不善 而氣稟不齊 人之爲不善 氣之使然 也 雖聖人 不能無人心 幾微之際 不可不察.

따라서 사사로운 욕심으로 흐르지 않고 내재적 선성의 불씨를 키우기 위하여 일마다 예민하게 기미를 살피는 노력, 즉 수양의 필요성이 대두된다. 수양은 다름 아닌 매순간 일어나는 감성이나 욕망을 도(道)에 맞도록 조절하는 것이다. 사욕(私欲)에 빠지지 않고 도리에 합당하게 행동하는 사람이 되는 것은 스스로의 부단한 노력에 의한 것이라는 인식을 정암은 가지고 있었다.

정암의 그러한 도학적 수양의 목표는 다름 아닌 '성인(聖人)'이고, 구체적으로는 요순(堯舜)과 같은 인물이 이상형이었다. 누구나 수양에 의해 요순과 같은 성인이 될 수 있다는 입장을 정암은 확신하고 있었다. 정암은 경연(經筵)에서 『근사록』을 강의하는 자리에서 다음과 같이 말한 바 있다.

요순걸주(堯舜桀紂)에게 공히 칠정(七情)이 있지만 선악(善惡)이 확실하게 차이가 나는 것은 그 정(情)이 발한 것이 예(禮)에 합치되느냐 그렇지 않으냐에 까닭이 있기 때문이다. 비록 선인(善人)이라도 기(氣)가 격동하게 되면 기뻐하고 노여워함이 혹 중도(中道)에 지나치게 되는 것이다. 오늘 이 자리에 있는 사람이 누가 선(善)하고자 하지 아니하겠는가마는, 다만 능히 자기의 사사로움을 떨쳐버리게 되면 가히 성인(聖人)을 배울 것이다. 옛사람이 말하기를, "안자(顏子)를 바라는 자도 안자이다"고 했으니, 모름지기 마음 쓰기를 강하게 하는 데 있는 것이다. ……『중용』에서 "그 보지 못하는 곳에서 경계하고 삼가며, 그 듣지 못하는 곳에서 두려워해야 한다"고 했으니, 이것은 사물(事物)을 접하기 전의 공부이다. 나 같은 사람이 어찌 능히 옛사람의 공력과 같으랴마는, 하루 안에 마음이 환히 깨이면 요순(堯舜)이고, 분요하면 곧 걸주(桀紂)인 것이니, 모름지기 그 깨이고 깨이는 곳으로 마음을 쏟아 공력을 써야 할 것이다.[15]

15 『정암선생문집』 권5, 「연중기사」 1.

정암이 모든 사람이 요순과 같이 성인(聖人)을 기약(期約)하고 선을 실행하기를 강조하며 중시한 것은 바로 살아 있는 물건[活物]인 바로 마음공부이다. 굳건하게 스스로를 성찰하며 정일(精一)한 마음공부를 하면 의리(義理)의 바름과 정사(正邪) 구분이 올바르게 실행되어 도가 밝아지게 된다고 보았다. 마음으로 하루만에 깨침 상태에 이르는 공부는 경험적 축적을 초월하는 종교적 성격이 강한 수양법이다. 차근차근 마음의 결을 수양해 가는 것보다 일순간 큰 깨침을 얻는 방법과 유사한 면이 있다.

> 사람[전하]의 마음이 한결같고 정밀한 공부[精一之功]를 하더라도 혹 그 경지에 이르지 못하는 경우도 있다. 그러나 한결같이 하면[一] 곧고 방정하여 의리(義理)의 올바름을 지킬 수 있고, 정밀하게 하면[精] 순수히고 밝아져서 사득함과 올바름[邪正]을 분변하게 된다. 그것을 스스로에게 적용하면 도(道)가 밝아지고, 일에 베풀면 정사(政事)가 좋아져서 어느 면에서나 전일(全一)한 공이 있지 않음이 없게 될 것이다.[16]

이러한 정암의 마음공부는 단순한 수양이 아니다. 이른바 내 마음 속 도(道)를 밝히는 '도명(道明)' 공부이다. 사물의 이치를 순차적으로 탐구하는 학습이라기보다 내면을 밝히는 수양공부이다. 그것은 의(義)로써 기(氣)를 곧고 반듯하고 크게 하는, 이른바 '직방대(直方大)' 공부이다. 바로 이런 공부가 그 특성상 내면의 성을 밝히는 공부인 '자성명적(自誠明的)' 수도(修道) 과정인 것이다. 이치를 탐구하여 지식을 확대해 가는 공부가 아니라 스스로의 내면에 품부된 인간 본성의 근본을 밝혀내고 드러내는 공부이다.

---

16 『정암선생문집』 권2, 「홍문관청파소격서소」 : 殿下之心 其於精一之功 或有所未至也 一則直方而守義理之正 精則粹白而辨邪正之分 用之於身而道明 施之於事而政善 惟左惟右 罔有不一之功

정제엄숙(整齊嚴肅)하면 자연히 주일무적(主一無適)하여 사물에 응하는 것이 타당하고 말과 행동이 예(禮)에 맞게 될 것이다. 보통사람이 이와 같은 수양을 하지 못하는 것은 정제엄숙하지 못하기 때문이다. 이것이 바로 성학(聖學)의 처음과 끝으로서 형용하기 지극히 어려운 것이니, 반드시 마음을 성성(惺惺)하게 깨어서 혼미함과 잡됨과 해이함이 없게 되었을 때에야 드러날 수 있는 것이다. 그래서 선유(先儒)들이 항상 주일무적(主一無適)이라는 말을 우선으로 삼았던 것이니, 무릇 정제엄숙하여 의관(衣冠)을 바르게 하고, 시선(視線)을 장중하게 하는 것이 바로 어둡고 혼미하지 않은 공부인 것이다.[17]

정암이 지극히 중시하고 또 몸소 실천하기를 조금도 게을리 하지 않았던 이와 같은 공부법은 방법론적으로 볼 때, 하나하나 원리를 탐구하고 터득하여 아래에서부터 위로 쌓아가는 방식이 아니라, 내면에 존재하는 천리의 성품을 위에서부터 아래로 밝혀 내려오는 공부법이다. 말하자면 이지적이고 합리적이며 논리적인 공부가 아니다. 정암은 이런 공부를 많이 하였다. 젊은 시절 명산(名山)을 즐겨 찾아 수도승 못지않은 마음 수양공부를 하였는데, 심령적·수도적 방식의 수양법이었다.

이러한 공부는 바로 『대학』에서 학문적으로 노력하여 지적(知的)으로 밝은 데로 나아가는 방법 이후의 공부, 즉 '그치며 머무르고, 고요하고 편안하며, 깊이 생각하고 진리를 얻는(止定安靜安慮得)' 공부[18]를 말한다. 정암은 이런 공부를 지극히 하였다. 격물치지가 분석적, 일반

---

17 『정암선생문집』 권4, 「복배부제학시계」 7: 整齊嚴肅 則自然主一無適 而應物精當 言動中禮矣 常人之不能若此者 不能齊肅故也 此是聖學之始終 而形容極難 必於 心地惺惺 無昏雜解弛之時 可見矣 故先儒以主一無適 爲言 夫整齊嚴肅 正衣冠遵 瞻視者 乃不昏惰之工夫也.

18 『대학』 「경(經)1장」: 知止而后有定 定而后能靜 靜而后能安 安而后能慮 慮而后 能得.

적 공부라면 이것은 차원이 다른 심신 수양, 혹은 수도 공부이다. 정암 연보(年譜)를 보면 20대의 조광조는 극진한 수도와 수양을 통해서 감정과 욕심을 버리고 진리와 도심에 침잠하는 공부를 아주 열심히 하였음을 확인할 수 있다.

이러한 공부는 정암이 진리 인식에 있어서 분석적인 격물치지로는 사실상 천리와 천도를 감통하는 것이 어렵고, 심의 영묘성을 체득하는 영감적인 수양을 통하여 내적 깨달음을 추구하는 방식을 택하였음을 의미한다. 이것은 정암이 분석적, 비판적 학문에만 한정하지 않고 영감적 수양공부를 조화시켜 종합적인 진리 탐구에 임하는 학문 방법을 취하였다는 것을 보여주는 것이다. 격물치지(格物致知)하여 만물의 이치를 터득하여 성(誠)에 이르고자 하는 '자명성'의 공부도 병행하였지만, 무엇보다 내면의 성(誠)을 밝히는 심신 수양 공부인 '자성명'의 공부를 중시하고 게을리 하지 않았던 것이다. 이와 같이 정암의 진리 인식 방식은 대개의 성리학자들에게서는 드문 '자성명(自誠明)'의 수양론을 강조하고 있다는 것이 그 진리 인식론의 중요한 특징이라 할 수 있다.

그러면 정암이 '자성명'과 함께 상호 보완적 방식으로 강조한 '자명성'의 수양론인 '격치성정론(格致誠正論)'에 대하여 살펴보기로 하자.

격치성정론은 『대학(大學)』의 팔조목(八條目)에서 초기 4단계인 '격물치지성의정심(格物致知誠意正心)'을 말하는 것이다. 이것은 매우 객관적, 합리적, 이성적, 논리적인 학문 접근 방식이다.

일심광명(一心光明) 연후에 군자(君子)와 소인(小人)을 구분할 수 있는 것이니, 임금의 격치성정(格致誠正) 공부가 지극하지 않으면 혹은 군자를 소인이라고 여기게 되고, 혹은 소인을 군자로 여기게 되는 것입니다.[19]

---

19 『정암선생문집』 권3, 「참찬관시계」 14: 一心光明然後 可辨君子與小人也 人主格致誠正之功 未至則 或以君子爲小人 或以小人爲君子矣.

군자와 소인을 구분하는 일은 임금이 올바른 정사를 펼치기 위한 전제 조건이다. 올바름과 사특함, 즉 정사(正邪)를 구별하는 것은 사물의 본질을 파악하는 것을 의미하는 것으로 진리 인식의 기본 사항이라 할 수 있다. 그런 정사(正邪) 판단, 즉 진리 인식의 문제는 반드시 일심(一心)의 광명(光明)이 있어야 가능한 것이라고 정암은 확신하고 있다. 정사 판단은 합리적인, 객관적인 학습을 통해 가능하다. 그래서 정암은 격치성정(格致誠正) 공부를 착실하게 할 것을 제안하고 있다. 격치성정이라는 논리적이고 이성적인 학문 접근을 통하여 영험적인 일심광명의 단계에 도달할 수 있음을 말한 것이다. 여기서 일심광명은 '자성명적' 공부 방법이고, 군자·소인의 사실적 판단은 '격치성정'의 공부 방법에 의해 가능한 것이다.

격치성정은 현실에 적용하고 대응하는 실용적인 학문 방법이다. 군주가 군자와 소인을 분별하는 것과 같은 일은 일상적 판단과 관련된다. 군주 같은 인물이 올바른 사리 판단력을 기르고, 인물을 제대로 파악하기 위해, 그리고 상황에 대한 정확한 통찰력을 기르기 위한 공부로는 격치성정(格致誠正)이 요구되는 법이다.

그러나 위 인용문에서 볼 수 있듯이 이 두 가지 인식 방법이 완전히 별개의 것으로 따로 접근하는 학문 방식이 아니라는 점이 중요하다. 정암 도학에서는 객관적인 방법과 주관적인 방법이 상호 연관성 있게 추구되고 있으며, 두 가지가 조화를 이루어야 현실적인 성취와 공효가 드러난다는 것을 명확히 하고 있다. 앞에서도 언급하였지만, 정암의 진리 인식 방법론에 있어서 이런 두 가지 학문 접근 방식이 동시에, 그리고 조화롭게 추구된다는 점이 돋보이는 특징이다.[20]

---

20 졸저 『정암 조광조의 도학사상』, 심산, 2003, 125~135쪽 참조.

3. 가치론적 성격

1) 정암 도학의 가치 체계

사람이 현실의 여러 가지 상황에서 자신의 주관적 판단에 근거하여 어떤 행동을 선택하게 될 때, 그러한 선택은 대개 가치 판단에 기반한 것이라고 할 수 있다. 그럴 때 가치는 인간의 주관적 판단을 좌우하는 중요한 요소가 된다. 대개 사람이 무엇을 가치의 근원으로 삼는가에 따라 행동의 성격과 실천의 의미도 달라진다. 이와 같이 행위와 가치는 상호 불가분의 관계를 이루고 있음을 알 수 있다.

정암 도학에 있어 제반 행위의 실천 여부를 판단하는 최고의 가치 개념은 도(道)이다. 도는 정암 도학의 존재론의 기본 개념이면서 인식론의 탐구 대상이며, 가치론의 판단 기준이 된다.

> 세상에는 흥망성쇠가 있지만 도(道)는 고금(古今)의 다름이 없다. 주나라 말기를 당하여 기강과 법도가 비록 무너졌지만 하늘의 뜻으로 하여금 주나라의 덕(德)을 싫어하지 않게 하였다. 그래서 공자(孔子)의 도(道)를 원용하여 국정에 베풀어서 예(禮)로써 그 백성을 인도하고, 악(樂)으로써 그 백성의 기(氣)를 순화하고, 정(政)으로써 그 행동을 통일하게 되었다. 정치와 교화가 크게 이루어지고 천지가 장차 환하게 밝아져 화기가 교감하여 음양을 불어내고 초목이 무성해졌다.[21]

도는 제반 가치의 근본으로서 진리 실천의 기준이지만, 현실적으로는 예(禮)와 악(樂)과 정(政)으로 나타나 구현된다. 최고의 가치인 도

21『정암선생문집』권2,「대책」〈알성시책〉: 世有盛衰之殊 而道無古今之異 當周之末 紀綱法度 雖已頹圮 而使天之意 未厭乎周德 而援夫子之道 而行之於邦 禮以導其民志 樂以和其民氣 政以一其行 則政化大擧 而天地將昭焉而訴合 陰陽煦 草木茂矣.

에서 제시되어 실현되는 부분은 예의(禮義)와 음악(音樂)과 정사(政事)
등이다. 여기서 도는 이런 세부적인 가치들을 실현하는 최고 원리이
자 가치 덕목이다. 이것을 정리하면 다음과 같다.

특히 도라는 궁극적 원리에 기반 하는 가치 개념들 중에서 정암
도학에서 인간 개개인의 행위와 실천과 관련하여 강조한 가치 덕목
은 성(誠)과 경(敬)이다.

> 도(道)는 정치가 나오는 연원이고, 심(心)은 정치가 나오는 근본이 되
> 며, 성(誠)은 또한 도를 행하는 요체이다. ……자사(子思)가 '불성(不誠)
> 이면 무물(無物)'이라 하였는데, 성(誠)이란 기강의 근본이 서서 성실하
> 지 않음이 없는 것이다. 천지의 이치는 지극히 성실하여 한 번이라도
> 쉬는 잘못이 없다. 그런 까닭에 예부터 지금까지 일물(一物)의 부실(不
> 實)함도 없는 것이다.[22]

도는 만 가지 인간 사회의 기준이 나오는 가치의 근본이자 연원이
지만, 그것이 인간의 마음을 통하여 발현됨에 있어 성(誠)이라는 덕목
으로 나오게 된다. 그런 의미에서 성(誠)은 인간에게 있어서는 가장
소중한 가치로 인식된다. 그런 이유로 자사(子思)는 '성(誠)이 아니면

---

22 『정암선생문집』 권2, 「대책」, 〈알성시책〉: 道乃出治之由 心爲出治之本 而誠亦行
道之要也……子思子曰 不誠 無物 誠者 所以紀綱之本之立 而無不實者也 天地之
理 至實而無一息之妄 故自古至今 無一物之不實.

물(物)도 없다'고 말한 것이다. 만물이 그 온전함을 드러내거나 물상의 본질을 완전하게 해주는 것도 '성(誠)'에 의해서 가능하다는 의미이다. 그러므로 '성(誠)'이란 하늘의 도(道)의 본질이고, 성실하려고 하는 것 [誠之]은 인간의 도리라고 하였던 것이다. 정암에 의하면 성이란 천지 만물이 그 본래성을 유지하고 만유가 질서 있게 움직이는 이유이며, 현실에서 구체적 사실들이 기강을 유지하는 근본이 된다고 파악하고 있다. 따라서 성은 천리와 천도의 내면적 본질이면서 동시에 현실 세계를 온전하게 하는 최고의 가치가 된다. 천도의 이치가 일순간도 쉼이 없는 것도 바로 성(誠)의 근본 특성에 의한 것이라고 본다. 그런 이유로 성은 만물의 존재 이유이면서 가치론적인 측면에서는 도에 근본 하는 최고 덕목이 된다.

또한 정암에 의하면 성의 온전한 인식과 실현은 마음공부를 충실하게 하는 것인데, 마음공부의 요체로는 경(敬)보다 중요한 것이 없다고 보았다.[23]

도는 인간을 통하여 구현되는데 그 통로는 심이고, 성은 경을 통하여 구체화된다는 뜻이다. 이것을 도식화하면 다음과 같이 정리된다.

가치 덕목	道	誠
구현 방식	心	敬

정암은 경(敬)이란 정제엄숙(整齊嚴肅)하고 주일무적(主一無適)하게 마음을 가다듬어 사물에 응함이 타당하고, 언동(言動)이 예(禮)에 적합하는 것이라고 하였다. 그리고 이런 지경(持敬) 공부야말로 성학(聖學)의 처음과 끝이라고 정의하였다. 그러나 이런 공부는 또한 말로써 형용

---

23 『중종실록』 권34, 13년 11월 경자(庚子)조 : 持敬之方 莫先乎敬.

하기는 지극히 어려운 것이지만, 언제나 마음을 성성(惺惺)하게 깨우고 혼미함과 잡됨과 해이함이 없게 하면 가능하다고 하였다. 마음이 허하면 사특함이 쉽게 들어오지만 경을 위주로 하면 그런 일은 발생하지 않는다는 것이다. 마음을 경으로서 유지하지 않으면 방벽사치에 빠지게 됨은 물론 마음이 머무는 곳조차 없어지게 될 것이라고 하여 마음의 착처(着處)를 지경(持敬)으로 삼을 것을 강조하였다.

> 사람의 일심(一心)은 사물을 접촉할 때 스스로 붙는 곳이 있으니, 만약 사물과 접촉하지 않으면 마음이 어디에 붙었는지 알 수 없다. 경(敬)을 지속하면 자연히 마음이 안에 있을 것이고, 이욕에 흘려 본연의 마음을 잃으면 방벽사치한 일을 하지 않음이 없게 될 것이다. 그러니 반드시 마음이 늘 허명(虛明)하도록 하여 경(敬)으로써 안을 바르게 한 뒤에라야 가할 것인데, 억지로 경(敬)으로써 바르게 하고자 하여서는 안 될 것이다. 비록 사물을 응접하지 않았을 때라도 마음을 늘 어둡지 않고 분명하도록 해야 한다.[24]

정일 집중하여 마음이 분산되지 않을 때 비로소 사람이 도에서 떠나지 않게 되는 것이니, 정제엄숙(整齊嚴肅)하고 주일무적(主一無適)한 경(敬)공부를 게을리 하지 말 것을 강조하고 있다. 의관을 정결하게 하고 첨시를 존엄하게 하여 한순간도 흩어지지 않으면서 고요하게 깨어 있는 공부를 지극히 하는 경의 엄숙한 실천이 내면의 성을 체득하는 지름길이라고 본 것이다.

---

24 『중종실록』 권34, 13년 10월 신미(辛未)조: 人之一心 接物時 自有着處 若未接物 果不知心寓何處也 持敬則自然心存於內矣 放於利欲而心不存 則放僻奢侈無不爲 矣必也 心常虛明 敬以直內 然後可也 而強欲以敬而直之則不可 雖未接物應事之 時 心常惺惺而不昧也 心常虛明 敬以直內 然後可也 而強欲以敬而直之則不可 雖 未接物應事之時 心常惺惺而不昧也.

2) 가치의 이상적 실현과 완성

앞에서 설명한 도학적 가치들을 이상적으로 실현했을 때 과연 개인은 어떠한 자아 실현 혹은 자아 완성에 도달하며, 또한 사회나 국가는 어떠한 모습으로 변화될 것인가? 이와 관련하여 정암은 완성된 인격으로는 '성인(聖人)'을, 이상적 사회로는 융평사회(隆平社會)로서 '태화지역(泰和之域)'을 들었다.

우선 개인의 인격적 성숙을 통하여 스스로 학문적 목표를 '성인'이 되고자 함에 두는 것을 중시했다. 정암 도학에서 가장 궁극적인 목표는 학문하는 내 자신이 성인으로 변화하는 것이다. 그러므로 학문을 하면 무엇을 어떻게 알고, 무엇을 어떻게 얻을 것인가는 주요 목표가 될 수 없다. 정암에게 있어 학문의 궁극적 목적은 '내 스스로 어떻게 진리가 되느냐?'에 있었다. 그리하여 진리의 파지(把持)는 성인을 목표로 하는 도학자들의 개인적 이상이자 완성이 되었다.

정암 도학에서 학문의 궁극적 목표가 최고의 인격적 이상형인 '성인'이 되고자 하는 것이었지만, 성인은 결코 개인(個人)의 안녕(安寧)을 위해 추구하지는 않는다. 정암을 비롯한 도학자들은 도가주의자(道家主義者)처럼 개인의 안위와 안녕을 추구하면서 사회나 국가 문제를 도외시하는 태도를 가장 경계해야 할 행동으로 꼽았다. 명철보신(明哲保身)하면서 자기 자신을 안전하게 지키기만 하는 것은 도학적 학문 태도가 아니라고 보았다. 그들은 자신의 죽음으로써 사회와 국가의 진리가 수호된다면 서슴지 않고 몸을 던졌다. 그런 점에서 도학은 관념론이 아니었다. 무서운 책임의식(責任意識)이 수반되는 현실론이었다. 그러므로 그들은 시류(時流)나 '사람'의 관점과 요구에 스스로의 행동을 맞추지 않았다. 성인을 목표로 학문을 하는 것은 세상의 이치에 자신의 행동 표준을 삼는 것을 의미하지 않는다. 현실 속에서 보통 사람은 늘 자신의 욕구와 이익에 치우치게 마련이지만, 도학자들은 하늘의 이치에 합치되는가[合於天而不合於人] 여부를 자신의 행동 지

표로 삼았을 뿐이다.

맹자(孟子)가 말했듯이 사람들은 대개 죽는 것보다 사는 것을 좋아한다. 삶을 좋아하고 죽음을 싫어하는 것은 인지상정(人之常情)이다. 그러나 도학에서는 사는 것보다 더 좋아하는 것이 있으니 바로 인(仁)을 실천하는 것이라고 보았다. 또 사람들은 죽는 것을 대개 무서워하지만 죽는 것보다 더 무서워하는 것이 있으니, 바로 다름 아닌 진리(眞理)를 실천하는 것이다. 죽음을 결의하더라도 실천해야 하는 것이 있으니, 그런 마음으로 세상에 나가 환란이 닥치면 그런 자신의 결심을 실천하였다. 이런 삶의 태도 혹은 방식은 성인(聖人)을 지향하는 것이다. 아무나 할 수 있는 학문적 태도나 자세는 결코 아니다. 도학은 그런 점에서 강건한 실천을 지향하는 학문이었다.

누구보다 정암은 바로 그런 삶을 그대로 살았던 도학자였다. 이런 점에서 보면 오늘날의 학문에는 진정한 의미의 '가치(價値)'가 내재한다고 보기 어렵다. 이런 도학적 가치는 오늘날 현대 이익사회가 지향하는 가치와는 크게 달랐던 것이다.

정암에 의하면 국가 혹은 사회적 측면에서 지치(至治)의 완성은 이상적인 군주(君主)를 통하여 이루어진다. 군주가 부단한 노력으로 마음을 광명정대(光明正大)하게 하는 수양을 게을리 하지 않으면서 백성들을 위하여 보탤 것은 보태고, 들어낼 것은 들어내어 융평을 이루면 도의국가(道義國家)를 이룩하는 것은 어려운 일이 아니라고 하였다.

군주는 임금이기 이전에 우선 한 사람의 자연인이다. 따라서 군주도 인격적 완성을 위한 수양을 게을리 하지 않는 노력이 중요하다는 것이다. 조광조가 경연이나 상소문 등을 통하여 끊임없이 중종에게 인격수양을 위한 부단한 노력을 강조한 것은 그런 이유에서였다. 전통사회에서 왕도정치(王道政治) 실현 여부를 결정하는 가장 중요한 요인은 임금의 의지라고 판단했기 때문이다. 전통 왕조시대에서 개인적 인격을 이루는 노력은 학자 자신의 몫이었지만, 그런 인격체를 등용하여 이상적 사회를 완성하는 것을 주도하는 일은 군주의 일이었다. 군주의 이상이 지치를 지향하면 태평성대(太平聖代)를 완성할 수 있지만, 그렇지 못할 경우 패도정치의 수렁에 빠져버리기 쉬운 것은 그 때문이다. 요순(堯舜)과 같은 성인이 정치를 하면 요순시대와 같은 태평성대를 이룩할 수 있지만, 걸주(桀紂) 같은 인물이 정치를 왜곡하면 사회는 패도(覇道)의 나락으로 떨어져버린다는 것이다. 조광조는 연산군대의 정치를 통해 이미 그런 점을 분명하게 확인하였던 것이다.

조선조의 경우 도학자들이 거듭되는 사화(士禍)에도 불구하고 자신을 바치는 '순도(殉道)의 역사'를 끝없이 갈구하며 충직의 세월을 엮어나갔던 것은 바로 이상세계인 지치(至治)에 대한 헌신이었다. 성인이 되는 학문을 추구하면서 자신이 사는 세상을 그런 깊은 진리의 세계로 가꾸어 가고자 하였다. 정암을 비롯한 기묘제현(己卯諸賢)들은 당시 현실에서 스스로 그런 진리(眞理)의 표준(標準), 인간 정신의 푯대가 되고자 하였던 것이다.

정암은 생애를 통하여 일관되게 그런 지고(至高)의 가치 세계를 완성하기 위해 제시한 이상사회는 '태화지역(泰和之域)'이었다. 태화지역은 인간이 꿈꾸는 완성된 세상, 곧 '지치(至治)'의 세계였다. 그리고 그런 세상을 정암은 몸소 이 땅에 이루어보고자 했다.

정암이 최고의 이상으로 삼고 일관되게 추구하고자 하였던 이상사회로서 '태화지역(泰和之域)'은 어떤 사회인가? 우선, 백성들이 가장 중시되는 사회이다. 백성을 사랑하고, 백성의 의식주를 보호하며 지켜주는 곳이다. "백성들 중에 한 사람이라도 헐벗은 사람이 있다면 마땅히 그를 따뜻하게 입힐 것을 생각하여야 한다"[25]고 말한 것은 그런 이유에서였다.

다음으로 주목할 점은, 정암이 구상했던 이상사회를 현실화해 가

---

25 『정암선생문집』 권2, 「대책」 〈알성시책〉: 民有一不衣者 思所以溫之.

는 과정 중에서 외형적(外形的)인 발전만을 도모한다면 그것은 의미가 없다고 강조한 것이다. 그래서 정암은 "사습을 바르게 하고 민생을 두터이 하라〔正士習而厚民生〕"고 주장하였다.

> 전하께서 즉위하신 지 10여 년이 지나 사습이 점점 교화되어 지금은 서민들도 역시 예로써 상(喪)을 지내는 사람들이 있습니다. 사습이 바르면 민생이 얻어지는 것입니다.[26]

'후민생(厚民生)'과 '정사습(正士習)'이 반드시 함께 고려되어야 하지만, 순차상 사습이 민생에 우선되어야 한다는 견해는 남다른 면이 있다. 당시는 국운이 쇠하고 사회적 불안이 심각하여 그것을 타개하기 위한 비상한 노력과 방법이 동원되어야만 했던 상황이었다. 그럼에도 불구하고 정신적인 원칙과 기준 없이 외형적 꾸밈새만으로는 어느 것도 이룰 수 없다는 주장이다. 아무리 경제적 건설과 민생의 고통 해소가 중요하고 시급한 일이지만, 패도로써는 안 되고 정도(正道)를 걸어야 한다는 주장은 매우 근본적이면서 현대에도 시사하는 바가 크다.

그리하여 정암의 도학적 이상이 실현되는 사회는 재물(財物)이나 법(法) 또는 형(刑)으로써 다스려지는 세상이 아니다. 그래서 정암은 〈알성시책(謁聖試策)〉에서 "인(仁)이 만물을 기르고, 의(義)가 만민을 바르게 한다."고 강조하였다. 물리적인 물질이나 경제적 가치를 지닌 요소가 만물을 화육시키는 것이 아니라 '인육만물(仁育萬物)', 즉 인(仁)이 만물을 화육시킨다고 규정한 것이다. 그런 세상을 염원하며 실현시켜보고자 하였다. 인이 만물을 길러내고, 의가 만민을 바르게 인도하는 세상이 바로 태화지역이었던 것이다.

실제로 우리 역사상 비록 짧은 기간이기는 하였지만, '함여유신(咸

---

26 『정암선생문집』 권3, 「참찬관시계」 5 : 殿下卽位十餘年 士習漸化 今則庶人 亦有 以禮居喪者矣 士習正則民生得遂矣.

與維新'의 개혁정치를 통하여 정암은 그것에 가까운 융평세계(隆平世界)를 이룩해내었다. 4년이라는 기간에 불과하였지만, 정암이 벼슬에 나아가 당대에 이룩하였던 도의국가(道義國家) 혹은 지치사회(至治社會)는 어느 시대에도 도달하지 못한 높은 경지였다. 그런 정황은 당시 여러 기록을 통하여 확인이 가능하다.

전통적 관점으로 보면, '태화지역'은 요순의 정치와 풍속이 이루어지는 것과 같은 사회였다. 정암이 말하는 '태화지역'이 '요순시대'와 통한다고 하여 그것을 단순한 복고(復古)로 보는 것은 곤란하다. 정암에게 요순은 이상적이고 구체적인 전형, 즉 이상사회로서 모델과 같은 것이었다.

이상과 같은 관점에서 볼 때, 정암이 말하는 '태화지역'은 궁극적으로 공·균·평·화(公均平和)를 지향하는, 말하자면 정치·경제·사회적 형평이 이상적으로 이루어진 '대동사회(大同社會)'와도 합치되는 것이었음을 알 수 있다.

현대적으로 보면, 한 사람이라도 헐벗지 않고 모든 사람들의 의식주가 해결되는 복지국가적(福祉國家的) 성격을 띤다. 동시에 모든 사람이 선하게 살아가는 도의국가(道義國家)를 지향하였다. 그곳에서는 한 사람의 빈자(貧者)도 외면하지 않고, 한 사람의 불선자(不善者)도 방치하지 않는다. 전자는 물질적, 경제적 측면에서 평등한 사회이고, 후자는 정신적 측면에서 도덕적 이상사회를 가리킨다. 그리하여 태화의 경지는 정치적·경제적으로 보장을 받는 도덕적 이상사회를 의미하였다.

퇴계가 정암의 죽음에 크게 아쉬움을 표했던 것은 그런 지치세계가 4년 만에 막을 내려야 했기 때문이었을 것으로 사료된다. 그런 점에서 정암의 출사와 성취는 우리 역사에서 매우 중요한 의의와 함께 그런 세상을 추구할 수 있다는 가능성을 던져주고 있다.[27]

---

27 졸저 『정암 조광조의 도학사상』, 심산, 2003, 135~148쪽 참조.

제6장 정암 도학의 현실적 구현

1. 입사(立仕)와 지치 구현(至治具現)의 원리

1) 천거(薦擧)를 통한 첫 벼슬길

정암의 첫 벼슬길은 34세 때 천거(薦擧)를 통해서였다. 천거란 일종의 추천 방식이었는데, 인재를 조정에 등용할 때 대신이나 성균관 등에서 추천하던 제도였다. 34세는 당시로서는 상당한 연륜이었다. 진사시험에 합격한 때가 이미 29세였는데, 그로부터 또 5년이 지난 시점이었으니 대개 사로(仕路)에 서던 나이를 감안하면 상당히 늦은 감이 있었다.

정암은 29세가 되던 해(1510) 진사시(進士試)에 「춘부(春賦)」로서 장원(壯元) 합격하여 성균관에서 생활하게 되었다. 성균관 유생으로서도 상당히 늦은 나이였는데, 정암이 과거시험에 이같이 늦은 나이에 응시하게 된 것은 대략 다음 두 가지 이유에서였던 것으로 파악된다. 첫째, 정치·사회적 상황의 악화로 과거 공부를 꺼리던 풍조를 들 수 있고, 둘째, 정암 스스로 과거 공부에 뜻을 두지 않고 오직 위기지학(爲己之學)에 전념한 이유 때문이었다. 여기서 말하는 당대 상황의 악화는 1498년〔정암 17세〕에 일어난 무오사화(戊午士禍)로 인하여 사습(士習)이 퇴폐하고 학자들의 학문 의욕이 급격하게 쇠퇴한 것과 연산군의 폭정(暴政) 등을 들 수 있다.

무오사화는 사초(史草) 사건을 빌미로 유자광(柳子光)이 무고하여 김일손, 권오복이 처형되고, 김종직(金宗直)은 부관참시되었으며, 한훤당 김굉필(金宏弼)은 평안도 희천에 유배되는 등 많은 선비들이 참화를 당한 사건이었다. 사화(士禍)는 당쟁(黨爭)과는 달리 올곧은 선비들이 죽임을 당하거나 유배를 가는 등 참화를 입는 정치적 사건이다. 그것은 학풍을 쇠퇴시키고 선비들의 사기를 저하시켰다는 점에서 사회 전체를 크게 침체시키고 퇴보시키는 결정적인 원인이 되었다. 정암의 생애를 전후하여 조선조에는 크게 4개의 사화가 발생하였는데, 그 시대가 얼마나 극심한 혼란에 처하였던가를 반증하고도 남음이 있다. 일단 사화가 발생하면 선비들이 몰살당하거나 유배를 당하는 등 사림은 결정적 타격을 입었다. 무오사화는 누구보다 정암에게 직·간접적인 영향을 미친 사건이었다. 그보다 앞서 정암의 조부는 수양대군의 단종 왕위 찬탈에 반대하다 10년간 유배를 겪은 바 있고, 스승인 한훤당은 직접 연루되어 희천에 유배되었을 뿐만 아니라 사관(史官)이던 정암의 숙부 조원기(趙元紀)도 연관되어 귀양살이를 해야만 했다. 이와같이 무오사화는 정암은 물론이거니와 당시 사회 전반에 학문을 꺼리는 분위기를 조성함으로써 침체의 길로 접어들게 하는 극단적 요소가 되었다. 게다가 연산군(燕山君)의 집권 이후 날로 타락해 가는 정치 현실과 학문의 침체는 사회 전반에 암울한 기운을 확산시킴으로써 사풍(士風)을 크게 해쳤다. 연산군은 성균관을 연회 장소로 삼는가 하면, 언론을 맡은 홍문관(弘文館)과 사간원(司諫院)을 폐쇄하여 귀에 거슬리는 일체의 언로를 막았고, 바른 말을 간하는 환관을 활로 쏘아 죽이는 등 학정을 일삼았다. 그리하여 사회 전반에 도덕과 윤리, 규범과 기강이 해이해지고 국가의 근본이 흔들렸다. 그런 상황에 이르다 보니 부모들은 오히려 자녀들이 굳건하게 공부하는 것 자체를 공공연히 꺼리는 일까지 발생하는 분위기가 만연할 정도였다.

그런데다가 정암은 정계에 진출하기 전에 미묘한 정치적 사건에 연루되어 특히 몇몇 인물들에 대한 회의감을 맛보게 된다. 그것은 정암 나이 25, 6세 때 일어난 이른바 '박경(朴耕)의 쿠데타 미수사건'이었다. 이 사건에 정암은 김식(金湜)과 함께 연루되었다. 박경은 생몰연대가 확실하지 않으나 정암보다는 10년 정도 연상인 인물이었다. 그는 중종반정(中宗反正) 이후 박원종(朴元宗)과 유자광(柳子光) 등의 외람됨이 너무 지나치다고 판단하고, 문종(文宗)의 외손이자 단종의 조카인 정미수(鄭眉壽)를 영의정으로 내정하고 쿠데타를 모의했다. 그러나 심정(沈貞)과 남곤(南袞) 등이 생각을 바꾸어 사전에 밀고함으로써 발각되어 주모했던 박경과 김공저(金公著)는 참형에 처해졌다. 이 사건으로 말미암아 공조참의 유숭조(柳崇祖), 정미수, 이계맹(李繼孟), 조광조, 정암의 친척이 되는 조광보(趙光補), 김식(金湜), 남곤, 심정 등이 연루되었다. 조광조와 김식은 함께 구속되었다가 기소 중지 처분을 받고 석방되었지만, 남곤과 심정의 인물됨에 회의(懷疑)를 가지게 되었다.[1] 반면 심정도 훗날 이 사건을 중종에게 언급하면서 정암에 대하여 폄하하는 태도를 보였다.[2] 이 사건에 정암이 동조하였다는 정황을 찾기는 어려우나 박경의 문제 인식에는 어느 정도 동의했던 것으로 보이며, 정암 자신도 마침내 상당한 심리적 상처를 입었던 것으로 보인다.[3] 이를 계기로 정암은 성현(聖賢)이 되고자 일념(一念)으로 학문에만 몰입하게 되었다.

또한 정암의 정치적 진출이 더 늦어지게 된 것은 진사시에 합격한 이듬해(1511, 정암 30세)에 당한 모친상 때문이었다. 정암은 부친상과 똑같이 정성으로 3년 시묘 생활을 하였다. 그 후 벼슬길에 나선 것은 모친상을 벗고 약 2년이 지나서였다. 진사시험에 합격하고 성균관에 들어온 지 5년이 되던 때였다. 이 무렵 봄에도 정암은 용문사(龍門寺)를 찾아 몇몇 벗들과 더불어 독서를 하였다. 그곳에서 서로 밤낮으로 토론하며 공부를 게을리 하지 아니하니, 함께 했던 벗들이 모두 정암에게 미치지 못한다고 토로할 정도로 정암은 공부에 전념하였다.[4] 그

---

1 이종호, 『정암 조광조』, 일지사, 1999, 63~67쪽.
2 『중종실록』권39, 15년 4월 계유(癸酉)조.
3 이종호, 같은 책, 63~67쪽.

162

해 여름 비로소 성균관의 추천을 받아 조정에 들어가게 되었다. 당시 정암의 명성과 행실이 차츰 뚜렷이 나타나자 조정에서 장차 크게 등용하려고 하였고, 이에 성균관에서는 의논하여 조정에 천거하는 방식을 취했던 것이다.

중종 즉위 10년(1515)에 정암은 성균관에서 김식(金湜), 박훈(朴薰) 등과 함께 조정에 천거되었는데, 세 사람 중 수석으로 추천을 받았다. 이미 정암은 이보다 4년 앞서 30세(中宗 6, 신미년, 1511)가 되던 해 4월에도 학문과 인품을 평가하여 성균관으로부터 조정에 천거를 받은바 있다. 당시 조정에서는 주강(晝講)의 논의를 통하여 조광조가 더욱높은 덕을 쌓게 하여 뒷날 크게 쓸 인물로 삼기로 하고 특별히 장려하는 포상을 내렸다.[5]

그러나 34세 때의 천거는 1차 천거와는 달랐다. 조정에서는 즉시 종9품직인 참봉(參奉)직을 주려 하였다. 당시 이조판서 안당은 정암에게 더 높은 관직을 주어야 한다고 다음과 같이 말하였다.

"추천된 이들(조광조, 김식, 박훈)에게 참봉직을 제수하는 데 그친다면 비록 10년이 되더라도 그들의 사기(士氣)를 진작시킬 수가 없을 것입니다. 그러니 일단 선무랑(宣務郎, 종6품직)으로 삼아 주부(主簿, 종6품직)에 준하는 직책을 주어서 그 재능과 행실을 보아 그것에 합당한 자리를 주도록 하는 것이 좋겠습니다."[6]

그리하여 정암은 조지서(造紙署) 사지(司紙)직을 제수받았다. 사지는종6품직으로 종이를 만드는 관청의 관리직이었다. 6품직이었으나 비교적 한직(閑職)이어서 세간에서는 빈정거림도 있었다. 심지어 시중에

4 『정암선생문집』〈부록〉 권5, 「연보」 34세조.
5 『중종실록』 권13, 6년 4월 정유(丁酉)조.
6 『정암선생문집』〈부록〉 권5, 「연보」 34세조.

는 정암을 놀리는 노래까지 유행하였다. "일부라도 『소학(小學)』을 열심히 읽어라. 사지(司紙)의 공명(功名)이 절로 찾아오리라(一部小學須勤讀, 司紙功名自然來)."[7] 아마도 정암이 정식으로 과거를 보아야겠다고 결심하게 되는 이유는 이런 세상 사람들의 그러한 인식에 있었던 것으로 보인다.

물론 조카를 특별히 아꼈던 숙부 조원기(趙元紀)의 당부도 정암에게 영향을 미쳤을 것이다. 정암의 숙부는 첫 벼슬길에 나서는 조카에게 마음으로 다음과 같이 간절한 당부의 말을 아끼지 않았다.

> 효직〔孝直, 정암의 자(字)〕이 추천을 받음은 기쁨과 근심이 병행하니, 높아진 명성에는 그에 따른 실속이 부수하기 어렵고, 칭찬함이 있으면 비평도 있음은 곧 예로부터 지금까지 모든 이의 근심이니 몸가짐과 행동에 대해서 이전보다 더욱 어렵게 해야 할 것이다. 성난 말이나 미치광이의 교만이 자기를 해치고 몸을 망하게 한다는 경계 같은 것을 효직에 있어서는 부질없는 경계이겠지만, 오직 내가 근심하는 바는 여기에 있는 것이 아니다. 무릇 사람들은 천지지간에 살면서 가히 높이 날고 멀리 뛸 수가 없나니 반드시 세속과 어울려서 모든 사람들의 질시를 면하여야 한다. 옛날 두기공(杜祁公)은 일찍이 자기 문인을 경계해 이르기를, "마땅히 재덕을 숨기고 규각을 드러내지 말아야 한다. 그렇지 않으면 일에 이익됨도 없으려니와 다만 족히 화(禍)만을 취하게 될 것이다."라고 하였다. 지금 나의 지식은 두기공만 못하지만, 너의 지감은 두기공의 문인보다 더함이 있으니, 이 경계를 너에게 하지 않아도 될 듯하다. 그러나 지금 이 시점은 두기공의 시대보다 더욱 막막하여 세상 길은 험하고 위험함은 그때보다 만 배나 더하니 내가 이른 바 어찌 소견 없이 그렇다고만 할 수 있겠느냐! 지난 가을 사관(四館)에서의 논의도 역시 한 경험이 될 것이다. 그 당시에도 한두 사

---

7 『연려실기술』 권8, 「중종조고사본말」.

164

람의 군자가 억제하지 않았다면 내리깎는 자의 예봉에 곧 난을 당하지 않았겠느냐? 지금 들으니 추천을 당하여 선발에 의한 등용을 면했다 하니, 너의 마음이 반드시 명예의 고삐에 한 번 매달리게 됨으로써 학문에 전념치 못할까봐 염려된다. 그러나 우리 집안은 선조부터 청렴하고 겸손함으로써 스스로의 분수를 지켰고, 족함을 구하지 아니하였다. 형 또한 일찍 돌아가셨는데, 너의 형제 세 사람〔숭조(崇祖), 광조(光祖), 영조(榮祖)〕은 모두 유학을 근본으로 하였으나 아직 다 이루지는 못하였다. 벼슬은 가난을 위해서가 아니지만 때에 따라서는 가난도 위함이니, 가난을 위한 벼슬이라면 어찌 지금이 그 때가 아니겠느냐? 집이 가난하고 어버이의 늙음과 전업을 능히 하지 못한 것을 비해 본다면 그 차이가 있지 않겠느냐? 하물며 이전 성현들은 벼슬과 녹봉을 사양하는 것으로써 칼날을 밟는 것에 비유하였으니, 무릇 일 좋아하는 사람이야 어찌 이것으로써 감정을 바로잡는 책망이 되지 못함을 알겠느냐? 이것이 내가 근심하는 바이다. 그런 즉 이번 일은 기쁜 것이 아니고 근심되는 것이다. 오직 허물도 없고 명예도 없는 것이 진정 몸을 보전하는 방법이다.[8]

조카의 입사를 염려하는 숙부의 마음이 절실하고 간절하다. 벼슬길을 칼날을 밟는 것에 비유하여 경계를 주었고, 조상 대대로 벼슬에 임한 자세를 상기시키면서 끊임없는 겸손과 청렴으로 자기 성찰을 게을리 하지 말 것을 그윽하게 당부하는 마음은 어버이의 심정과 조금도 다를 바 없다. 아버지가 앞서 세상을 떠난 조카들을 염려하고 돌보는 숙부의 심정이 따사롭다. 가난을 위해 벼슬하는 것은 아니지만 때로 가난 때문에 벼슬을 할 수 도 있다고 말하면서 정암의 입사(立仕)가 '가난을 위한 벼슬'길이 되기를 바라는 숙부의 마음은 세상을

8 『정암선생문집』 〈부록〉 권5, 「연보」 34세조.

관조(觀照)하는 사람의 마음처럼 각인된다.

숙부 조원기의 경계는 정암에게 적지 않은 깨달음과 시사점을 주었을 것이다. 이보다 한 해 앞서 정암도 경원진(慶源鎭)으로 떠나는 숙부에게 시를 써서 바치며 학문에 지극히 힘쓰시기를 권면한 바 있다.[9] 그 후 조원기도 경원진 임지에서 서신으로써 정암에게 이와 같이 간절한 경계를 보내왔던 것이니 숙질(叔姪) 간의 돈독한 정(情)과 신의(信義)를 엿볼 수 있다.

2) 정암 도학의 지치적 구현 원리

조광조가 벼슬길에서 이룩해보고자 하였던 경지, 그리하여 완성해보고자 하였던 '태화지역'은 어떤 세상인가? 이미 앞에서 고찰해본 대로 '함여유신'을 통한 융평의 세계였다. 그런 세상을 가꾸기 위해 벼슬길에 나아가 지치적 개혁을 단행하며 스스로를 헌신하였다. 그런데 정암이 펼쳤던 개혁 조치들은 한결같이 일정한 지향, 즉 구현 원리가 있었던 점이 주목된다. 이것을 율곡(栗谷) 이이(李珥)는 매우 긴절하면서도 적확한 표현으로 「도봉서원기(道峯書院記)」와 「경연일기(經筵日記)」에서 정리한 바 있다. 먼저 「도봉서원기」에 적힌 내용을 살펴보자.

우리나라는 본디 문헌(文獻)의 나라라고 일컬어왔지만, 고려 이전에는 소위 학문(學問)이라는 것이 문장이나 아로새기고 다듬어서 공교하고 화려하게 꾸밈을 다툴 뿐이었고, 성리(性理)에 대한 말은 아예 들을 수 없었다. 고려 말엽에 이르러 포은(圃隱) 정몽주(鄭夢周)가 있어 비로소 '이학(理學)의 조(祖)'라 불리어졌지만, 그 자세한 언어(言語)와 풍지(風旨)는 얻어볼 수가 없다. 그래서 후세 사람들은 다만 한 몸을 가지고 5백 년 동안의 무너진 강상(綱常)을 떠받쳤다는 것을 알 뿐이다. 조선조

---

9 『정암선생문집』 〈부록〉 권5, 「연보」 33세조.

의 문풍(文風)은 규성(奎星)이 모이는 운을 계승한 것 같기도 하지만, 능히 '위기(爲己)'의 학문으로 세상에 이름을 낸 인물은 일찍이 배출하지를 못하였다. 오직 우리 정암(靜庵) 선생이 한훤당 문경공 김굉필에게서 발단하여 독실한 행실을 더욱 힘써서 자득(自得)하는 학문이 아주 깊었다. 몸가짐에는 반드시 성인(聖人)이 되려 했고, 조정에 있을 적에는 반드시 도(道)를 행하려고 하였다. 그가 조심스럽게 하고자 하였던 일은, 임금의 마음을 바루고[격군심(格君心)], 왕도정치를 베풀고[진왕정(陳王政)], 정의의 길을 개척하고[벽의로(闢義路)], 이욕의 근원을 막는 것[색리원(塞利源)]을 급선무로 삼았다. 그리하여 창도(唱導)한 지 얼마 안 되어서 사풍(士風)이 크게 변했던 것인데, 하늘은 무심하게도 나라를 돕지 않았다.[10]

다음, 「경연일기」에 적힌 내용을 옮겨보자.

문정공 조광조는 젊어서 김굉필을 찾아가 수학하였다. 자질이 매우 아름답고 지조가 굳었다. 세도(世道)가 쇠미함을 보고는 개연히 도(道)를 행하는 것을 자신의 임무로 삼아 행동은 법도(法度)를 따르고 팔짱을 높이 끼고 무릎을 꿇고 단정히 앉았으며, 말은 반드시 때에 맞게 하매 세속(世俗)에서 손가락질을 하고 비웃어도 끝내 조금도 흩어지는 모습을 보이지 않았다.

뛰어난 행동으로 천거(薦擧)받아 조지서 사지(司紙)가 되니, 조광조는 탄식하기를, "내가 작록(爵祿)을 구하지 않았으나 이렇게 벼슬에 제수되었으니, 차라리 정식으로 과거(科擧)로 출신(出身)하여 착한 임금을 섬기는 것이 낫겠다"고 하고 드디어 과거에 응시하여 급제하여 옥당(玉堂)에 뽑혀 들었다.

경연(經筵)에서 매양 도학을 높이고[숭도학(崇道學)], 인심을 바로 잡으

---

10 『정암선생문집』〈부록〉 권4, 「도봉서원기」.

며[정인심(正人心)], 성현을 법받고[법성현(法聖賢)], 지치를 일으키는 것[홍지치(興至治)]을 끊임없이 진언하였는데, 말뜻이 매우 간절하여 중종이 경청하였다. 그래서 한 해 안에 부제학에 등용되었다.[11]

필자가 판단하기에 정암 도학 구현 원리를 정리한 말로서는 참으로 적확한 내용이라고 여겨진다. 두 군데에서 모두 각각 네 개의 표현으로서 정의를 하였는데, 그 내용이 서로 관련성이 있는 것끼리 묶어서 구현 과정과 내용을 다음과 같이 정리해보았다.

구현 과정	구현 내용
기(起)	법성현(法聖賢) 숭정학(崇正學)
승(承)	격군심(格君心) 정인심(正人心)
전(轉)	벽의로(闢義路) 색리원(塞利源)
결(結)	진왕정(陳王政) 홍지치(興至治)

그것은 첫째, 성현을 본받는 일과 올바른 학문을 숭상하는 일
둘째, 임금의 마음을 바르게 인도하는 것과 사람들의 마음을 바르게 하는 것,
셋째, 의로운 길을 여는 것과 이욕의 근원을 막는 것
넷째, 왕도정치를 펼치는 것과 지치를 일으키는 것을 말한다.

퇴계 이황도 64세 때 쓴 정암의 「행장」에서 정암의 도학적 치적에 대하여 다음과 같이 정리한 바 있다.

근년 이래로 종전과는 달리 다시 좋고 나쁜 것을 명시하는 자가 한두

11 『율곡전서』 권28, 「경연일기」.

명에 그치지 않았으며, 세상에 선비된 자도 왕도(王道)를 높이고〔존왕도(尊王道)〕 패술(霸術)을 천히 여기며〔천패술(賤霸術)〕 정학(正學)을 숭상하고〔상정학(尚正學)〕 이단(異端)의 교육을 배척〔배이교(排異敎)〕할 줄 알아 도를 다스리는 데에 반드시 수신에 근거해서 쇄소·응대로부터 궁리·진성에 이르기까지 점점 능히 흥기하고 분발하여 하는 것이 있게 되니, 이것이 그 누구의 공이며 누가 시켜서 그러한 것이겠는가. 곧 하느님의 뜻을 여기서 볼 수가 있고, 성조(聖祖)의 교화가 여기에서 무궁하게 되었다.[12]

정암의 설시에 대한 퇴계의 이러한 내용을 위와 같은 방식으로 정리해보면 다음과 같다.

구현 과정	구현 내용
기(起)	상정학(尚正學)
승(承)	배이교(排異敎)
전(轉)	천패술(賤霸術)
결(結)	존왕도(尊王道)

정암의 일생 동안의 설시(設施)를 정리한 말로서 율곡과 퇴계의 정리는 아주 간명하면서도 적합한 표현이라고 필자는 판단한다. 정암이 평생의 학문과 삶을 통하여 이 땅에서 펼쳐보고자 하였던 목표와 내용을 가감없이 잘 요약하였기 때문이다. 그리고 이러한 내용 자체는 정암과 실천이 매우 체계적인 구현 원리에 입각한 것이었음을 증명해주는 좋은 예라고 할 수 있다.

12 『정암선생문집』〈부록〉 권6, 「행장」.

2. 알성시(謁聖試) 응시와 정치적 포부의 개진

1) 정식(正式) 과거(科擧) 응시

앞서 살펴보았듯이 정암은 과거(科擧) 응시 자체에 처음부터 큰 의미를 두지는 않았다. 다만, 무엇보다 스스로 성현이 되고자 했던 입지(立志)를 소홀히 하려고 하지 않았을 뿐이었다. 벼슬길은 애초 관심 대상이 아니었음을 여러 면에서 확인한 바 있다. 그럼에도 불구하고 정계 진출 이후 정암이 정식으로 과거시험에 응시하기로 마음을 고쳐먹은 데는 피천(被薦) 이후 한 점 부끄러움 없이 당당하게 서고자 했던 마음에서 기인한 것으로 보인다. 마음에 한 점 거리낌이 없고자 했던, 무자기(無自欺)한 평소 삶의 태도에서 비롯된 것으로 여겨진다.

> 내가 본래 이익과 영달에 마음을 쓰지 않았는데, 생각지도 않게 뜻밖에 일을 당하고 보니 부득이 과거(科擧)를 거쳐 도(道)를 행하는 단계를 통해야겠다. 만일 그 헛된 영예를 이용하여 세상에 드러난다면 나로서는 심히 부끄럽다.[13]

그리하여 정암은 정식으로 그 해 8월에 있었던 알성시(謁聖試) 과거에 응시했다. 알성시는 임금이 직접 문묘에 나와 공자를 배알하는 날 시행되는 과거이다. 대개 추기(秋期) 석전(釋奠)이 있는 달을 택하여 시행되었는데, 당시 1등군에 속하는 갑과 1등은 유학(幼學) 장옥(張玉)이 차지하였고, 조광조는 을과(乙科) 장원 즉, 2등으로 합격하였다. 그날 알성 시험은 정책을 논하는 책문(策文)을 작성하는 것이었고, 책제(策題)는 다음과 같았다.

---

13 『정암선생문집』〈부록〉 권5, 「연보」, 33세조.

왕은 말하노라.

공자께서 말씀하시기를, "만약 누가 나를 등용해 나라를 다스리게 한다면 1년이면 그런대로 실적을 낼 것이고, 3년이면 정치적 이상을 성취할 것이다[14]"고 하셨는데, 성인(聖人)이 어찌 한갓 부질없는 말씀을 하셨겠는가? 아마도 공자께서는 그 말씀하신 뜻의 규모와 시행하고자 하셨던 정치적 방안을 미리 분명하게 정해놓으셨을 것이다. 바로 그것을 조목조목 지적하여 설명할 수 있겠는가? 공자가 살아 계셨을 당시는 주(周)나라 말기로서 기강(紀綱)과 법도(法度)가 이미 모두 무너진 때였다. 그럼에도 불구하고 공자께서는 오히려 '3년이면 이룰 수 있다'고 하셨으니, 만약 공자께서 정치를 맡아 3년이 지났다면 과연 그 다스림의 효과가 어떻게 나타났겠는가? 또한 실행하시고자 했던 치적으로서는 어떤 참고할 만한 것이 있겠는가? 성인이 지나가시기만 해도 백성들이 그 덕에 교화를 이루고, 머무시게 되면 그 신묘함이 간직된다는 이른바 '과화존신(過化存神)'[15]의 묘한 이치는 쉽게 설명하기 어렵지만, 내가 덕이 부족한 사람인데도 조상님들께서 이어오신 나라의 큰 기틀을 이어받아 정사(政事)에 임하게 되었다. 그리하여 나라를 잘 다스리기를 원한 지 이미 10년이 되었건만, 아직도 기강(紀綱)이 서지 못하고 법도(法度)가 정하여지지 않았다. 이런 상황에서 다스림의 공적을 이루려고 하니, 어찌 어렵지 않겠는가? 오늘 여기에 모인 여러 유생(儒生)들은 공자를 배우는 사람들로서 모두 임금을 요순시대의 임금처럼 되게 하고, 백성을 요순시대의 백성같이 되게 하고자 하는 뜻이 있을 것이니, 그대들의 뜻이 단지 정치적 목적을 성취하는 데서 그치지는 않을 것이다. 만일 오늘과 같은 시대 상황에서 옛날의 훌륭했던 이상적인 정치를 다시 이룩하고자 한다면, 과연 무엇을 가장 급선무로 힘써야 하겠는가? 이에 대한 대책을 기탄없이 말하여보라.[16]

---

14 『논어 5』, 「자로」.
15 『맹자』, 「진심」 상.

책제가 상당히 길고 세세한 편이지만, 실제로 요구하고 있는 내용은 크게 세 가지로 구분할 수 있다.

첫째, 공자 자신이 등용된다면 3년 이내에 유교적 이상정치를 펼쳐 실효를 거둘 수 있을 것이라고 하였는데, 이미 기강과 법도가 무너져 내린 주나라 말기의 정치적 상황에서 과연 그 포부를 실현할 수 있었겠으며, 등용되었다면 또한 어떠한 방도를 펼쳤겠는가, 그리고 어떠하였겠는가를 묻고 있다.

둘째, 중종이 즉위한 지 이미 10년이 지났는데, 그럼에도 불구하고 아직 기강과 법도가 서지 못하고 있는 까닭이 어디에 있는가를 묻고 있다.

셋째, 알성시에 응시한 성균관 유생들에게 공자의 학문을 배우는 사람으로서 요순의 이상정치를 구현하기 위한 방책은 무엇인가를 묻는 내용이다.

이런 세 가지 책제의 내용을 요약하면 공자를 통하여 기대할 수 있는 유교 정치의 이상적 방안을 당시 현실 상황에 비추어 제시해보라는 것으로 정리할 수 있다.

이러한 책제의 의미도 깊지만 정암의 과거 답안도 매우 중요한 의의를 지닌다. 왜냐하면 여기서 정암은 중종의 지치(至治)에 대한 강렬한 의지(意志)를 확인하였고, 정암 스스로는 이 땅에도 요순(堯舜)과 같은 시대를 펼칠 수 있는 천재일우의 기회라고 여겼으며, 이에 따라 국맥(國脈)을 새롭게 하고자 하는 자신의 정치적 포부를 진실하게 드러내고 있기 때문이다. 이것은 정암의 정치적 이상을 종합적으로 파악할 수 있는 귀중한 자료이다.

정암은 무엇보다 실천적 삶을 중시하였고, 또 벼슬에 나간 이후에는 지치적(至治的) 현실 구현에 누구보다 전념하였던 까닭에 체계적인

---

16 『정암선생문집』 권2, 「대책」, 〈알성시책〉.

저술을 남기지 못하였다. 그런 점에서 〈알성시책〉은 정암의 도학적 사유 체계를 종합적으로 알 수 있는 중요한 내용이다. 더구나 분량상으로도 상당히 긴 장문이다. 현재 문집에 남아 있는 글 중에서 가장 체계적인 저술인 동시에 실질적으로도 가장 중요한 내용을 담고 있는 글로 평가받고 있다.

2) 「대책(對策)」을 통해 본 정치적 포부

왕의 책제에 대한 정암의 책문도 내용상 크게 세 부분으로 구분할 수 있다. 정암은 우선 하늘[天]과 사람[人]의 근본이 하나라고 규정하고 하늘의 이치가 일찍이 사람에게 있지 않은 적이 없었다고 설명한 뒤, 따라서 임금[君]과 백성[民]의 근본됨도 하나라는 결론을 도출한다. 그러므로 옛날 어진 정치를 펼친 훌륭한 임금들은 한결같이 올바른 도리로써 백성을 다스릴 수 있었다고 밝혔다. 그 올바른 도리는 자연과 인간이 하나이니 인간에게 이미 다 구비되어 있다고 전제하고, 따라서 예전의 이상적인 임금들은 바로 그 이치를 나의 마음에서 다 찾아내었다고 설명하였다. 이 내용을 간단하게 도식화하면 다음과 같다.

天 = 人	⇒	君 = 民

하늘과 사람의 근본이 본질적으로 동일하므로 임금과 백성의 근본도 동일하다는 관점은 매우 실질적이면서도 중요한 내용이다. 이 관점은 유교의 자연관과 인간관의 중요한 내용이기도 하다. 자연과 인간을 통일적으로 파악하는 동시에 모든 인간도 근본적으로 동일하다는 논리는 유가 존재론의 핵심 내용이다. 그러므로 옛 성현들이 백성을 다스리는 도리를 하늘의 이치에서 본받고자 하였으며, 그것은 바

로 나의 마음 안에 명확하게 내재하고 있다는 것이다. 내 마음 안에서 하늘의 이치를 각성하고 그것을 미루어 백성을 다스린 것이 바로 옛 성군들의 도리였다고 정암은 설명하고 있다. 따라서 우리 임금도 성현의 도리를 본받아 백성을 다스리면 나라를 다스리는 데 아무 어려움이 없을 것이라고 밝히고 있다.

그런 과정에서 문제가 되는 것은 마음을 바르게 하는 것이라고 정암은 보았다. 마음에서 옳은 것을 옳다고 하고 그른 것을 그르다고 하며, 선한 것을 선하다고 하고, 악한 것을 악하다고 하여, 마음이 시시비비와 선선오악을 올바르게 구분하기만 하면 백성을 위한 정치는 아무 어려울 것이 없다고 정암은 주장하였다. 말하자면 임금인 중종 자신이 유교적 가르침의 본질을 마음으로 정성스럽게 가지고, 마음 안에서 하늘의 이치를 분명하게 인식하고 간직하여 그대로 실천하기만 하면 만 가지 교화는 절로 이루어질 것이라는 주장이다. 한마디로 정치를 바르게 하는 것은 위정자가 스스로 마음가짐을 바르게 하는 것이라는 지적이다.

그런 측면에서 공자(孔子)가 정치를 맡아 다스렸을 경우 실현했을 이상적인 방안도 바로 유추가 가능해진다. 그래서 정암은 바로 "공자(孔子)의 도(道)는 천지(天地)의 도이고, 공자의 마음은 천지의 마음"이라고 말하였다. 세상에 사람도 많고 일도 많지만, 모든 것이 제각기 다르고 차이가 있을지라도 모든 일에 근본이 되는 도와 마음이 하나이니, 오직 하나뿐인 그 이치에 근본하여 정사를 베풀면 쉽게 효험을 거둘 수 있다는 논리이다. 그러므로 공자께서 정사를 베푸신다면 말할 것도 없이 본래 지니고 있는 천지의 마음으로 백성들을 감화시킬 것이니, 그 효험을 쉽게 볼 수 있을 것은 확실하다는 추론이 가능해진다. 정암의 논리는 이와 같이 정연하고 명쾌하였다. 정도(正道)에 서 있을수록 말과 논리는 힘차고, 단순 명쾌해지는 법이라는 것을 확인할 수 있는 부분이다.

그러므로 정암은 설명하기를, 세상의 일이란 성쇠(盛衰)가 있고 변화하지만, 도(道)는 예나 지금이나 동(東)이나 서(西)에서도 전혀 다름이 없다고 하였다. 세상만사는 흥망성쇠가 있을지라도 천하의 근본[道]은 변함이 없다는 지적이다. 따라서 주나라의 기강과 법도는 무너졌지만, 하늘의 뜻은 다시 공자의 가르침을 통하여 큰 덕으로 이어지고 있다고 강조하였다. 그런 점에서 공자의 가르침은 정암과 중종 당대에도 여전히 유효한 가치와 의미를 지닌다는 주장이 가능해진다.

그래서 정암은 공자가 『주역』을 해설하고 『춘추』를 편찬한 일 같은 경우도 그런 선상에서 만세토록 천지의 큰 도와 가르침을 열어 보인 것으로서 세상의 다른 것과 결코 바꿀 수 없는 도리를 보인 것이라고 강조하였다. 공자는 생전에 세상을 다스리는 군주 지위에는 나아가지 못하였지만, 그 이후 모든 시대의 위정자들이 한결같이 공자의 가르침에 근본하여 나라를 다스리게 되었으니, 공자의 공로야말로 무궁하게 후세에 전해질 것이라고 주장하였다. 그러므로 요순과 같은 임금이 되고, 요순시대와 같은 백성들이 되기 위해서는 다름 아닌 공자의 가르침에 의거하면 된다고 정암은 개진하였던 것이다. 말하자면 정암은 중종에게 공자의 가르침에 의거하여 요순(堯舜)과 같은 이상정치를 당대에 구현할 것을 주문한 것이었다. 아울러 당시의 정치와 사회 기강이 해이해진 원인도 다름 아닌 공자의 도에서 멀어졌기 때문이라는 분석을 내린 것이다. 그러므로 임금인 중종이 무엇보다 당대의 기강과 법도를 수립하고 이상적인 왕도정치를 펼치기 위해서는 공자의 도에 따르는 것을 정치적 목표로 분명하게 수립하는 자세가 필요하다고 보았다.

따라서 중종 치세 10년에도 불구하고 국가의 기강과 법도가 세워지지 않은 것은 그 이유가 다른 데 있는 것이 아니라는 결론이 나온다. 정암에 의하면 당시의 정치 부재의 근본 원인은 임금이 정치의 근본 원리를 올바르게 인식하고 제대로 수립하지 못하여서 그렇다는 결론이다. 그렇다면 중종이 세워야 할 정치의 근본은 구체적으로 어떤 것인가? 정암은 천하의 일이란 모름지기 근본이 되는 일과 하찮은 일이 있다고 구분하고, 먼저 무엇이 중요한 일이며, 어떤 것이 하찮은 일인가를 밝히는 것이 정치의 근본을 세우는 절차라고 주장하였다.

정암이 말하는 정치의 근본은 이미 주장해온 논리대로 임금이 마음을 정성스럽게 가지는 일이다. 정암은 정치를 펼치는 근본은 하늘의 도(道)이고, 도는 마음에서 나오며, 마음은 정성스러움이 그 요체라고 밝혔다. 이것을 하나로 정리해보면 다음과 같다.

도(道)　　▷　　심(心)　　▷　　성(誠)

도는 하늘에 근본 하지만 사람을 통하여 발현되고, 사람은 마음에 의해서 나타나니, 사람 마음에서 세상의 모든 잘잘못이 비롯된다는 주장이다. 그러므로 정치를 바르게 하고 국가의 기강과 법도를 바로 세우는 것은 임시방편이나 말단적인 요령이 아니라 마음의 오묘한 진리를 바탕으로 하여야 한다는 것이다. 요컨대 임금의 마음이 정성스러워야 나라의 기강과 법도가 올바로 서게 되고, 마침내 정치의 실효도 거둘 수 있게 된다는 주장이다.

임금이 기강과 법도를 올바로 세우고 나면 그 나머지 즉 실무는 대신(大臣)들에게 위임할 것을 말하였다. 그래서 정암은 임금이 혼자 힘으로 다 하려고 욕심 부리지 말고 대신을 공경하고 그들에게 정치를 위임할 것을 강조하였다. 하늘의 높은 이치가 사람으로 나타나듯이, 임금의 존귀함도 대신들을 통하여 드러나야 한다는 주장이다. 이것은 임금이 독치(獨治)를 하여서는 어떤 효험도 볼 수 없다는 지적이다. 임금이 대신과 더불어 정성스러운 마음으로 함께 정사를 펼쳐 나가야 큰 공업을 이룰 것이라는 지적은 중요하다. 정암은 중종이 그동안 대신들을 믿지 않고 혼자 해결하려고 해왔던 점을 고쳐야만 현실적 문제들이 쉽게 풀릴 것이라고 제안한 것이다.

그리고 마지막으로 요순 삼대의 정치적 이상을 실현하는 방책으로 정암은 명도(明道)와 근독(謹獨) 두 가지를 제시하였다. 이미 살펴보았듯이 정암에게 있어 정치는 하늘의 도를 밝히는 것이고, 하늘의 도는 정치를 하는 사람을 통하여 나타나므로 사람은 항상 삼가는 태도를 지켜 언제나 스스로 엄격하게 성찰하는 자세가 필요하다는 내용이다. 명도, 즉 도를 밝힌다는 것은 정치적인 측면에서는 통치 이념을 크고 선하게 수립하라는 의미로 해석되며, 근독은 정치에 임하는 사람들 모두가 스스로 그러한 가치를 엄격히 지키면서 올바른 처신을 할 때 가능하다는 의미이다. 요컨대 유교적 이상정치의 이념을 분명하게 수립하고, 그 이념대로 위정자들이 노력할 때 올바른 정사를 현실에서 펼칠 수 있을 것이라는 주장인 것이다. 유교적 이상정치의 핵심은 임금이 성군(聖君)이 되는 성인정치(聖人政治)로서 서양에서 플라톤이 중시한 '철인정치(哲人政治)'와 상통하는 바가 있다. 이 두 가지는 통치자가 최고의 이상적 인격을 갖출 때 최상의 정사를 베풀 수 있다는 점에서 통하는 바가 있다. 바로 이 점을 정암은 중종에게 제안하였던 것이다.

정암은 중종의 책제에 대하여 그동안 자신의 공부를 총정리하여 최선의 답변을 올린 것이다. 정암의 책문은 정암의 지치주의적 이상 정치 이념이 거의 완전하게 녹아 있다고 할 수 있다. 임금의 확고한 의지를 믿고 소신대로 가감 없이 자신의 이상적 정치 이념을 모두 기술하여 올린 것이다. 동시에 정계에 진출한 이상, 정식으로 과거를 통해 그동안의 학문을 현실에 실현시켜보겠다는 굳건한 의지가 논리정연하게 피력되어 있음을 볼 수 있다. 이상정치에 대한 정암의 소신과 열망이 잘 나타난, 최선을 다한 답안 작성이었던 것이라 할 수 있다.

일부 정치학자들은 정암의 이러한 소신은 너무 이상에만 치우쳐 당대의 현실을 직시하지 못한 엄청난 괴리가 있었다고 지적하기도 한다. 정암이 절충과 타협으로 체제를 이끌어 나가는 현실 정치를 너무나 모르는 인식의 결여를 보였다는 주장이다. 따라서 정암의 개혁은 필연적으로 실패할 수밖에 없었다는 귀결로 몰아가기도 한다.[17]

일면 정암에게 그런 면이 없었다고 보기에는 어려운 점이 있다. 퇴계도 지적했듯이 정암에게 다소 성급하게 이루고자 했던 면도 있었다. 그러나 개혁이란 절충과 타협을 통하여서 이룰 수 있는 것은 사실상 없다고 보아야 할 것이다. 당시 거대한 권력을 형성하고 군주(君主)조차 무력화(無力化)시키고 있던 비정상적 집단인 훈구 세력과 무엇을 어떻게 타협하고 개선할 수 있었겠는가? 그들은 어떤 양보도 하려고 하지 않았다. 정암을 중심으로 하는 도학자(道學者)들의 의지에 냉소와 질시만 있었을 뿐이지, 자신들이 당대의 정치와 사회 현실을 어떻게 왜곡하고 부패시켰는지를 인정하려고 들지 않았다. 그런 이기적이며 보수적인 집단 세력과 절충과 타협을 통한 개혁이란 대체 가능한 것이었던가? 무릇 정치적 개혁이란 과거나 현재를 불구하고 정치인들의 의지(意志)와 관련되는 문제라고 보아야 할 것이다. 정암이 임금인 중종의 마음가짐을 문제 삼은 것도 바로 그런 점을 분명하게 인식하고 있었기 때문일 것이다. 후세의 학자 중 일부에게서 정암이 실패했다고 보는 관점도 매우 외형적인 측면과 그 당시의 결과만을 놓고 평가하는 측면이 있다고 지적하지 않을 수 없다. 개혁을 추진하는 과정에서 사화(士禍)가 발생하고 결국 유배당하여 사사(賜死)를 당하였다고 실패한 것으로 결론짓는다면, 형식적으로는 실패라고 하겠지만 역시 문제의 본질을 간과한 단견이라고 하지 않을 수 없을 것이다. 그렇다면 훈구 세력이 성공한 것인가? 역시 실패와 성공으로 판단하는 것은 지나치게 단순한 평가라고 볼 수밖에 없는 측면이 드러나는

---

17 정두희, 『조광조』, 아카넷, 2001, 90쪽.

것이다. 역사적 평가는 단순히 성공과 실패만으로 판단할 문제는 아니다. 그렇다면 정암의 개혁과 관련하여 무엇이 성공이고, 무엇이 실패인지에 대한 평가는 신중하지 않을 수 없다. 누가 무엇을 위해, 어떤 마음과 목표를 가지고, 어떤 원칙에 의해서 무엇을 개혁하고자 했던가를 살펴야 비로소 그 역사적 의의를 올바르게 판단할 수 있을 것이다. 적어도 개인적 이익과 부귀영화(富貴榮華)를 위한 행동이었던가를 살피는 것도 중요하다. 공인(公人)이 사적(私的)인 것을 위해 행동하였다면 비판을 면하기 어려울 것이다. 개혁의 노선이 의(義)의 길이었던가, 사리(私利)를 위한 것이었던가를 구분하는 것은 그리 어려운 일이 아니다. 목숨은 소중한 가치를 지니는 것이기에 죽임을 당한 것은 아쉬운 일이지만, 영원한 존숭을 얻었다면 함부로 실패라고 단정하기란 어려운 것이다.

'알성시'를 통하여 정식으로 정계에 진출하고자 마음을 먹었던 정암은 특히 책제(策題)에서 중종의 개혁의지(改革意志)가 확고하다고 인식하였다. 정암은 중종이 10년이 지난 시점에서 정말 소신 있게 정사를 베풀 의지가 있다고 확신하였으며, 자신도 마침 정계에 진출하고자 하는 마음을 확정한 상황이었던지라 천재일우(千載一遇)라고 여겨 최선을 다하고자 매우 의욕적인 뜻을 개진하였던 것이다.

정암 37세 때 홍문관 박사로 있던 안처순(安處順)이 고향 남원에서 홀로 지내는 노모(老母)의 봉양을 위하여 사직을 청하자 중종은 인근 구례현감(求禮縣監) 자리를 그에게 주어 허락한 일이 있었다. 이때 안처순은 정암과의 작별이 아쉬워 농재(農齋)에 찾아와 하룻밤을 묵으면서 수장(數章)의 시(詩)를 정암에게 요구하였다. 안처순은 정암보다 열한 살이나 아래였으나, 이별 후에도 편지를 왕래하며 마음을 주고받던 사이였다. 정암은 안처순의 정직하고 순정한 마음씨를 좋아하여 서로 간에 아끼고 친근하게 대하던 마음을 가졌었다. 안처순에게 정암은 평소 시를 지을 줄도 모르고, 또 별로 좋아하지도 않는다고 사양했으나 안처순이 강력하게 거듭 요구하였다. 이에 정암은 서로 그리운 마음을 위로하고 밝혀주는 경계로 삼고자 하는 뜻에서 '송순지 남행'이라는 시를 써 주었다. 이 시는 다섯 수(首)로 되어 있는데, 한 수당 글자 수가 50자이니, 모두 250자로 된 긴 시이다. 이 시의 끝에는 또한 정암이 이 시를 쓰게 된 경위까지 상세하게 기록을 해두어서 당시의 정황을 알게 해준다. 현재 전하는 『정암선생문집』 제5권에는 정암이 그날 밤 친필로 쓴 유묵(遺墨)이 그대로 온전하게 전해져 오고 있어 체취를 느낄 수 있기도 하다. 아마도 안처순이 그날 밤 정암에게서 받은 시를 잘 보관하고 있다가, 정암 사후 문집(文集)을 만들 때 그 친필 유묵을 판본으로 남기게 된 것으로 사료된다.

그런데 이 시에는 당시 정암이 정치에 임하던 포부(抱負)를 적은 부분이 있다. 바로 다음과 같은 내용이다.

扶時有所歸	시국을 붙들어 돌아갈 데 있으리니
適幾尤陳力	기미를 맞추어서 더욱 힘을 쓸지어다
習流慣可人	유속을 익히고 좋은 이에 익었으나
奈如牋善俗	어찌 좋은 풍속을 해칠 수 있겠는가
聖主方轉化	바야흐로 성주(聖主)께서 교화(敎化)에 힘쓰시니
東丘欣日出	우리 동방(東方)의 청구(靑丘) 땅에 기쁜 날 돌아오리라
款款效忠信	관관하게 정성 들여 충과 신을 본받아라
莫非更何得	이것이 아니고는 다시 무엇을 얻으리오?
天威嚴咫尺	임금님의 엄한 위엄 멀지 않은 지척이라
一誠毋移易	한결같은 정성 바꾸지 말지어다

특히 이 글에서 정암은 당시 임금이었던 중종이 힘써 교화를 펼쳐 나가고 있으니, 아마도 우리 동방의 땅에 기쁜 해가 솟아오르고 있다는 큰 희망과 기대를 표현하고 있다. 연산군의 폭정시대를 접고 이제

막 새로운 시대의 도래를 본 조광조와 안처순의 기대는 자못 크다. '우리나라에 기쁜 해가 떠오르리라!'는 기대와 포부는 실로 가슴벅찬 기대임에 분명하다. 바야흐로 군주가 지치(至治)에의 의지를 보임으로써 이후 비로소 우리나라에도 큰 기쁨이 펼쳐질 수 있으리라는 기대의 표현이었다. 이것은 정암을 비롯한 신진(新進) 도학자(道學者)들의 새로운 세상에 대한 꿈이 얼마나 절실하였으며, 동시에 그러한 국정(國政)에 임하는 희망찬 의지(意志)의 반영이 또한 얼마나 강렬하였던가를 보여주는 대목이기도 하다.

이와 같이 정암이 중종의 의지를 매우 확고한 것으로 파악하였던 사항은 〈알성시책〉 외에서도 여러 군데서 확인 가능하다. 정암은 기묘사화가 일어나 투옥된 상태에서도 임금 중종을 믿고 있었다. 자신을 그렇게 신뢰해주고 차등을 넘어 관직을 올려준 중종에게 분명한 개혁 의지와 함께 지치(至治)를 통한 왕도정치(王道政治)에 지대한 관심이 있다고 확신했던 것이 분명하다. 그러한 확신은 정암이 기묘사화를 당하여 옥중에서 임금에게 올린 다음 공사(供辭)에서 단적으로 드러나 있다.

오직 임금만을 믿고 국가의 병통이 이욕의 근원에 있다는 판단하에 그것을 바로 잡아 국맥을 영원토록 무궁하게 하고자 하였을 뿐[18] 이라는 엄숙한 천명(闡明)이었다.

그 표현은 간결하였지만, 정암이 정사(政事)에 임하여 일한 4년 동안의 포부와 신념이 온전하게 담긴 순결(純潔)한 글이었다. 정암의 정치적 포부는 이와 같이 항상 정도(正道)에 서 있었다. 그러하였으므로 자신(自信)이 있었고, 과단(果斷)하게 실천에 옮길 수 있었다. 표현 그대로 '임금만을 믿고 국맥(國脈)을 영원토록 무궁(無窮)하게 하고자 하였던 한 가지 마음만으로' 정사에 임했던 것이다. 적어도 정암의 삶과

---

18 『정암선생문집』 권2, 「옥중공사」.

설시(設施)를 통하여 살펴볼 때 처음 과거를 통해 벼슬길에 나서던 날의 포부는 기묘사화를 당하여 죽음을 맞는 순간까지 조금도 다르지 않았다는 것을 확인할 수 있는 것이다.

3. 지치적 개혁의 구체화와 변화(變化)된 세상

1) 지치적 개혁의 구체적 실천

중종 10년(1515, 乙亥年) 가을에 알성시에 을과 제1인자로 합격함으로써 정암은 34세 때 자신이 소망하였던 방식대로 정식 과거를 통하여 본격적인 벼슬길에 들어서게 되었다. 알성시 합격 후 그에게는 바로 새로운 보직이 주어졌다. 정6품관직의 성균관 전적(典籍)이 첫 보직이었다. 곧이어 홍문관 감찰(監察)로 다시 보직을 옮겨갔다. 감찰은 정암의 부친도 이미 역임한 바 있는 직무였다. 정암 가문의 분위기와도 잘 맞는 직책이었다. 바로 같은 해 11월 20일 정암은 언론담당 관청인 사간원의 좌정언(左正言, 정6품관직)으로 다시 옮겨가게 되었다. 사간원은 수장인 대사간(大司諫)과 사간(司諫) 및 헌납(獻納)이 각각 1명이고, 또 좌·우 정언이 각 1명 등 모두 5명의 관리로 구성되는 기관이었다. 조직 구성원을 보면 정암은 사간원의 가장 하위직이었다. 사간원은 사헌부와 함께 중앙정계의 주요 언론 관청으로서 왕을 보좌하는 측면에서 절대적인 권력기관이었다. 비록 말단 간부가 되었지만, 정암은 조금도 흔들림 없이 지치(至治)로의 당당한 길을 처음부터 걷기 시작했다.

사간원 정언직은 정암이 당시 최고의 정치지도자로 부상하게 되는 결정적 사건이 있게 되는 보직이었다. 당시 최말단이었던 정언 조광조는 사간원의 수장인 대사간(大司諫)은 물론 사헌부의 수장인 대사헌(大司憲)이 모두 그 직무 수행을 잘못하여 국가의 언로를 크게 훼손하

182

였으므로 상관으로 모실 수 없다고 하며 즉시 파면시킬 것을 요구하는 놀라운 상소를 한 것이다. 정언 보직을 받은 이틀 후 임금에게 올린 다음 상소는 당시 조정에 일대파란을 일으키며 정암 조광조라는 인물의 강력한 등장을 예고하게 된다.

언로(言路)가 통하고 막히는 것은 국가에 가장 관계되는 것이니, 통하면 다스려져서 평안하며, 막히면 어지러워져서 망하게 됩니다. 그러므로 임금이 언로를 힘써 넓히셨기에 위로 공경대부와 백집사로부터 아래로 여항 시정의 백성들에 이르기까지 다 말을 할 수 있게 되었습니다. 그러나 언책(言責)이 없으면 스스로 말을 극진하게 할 수 없으므로 간관(諫官)을 두어 그 일을 맡게 하는 것입니다. 그 말이 혹 지나치더라도 다 마음을 비워놓고 너그러이 받아들이는 것은 언로가 혹 막힐까 염려해서 그러는 것입니다.

근래에 박상(朴祥)과 김정(金淨)이 구언(求言)에 따라 진언하였는데, 그 말이 지나친 듯하더라도 쓰지 않으면 그만이거니와, 어찌하여 도리어 그들에게 죄를 주는 것입니까? 심지어 대간이 그것을 그르다 하여 죄주기를 청하여 금부(禁府)의 낭관(郞官)을 보내어 잡아오기까지 하였습니다. 대간이 된 자로서 언로를 잘 열어놓은 뒤에라야 그 직분을 다했다고 할 수 있을 것입니다. 김정 등에 대하여 재상들이 혹 죄주기를 청하더라도 대간은 구제하여 풀어주어서 언로를 넓혀야 할 것인데, 도리어 대간이 스스로 언로를 훼손하여 먼저 그 직분을 잃었습니다.

신이 이제 정언(正言)이 되었으니 어찌 구태여 직분을 잃은 대간과 일을 함께 할 수 있겠습니까? 서로 용납(容納)할 수 없을 것이니 양사(兩司)를 파직(罷職)하여 다시 언로를 여소서.[19]

---

19 『중종실록』권23, 10년 11월 갑진(甲辰)조: 言路之通塞 最關於國家 通則治安 塞則亂亡 故人君務廣言路 上自公卿百執事 下至閭巷市井之民 俾皆得言 然無言責 則不得自盡 故爰設諫官以主之 其所言 雖或過當 而皆虛懷優容者 恐言路之或塞也 近者朴祥金淨等 當求言而進言 其言雖若過當 不用而已 何復罪之 臺諫乃以爲非

사간원 최하위직 정언(正言) 조광조가 당시 사간원의 최고 우두머리인 대사간(大司諫) 이행(李荇)과 사헌부의 수장 대사헌(大司憲) 권민수(權敏手)[20]가 그 직분을 망각하고 국가의 언로를 막는 중대한 잘못을 저질렀기 때문에, 자신이 속한 기관의 직속상관(直屬上官)으로 모실 수 없으니 즉각 파면시키라는 엄청난 내용을 담고 있다.

이 상소가 왜 중요하고, 무엇을 주장하는가를 바르게 이해하기 위해 당시 역사적 상황과 관련된 내용을 살펴볼 필요가 있다. 중종은 연산군의 학정으로 인해 일으킨 반정(反正) 쿠데타의 주역들이 정국 수습을 위해 옹립한 왕이었다. 반정 당시 중종의 비(妃)는 신수근(愼守謹)의 딸인 신씨(愼氏)였다. 신수근은 또한 연산군의 처남이었는데 반정주도 세력이 반정 당시 신수근의 의사를 타진했으나 동조 의사를 확인하지 못하자 그와 그의 아우인 신수영을 바로 살해했다. 반정은 성공했고 주도세력들이 중종을 옹립하면서 신수근의 딸인 신씨는 자연스럽게 왕비 지위에 올랐다. 그러나 신수근과 신수영 등을 살해한 박원종과 성희안 등 주도세력은 반정이 성공한 다음날 왕비 신씨가 염려되어 폐주[연산군]와 관련 있는 집안이라고 거론한 뒤 남아 있던 집안의 친인척들을 유배시키자고 건의하여 왕의 허락을 받아내고, 결국 왕비 신씨마저 1주일 만에 폐위시키고 말았다.[21] 중종과 신씨와의 관계는 부부간의 정이 매우 돈독하였다. 그러나 반정 주도세력은 강제로 중종과 신씨와의 관계를 위협적인 상황에서 갈라놓았다. 당시

而請罪 至發禁府郎官而拿致 爲臺諫者 能開言路 然後可謂能盡其職也 金淨等事宰相或請罪 臺諫則當救解 以廣言路 而反自毀言路 先失其職 臣今爲正言 豈敢與失職臺諫同事乎 不可相容矣 請罷兩司 復開言路.

20 정암이 양사(兩司)를 파직시킬 것을 주장하는 상소를 올린 것은 11월 22일이었다. 정암이 상소를 올리던 당시 사헌부 대사헌은 이장곤이 맡고 있었으나, 김정과 박상이 폐비 신씨를 복위할 것을 주장하는 상소를 올린 1515년 8월 8일 당시 대사헌은 권민수(權敏手)였다. 그러므로 여기서 양사 수장을 파하라는 것은 김정 등의 상소 당시 수장들인 이행과 권민수를 파직시키라는 의미로 보아야 옳을 것이다.

21 『중종실록』 권1, 원년 9월 무인(戊寅) 및 을유(乙酉)조.

정황으로 보건대 신씨를 죽이지 않은 것만으로도 폐비의 입장에서는 다행으로 여겨야 할 만큼 반정 주도세력은 무소불위(無所不爲)의 권력을 행사했다. 그들은 임금을 자신들이 옹립했다는 것만으로도 모든 권력을 독식했으며, 왕비를 마음대로 갈아치웠고, 공신(貢臣)도 자신들의 뜻대로 책정하였다. 연산군의 폭정을 종식시키기는 하였으나 정치적 정당성이나 도의명분에서는 큰 문제점을 처음부터 안고 있었던 것이다. 후일 담양부사(潭陽府使) 박상(朴祥)과 순창군수(淳昌郡守) 김정(金淨)은 바로 이 점을 문제 제기하고 바로 잡으려고 구언(求言)에 응하였고, 정암은 이들의 상소가 정당한 것이었음에도 불구하고 당시 대사헌과 대사간이 오히려 이 두 사람을 처벌하는 과오(過誤)를 저질렀다고 탄핵을 요청한 것이다. 정암의 문제 제기는 일차적으로 언로(言路)의 확보였지만, 더 본질적으로는 정치의 정도(正道)를 회복하고 확보하고자 한 점에서 매우 중요한 사안이었다.

결국 단경왕후(端敬王后) 신씨는 폐비(廢妃)가 되어 왕궁에서 사가(私家)로 쫓겨났고, 다음날 바로 새로운 왕비 간택 문제가 제기되어 결국 이듬해인 중종 2년 6월에 윤여필의 딸을 새 왕비로 간택, 8월에 책봉의식을 치렀다. 그러나 계비 장경왕후(章敬王后) 윤씨(尹氏)는 아들 하나를 낳은 채 중종 10년 3월에 세상을 떠나고 말았다. 그리하여 다시 왕비 간택 문제가 논의되던 시점에서 구언(求言)에 응하는 형식으로 중종 10년 8월에 박상과 김정이 폐비 윤씨를 복위시키라는 상소를 올렸던 것이다.

구언(求言)이란 천재지변과 같은 변고(變故)가 있어 민심(民心)이 흉흉해지거나 정국(政局)이 불안할 때 국가의 중대사를 해결하고 정국을 타개할 목적으로 왕이 백성들을 상대로 그 방책(方策)을 묻는 것이다. 중종 9년(1514) 9월에 천둥 번개가 잇달아 큰 재변이 있었고, 이에 왕은 하늘의 징조가 무엇을 고치라는 것인지 구언하는 명령을 내렸다.[22] 물론 중종 등극 이후 몇 차례 구언을 내린 적이 있었으나 진언(進言)이 없었는데, 이번에는 박상과 김정이 폐비 신씨를 비어 있는 왕후의 자리에 복위시키라는 진언을 올린 것이다.

그들의 상소를 요약해서 인용해보기로 하자.

하늘과 땅이 있은 연후에야 만물이 있고, 만물이 있은 뒤에라야 남녀가
있고, 남녀가 있은 뒤에라야 부부가 있고, 부부가 있은 뒤에라야 부자
(父子)가 있고, 부자가 있은 뒤에라야 군신이 있고, 군신이 있은 뒤에라
야 상하가 있고, 상하가 있은 뒤에라야 예의를 시행할 수 있습니다.
삼가 저희들이 살펴보건대, 신씨가 왕비의 자리에서 쫓겨나 궁궐 밖으
로 몰려난 지 어언 10년이 되었습니다. 무슨 큰 잘못이 있었고, 무슨
큰 명분이 있었기에 이런 비상하고 놀라운 일이 벌어진 것입니까? 저
희들은 그 연유를 상세하게 알지 못합니다.
대개 임금이 대통을 계승하여 왕위에 오르면 먼저 부부의 도리를 바
르게 세워 마치 부부는 하늘과 땅의 관계처럼 하여, 안으로는 음교를
다스리고 밖으로는 양덕(陽德)을 다스려서 묘사신기를 나란히 주재해
야 하는 법입니다. 배필의 중요함이 이와 같거늘 진실로 부모에게 순
종하지 못했거나 종묘사직에 죄를 얻은 것이 아니면, 비록 작은 허물
이나 미세한 잘못이 있더라도 결코 부부관계를 끊어버려서는 안 되는
것입니다. 그런데도 불구하고 명분도 없고 까닭도 없이 왕비를 내쫓을
수가 있습니까?
지금 신씨는 폐위될 아무런 까닭이 없는데도 전하께서 폐위를 시켰는
데, 과연 무슨 명분이 있는 것입니까? 반정 초기에 박원종(朴元宗), 유
순정(柳順汀), 성희안(成希顔) 등이 먼저 신수근을 제거하였습니다. 왕
비 신씨가 그의 딸이었으므로 후환(後患)이 두려워 자신들을 보전하려
는 사사로운 생각을 가지고 폐위시켜 내쫓자는 음모를 꾸민 것이니,
이것은 진실로 까닭도 없고 명분도 없는 일에 지나지 않습니다.

---

22 같은 실록, 권20, 9년 9월 병술(丙戌)조.

대개 나라를 다스리고 천하를 평정하는 도리는 가정을 다스리는 일에 그 근본을 두고 있는 것이므로, 가정을 바르게 다스리기만 하면 천하가 안정되는 것입니다.

아, 이것이 어찌 전하만의 허물이겠습니까? 애초부터 권세를 이용하여 제마음대로 하던 신하의 죄는 죽여도 오히려 그 죄가 넘치고도 남을 것입니다.

반정 초기에 전하께서 (박원종과 같은 자들이) 자신들의 힘으로 왕이 되셨으니 감히 자신들의 뜻을 거스르지 못할 것이라고 믿고, 군부를 위협하기를 마치 다리 사이와 손바닥 위에 놓고 희롱하듯 하고, 국모(國母)를 내쫓기를 마치 병아리새끼 팽개치듯 하였습니다. 그들이 이런 일을 하였으니 무슨 일인들 차마 하지 못하겠습니까?

신하 된 자는 장차 무슨 일을 꾀하려 해서는 안 되며, 만약 그런 의도를 지니고 있다면 이는 반드시 죽여야 한다는 것이 춘추의 의리이니, 그런 무리들을 경계하려 한 가르침이라 하겠습니다.[23]

상소 당시 반정의 주역 중 박원종과 성희안은 이미 세상을 떠났지만, 나머지는 아직도 대부분 중종 주변에서 막강한 권력을 행사하고 있던 상황임을 감안하면, 이 상소는 태풍과도 같은 내용을 담고 있었다. 박상 등은 이 상소를 올리면서 임금의 구언에 응하는 진언이기에, 중종이 직접 개봉하기를 바라는 글을 써놓았고, 승정원에서도 보통 상소와는 달리 임금께 직접 올렸다. 중종은 이 상소를 어떻게 처리해야 할지 판단하지 못하고 승정원에서 그대로 보관하도록 지시를 내렸다. 그러나 이 상소의 내용이 조정에 알려지기 시작했고, 대사간 이행과 대사헌 권민수를 비롯한 조정 신료들이 그 내용에 불순한 동기가 있다고 문제 삼아 이들의 상소를 들어주지 않는 것은 물론 오히

---

23 『중종실록』 권22, 10년 8월 임술(壬戌)조.

려 문책을 해야 한다고 탄핵하기에 이르렀다.

중종은 애초 구언에 의한 것이어서 그대로 보관하라는 뜻을 밝혔다고 했지만, 대간들이 모두 거듭 벌주기를 청하였다. 이 사건으로 말미암아 조정에서 논의가 분분했는데, '언로(言路)'와 관련된 것이라는 김응기(金應箕), 유인숙(柳仁叔), 기준(奇遵) 등의 문제 제기도 있었지만, 종묘사직의 운명에 관계된다는 채침(蔡忱), 표빙(表憑) 등의 주장 쪽으로 기울어 결국 박상과 김정은 의금부에서 심문을 받고, 각각 전라도 남평과 충청도 보은으로 유배되었다.

정암은 사간원 정언에 임명되자 바로 이 문제를 재론했던 것이다. 문제의 본질이 왜곡되었을 뿐만 아니라 특히 논의 과정에서 언로를 보존해야 할 직책의 인물들이 그 직분을 크게 그르침으로써 정사의 근본을 해쳤다고 판단한 것이다. 그런 대간과는 함께 일을 할 수 없으니, 그들을 파직하지 않으면 사직할 수밖에 없다는 추상같은 문제 제기였다. 정암의 논리는 간결하고 명료했다. 언로는 국가의 흥망과 관계되는 가장 본질적인 문제라는 것이 핵심 내용이었다. 정암에 따르면 대간은 박상과 김정의 주장을 보호하고 처벌하자는 이들에 대하여 언로의 중요성을 역설해야 함에도 불구하고 오히려 벌을 주자고 청하였으니 그 본분을 명백하게 위반했다는 지적이다. 정암은 문제의 본질과 핵심을 명확하게 인식하고 문제 제기를 한 것이었다. 그 논리 전개에서 박상과 김정의 주장에 대해서는 언급하지 않고, 다만 대간의 태도에 근본적인 문제가 있었다는 것만 논하였다.

정암의 주장은 조정에 엄청난 파장과 논쟁을 불러일으켰고, 몇 달 간의 논의 끝에 결국 조광조의 주장대로 대간 전체가 교체되고 박상과 김정도 다음해 11월 관직에 다시 복직되었다. 정암의 날카롭고 논리 정연한 문제 제기로 조정의 언로와 공론이 바르게 자리를 잡는 결정적인 전기가 마련된 것이었다. 사간원의 최하위 관리가 엄청난 문제의 본질을 바로 잡는 일을 해냄으로써 조광조의 위상과 발언은 단연 주목을 받기 시작했다. 그리하여 정암은 중종 11년 3월 6일에 홍문관 부수찬, 3월 28일에는 수찬으로 각각 승진 발령되었고, 그해 5월 22일에는 경연 검토관이 되는 등 남다른 위상을 다져갈 수 있게 되었다.

정암의 문제 제기는 언로의 본질이었지만, 반정 주체의 도덕성에 근본적인 문제를 제기함으로써 그동안 파행적으로 운영되어온 정국의 그릇된 점들을 정도(正道)로 바로 잡는 발판이 되었다. 그것은 원칙에 입각한 지치주의적(至治主義的) 개혁(改革)의 시발이라는 측면에서 일대 전환이기도 했다. 동시에 훈구 세력의 권력 전횡에 대한 엄중한 고발이기도 했다. 정암의 견해는 사실 조광조 한 사람의 인식의 반영이라기보다는 당시 전체 사림(士林)의 입장을 대변한 것이라고 보아도 무리가 아니다. 말하자면 반정 세력들의 무도한 권력 전횡을 종식하고 새로운 이상정치를 바라는 시대적 요구를 정암이 과감하게 표현한 것이었다. 바로 이런 점들이 이후 정국에서 정암이 가장 중심적인 지도자로 부상하게 되는 계기를 가져왔다고 할 것이다.

정암이 조정에서 펼친 다음 개혁 문제는 바로 소격서(昭格署) 혁파(革罷)였다. 소격서는 도교적 기복 행위를 하는 곳이었지만, 미신적인 요소와 토속적 샤머니즘 등 도학적 입장에서 용납될 수 없는 제사를 드리는 행위를 주관하는 관청이었다. 이러한 소격서를 혁파하는 것은 도학적 입장에서는 필연적인 문제로 인식될 수밖에 없었다. 그런 이유로 정암은 여러 개혁 과제 중에서 어떤 문제보다 더 강력하고 적극적인 자세를 취했다. 언뜻 보면 이 문제가 그렇게 중요한가라고 생각할 수도 있겠지만, 도학사상의 근본정신이라는 점에서 보면 어떤 과제보다도 시급한 것이었다.

성리학 혹은 주자학이라고 불리기도 하는 신유학의 그 형성 과정을 보면 크게 두 가지 측면에서 논의될 수 있다. 하나는 유교 이론의 고도한 보완 과정이고, 다른 하나는 공맹 이후 약 천 년간 단절된 유학적 도통(道統), 즉 정통성(正統性)을 회복하는 문제이다. 특히 후자는 불교와 도교 혹은 도가사상과의 관련성이 있는 문제로 공맹 이후 유교적 정통성이 도불(道佛)과 같은 사상으로 인해 전하여지지 못하였다고 판단하는 점에서 출발한다. 공맹 이후 유교가 침체하고 도불이 성행하는 오랜 세월 동안 유교의 본령이 올바르게 전해지지 않았다는 인식에서 출발하여 도불을 이단으로 규정하고 척결함으로써 유가적 순정성(純正性)을 확보하겠다는 의지의 표현인 것이다. 그런 이유로 해서 신유학 성립 과정에서부터 유학자들은 한결같이 벽이단(闢異端) 문제를 무엇보다 중시하였던 것이다. 이단을 용납하지 않는 것은 비단 신유학자들의 공통된 태도만이 아니다. 오히려 그것은 공자와 맹자의 인식에서 무엇보다 강조되던 사항이기도 하다. 공자나 맹자는 당시 누구보다 '사시이비(似是而非)'한 이단 사상에 대하여 경계를 강조하였다. 그런 사상과의 차별성을 확보함으로써 유학이 갖는 보편성을 찾고자 했던 노력의 일환이라고 할 수 있다. 이후 유학에서 벽이단의 문제는 공자와 맹자의 정신에 보다 충실하고자 하는 노력이라고 할 수 있는 것이다. 말하자면 유학의 본령에 보다 충실하고자 하는 사상적(思想的) 정통성(正統性)을 확보하는 것과 관계되는 문제였던 것이다. 그러므로 도학자들에게 있어 이단을 혁파하는 문제는 그 존재 기반을 확립하는 이념적(理念的) 뿌리 혹은 근원과 관계되는 중대한 의미를 지니는 것이었다.

정암이 소격서 혁파 문제를 본격적으로 제시한 것은 바로 그런 근본적인 이유에서였다. 유학의 나라 조선이었지만, 도학적 관점에서 접근하면 아직도 사회 전반에 유학과 함께 도불(道佛)이 혼재하고 유학 자체에도 도불의 잠식으로 그 내용면에서 정통성이 확고하지 않은 점들이 한두 가지가 아니라는 판단에 기인한 것이었다. 그런 이유로 정암은 소격서 혁파에 어떤 문제보다 강력하게 힘을 집중시켰다. 특히 소격서는 왕실의 기복 행위와 관련되는 것이었다. 과거 선왕(先

王)들이 관습적으로 행해오던 전통이라는 논리로 왕실 내부에서 큰 반발이 예상된다는 점에서 지난(至難)한 투쟁이 분명한 일이기도 하였다. 더구나 그것은 임금을 상대로 대립하는 일이어서 더욱 어렵고 힘든 투쟁이 될 수밖에 없었다.

이단과 사교(邪敎)의 행사에 특히 왕실에서 지나친 경제적 지출을 하고 있었을 뿐만 아니라, 민간에까지 확산되어 그 폐해가 심각한 상황에 이르렀다. 고려 말기적 상황에서 성행했던 도교의 미신적 요소는 조선조에 들어서도 불로장생과 신선술 등으로 민간을 미혹하고 있었던 것이다. 미신이자 기복적 신앙의 만연은 새 왕조의 정교 이념인 유학의 정착에 역행할 뿐 아니라 당대 국가 재정의 고갈과 민간 경제의 위협에 시급히 대처하지 않으면 안 되는 상황에 이르렀다고 도학자들은 판단하고 있었다.

무엇보다 정암의 입장에서 보면 고려 말기의 상황에서 불교에서 유교로 정교 이념이 교체되었지만, 고려 말기나 조선조 초기의 유학 수준으로는 안 되고 역시 도학으로 가야만 하는 본질적 문제를 생각하지 않을 수 없었다. 여말선초의 유학이 정치적 상황에서 상당한 역할을 한 것은 사실이나 사상의 본질적인 면에서 정통성을 확립할 필요성이 절실히 요청되고 있었던 것이다. 정암이 출사 이후 도통(道統)이나 학통(學統)을 무엇보다 중시하고, 선유(先儒)의 문묘 표창을 추진하는 일련의 개혁 작업에 박차를 가했던 것도 왜 도학(道學)으로 가지 않으면 안 되었던가를 생각한 결과 나온 것들이었다. 조선 초기 유학이 제도적, 현실적 측면에서 기초를 놓은 것이라면 유학 자체의 본질적 측면에서 더 나아가야 할 부분을 고려해야 할 시점에 닿았다고 판단하였다. 소격서 혁파 문제도 바로 그런 도학적 본질에 충실하고자 하는 일이기 때문에 어떤 난관이 있더라도 뚫고 나가야 하는 과제였던 것이다. 하지만 앞에서 언급했던 바대로 소격서 혁파는 당시 민간보다는 왕실을 대상으로 하는 난제이기에 이전부터 계속 논의는 되어왔으나, 어떤 결실도 보지 못하고 시일만 끌어왔던 일이다.

그러나 정암이 근본적인 측면에서 개혁해야 할 것으로 판단했을 경우, 어떤 어려움이 있더라도 뚫고 나가지 않을 수 없었다. 정암은 중종 13년 8월 1일 정식으로 소격서 혁파 문제를 거론하기 시작하였다. 물론 소격서 혁파 문제는 이전에도 여러 번 언급되어왔던 문제였다. 중종대에 들어서도 몇 차례 논의가 있었고 정암이 문제를 제기하기 직전에도 여러 차례 소격서 폐지 문제가 있어 왔지만, 결론이 내려지지 않고 있었다. 무엇보다 왕실과 직접 관계되고, 왕이 거부하면 사태 해결이 어려운 것이었기에 지리(支離)한 논의만 있어 왔던 것이다.

『조선왕조실록』에는 약 450여 건의 소격서 관련 기록이 나오는데, 그 중 중종대의 기록이 전체의 약 45%에 달한다.[24] 다른 왕조대의 경우 적게는 1건에서 많으면 70건이었으나 중종대에 무려 199건에 이르는 것을 보면 당시의 논의가 얼마나 치열했던가를 감지할 수 있다.

중종에게 올린 조광조의 상소는 소격서 혁파의 본질을 현실적인 여러 문제에 초점을 맞추기보다 치도(治道)의 근본과 인군의 마음에 관련된 아주 근원적인 접근이었다. 그 상소의 주요 내용을 발췌하여 살펴보자.

> 도(道)가 오직 한결같으면 덕(德)이 밝게 드러나지 않음이 없고, 정치가 오직 순수하면 나라가 다스려지지 않음이 없습니다. 도가 한결같지 못하고 정치가 순수하지 못하면 도와 정치가 둘로 갈라져서 어두워지고 복잡하여져서 혼란에 빠지게 됩니다. 한결같이 순수해지는 것과 둘로 갈라져서 복잡해지게 되는 것이 모두 이 마음에 근본 하지 않음이 없는 것입니다.

---

24 『국역 조선왕조실록』 제2집(CD), 서울시스템, 1997.

그러므로 그 근본을 바르게 하여 은미한 것을 통하게 하고 드러난 것을 두루 펴서 능히 그 터전을 한결같이 하시게 되면, 정치(政治)와 교화(敎化)가 순수하게 되어 임금의 덕이 드러나고 나라도 창성하게 될 것입니다. 반대로 그 근본을 미혹되게 하여 올바르지 못한 것을 왕성하게 하고 이상한 것에 빠져 그 중심이 두 갈래 세 갈래로 나눠지게 되면, 정치와 교화가 혼잡하여져서 임금의 덕이 없어지고 나라도 망하게 되는 것입니다. (……)

지금 소격서를 설치한 것은 도교를 펴서 사악함으로 백성을 가르치는 것인데 공공연하게 떠받들고 속임수에 휘말려서 밝고 밝은 의리에는 어둡고, 거짓으로 속이는 우상에 눈이 멀어지니, 실로 임금의 마음에는 사특함과 올바름이 어긋나게 되고, 정치는 순수함과 잡됨이 섞이는 원인이 되며, 상제가 기뻐하고 노하게 되는 동기가 되니, 왕도정치로써 척결해 막아야 할 것입니다.

이런 사교를 받드는 사람이 비록 아랫 백성들이라고 하더라도 임금이 된 사람은 총명함으로써 진실로 마땅히 예(禮)를 밝히고 의(義)를 드러내어 능히 대도(大道)를 천명해서 백성들로 하여금 올바른 방향으로 나아가게 하고, 그 표준을 보존하게 하여야 합니다. 하물며 이와는 반대로 도리어 존경하여 유사(有司)를 두고 벼슬자리를 세워서 받들게 하며, 제물(祭物)을 올려 섬기고 공경하기를 마치 마땅히 대접해야 할 신령과 같이 하여 축원하고 기도하기를 더욱 번거롭게 하여 음귀가 간악함을 빚어내고 있습니다. 이것이야말로 임금의 법령에 아무 이로움이 없는 것이거늘, 하물며 아랫 백성들이 어디 본받을 수 있는 것이겠습니까?

비록 법령(法令)과 강상(綱常)과 같이 받들어서 나라를 밝힌다고 하더라도 그 어두움이 이치를 밝히지 못하여 괴상하고 허황된 곳으로 몰려다니기를 좋아하는 것이 백성들의 버릇이기 때문에 훈택으로 감화를 보장하기 어렵습니다. 하물며 백성들을 허황되고 요망한 가르침으로 인도해서 온 세상을 궤이한 사설의 경지로 몰아가셔야 되겠습니까? (……)

또 도가(道家)의 말은 그윽하기는 하지만 증명(證明)할 수가 없고, 밝아도 근거(根據)가 없다는 것을 대중(大衆)들은 훤히 다 아는 일입니다. 그러하거늘 전하(殿下)께서는 오히려 막히고 집착하신 채 굳게 버티시면서 반드시 선대(先代) 조종(祖宗)의 일이라고 말씀하시면서 고치기를 거부하고 계십니다. 선대 조종들께서 과연 신봉하신 것이 이런 것이라고 돌리시면, 이것은 임금께서 선조의 허물을 들추어내는 것에 지나지 않는 것으로서 예의(禮義)가 없는 일입니다. 또 잘못된 것에 미련을 두시면서 선대 조종께 그 원인을 돌리시면 이것은 선조들께 누를 끼치는 일로서 공경(恭敬)함이 없는 것이 되오니, 불경(不敬)과 무례(無禮)는 사람으로서 감히 해서는 안 되는 일입니다.

고려 말기에 정치의 교화(敎化)가 신실(信實)하지 못하여 사람들이 이단의 가르침을 복종하여 그릇된 것을 답습하여 오늘에까지 이르게 되었습니다. 바로 전하께서 더럽게 물든 것을 맑게 씻어버릴 때이온데 어찌 무엇 때문에 지체하시며 의심하시옵니까? 전하께서 천명(天命)을 공경하시고 두려워하시고, 왕업의 기틀을 삼가고 어렵게 여기시어 부지런히 학문에 힘쓰시며 덕업에 꾸준히 나아가셔야 사치스럽고 음탕한 데로 흐르는 행위가 뜻을 음란하게 하지 못할 것입니다.

그런데 유독 이 소격서를 혁파하는 이 한 가지 일만이 오직 성명(聖明)이 흐려져서 장차 제거하려고 하시다가 또 다시 믿으시고, 혁파하려 하시다가 도리어 의심하시어 강건(剛健)하고 정수(精粹)한 덕을 크게 잃어버리시니, 신 등은 오히려 전하의 마음이 전일(全一)하고 정밀(精密)한 공부[精一之功]에 혹시라도 이르지 못하게 될까 염려될 뿐입니다. (……)

오호라. 왕도는 한결같지 않을 수가 없고, 왕정은 또한 마땅히 순수하여야 합니다. 한결같고 바르면 백성들의 뜻이 정하여지고 순수하고 간결하면 백성들이 쉽게 복종하는 것입니다. 천지의 도(道)도 또한 순일(純一)한 것에 근본 하여 춘하추동(春夏秋冬)을 운행하는 것이고, 만 가지 조화도 하나의 기[一氣]가 아님이 없사옵니다. 이런 까닭에 성왕께

서 천도를 공경하고 본받아서 전일한 데 도를 쌓으시고, 순수한 데 정
치의 근본을 세워서 일에 응하고 만물에 접하여 베푸시는 행위가 한
가지 이치[一理]와 관통하여 능히 황극을 세울 있게 되는 것입니다.
엎드려 원하옵건대 전하께서는 학문으로써 마음을 밝히시고 밝음으로
써 정일(精一)하게 하시어 이단(異端)에 현혹되지 마시고 괴이한 사설
(邪說)에 빠지지 마시어 능히 한결같은 덕(德)을 따라서 백성들을 바른
데로 교화(敎化)시키시면 우리의 도(道)가 심히 다행이고 심히 다행이
겠습니다.[25]

정암의 상소는 매우 은근하면서도 품위 있는 표현으로 일관하고 있
으며, 무엇보다 근본적인 차원에서 사도(邪道)보다는 정도(正道)를, 이
단(異端)보다는 정학(正學)으로써 정치와 교화를 베풀 것을 정성스럽게
진언(進言)하고 있다. 이전에 다른 대간(臺諫)들도 여러 차례 진언하였
으나 상소 언어(言語)가 아주 품격이 있고 귀품(貴品)이 있어서 그 수준
이 감히 타의 추종을 불허할 정도이다. 30대 후반에 이른 정암의 학문
이 과연 어떤 수준이었던가를 충분히 대변하고 있다고 하여 과언이
아니다. 아주 높은 차원에서 보다 근본적인 문제를 지적함으로써 그
말이 조금도 천박하거나 경솔하지 않은데다가 논리(論理)마저 명쾌하
여 듣는 이로 하여금 절로 수긍하게 만드는 상소를 올리고 있다. 문제
를 보는 차원(次元) 자체가 높고 달랐다. 강한 설득력을 지닌 주장이었
으나, 그럼에도 불구하고 중종의 마음은 쉽게 움직이지 않았다. 중종
은 선대 조종의 관습이라고 하여 소격서 혁파를 쉽게 허락하지 않았
다. 그러자 대사간 윤은필(尹殷弼)을 비롯한 사간원의 관리들과 사헌부
의 여러 관료들이 일제히 간청하였고, 조정 대신들도 동조하고 나섰
다. 마침내 사간원과 사헌부의 모든 관원들이 일제히 사직을 청하는

---

25 『정암선생문집』 권2, 「홍문관청파소격서소」.

방법을 동원하였고, 홍문관의 관원들은 물론 승정원의 승지들까지 같은 목소리를 내었다. 당시 세 정승 정광필, 신용개, 안당이 합세하여 다시 아뢰어도 중종은 세종과 성종이 태평성대를 이루었을 때에도 없애지 않았다고 주장하며 뜻을 굽히지 않았다.

결국 조광조는 예문관 봉교 조언경(曹彦卿)과 함께 승정원에서 농성을 시작하였다. 소격서를 혁파할 때까지 물러나지 않겠다는 의지를 세우고 밤이 깊도록 계속 아뢰었다. 조광조의 의지가 결코 물러설 것이 아님을 알고, 중종은 마침내 소격서 혁파를 허락하는 교지를 내렸다. 조광조가 소격서 혁파에 이렇게 강력한 의지를 가졌던 것은 위 상소문에서도 언급하였듯이 임금인 중종이 정학(正學)인 도학적(道學的) 이념(理念)에 충실한 정사(政事)를 펼치는 것이야말로 지치(至治)로의 참된 길임을 확신하였기 때문이다. 소격서 혁파 문제는 단순이 사교 집단으로 규정한 도교의 제례 행위를 중지시키는 것이었지만 정치적·이념적 차원에서 지치적 이상 정치로 가는 것임을 염두에 둔 개혁이라는 점에서 의의를 지닌 것이었다.

정암의 지치적 개혁은 여기서 그치지 않았다. 소격서 문제를 일단락 지은 뒤에는 단종의 모친인 권씨 왕후 소릉(昭陵)의 복권을 논하면서 왜곡된 조선의 국시(國是)를 회복하는 문제를 거론하기 시작하였다. 이것은 단순히 소릉의 복권만을 문제 삼는 것이 아니라 세조의 왕위 찬탈과 그로 인한 정권의 부도덕성과 비정통성을 문제시함으로써 조선조 도학의 역사적 정체성을 확립하겠다는 이념적 정통성과 관계된 것이었다. 전통 왕조에서 왕은 그 자체가 국가의 정통성을 상징하고, 왕위는 바로 국가 정체성과 직결되는 것이었기에, 그 원칙이 훼손되는 것은 바로 국가의 근본을 거부하는 중대한 위법 행위라는 인식이 도학자들에게는 있었다. 국시의 왜곡은 정교의 이념이 된 성리학적 춘추대의 정신과 유학적 의리 사상과도 정면으로 배치되는 것이어서 도학자들에게는 결코 용납될 수 없는 성질의 것이었다. 세조의 찬위가 정당화되면 그의 부당함을 주장하며 죽어간 수많은 사람들의 올곧은 정신은 아무 의미가 없어진다는 것이 도학적 입장이었다. 기본적 관점을 의(義)와 불의(不義)의 구분에서 찾는 도학적 명분 논리는 그래서 엄정할 수밖에 없고 생사를 초월하여 수호하고자 하였던 것이다. 조선이 어떤 사람들에 의해 개창되었건 간에 도학자들이 존숭하는 사람은 현실적 판단에 따른 것이 아니라 선(善)과 악(惡), 의(義)와 리(利), 정(正)과 사(邪)의 구분에서 선(善)·의(義)·정(正)을 지향하였던 인물들이다. 그런 사람을 정도(正道)와 정명(正命)으로 여기고 추종한다. 그런 점에서 도학은 현실적 상황을 정당화하지 않는다. 영원한 가치를 지닌 것으로서 보편적 의미를 지니는 것이어야 존숭의 대상으로 삼는다. 말하자면 그런 길을 걸은 인물을 진리(眞理)의 표준(標準)으로 여기고 받들었다. 그것이 도학적 정통성이다.

세조의 왕위 찬탈로 인한 국시 혼란의 문제는 정암과 같은 도학적 이념에 철저했던 학자에게는 필연적인 저항이 있을 수밖에 없는 것이었다. 소릉의 복위는 단종의 정당성과 복위와 관계되는 문제였지만, 그후 집권세력의 정치적·도덕적 정당성을 가름하는 중대한 문제이기도 했다. 정암 이전에도 소릉 복위 문제가 몇 차례 제기되었지만 매번 권력을 장악하고 있던 훈구 세력에 의해 거부당하거나 사화(士禍)로 인하여 오히려 참화를 입기 일쑤였다. 그것은 바로 그 문제가 안고 있는 이념적 중대성 때문이었다.

그러나 정암은 이제 그 문제를 바로 잡는 것이 진리를 배우고 진리대로 살아가는 자신의 소임으로 인식하고 있었다. 춘추대의의 도학적 이념에 충실하도록 시시비비를 가리고 정도(正道)에 맞게 회복시키는 것을 자신의 도학적 책무라고 여겼다. 무오·갑자사화가 발발하여 수많은 선비들이 참화를 입었던 원인도 바로 이런 문제가 제대로 자리 잡지 못한 데서 비롯됐다고 정암은 판단하였다. 그리고 정암 자신도 그런 위험에 시시각각 노출되어 한시도 염려하지 않을 수 없는 상황에 처해 있었다. 정계에 입문한 뒤로 개혁을 주도해 나가는 과정에서 이미 신변의 위협을 느끼는 일이 비일비재했다. 그런 부도덕한 일들도 정치적(政治的) 정도(正道), 즉 권력(權力)의 도덕적 정당성이 올바르게 자리매김되지 못한 데서 비롯됐다고 정암을 비롯한 도학자들은 판단하였다. 그리하여 정암이 출사 이후 논의하는 모든 개혁의 초점은 가치와 강상의 도의적 정당성에 맞춰져 있었다. 한마디로 '정국시(定國是)' 즉 심각하게 손상된 국시(國是)의 회복이라는 이념적 정당성과 관련된 것이었다.

정암이 포은(圃隱) 정몽주(鄭夢周)의 문묘종사 문제를 해결하고, 일두(一蠹) 정여창(鄭汝昌)과 한훤당(寒暄堂) 김굉필(金宏弼)의 문묘종사를 건의한 것도 모두 한국 도학의 정맥(正脈)을 확립(確立)하고 수호하고자 하는 지치적 의지의 표현이었다. 이와 같이 정암의 현실 대응의 논리는 역사적 정체성과 관련된 매우 엄정한 이념적(理念的)·역사적(歷史的) 인식 위에서 나온 도학정신의 발로였던 것이다. 결코 스스로의 안위와 이익, 명예와 영달을 위한 것이 아니었다. 패도적(覇道的) 정국(政局)의 문제점을 제기하여 광정(匡正)함으로써 정도(正道)를 회복하는 것은 훈구 세력들이 조선왕조 개창 이래 거듭된 사화를 도모하여 정사(正邪)를 왜곡함으로써 정도에서 벗어나버린 국정과 국시를 바로잡는 '정국시'의 과제를 수행하는 일이었다. 그리고 국시를 올바르게 확립하는 과정이야말로 지치(至治)로의 길로 가는 가장 분명한 선택임을 확신한 데서 나온 행위였던 것이다.

정암이 다음에 거론하는 중종반정 위훈삭제(僞勳削除) 문제의 본질도 바로 이런 점과 관련되어 있었다. 그런 까닭에 생명의 위협 속에서도 생사(生死) 문제를 초월하고 초연(超然)한 의지(意志)로 거대한 훈구 권력(勳舊權力)과 맞설 수 있었던 것이다.

요약하면 정암이 정계에 진출한 이후 실천에 옮긴 지치적 개혁들은 크게 두 가지로 성격을 정리할 수 있다. 하나는 왜곡된 조선조 전기의 국시를 회복하는 일이었고, 다른 하나는 한국 도학의 정맥을 확립하는 일이었다.[26] 정암의 이러한 노력으로 조선조 도학은 그 역사적 정체성을 확립할 수 있었다는 의미에서 큰 의의를 지닌 것이라고 하겠다.

2) 개혁의 성과와 변화된 세상

정암의 출사는 약 4년 정도에 불과하였다. 그럼에도 불구하고 그가 전개한 개혁의 성과는 우리 역사상 가장 현저하고 놀라운 것이었다. 그리하여 마침내 변화된 시대가 도래하고 있었다.

공자가 3년 정도 정사를 맡는다면 무엇인가 달성함이 있을 것이라고 하였지만, 정암은 출사 4년 만에 정말 세상을 바꾸어놓고 있었다. 정암의 출현으로 세상은 놀랄 정도로 변화(變化)되었다는 역사적 사실은 현전하는 기록만으로도 충분히 알 수 있을 정도이다. 실제로 정암의 출현으로 인한 세상의 변화는 권력자들이 그 위상을 위협받을 정도였다는 것은 이미 주지의 사실이다. 정암을 꺼리던 훈구 세력이 '주초위왕(走肖爲王)'이라는 말로 왕을 자극할 정도로 세상은 달라졌다. 정암의 위상은 길을 가는 동안 사람들이 나와 예(禮)를 표하며 '우리 상전(上典)이 오셨다'는 반응을 보일 정도였다.

〈알성시책〉에서 중종이 공자의 표현을 빌려 말했던 3년이면 이룸이 있을 것이라는, 이른 바 '삼년유성(三年有成)'의 바람은 현실로 나타나고 있었던 것이다. 당시 민간에서도 『소학』을 많이 읽게 되어 평소 부모를 공경하고 형제간에 우애를 중시하는 분위기가 고취되었다. 민간에서도 교육열이 높아져 유학적 예의에 충실하는 분위기가 확산되니 상례와 제례에 정성을 다함은 물론 3년 시묘(侍墓)도 당연한 것으로 여기는 태도 변화를 보였다. 또한 정암은 대사헌이 된 후 '향약'의

---

26 졸저, 『정암 조광조의 도학사상』, 205~265쪽.

보급에도 깊은 관심을 가지고, 특히 김안국(金安國)을 비롯하여 당시 도학자들의 향약의 보급에 큰 기대를 걸고 적극적인 지원을 아끼지 않았다.

향약의 보급은 정암이 사림의 중심이 되어 활동하던 중종 초반에 시작되어 이후 조선조 사회의 도덕적 교화 기능의 확산에 결정적인 역할을 하였다. 정암을 비롯한 신진 사림이 도덕으로 교화된 정치를 염원하면서 처음 시행한 향약의 정신은 당대의 변화된 풍속을 가져왔고, 기묘사화로 한때 중지되기도 하였으나 후일 퇴계 이황과 율곡 이이 등이 그 정신을 계승함으로써 조선 사회의 도덕적 교화 수단의 훌륭한 전통으로 자리 잡게 되었다.

정암의 출사 이후 변화된 양상은 양반 계층보다는 특히 일반 서민들에게서 나타났다. 그것은 무엇보다 정암이 신분을 구분하지 않고 사람들을 사귀면서 그들과 어울리는 격의 없는 태도에서도 영향이 있었던 것으로 보인다. 특히 대사헌이 된 후 『소학』과 향약 등의 보급으로 민간의 풍속을 아름답게 유도하고, 억울한 민원을 정도(正道)로써 해결함으로써 백성들의 신망이 높아진 것은 눈에 띌 정도였다.

무엇보다 정암은 화해(和諧)로써 문제를 해결하고자 하는 노력을 기울였다. 헌장(憲長)으로서 공식적인 일은 정도로 처리했고, 사사로운 일일 경우 되도록 화해를 권고하고 가정의 화목을 도모하는 방향에서 충고했다. 이미 앞에서 소개한 바 있지만, 실제로 같은 연배의 진사(進士) 한 사람이 자신의 아내를 칠거지악(七去之惡)으로 몰아 내쫓으려 하자, 정암은 부부의 의의와 도리를 말해준 뒤, 함께 화목한 가정을 가꾸는 취지의 화해를 권고한 사례가 있었다. 정암은 부부는 인륜의 처음이며, 만복의 근원이므로 관계되는 바가 지극히 중대하다고 규정하고, 비록 부인에게 문제가 있다고 할지라도 남편으로서 마땅히 바른 도리로 거느려 감화(感化)시켜 가도(家道)를 함께 이룩하는 것이 후덕(厚德)한 일이라고 충고하였다. 그리고 남편이 그런 모범적인 도리를 다하려고 노력하지 않고 내쫓는 것은 인정상(人情上) 있을 수도 없는 박정(薄情)한 것이라고 덧붙여 설명하였다. 특히 정암은 한 집안의 부부에 관한 일은 다른 사람이 감히 논의할 수 없는 것이니 스스로 헤아려서 잘 처리하는 것이 좋을 것이라 하여, 일방적인 충고보다는 스스로 주체적인 화해를 도모하도록 권면하는 선진적인 자세도 보인 바 있다. 가정의 일, 혹은 부부의 일은 제3자가 개입하기 어려운 점이 있으니 부부의 인연(因緣)을 귀중하게 여겨 힘써 포용(包容)하며 살기를 간곡하게 권면하자 상담을 하였던 그 진사가 감복(感服)하여 그대로 따랐다는 내용인데, 오늘날 부부들이 겪는 문제를 보는 것처럼 생생한 장면이 연상된다. 이런 정암의 권고는 오늘날 5백년이 지난 현대인들의 가정 문제 혹은 부부관계를 권고하는 말로써도 충분한 의미를 지닌다고 할 수 있을 것 같다. 이처럼 정암은 당대의 지식인들 가운데 누구보다도 열린 사고(思考)와 조화로운 자세를 지니고 있었다. 이러한 정암의 사람에 대한 열린 태도는 널리 일려져 더 많은 사람들이 해결을 부탁하기에 이르렀다.

앞에서 언급한 또 다른 사건의 일에서도 일관된 정암의 태도를 확인할 수 있다. 당시 성균관의 한 유생과 그의 아버지가 같은 여자를 간음하였다는 소문이 퍼졌고, 괴로워하던 중 사헌부에 진상 규명을 요구한 적이 있었다. 이에 사헌부에서는 발설자들을 불러 조사를 하였으나 근거를 밝히기가 쉽지 않았다. 이에 정암은 그 유생을 불러 사헌부에서 시비를 가리기보다는 스스로 선인(善人)이라는 평가를 받도록 노력하는 것이야말로 문제를 해결할 수 있는 유일한 길이라고 권고하였다.

문제를 해결하고자 하는 정암의 태도가 매우 인정(人情)이 넘치고 다감(多感)하다. 정암의 이런 자상한 권유에 그 유생도 그대로 따랐고, 노력한 끝에 마침내 사람들도 그를 무혐의로 인정하게 되었다. 문제를 처리하는 점이 오늘날 못지않게 상식적(常識的)이면서도 평화(平和)

롭다. 적발이나 처벌보다는 화해와 조화를 강조하는 정암의 인간적 면모가 좋은 반응을 얻고 있었음을 알 수 있다.

이와 같이 정암은 개인적인 문제까지 동료나 백성들의 좋은 상담자로 명성이 높아져 갔다. 사회에 신선한 바람이 불고 사람들의 변화된 인식도 나타나기 시작하였다. 예절과 도덕적 교화를 진작시키는 사헌부에서도 비례나 과례는 마땅하지 않다고 하여 시정하기 시작하였다. 이를테면 태조 이성계의 왕비의 사당인 문소전(文昭殿)과 세조의 세자 사당이었던 연은전(延恩殿)에 당시 하루에 세 번이나 제사를 지내는 일에 대하여 정암이 반대한 경우에서도 정암의 실질적(實質的)인 사고를 확인할 수 있다.

그리하여 차츰 정암에 대한 신망(信望)이 높아져 조정으로 출퇴근하는 길에 시중(市中)을 지날 때면 사람들은 그가 탄 말 앞에 나와 마음에서 우러나는 절을 하며, 일부에서는 '상전(上典)'이나 '성인(聖人)'으로 받들며 감격해하는 사람들도 있었다. 그런 점은 정암의 인격(人格)과 처사(處事)에 대한 자연스런 반응이었다.

그러나 중종은 그런 조광조에 의해 변화되는 세상을 용납할 마음이 없었던 것으로 보인다. 중종은 조광조라는 우리 역사상 가장 순수하고 철저했던 도학적 인물의 의지와 열정을 다 수용할 만한 포용력을 지니지는 못하였던 것 같다. 기묘사화를 묵인(默認)하였던 중종은 결국 38세의 젊은 나이로 조광조의 삶을 그렇게 마치게 하였고, 그로 인해 조광조가 희망하며 가꾸어온 달라진 세상도 막을 내리게 했다. 흔히 역사를 가정적(假定的)으로 논의할 수 없다고 하지만, 조광조의 인물됨을 온전히 수용하여줄 만한 군주가 있었더라면 16세기 조선조의 역사와 백성들의 삶, 혹은 정치 수준은 과연 어느 수준까지 도달하였을지, 그리고 그것은 오늘날에까지 어떤 영향과 변화를 안겨주었을지 사뭇 궁금해지는 부분이다.

4. 선현 문묘종사 추진과 향약(鄕約) 실천 운동의 전개

1) 선현의 문묘종사 추진

정암은 중앙 정계에 들어선 이후 일관성을 지니고 지치적 개혁에 전념하였다. 그런 개혁의 일환으로 선유들에 대한 문묘종사와 관련된 큰 역할을 수행해내었다. 구체적으로 포은 정몽주의 문묘종사 문제에 대한 오랜 논의를 사실상 결론짓는 결정적인 역할을 했고, 이어서 일두 정여창과 한훤당 김굉필 등에 대한 문묘종사 문제를 발의함으로써 논의의 터전을 마련하였다. 이러한 일련의 업적은 한국 도학에 있어서 매우 중대한 의의를 지닌다. 정암의 그러한 노력은 특히 한국 도학의 역사적 정체성을 결정하고 그 정맥을 수호하고 확립하는 것이었기 때문이다.

먼저 포은 정몽주의 문묘종사 문제가 조선조 도학사상사(道學思想史)에 있어서 어떤 의미를 지니는 것인지 살펴볼 필요가 있다. 포은 정몽주는 고려 패망과 함께 그 일생도 마쳤던 고려조의 인물이다. 여말선초의 전환기적 상황 속에서 포은의 존재는 고려왕조의 명운(命運)과 관련되어 있었다. 그래서 율곡 이이는 포은을 '진유(眞儒)'라고 하기보다는 '사직지신(社稷之臣)'이라고 말한 바 있다.[27] 그런데 조선조의 도학사상과 포은 정몽주는 과연 무슨 연관성을 가지는가? 이 문제를 올바르게 이해하는 것은 한국 도학의 정맥(正脈)을 확인하는 문제와 직접적으로 관련된다.

고려 후기에 이르러 정치, 경제, 사회, 문화 등 제반 분야에서 말기적 현상이 나타나기 시작했다. 당시 내부적으로는 장기 무신집권으로 인한 사회·경제적 모순이 심화되었고, 사상계의 혼미와 학풍의 침체도 두드러지게 나타나고 있었다. 또 대외적으로는 원(元)의 멸망과 명

---

27 『율곡전서』 권15, 「잡저」, 〈동호문답〉.

(明)의 발흥 등으로 변화 조짐이 가중되고 있었다. 정치적 혼란과 경제적 피폐, 사상적 침체와 대외적 도전 등 국가 전체의 위란이 가중되고 있던 때였다.

특히 유교, 불교, 도교 등 기존의 사상이나 종교는 그 본연의 임무와 역할을 제대로 수행하지 못했다. 당시 불교와 도교가 성행하고 있었지만 사원 경제의 비대화(肥大化)와 지나친 기복신앙, 신비주의(神秘主義)에 빠져 타락 양상이 심화되었으며, 기존의 유교도 어떤 대안을 제시하지 못한 채 성균관은 빛을 잃어가고 있었다.

이러한 상태에서 중국으로부터 들어온 신유학(新儒學)에 지식인들은 큰 기대를 보였다. 그들은 신유학을 제반 당면과제들을 해결할 수 있는 대안(代案)으로 여기며 절대적인 신뢰를 보였다. 그리하여 신유학적 사고를 기반으로 역사의 변화를 도모하는 새로운 신진사대부(新進士大夫) 계층이 형성되어 부상하기 시작하였다. 정몽주(鄭夢周), 이색(李穡), 정도전(鄭道傳), 이숭인(李崇仁), 권근(權近) 등이 대표적인 인물들이었다. 이른바 이들 신진사류들은 성리학을 신념화하여 특히 역사적 변화를 모색하고 있었다.

신진사대부들은 성리학을 기반으로 제반 대내외적 상황을 자각하고 모순 현상을 타개하는 사회적 개혁의 필요성을 공통적으로 인식하고 있었던 점에서는 이견을 보이지 않았다. 그들은 신유학을 바탕으로 노불(老佛)을 비판하기 시작하였으며, 새로운 이념을 기반으로 변화된 국가를 건설하고자 했던 점에서는 입장이 같았다. 하지만, 차츰 당대의 역사 인식과 대응 방식에 있어서 차이를 드러내기 시작하였다. 역사 해석과 현실 인식의 입장 차이는 점점 심화되어 현실적 선택을 달리하고 말았다. 바로 이 점이 조선조 유학의 흐름과 특성을 이해하는 중요한 시점이 된다. 마침내 고려말 신진사류는 사회 현실에 대한 입장 차이로 두 계열로 분열되어 대립하는 양상을 보이게 되었다.

그 하나는 더 이상 고려왕조의 유지가 현실적으로 불가능하다고 판단한 계열이고, 다른 하나는 고려 사회를 부정하지 않으면서 개혁을 통해 중흥을 도모하려던 계열이다. 전자는 삼봉(三峰) 정도전(鄭道傳)이 중심인물이었고, 후자는 포은(圃隱) 정몽주(鄭夢周)가 중심이 된 계열이었다. 두 계열은 사상적 기반이 신유학이었다는 공통성이 있었으나, 구체적인 역사 인식과 현실 판단에서는 상당한 의식차를 보인 것이다. 그들의 대립양상은 정치·사회적 모순에 대한 개혁 과정에서 뚜렷한 노선의 차이를 드러내었고, 결국 신왕조 개창을 전후하여 완전히 노선을 달리하고 말았다.

결국 이성계 등 개혁 세력에 의해 춘추절의를 존숭하던 정몽주는 제거되고 조선왕조가 개창되었다. 이 과정에서 정도전은 양촌(陽村) 권근(權近) 등과 함께 유학(儒學)의 왕조 개창이라는 이념적 전환을 도모하는 실질적인 주역이었다. 성리학적 이념에 기반한 조선왕조의 수립은 유학이 우리 역사의 확실한 중심으로 자리 잡는 계기가 되었다는 점에서 사상사적인 측면에서 의의가 크다.

그런데 조선조 오백 년간 유림(儒林)은 그 사상적 정통성(正統性)을 나라를 세운 정도전 계통이 아니라 정몽주 계통으로 인정하였다는 점이 아주 특이하다. 말하자면 새 왕조를 개창하는 이념적 기반을 닦았던 계열이 아니라 의리와 충절의 강상(綱常)을 주장했던 유자(儒者)들에게 그 이념적 정통성을 부여하였던 것이다. 이 점은 한국 유학사상의 특성을 이해함에 있어서 매우 중요한 내용이다.

그렇다면 고려왕조를 죽음으로 수호하고자 했던 정몽주를 사상적 정통으로 세우고자 하였던 까닭은 무엇인가? 신유학은 고려말에 수용되어 조선조의 이념적 지위를 확보하면서 정치와 사회, 학술과 교육, 사상과 문화 등에 걸쳐 절대적인 영향을 끼쳤다. 그러나 도학적 경향은 여말선초 포은 정몽주로부터 드러났다고 볼 수 있다.

정몽주는 당시 문제가 된 사장학을 말단적 기예(技藝)에 지나지 않는다고 판단하고 『대학』과 『중용』 등 경전 중심의 학문을 중시하고 몸소 실천하였다. 그런 포은의 생각은 다음 글에서도 잘 나타나고 있다.

> 유자(儒者)의 도는 모두 일상에서 널리 쓰는 평범한 일이다. 음식이나
> 남녀의 일은 사람이 다 마찬가지지만, 그 가운데에 지극한 이치가 있
> 다. 요순의 도는 이것을 벗어나는 것이 아니다. 움직이거나 고요하거
> 나 말을 하거나 침묵을 지키는 일에서 바르게 되면 바로 그것이 요순
> 의 도이다. 처음부터 고상하거나 차원이 높아 행하기가 어려운 것이
> 아니다.[28]

도학의 근본정신에 부합된 그의 학문은 고려 말기의 학풍을 크게
변화시켰고, 마침내 '동방이학(東方理學)의 조(祖)'로 추앙받았다. 정몽
주는 이단을 비판하는 도학적 견지에 충실하여 『주역』의 〈간괘(艮卦)〉
여섯 효를 읽는 것이 불교 『화엄경』 한 권을 읽는 것보다 낫다고 피
력하기도 하였다.[29]

그는 성균관(成均館)에서 정도전과 교우하기도 했으나 새 왕조 개창
문제로 결국 정치적 행로를 달리했다. 이후 정치적 혼미가 거듭되는
위기 상황에서 정몽주는 인간의 윤리적, 도덕적 원칙에 입각하여 무
질서를 극복하고자 하였다. 특히 공자의 정명사상(正名思想)과 춘추정
신(春秋精神)에 기반하여 정치적 신의와 가치 질서를 중시하였다.

> 신의(信義)는 인군의 큰 보배입니다. 국가는 백성에 의해 보전되고 백
> 성은 신의에 의해 보전됩니다.[30]

---

28 『고려사』 권30, 「정몽주전」: 儒者之道 皆日用平常之事 飲食男女所同也 至理存
   焉 堯舜之道 亦不外此 動靜語默之得其正 則是堯舜之道 初非甚高難行.
29 『포은집』 권2, 「讀易寄子安大臨兩先生有感世道故云」: 固識此心虛且靈 洗來更
   覺已全醒 細看艮卦六畫耳 勝讀華嚴一部經.
30 『포은집』 〈부록〉 권1: 信者 人君之大寶也 國保於民 民保於信.

상벌은 나라의 큰 법전이라 한 사람을 상 주어 천만인이 힘쓰게 되고, 한 사람을 벌하여 천만인이 두려워하게 되는 것이니, 지극히 공평하고 지극히 밝게 하지 않으면 한 나라의 모든 백성의 인심을 따르게 하는 중정(中正)한 것이 못 되는 것입니다. 상소가 여러 번 올라와서 비록 임금께서 염려하시기에 바삐 수고하시도록 하였으나, 지금까지도 명백하여지지 않아서 공도(公道)에서 두 가지를 잃어버리고 말았습니다. 그래서 말들이 분분하여 지금도 그치지 않으므로 저희들이 마땅히 성헌(省憲)과 법사(法司)에 명하여 함께 의논하여 확정하되 관련자들의 옥사 서류를 가지고 다시 상세하게 따져서 누구는 그 정상이 의심할 만 하니 마땅히 가벼운 법에 따르고, 누구는 죄 없이 무고함을 당하였으니 의당 놓아주어야 한다고 하였던 것입니다. 옥사에 관한 글들이 올라오면, 임금께서 조정 문 앞에 앉으시어 보필하는 신하들을 불러 친히 입회하여 기록을 심사하시어 원통하고 억울함이 없도록 하신 뒤 죄 줄 자는 죄를 주고 용서할 자는 놓아주시면, 인심이 저절로 삼복할 것이고 공도도 자연히 행해질 것입니다.[31]

이런 정몽주의 인식과 태도는 그 결과 혁명파와의 대립과 갈등을 보일 수밖에 없었고, 결국 고려조의 유지를 위해 죽음을 택하는 길로 걸어갔다. 그의 죽음은 바로 고려조의 멸망을 의미하는 것이었다.

그러나 조선 건국 후 왕조의 안정과 유지라는 정치적, 현실적인 의도에서 정몽주의 춘추의리 정신은 새롭게 평가되었다. 조선왕조는 정몽주를 신의와 공도(公道)를 지향했던 인물로 재평가했다. 정몽주에

---

31 『포은집』〈속록〉권1, 「請辨覈五罪疏」: 賞罰國之大典 賞一人而千萬人勸 罰一人而千萬人懼 非至公至明 不足以得其中而服一國之人心也 章疏累上 雖勞聖慮之勤 至今未見明白 必於其間有罪者曲蒙肆宥 無幸者未能昭雪其於公道似乎兩失 是以言者紛紛 至今不已臣等以謂宜令省憲法司 共議商確 將連涉人等獄詞文案更加詳覆 某人罪在不宥宜置于法 某人情在可疑宜從輕典 某人無罪彼誣宜令辨釋 獄章旣上殿下坐朝門 召宰輔臣僚 親臨審錄 使無寃抑然後 可以罪黜施以肆宥 則人心服而公道行矣.

대한 새로운 인식과 표상은 유교적 정교이념 전개 과정에서 볼 때 지당한 귀결이었다.

요컨대 정몽주는 조선조 도학이념의 표상(表象)이 되었다. 정도전과 권근 등의 혁명론에 기반하여 조선왕조가 개창되었지만, 그 후에는 혁명론에 그치지 않고 강상론(綱常論)을 중심으로 체제를 수호하면서 왕조의 정당성을 추구하는 정치적 전환이 필요했던 것이다. 말하자면 창업(創業)이 완료되면서 수성(守成)의 필요성이 제기된 것이다. 조선 개국 이후 얼마 지나지 않은 시점에서 왕조 개창론자들의 정신보다는 의리 중심의 윤리관을 가졌던 학풍을 숭모해야 할 이념적 요구가 있게 되었던 것이다. 말하자면 창업적 이념은 현실적 필요성에서 나온 것이었으나 수성적 이념은 학문적 순정성(純正性)을 확보하는 측면에서 요청되고 추구된 것이다. 한마디로 도학(道學)으로의 국시(國是) 전환을 시도한 것이다.

그리하여 죽음으로써 고려조에 충성을 다하여 지조를 지킨 정몽주는 조선조 대표 유현으로 추종되면서 마침내 한국 유학의 정맥(正脈)으로 자리매김되었다. 조선 유학의 정통을 새왕조 개창을 주도하였던 정도전 계열이 아니라 정몽주 계열에서 찾았던 점은 한국 성리학의 이념적 핵심 부분인 것이다. 그 후 정몽주의 사상은 길재(吉再)와 조선조 초기의 김숙자(金叔滋), 김종직(金宗直), 김굉필(金宏弼), 조광조(趙光祖) 등에게 전승되어 한국 도학의 특성을 이루었다. 그러한 도학적 전통은 전체 유림의 차원에서 특별한 의의를 지녔고, 조선조 후기까지 강상과 대의, 충절과 자주 의리 정신으로 면면히 계승되어 역사적으로 한국 정신사에 지대한 작용을 하였다. 여말선초의 역사적 전환기를 통하여 불교에서 유교로의 정교이념의 전환이 있었지만, 이후의 유학은 강상적 실천유학인 도학사상이 중심이 되어 전개되는 국시(國是)의 전환을 보였던 것이다.

그러나 정치 실세들은 자신의 권력을 정당화하기 위해 그런 도학적 강상론을 왜곡하거나 무력화하는 시도를 드러내었고, 그 결과 도학적 통서의 인식이 흐려지고 혼란이 가중되는 등 학문적 순정성이 훼손되는 사례가 빈발하였다. 정암은 왜곡되고 침체된 도학적 정통성을 회복하고 명확하게 부각시키는 데 결정적인 역할을 함으로써 이후 조선조 유학의 근본정신을 바로 잡았다. 바로 이 점이 정암 도학의 사상사적 의의로 평가되는 부분이다.

정몽주에 대한 구체적인 추존과 상론(尙論)은 조선 개국 직후 시작되었지만, 도학적 통서를 논하는 과정은 특히 정암이 포은의 학덕을 기리면서 비롯되었다. 송대의 성리학은 맹자(孟子) 이후 천년부전(千年不傳)의 근본유학의 정신과 본령을 이음으로써 여러 성인들로부터 전해온 도학적 통서를 계승한 것이라는 도통론(道統論)이 중요한 부분을 차지한다. 주자(朱子)는 유학의 도통이 요·순·우·탕·문왕·무왕·주공·공자·증자·자사·맹자로 서로 전하고 이어져왔고, 그러한 도통의 이념과 정신은 송대(宋代)에 이르러 주돈이·정이천·정명도로 연결되었다고 주장하였다.[32] 그 후에는 주자가 그 정맥을 이어나가게 되었다고 후인들은 도통론을 정리한다.

그러한 도학적 통서는 우리나라에 수용된 후 정몽주·길재·김숙자·김종직·김굉필·조광조로 전하여졌다고 유자들은 파악하였다.[33] 율곡은 정몽주에 대하여 '충신(忠臣)'이나 '사직지신(社稷之臣)'이라 평가하고, '진유(眞儒)' 즉, 이른바 도학지사(道學之士)는 아니라고 하였는데,[34] 율곡의 그런 평가는 엄격한 역사관과 도학적 관점의 반영이지 정몽주에 대한 사상적 위상을 폄하한 것으로 보지는 않는다.[35] 그럼에도 불구하고 역시 정몽주는 한국 도학의 초석을 놓은 인물이라 할 수 있다.

---

32 『중용장구(中庸章句)』, 〈서〉.
33 『인종실록』 권1, 원년 3월 을해(乙亥)조.
34 『율곡전서』 권15, 「잡저」, 〈동호문답〉.
35 정성식, 「여말선초의 역사적 전환과 성리학적 대응에 관한 연구」, 성대 박사학위논문, 1996, 112~113쪽.

특히 조선조 유학사상의 흐름을 결정하는데 수행한 역할은 이미 살펴본 것처럼 결코 과소평가될 수 없는 사상사적 의의를 지니고 있다고 하겠다.

정암의 포은에 대한 문묘종사를 위한 노력은 위에서 살핀 바와 같이 정몽주가 한국 도학의 정맥(正脈)을 상징하는 인물이라는 설정 때문이다. 그동안 포은에 대한 표창과 신원, 그리고 문묘종사에 대한 다른 이들의 노력이 있었지만, 혼란 정국의 안정을 도모한다든지 왕권이나 왕조 유지의 정치적 의도가 있었음을 부인하기 어렵다. 그런 의미에서 순수한 존숭은 아니었던 것이다. 포은에 대한 그런 정치적 포상은 도학적 차원에서 볼 때 사실 큰 의미는 없는 것이다. 도학은 진리(眞理)의 사표(師表)를 추존할 뿐이지 다른 목적을 두지 않는다. 그런 점에서 정암의 선현에 대한 문묘종사에 대한 관심은 엄숙(嚴肅)하면서도 당당(堂堂)한 의미를 지닌 것이었다. 한줌의 사사로움도 없는 순정(純正)한 공경의 존숭 그 자체일 뿐이었다. 그래서 종사 건의에 대한 말도 간결하며 힘차다. 그동안 지난한 논의만 무성하였을 뿐 결론이 나지 않고 있던 포은 정몽주에 대한 문묘종사에 대하여 정암은 간명하면서도 논리적 정확성을 갖춘 말로써 정당성을 펼쳤다.

신우(辛禑)의 일은 당시 사람들이 신씨(辛氏)인지 왕씨(王氏)인지 분간하지 못하였으며, 정몽주는 신우에게 벼슬하여 부귀공명을 얻고자 한 것이 아니니 선유의 말에는 과연 잘못이 있습니다. 공양왕을 책립한 뒤에 죽음으로 절개를 지켰으니 정몽주가 어질다는 것은 바로 알 수 있습니다. 적인걸(狄仁傑)이 무후(武后)를 섬겼으나 마침내 당실(唐室)을 회복하였거니와, 정몽주가 적공(狄公)과 같은 마음을 가졌었는지 어찌 압니까? 5백 년을 지낸 고려말의 종사(宗社)가 한 몸에 달려 있었고 그 사람이 죽자 그 종사가 망하였거니와, 그 사람을 어찌 경솔히 의논할 수 있겠습니까?[36]

정암은 당시 조정에서 포은의 문묘종사에 대한 논의가 부당한 쪽으로 상황이 계속되자 포은이 우왕을 섬겼다고 비판하는 문제점을 논리적으로 변론하고, 고려왕조의 사직을 지켜내고자 했던 삶의 의의를 명확하게 정리함으로써 사실상 결론을 내려주었다. 당시 정암은 중종으로부터 큰 신임을 얻어 차서(次序)를 가리지 않고 임용되던 처지였기에 누구보다도 강력한 발언권을 가지고 있었다. 무엇보다 정암의 주장이 정당성을 지니고 있었으며, 당시 중종은 그런 원칙을 신뢰하고 적극적으로 수용하던 때였다. 정암은 포은의 문묘종사로 인하여 그동안의 논의를 바로 잡는 것뿐만 아니라 도학과 사문을 일으킬 수 있을 것이라고 적극 주장함으로써 중종의 결정을 이끌어낼 수 있었다.

마침내 중종 12년 9월 17일 정몽주의 문묘종사가 결정되었다. 시비(是非)와 선악(善惡), 정사(正邪)를 명확하게 분변하고, 무엇보다 주장과 의논이 정당하였기에 얻어낸 결론이었다. 그리고 한국 정신사적으로 매우 중요한 일을 해낸 것이어서 의의가 컸다.

다음으로, 정암은 포은의 문묘종사에 이어 무오사화(戊午士禍)와 갑자사화(甲子士禍)에 참화를 당했던 일두(一蠹) 정여창(鄭汝昌, 1450~1504)과 한훤당(寒暄堂) 김굉필(金宏弼)의 문묘종사에 적극적인 노력을 기울이기 시작했다. 정몽주에 이어 정여창과 김굉필의 문묘종사를 논의한 것은 정암의 사상과 학문이 전적으로 도학의 정통성에 기반하고 있었음을 보여주는 것이기도 하다. 포은에 이어 두 사람은 공히 조선전기의 도학파에 속하는 대표적인 인물들이었기 때문이다. 또한 개인적인 측면에서 김굉필은 정암의 스승으로서 정몽주로부터 비롯된 한국

---

36 『중종실록』 권29, 12년 8월 갑인(甲寅)조: 辛禑之事 當時之人 不知辛與王也 鄭夢周非欲仕於辛禑 而求功名富貴也 先儒之論 亦果有誤矣 冊立恭讓後死節 夢周之賢 蓋可想已 狄仁傑事武后 而終復唐室 安知夢周 不以狄公之心爲心乎 五百年麗季宗社 在於一身 其人亡 其宗社則亡 其人何可輕議乎.

도학의 정통을 점필재 김종직(金宗直)으로부터 전수받아 이어준 선유였고, 정여창은 김굉필과 함께 김종직에게 동문수학하였다.

정여창은 『논어(論語)』를 탐독하였고, 성리의 근원을 탐구하여 체용(體用)의 학문을 깊이 연구하였던 도학자이다. 성종 11년에 성균관에서 행실이 바르고 경학에 밝은 자를 추천하라는 임금의 명이 있자 정여창은 제일로 천거되었고, 3년 뒤에는 이학(理學)에 밝은 자로 추천되기도 하였다. 모친상을 마친 후 그는 지리산으로 들어가 죽(竹)과 매화(梅花)를 기르며 일생을 보내고자 하였다. 1490년에 다시 효행과 학식으로 추천되어 소격서참봉에 봉해졌으나 사양하였고, 그해 별시 문과에 병과 급제한 후 예문관 검열을 거쳐, 시강원설서를 맡은 후 정도(正道)로 세자 연산군을 보도하였다. 연산군 1년에 안음현감(安陰縣監)에 나가 편의수십조(便宜數十條)를 지어 시행하자 정치가 맑아지고 백성들로부터 많은 칭송을 받았다. 특히 송사 처리가 합당하여 원근에서 의뢰가 잦았고, 민사를 돌보는 중에도 후학 교도에 정성을 다했다. 1498년 무오사화 때 함경도 종성(鍾城)으로 9년간 유배되었으나 7년만인 1504년 갑자년에 55세로 세상을 떠났는데, 그해 일어난 갑자사화에 부관참시를 당하는 불운을 겪었다. 성품이 단정하고 정성스러워 언어는 항상 조용하였고, 분화(紛華)함을 기뻐하지 아니하였으며, 다른 사람의 과실을 평론하지 않았고, 사람에게 이상(異常)함이 있으면 근접하지 않았다고 한다.[37]

정여창의 글은 사화 이후 거의 사라지고 남지 않았으나, 현재 전하는 「이기설(理氣說)」, 「선악천리론(善惡天理論)」, 「입지론(立志論)」 등에서 그의 사상적 특성을 살필 수 있다. 「이기설」에서 정여창은 '이기지묘(理氣之妙)'를 강조하여 이기일원론(理氣一元論)적인 입장을 견지하고 있다. 그런 관점에서 도심(道心)을 위주로 하여 일신(一身)을 주장하게 하

---

37 鄭炳國 편역, 『一蠹 鄭汝昌先生의 生涯와 斯文扶植考察』, 咸陽文化院, 2002, 32쪽.

여야 한다는 것을 밝히고 있다.

대저 기(氣) 없는 이(理)가 없고, 이(理) 없는 기(氣)가 없다. 그러므로 이(理)가 있는 곳에 기(氣)가 또한 모이고, 기(氣)가 움직이는 곳에 이(理)가 또한 나타나서 서로 분별이 없는 것 같다. 그러나 이(理)는 혼연히 지선(至善)하여 영위함이 없고, 기는 순(淳)하고 이(漓)하여 청탁(淸濁)이 있으므로 운동(運動) 작용이 있다. 이것은 마치 피차의 구분이 있는 것과 같으니, 바로 이른바 하나이면 둘이요 둘이면서 하나[一而二 二而一]인 것이다. ……그러므로 이기를 혼합해서 하나로 한다면 자기의 사사로움에 치우쳐 작용하는 것을 성(性)이라고 하는 폐단에 점점 흐르게 될 것이고, 이기를 나누어서 둘로 한다면 미묘한 도를 구하려다가 끝내는 천지(天地)와 일월(日月)을 속이고 허무한 곳으로 귀결될 것이니, 어느 쪽으로도 편파하게 치우칠 수 없는 것이다. 학문하는 자는 이기(理氣)가 하나 되는 사실도 알고, 또 둘로 되는 사실도 알아야 능히 자기의 사사로움을 제거하고 예(禮)로 돌아가 도심(道心)으로 하여금 일신(一身)의 주(主)를 삼아 사람의 마음이 언제라도 명령을 따르게 될 것이다. 공자께서 '형이상(形而上)을 도(道)라 하고, 형이하(形而下)를 기(器)'라 하여, 모름지기 상하에 모두 '형(形)'자를 말씀하시었고, 또 도(道)와 기(器)를 분합하신 뜻을 제대로 알아야만 이기지묘(理氣之妙)를 알 수 있을 것이다. 이(理)가 없으면 기(氣)가 응결되어 조작될 수가 없으며, 기(氣)가 없으면 이(理)가 유행하지 못하나니, 이기(理氣) 양자가 서로 모름지기 필요하여 능히 만물(萬物)을 생성한다. 여기서 이기(理氣)의 분별을 볼 수 있지만, 만상(萬象)이 이미 충막한 형기(形氣) 가운데에서 갖추어진 것이니 이기(理氣)는 처음부처 두 가지가 아닌 것이다.[38]

---

38 鄭炳國 편역, 위의 책, 133쪽.

이(理)와 기(氣), 도(道)와 기(器)를 둘이면서 하나로 보는 정여창의 입장은 지(知)와 행(行), 이론(理論)과 실천(實踐)을 구분하지 않는 도학적 특성과 차이가 없다. 이와 기를 둘로 구분하면서도 '이기지묘(理氣之妙)'의 중요성을 강조하는 관점은 정암과 율곡에서도 공통적으로 확인할 수 있는 점이다. 한국 도학에서 이기(理氣)가 하나로 관통한다고 보는 점은 주목된다. 이것은 지와 행 즉, 앎과 삶의 합일(合一)을 무엇보다 최고의 수양 덕목으로 여기는 도학적 수양론(修養論)과 관련된다. 위의 정여창의 글에서도 볼 수 있듯이 이기(理氣), 도기(道器)를 두 가지로 보지 않는 사유 체계는 도학자들의 삶을 이해하는 중요한 측면이 된다.

정여창의 스승 김종직이 『소학』을 특히 강조한 뒤 동문수학한 김굉필은 평생 '소학동자'로 자칭하며 지냈던 데 반해, 정여창은 더 나아가 『논어(論語)』를 중시하고 그대로 실천하였다. 『논어』는 공자(孔子)의 가르침이 가장 직접적으로 기술되어 있는데 특히 인의 실천 방법으로 효행(孝行)이 강조되어 있다. 정여창이 어떤 도학자들 못지않게 효행에 정성을 다하였던 점은 평소 『논어』를 중시하고 공자의 가르침을 직접 실천하고자 했던 점과 관련이 있는 것으로 보여진다.

이런 정여창과 김굉필에 대한 신원 표창과 증직, 나아가 문묘종사에 이르는 청원은 정암에 의해 사실상 처음 제기되었다. 중종 12년(1517)에 정암은 김굉필과 정여창을 포장(褒獎)·증직(贈職)하여 사기(士氣)를 격려하도록 청하는 다음과 같은 상소를 올렸다.

> 오늘날 학술이 심하게 무너져서 성균관 유생들의 뜻도 매우 비루하옵니다. 대저 성균관은 국가의 인재(人才)가 거기서부터 나오는 곳인데, 특출한 자를 찾아볼 수 없으니, 나라를 위하여 몸을 잊고 강개(慷慨)하게 지조를 지키며 우뚝 홀로 설 자를 어디에서 구하겠습니까? 선비의 습속(習俗)이 무너지고 쓰러진 것은 나라의 큰 근심입니다. 이것을 변

화시키는 방도는 다른 데 있는 것이 아니라 김굉필(金宏弼)과 정여창 (鄭汝昌) 같은 이를 특별히 표창하여 장려하시면 거의 사문(斯門)을 붙들어 부식·흥기시킬 수 있을 것입니다.[39]

김굉필과 정여창은 공히 무오·갑자사화 때 김종직의 제자라는 이유로 참화를 당한 도학자들이다. 두 사화는 특히 조선 초기의 권력의 본질과 정당성을 훼손한 문제와 관련된 것으로서 정암의 생존과 거의 동시대적 사건이었다. 정암이 김굉필과 정여창에 대하여 처음으로 표창하고 장려하기를 청한 것은 두 선현이 참화(慘禍)를 입은 지 십여 년이 지난 시점에 불과했다. 시기적으로 보면 사화의 불씨가 아직 완전히 제거되기도 전인 때였던 것이다. 그럼에도 불구하고 정암은 스스로 판단하여 중대한 일일 경우 그것으로 인하여 큰 화가 미칠 수 있는 상황에서도 반드시 문제 삼아 바로 잡고서야 넘어갔다. 이미 앞에서 본 바와 같이 신씨 복위와 관련하여 김정과 박상에 대한 상소 처리 문제를 광정(匡正)하고자 했던 정암의 상소는 서릿발처럼 냉엄한 요구였다. 조선조 창건 이후 거듭된 공신 책정으로 이미 조정에는 훈구 세력의 막강한 권력이 철옹성처럼 권위를 자랑하고 있던 상황에서도 정의와 정도를 향한 정암의 개혁은 주저함이 없었다. 당시 정언(正言)이라는 최하위직의 초급 관료가 최고직 수장(首長) 대사헌과 대사간의 파직을 요구하는 문제 제기는 전무후무한 것이었다. 도학자가 아니면 불가능한 실천이었다. 살고 죽는 문제를 초월한 자들만이 보일 수 있는 용기이자 실천이었다.

정암은 또 경연(經筵)에서 김굉필과 정여창의 문묘종사를 논하는 자리에서도 다음과 같이 그 정당성을 강조한 바 있다.

---

39 『증보문헌비고(增補文獻備考)』 권203, 중종12년 정축(丁丑)조, 「趙光祖啓請褒贈」.

나가는 바가 지극히 바르고 행실이 도가 있는 김굉필 같은 사람은 쉽게 얻지 못할 것입니다. 김굉필이 당시에 불우해서 인의를 품고 도덕을 안고서 그 몸을 바룰 따름이니, 그 한때에 수업하던 사람들이 다만 향방만 알고 쌓이고 깊은 것은 알지 못하더니, 누가 굉필로 더불어 성리의 도를 겨루어 논하겠습니까. 추향하는 바가 지극히 바르고 그 동정이 부지중 옛 사람에게 일치되니, 상께서 짐작하여 문묘에 종사하면 아랫사람 모두가 뜻과 기운이 격동하여 높아지고 그 추향하는 바가 또한 지극히 바루어질 것입니다. 정여창과 김굉필의 일은 대신에게 명하여 의론하게 하소서.[40]

정몽주 문묘종사를 성사시킨 후 정암은 이와 같이 바로 정여창과 김굉필에 대하여 그 삶과 사상적 역할을 분명히 자리매김하고자 했다. 그의 문제 제기는 바로 문묘 배향이라는 한국 도학의 통서를 확인하는 일이라는 성격을 지닌 것이었기 때문에 매우 중요한 의미를 지녔다. 정암의 두 선현 표창 요청은 사실상 문묘종사로 이어지는 표창과 증직을 건의하는 것이었다. 정암이 얼마나 엄정한 도통의식(道統意識)을 견지하고 있었던가를 알게 해준다.

정여창과 김굉필이 그 당대에 증직되거나 시호를 받게 됨으로써 그 후대에 이르러 문묘에 배향되는 절차를 밟게 되는 일은 사실 정암이 한국 도학의 정통성 즉, 통서를 바로 세우고자 했던 일련의 노력에 의한 것이었음을 알 수 있다.

2) 향약의 보급과 실천 운동의 전개

'향약'은 향리(鄕里) 주민들의 약속으로 이루어진 조직체(組織體)로서 유학(儒學)의 근본사상의 소산(所產)이다. 그것은 화민성속(化民成俗)을

---

40 『정암선생문집』 권5, 「연중기사」.

통하여 유학적 정치철학의 요체인 정명사상과 덕치주의(德治主義), 예치주의(禮治主義), 대동사상(大同思想)의 실현을 목표로 한다.[41]

조선조 향약은 그 사회적 기능인 인격도야, 예속(禮俗)의 함양, 협동정신과 공동체의식의 앙양(昂揚) 등을 구현하기 위해 1) 덕업상권(德業相勸), 2) 과실상규(過失相規), 3) 예속상교(禮俗相交), 4) 환난상휼(患難相恤)이라는 4대 강령을 제시하였다.

이 향약은 정암이 출사하였던 시기인 중종(中宗) 10년(1515)~14년(1519)간에 우리나라에서는 처음 시행되었다. 향약의 연원은 중국에서 비롯된 것이나 조선조에서 주체적으로 수용된 것은 중종대 조광조의 출사기간 중에 이루어진 것이다. 조광조는 중종 10년부터 조정의 가장 중심인물로 부상하여 자신과 뜻이 부합하는 도학자들과 협력하여 각종 설시(設施)를 단행하였는데, 향약도 그 대표적 사업 중의 하나였다. 중종 12년(1517) 6월 경상도 함양의 유생(儒生) 김인범(金仁範)은 '주자증손여씨향약(朱子增損呂氏鄕約)'을 백성의 교화(敎化)를 위해 실시할 것을 처음으로 건의하였다. 이에 중종은 그의 상소를 아름답게 여겨 정부에 실시를 검토하는 문제를 전교하였고, 조정의 의논 결과를 존중하여 같은 해 7월 예조로 하여금 전국에 시행해보라는 명을 내렸다. 이보다 앞서 중종 12년 3월에는 경상도 관찰사 김안국(金安國)이 '주자증손여씨향약' 언해본을 출간하여 반포한 바 있었다. 그리하여 13년 9월에는 이미 잘 시행하는 지방을 손꼽을 수 있을 정도였는데, 참찬관(參贊官)이던 조광조는 다음과 같이 향약의 보다 적극적인 실시를 건의했다.

신이 듣건대 온양군 사람들이 향약을 잘 행한다 합니다. 만약 향약을 잘 이행한다면 진실로 아름다운 일입니다.[42]

---

41 池敎憲 외, 『朝鮮朝鄕約硏究』, 1991, 32~33쪽.
42 『중종실록』 권34, 13년 9월 임인(壬寅)조.

정암은 향약의 실시에 대하여 남다른 관심을 가지고 있었다. 이미 지방 일부에서 잘 시행하고 있다는 사실을 파악하고 있었으며, 중종에게 향약의 실시를 우선 사항으로 건의했던 것이다.

초기단계라서 향약 시행에 대하여 회의적인 시각도 있었다. 영사 정광필은 신중론을 펼쳤다. 그는 말하기를, "향약이 좋기는 하지만, 모인 무리가 착한 일을 하지 않으면 수령의 권세가 도리어 약해질 것이니, 살펴서 경계해야 할 것"이라고 그 부작용에 대하여 언급하였다. 그러자 정암은 다시 강력하게 아뢰었다.

> 향약을 행하는 고을에서는 양민(良民)을 강압하여 천인(賤人)으로 만들고 관채(官債)의 납부를 막는 것과 같은 일은 어느 곳에서도 보지 못하였습니다. 지난번에 김안국(金安國)이 경상감사로 있을 적에 비로소 향약을 행하게 되었는데, 그때에는 전처럼 싸우는 일이 있었으나 처음 시작하는 단계였기 때문이었습니다.[43]

당시 양민을 천민으로 만들고 관청에 내야 하는 세금을 막는 등 그릇된 관행이 빈번하게 발생했음을 알 수 있다. 그런 상황에서도 불구하고 이미 향약을 시행하고 있는 고을에서는 그런 정치적 비리가 전혀 발생하지 않았음을 고하는 내용이다. 물론 김안국이 경상도 관찰사로 나가 향약을 유포시킬 때 첫 시행단계라서 사소한 부작용도 있었음을 알 수 있으나, 정암은 향약에 대한 적극적이면서 긍정적인 인식을 분명하게 하고 강력하게 그 시행을 주청하고 있음을 볼 수 있다. 이에 집의 김희수는 향약을 통하여 풍속이 이루어지게 되면 조정에서 형법을 쓰지 않아도 될 것이라고 하였으며, 참찬관 유인숙(柳仁叔)은 향약의 효과를 당장 보려고 하지 말고 오래 기다리는 자세가

---

43 위와 같음.

필요하다고 옹호론을 펼쳤다. 그 후 대사헌 김정(金淨)도 정암과 뜻을 같이 하여 주청을 했다. 그리고 중종 14년에는 시강관 이연경(李延慶), 참찬관 한충(韓忠) 등 여러 도학자들이 중종에게 지속적으로 향약의 실시를 주청하였다.

정암은 대사헌 시절에도 대사성 김식(金湜)과 함께 향약의 시행을 중종에게 적극 진계하였다.

> 백성을 교화시키고 풍속을 이루는 것은 여씨향약(呂氏鄕約)보다 좋은 것이 없습니다. 여씨는 필부(匹夫)였기에 천하에 널리 시행할 수는 없었고, 다만 한 시골에서 어느 정도 베풀 수가 있었습니다. 「주례(周禮)」에 보면 행정구역인 당(黨)을 세우고 족(族)을 바르게 하여 스승이 서로 권하고 인도할 수 있다고 하였는데, 실상은 바로 향약의 법과 같은 것이었습니다. 이제 마땅히 「주례」를 모방한 향약을 크게 규모를 세워서 시행하옵소서.[44]

여기서 정암은 향약의 근본 정신이 「주례」와 일치한다는 주장을 펼치고 있다. 당시 향약의 시행에 회의적인 시각을 갖는 사람들이 많았는데, 이에 정암은 그 정당성의 근거를 「주례」에서 제시하였던 것이다. 이와 같이 향약은 정암이 중심이 되고 여러 도학자(道學者)들이 그 시행을 권장하는 노력에 의해 향리 구성원들의 자발성(自發性)을 토대로 우리나라에서 비로소 시행할 수 있게 되었다.

그러다가 기묘사화로 인하여 조광조 등 도학자들이 일시에 참화를 겪게 되면서 그 시행도 일시 중단되었다. 정암 사후 훈구(勳舊)와 사림(士林)의 정치적 대결기에 평생 도학(道學)을 견지하며 실천유자(實踐儒者)로 살았던 하서(河西) 김인후(金仁厚)는 기묘년 이후 『소학(小學)』은

---

44 『정암선생문집』 속집 〈부록〉 권3, 「보유(補遺)」.

물론 향약(鄕約) 관련 서적이 금기되어 학자들이 보아서는 안 될 책으로 여겨지던 당시 상황에 대하여 경연(經筵)에서 다음과 같이 지적하고 있다.

> 기묘의 사람들이 그 한때 행동한 일은 비록 모두 옳다고는 못할 것입니다만, 그러나 그 본심인즉 추호도 국가를 기만할 생각이 없었던 것인데, 마침내는 중한 죄를 입었습니다. 그 후에 죄를 입은 사람들은 비록 죽어도 남은 죄가 있는 자들조차 세월이 하마 오래되어 더러는 복직된 바 있사오나 기묘의 사람들만은 아직도 임금의 은혜를 입지 못하였사오니 신이 홀로 미편하게 여깁니다. 특별히 이것만이 아니라 그 한때 숭상하던 『소학(小學)』과 향약(鄕約)의 서(書)마저 버려던지고 쓰지 아니하고 있습니다. 『소학』과 향약은 자양주자(紫陽朱子), 남전여씨(藍田呂氏)의 서(書)로서, 주자나 여씨가 모두 성현(聖賢)의 사람들이온데 어찌 그 서가 좋지 아니할 이치가 있겠습니까. 그런데 오늘의 유자(儒者)들이 읽어서는 안 될 줄로 여기고 버리니 더욱 미편합니다. 모르는 자들은 기묘의 사람들을 전혀 불궤(不軌)로써 논하기 때문에 지금 이 시점을 당하여 이러한 말씀은 사람들이 모두 법에 저촉되는 줄로 여겨 꺼리고 있는 실정입니다.[45]

당시 경연 검토관이던 김인후는 정암을 비롯한 도학자들의 신원을 요청하면서 기묘사화와 관련된 것이라 하여 향약마저 폐기하고 금한 잘못을 비판하고 있는 것이다. 조광조의 죽음 이후 『소학』과 향약 관련 서적 일체를 읽지 못하게 하던 상황을 단적으로 보여주고 있다. 향약은 정암 도학의 현실적 구현 과정에서 매우 상징적인 내용이었으나 기묘사화를 당하여 즉각 폐지되었다. 이를 통하여 보면 당시 정

---

45 『중종실록』 19권, 38년 7월 20일 계해(癸亥)조.

암을 비롯한 신진 도학자들이 이 향약의 시행에 대하여 얼마나 강력한 의지를 가지고 임하였던가를 알 수 있다.

비록 향약의 시행은 정암의 출사와 동시에 시행되어 그의 죽음과 함께 중단되었으나, 그 기본 정신마저 사라지지는 않았다. 기묘사화로 중단되었던 향약은 면면히 흘러 근본정신이 잘 보존되었고, 이후 퇴계(退溪)와 율곡(栗谷) 등이 다시 그 정신을 잘 승계하여 당대의 역사적(歷史的), 사회적(社會的), 경제적(經濟的) 실정에 대응하는 내용으로 발전시킴으로써 16세기 이후 조선사회 전반에 폭넓게 시행될 수 있었다.

김안국의 기반 조성과 조광조의 조정에서의 적극적인 역할에 힘입어 우리나라에서 처음 시행된 향약은 물론 송(宋)나라의 '남전여씨향약(藍田呂氏鄕約)'을 모체로 한 '주자증손여씨향약'을 수입한 것이었다. 그러나 그것을 그대로 시행한 것이 아니라 조선의 상황에 맞추어 접목시킴으로써 조선조의 중요한 자치 규범이자 사회적 규약으로 발전할 수 있었던 것은 외래 문화 수용 과정에서 모범으로 삼을 만하다.

지금까지의 고찰을 통하여 보건대 우리나라에 향약이 소개되어 향촌의 중요한 도덕규범으로 자리 잡게 된 과정에는 조광조의 역할이 결정적으로 작용하였음을 알 수 있다. 향약은 조광조가 정치일선에 나가 중종의 절대적인 신임을 받으면서 지치적 개혁을 단행하는 과정에서 시행된 주요한 정책 중의 하나였던 것이다. 조광조는 향약의 긍정적 역할에 대한 분명한 인식을 바탕으로 시행을 건의하기 시작하여 대사헌으로 있던 1519년 7월 마침내 여씨향약의 전국적인 시행 과정을 주도하였다.

물론 향약의 초기 시행 과정에는 김안국의 역할이 매우 중요하였다. 김안국은 중종 11년(1516) 10월에 『오륜행실도』와 함께 『여씨향약』 언해본(諺解本)을 간행하였고, 그 다음해 3월에는 향리에서 직접 『여씨향약』을 간행하여 반포하는 등 조선조 향약 시행 과정에서 관련 서적을 간행하고 반포하는 등 이론적 · 실천적 초석을 다지는 데 크게 기여하였다.

그런데 정암을 중심으로 여러 도학자들이 향약의 시행을 그렇게 강력하게 주청한 근본적인 이유는 무엇인가? 이미 언급한 것처럼 향약은 유학의 정치철학의 핵심인 정명(正名) · 덕치(德治) · 예치(禮治) · 대동사상(大同思想)을 기본 정신으로 하여 이상적인 향촌 세계를 건설하고자 하는 유가적 이상의 종합적 지향을 추구한 것이었다. 무엇보다 향약은 부모에 대한 효도와 형제간의 우애를 중시하고, 나아가 진실무망한 자세로 임금을 섬기고 직분을 지켜서 봉공(奉公)하며, 연장자에 대한 공순(恭順)과 남녀간의 예절, 그리고 이웃간의 나눔, 자녀 교육에 대한 충실한 관심을 강조한다. 이런 내용은 도학에서 강조하는 인격 수양과 그것을 통한 사회적 공동체 의식의 확대라는 기본 이념과 조금도 어긋나지 않는다. 인격도야와 예속(禮俗)의 함양, 협동정신과 공동체 의식의 앙양으로 향촌을 중심으로 사회 전체의 풍교(風敎)를 유지하고 순화(醇化)시키고자 했던 향약의 내용은 도학적 이상세계가 지향하는 바와 정확하게 일치하였던 것이다.

5. 함여유신(咸與維新)을 통한 융평적(隆平的) 왕도정치

1) 왕도정치의 이상(理想)과 치자(治者)의 입덕(立德)

유교에서는 언제나 최고의 이상정치(理想政治)를 지향한다. 그리고 정암 조광조는 이런 유교의 지향을 우리 역사상 가장 강력하게 현실에서 구현하고 실천한 사상가였다. 정암의 출사 기간은 비록 짧았지만 우리 역사상 가장 순정(純正)한 정치를 이룩해냄으로써 이후 정치에서 지향할 지치적 모형을 완성해내었다. 차서(次序)를 불문하고 등용했던 중종과 권력 주변에서 온갖 이욕에 빠져 있던 훈구 세력에 의해 정암은 자신이 꿈꾸던 이상사회를 펼치던 도중 종명을 하였지만, 정암은 사후 조선조 유림의 영수(領袖)로 영원한 존숭을 받았다. 그런 존숭과 추존은 특히 정암이 한국사상사에서 기여한 뚜렷하고 영원한 가치에 대한 반응이었다. 누구도 이루어내지 못한 지치적 개혁으로 우리는 역사상 처음으로 이상적으로 추구하여야 할 사회의 모델을 실제 역사에서 경험하였던 것이다. 그것은 조선시대 당대뿐만 아니라 현대 정치에서도 지향해야 할 사회의 이상적 모형과 전혀 어긋나지 않는다. 시간과 공간적인 측면에서 보편적 가치를 지니는 이상사회의 모델을 정암은 명확하게 제시한 것이었다. 그 이전에는 경험해보지 못한 사회를 정암은 짧은 출사 기간 4년 만에 보여주었다. 그런 점에서 정암의 출현 시점은 우리의 정치 수준과 지향점을 크게 상승시킨 전환점이자 분기점이라고 할 수 있을 것이다.

이미 언급하였지만 정암 조광조는 우리 역사상 가장 이상적인 정치를 통하여 이상사회(理想社會) 혹은 이상국가(理想國家)를 이룩하고자 노력한 사상가였다. 뿐만 아니라 조선조 오백년의 역사 가운데 비록 짧은 기간이었으나 그가 출사 4년 만에 이룩한 당시 사회는 우리 역사상 최고의 지치가 이루어진 사회였다. 흔히 일부 학자들은 정암의 출사 기간이 너무 짧았고, 훈구 세력에 의해 좌절됨으로써 그의 지치는 실패하였다고 평가를 내리기도 하지만, 그렇게 단순하게 평가할 문제는 아닐 것이다.

이상사회에 대한 인간의 염원은 동서고금을 막론하고 지대하였지만, 현실에서 이상대로 실현되기란 쉽지 않았다. 대부분의 위정자들은 그런 이상을 실현해보고자 노력하기는커녕 도리어 혼란한 정치를 행하기 일쑤였다.

그렇다면 정암의 철학적 기반인 도학사상(道學思想)의 이상이 실현된 사회는 과연 어떤 모습인가? 정암은 당대 조선을 특히 '요순'과 같은 이상사회로 만들고 싶어 했다. 대개 공자(孔子)가 이상정치로 여겼

던 요순(堯舜)의 정치는 『예기(禮記)』「예운(禮運)」편에 기록되어 있는
대동세계(大同世界)와 같은 사회일 것이다.

> 대도(大道)가 행하여지는 세상에서는 천하가 공공(公共)의 것이 되며
> 〔天下爲公〕, 어질고 유능한 인물을 등용하여 신의(信義)를 가르치고 화
> 목을 닦는다. 그러므로 사람들이 자기의 부모만을 부모로 여기지 아니
> 하며, 자기의 자식만을 자식으로 여기지 않는다. 노인(老人)은 편안히
> 여생을 마칠 수 있고, 젊은이는 자기의 능력을 발휘할 수 있게 되며,
> 어린이들은 씩씩하게 자랄 수 있게 된다. 홀아비·과부·고아·늙어서
> 자식이 없는 사람·몹쓸 병을 앓는 사람 등이 모두 먹고 살 수 있도록
> 하여주며, 남자들에게는 직업이 있고, 여자들에게는 시집갈 곳이 있게
> 하여 준다. 재물(財物)이 낭비되는 것은 미워하지만 반드시 자기만 소
> 유(所有)하려고 하지 않으며, 몸소 일을 하지 않는 것을 미워하지만 반
> 드시 자기만을 위해 일하지는 않는다. 이런 까닭에 간악한 음모가 생
> 겨나지 않고, 도둑이나 난리도 일어나지 않는다. 그러므로 바깥문을
> 단속할 필요도 없다. 이것을 '대동(大同)'이라 한다.[46]

여기서 '대동(大同)'은 유교적 이상사회의 상징이자 대명사가 되었
다. '천하위공(天下爲公)'의 대동사회는 한 개인이 천하를 소유하거나
지배하는 형태가 아니고, 현능(賢能)한 사람이 신의와 화목으로 사람
들을 지도하고 유지하는 사회이다. 거기에는 사적(私的)인 연고(緣故)가
사람들 간의 관계를 규정하지 않는다. 오직 보편적인 인류애를 통하
여 모두가 자아(自我)를 실현하고, 자타(自他) 간의 상호 인격 존중은
물론 동등한 대우와 처우를 받는 완전한 평등과 평화의 세상이다. 역

---

46 『예기』「예운(禮運)」: 大道之行也 天下爲公 選賢與能 講信修睦 故人不獨親其親
不獨子其子 使老有所終 壯有所用 幼有所長 矜寡孤獨廢疾者 皆有所養 男有分
女有歸 貨惡其棄於地也 不必藏於己 力惡其不出於身也 不必爲己 是故 謀閉而不
興 盜竊亂賊而不作 故外戶而不閉 是謂大同.

224

사적으로 요순(堯舜)과 같은 성인이 베푼 정치가 바로 이러한 대동사회를 이루었을 것이라고 인식하여왔다.

정암은 출사 이후 이러한 이상사회를 꿈꾸면서 현실의 일관된 개혁을 모색하여왔다. 특히 출사 이후 줄곧 조선왕조의 이념적 정통성과 관련된 문제에 깊은 관심을 가지고 대응해왔다. 정몽주와 정여창, 김굉필 등 선유에 대한 문묘종사 및 포상 건의도 그런 이념적 모색과 관련된 것이었다. 도학적 이념에 충실한 왕조 건설이야말로 도학자들이 추구하는 정치의 일차적 목표이기도 했다. 그리고 그것을 위해 정암은 무엇보다 치자(治者)의 입덕(立德)을 전제로 한다는 사실도 강조했다. 여기서 치자는 군주와 신료를 가리킨다. 군주에게는 왕도정치를 펼칠 수 있는 어진 성왕이 될 것과 신료에게는 엄정한 도덕적 수양에서 나오는 내면적 인품을 갖출 것을 중시했다. 말하자면 국가적 이상을 명확히 하고, 그 이상을 추구하는 인적 구성원들의 도덕적 각성과 인격 완성을 조화롭게 갖추어야 한다는 신념의 표출이었다. 그리하면 궁극적 목표인 요순시대(堯舜時代)와 같은 대동 사회의 현실적 구현도 가능할 것이라고 보았던 것이다.

정암의 과거 응시 답안[책문]도 요순과 같은 정치를 펼쳐보고자 하는 중종의 의지에 그 방책을 제시하는 것이었다. 중종은 책제에서 지난 10년간 노력을 기울였음에도 불구하고 정치적 변화는 물론 새로운 정치로의 전환도 이루지 못하고 있음을 시인하고, 성균관 유생들에게 그 방도를 물었다. 여기서 정암은 임금의 지치(至治)에의 의지를 확신하였고, 근본적인 방안을 제시하여 급제를 한 뒤 그 길로 벼슬길에 들어섰던 것이다. 정암의 학문이 그랬지만, 정치 첫 장에서 임금의 요구도 요순과 같은 순정한 지치를 이 땅에서 펼쳐보고 싶다는 일념이었던 것이다.

정암은 〈알성시책〉에서 무엇보다 성현(聖賢)의 가르침을 바탕으로 내 마음을 닦고, 그 마음을 미루어서 백성을 다스리면 이상적인 정치를 펼칠 수 있을 것이라고 제안하였다. 성현의 가르침은 바로 공자의 가르침이다. 공자의 가르침은 바로 하늘로부터 품부받은 내 마음속의 어진 덕(德)을 잘 발현하여 삶의 매순간에서 실행에 옮기라는 것이다. 내 마음의 근본인 덕(德)은 하늘로부터 비롯된 것이니, 다름 아닌 도(道)이다. 그러므로 도와 덕은 한 개인의 삶을 영위하는 근본 덕목이면서 확장하면 나라를 다스리는 요목이기도 한 것이다. 정암은 바로 이 점을 정치의 가장 중요한 근본정신이라고 역설하였다. 이상정치에 나아가기 위한 방도는 밖에 있는 것이 아니라 내 안에 내재(內在)하는 근본을 세우는 것이다. 덕(德)으로 내재하는 근본 이치를 미루어서 어진 정사(政事)를 펼치면 그것이 바로 요순시대로 이르는 가장 올바른 방도라고 역설하였다.

공자(孔子)의 도(道)는 바로 천지(天地)의 도이며, 공자의 마음[心]은 천지의 마음입니다. 그러니 천지의 도는 많은 만물들이 이 도를 따라서 이루어지지 않음이 없고, 천지의 마음은 음양(陰陽)의 감응이 또한 이 마음으로부터 말미암아 화합하지 않음이 없게 되는 것입니다. 그러니 음양이 화합하고 만물이 이루어진 뒤에라야 일물(一物)이라도 천지의 도(道)와 심(心)에서 성취되지 않는 것이 없게 되어, 마침내 바로 그런 데에서 만물의 질서정연한 구별이 있게 되는 것입니다. (……)
그런 점에서 볼 때 공자께서 베푸시고자 하셨던 다스림의 규모와 구체적인 방책이 또한 미리 반듯하게 정해져 있었을 것이니, 무엇을 가지고 그렇게 말할 수 있겠습니까? 도(道)를 벗어나서는 물(物)이 있을 수 없고, 마음[心]을 벗어나서는 일이 있을 수 없습니다. 그래서 그 마음을 잘 보존하여 그 도에서 나오면 인(仁)이 되어서 하늘의 봄에 이르러 마침내 만물을 어질게 화육(化育)시키게 될 것이고, 의(義)가 되어서 하늘의 가을에 이르러 마침내 만민을 옳고 바르게 할 것이며, 예(禮)와 지(智)도 또한 하늘을 극진하게 하지 않음이 없게 되어서 인의

예지(仁義禮智)의 도가 천하에 반듯하게 서게 되면 나라를 다스리는
규모와 방법들이 이보다 더 나은 것이 어디 있겠습니까?[47]

이상정치에 이르는 길은 누가 어떤 목표로 어떻게 나아가는가에
대한 명확한 내용이 구비되어야 한다. 이 점에 대해서 정암은 치자(治
者)가 성군(聖君)의 입덕(立德)으로 인격을 수양하여 내 안에 내재하는
도(道)와 덕(德)으로 요순과 같은 왕도정치를 베풀겠다는 의지를 확고
하게 할 때 가능하다고 제안하였다. 그 대본(大本)으로 공자의 가르침
을 제시하였다.

정치는 모름지기 근본을 바로 세우는 것이 중요하다는 것이었다. 그
리고 정치를 펴가는 그 근본은 바로 도(道)이고, 도는 마음을 바르게 하
는 것이며, 도를 행하는 요체는 정성스러움(誠)이 구체적인 덕목이라
는 주장이었다. 정치의 목적은 하늘의 도리를 따라 이루어져야 한다는
것이다. 그리고 그 도리는 다름 아닌 내 마음을 성실하게 하는 것이라
는 지적이다. 사람의 마음 안에 하늘의 도리, 즉 진리의 표준이 내재하
니, 그것을 잘 발현하여야 한다는 논리이다. 진리는 하늘로부터 비롯
된 것이지만, 그것을 실천하는 주체(主體)는 인간(人間)이라는 것이다.
말하자면 도(道)－심(心)－성(誠)이라는 세 가지 기본 덕목이 유기적인
원리로 하나로 작동될 때 이상정치를 향한 치자의 입덕은 온전해 진
다는 상언(上言)이었다. 하늘(天)과 사람(人)과 마음(心)의 완전한 합일
이 왕도정치(王道政治)의 근본이라는 참으로 간이(簡易)하면서도 중요한
제안이었다. 이것은 참다운 정치란 모름지기 위정자(爲政者)의 마음을
바르게 하는 것으로부터 비롯된다는 이상의 표현이다.

먼저 정치 지도자가 이룩하고자 하는 큰 정치의 목표를 분명하게
제시하고, 위정자들이 그러한 가치를 이룩하기 위하여 자신을 충실히

47 『정암선생문집』, 권2 〈알성시책〉.

수양하면서 노력할 때 요순과 같은 이상정치는 우리 현실에서도 충분히 실현될 수 있다는 주장이었던 것이다.

2) 상향평등(上向平等)을 통한 '태화지역(泰和之域)'의 추구

이제 구체적으로는 왕정(王政)을 구현하는 절차, 즉 백성을 위하여 무엇을 어떻게 실현하는가의 문제만 남아 있게 된다. 이 점과 관련하여 정암은 '함여유신(咸與維新)의 융평(隆平)을 통한 태화지역(泰和之域)의 완성'을 제시하였다. 정암은 당시 중종에게 소망하던 이상정치를 이루기 위해서는 함여유신의 마음으로 융평이라는 구체적인 실천방안을 이행해보라고 건의했다. 그리하여 궁극적으로 이룩할 이 땅의 모습은 '태화지역'이었다. 최고의 이상적 경지에 이르는 구체적 방도와 그 결과를 정암 자신의 특징적인 표현으로서 분명하게 구체화시키고 있음을 볼 수 있다. 깊은 학문과 세상을 보는 남다른 안목으로 자신의 독창적인 개념으로 현실적 실천방안을 제안하고 있다.

나라의 법제를 비록 가볍게 고칠 수는 없는 것이지만 인군의 학문이 고명하여 사리를 통달할 수 있게 되면 대신과 더불어 동심 협력하여 '덜어낼 것은 덜어내고 더할 것은 더하여' 융평(隆平)에 이르도록 기약하면서 조종의 법전을 준수하면 될 것입니다. 만약 조금 이루신 것에 만족하여 구차하게 구습만을 따르면 제왕의 정치를 어떻게 이룰 수가 있겠습니까? 만약 사습과 민풍을 순정한 데로 돌아가게 하여 옛 다스림〔古治〕를 회복하고자 하면 반드시 하여야 할 일에 분발하여 함여유신(咸與維新)한 연후에 고무 진작하여야 태평성대에 이르게 될 것입니다.[48]

---

48 『정암선생문집』 권3, 「참찬관시계」 5 : 國之法制 雖不可輕改 然學問高明 洞照事理 則與大臣同心協力 可損者損之 可益者益之 期致隆平 而遵守祖宗之成憲可也 若安於小成 苟且因循 則帝王之治 何可致也 如欲使士習民風 歸於淳正 而復古之治 則必奮發有爲 咸與維新然後 鼓舞振作 而熙熙皥皥矣.

정암의 이상사회를 향한 지치적 개혁의 실천 방법과 목표는 바로 '융평(隆平)'과 '함여유신(咸與維新)'을 통한 '태화지역(泰和之域)'의 성취이다. 그 구체적 방법인 '융평'으로 '덜 것[損]은 덜어내고 더할 것[益]은 더해주어'서 사회 구성원 모두가 균평하게 살 때까지 평등사회를 지속적으로 지향해 올라가는 것이다. '함여유신'이란 모두가 더불어 힘을 합쳐 새롭게 한다는 뜻이다. 모두 함께 참여하여 법제와 세제 등을 새롭게 하여 새로운 정치, 새로운 국가를 건설하자는 의미이다. 정암이 말하는 '융평'과 '함여유신'을 통하여 이룩하고자 했던 태화지역은 경제적·정치적 측면에서 평등한 복지사회를 뜻한다는 것을 알수 있다.

정암이 강조한 융평이란 하향 평등(下向平等)이 아니라 상향 평등(上向平等)이라는 점이 주목된다. 대체로 평등이라고 하면 높은 것을 끌어내려서 고르게 하는 하향 평등을 의미하는 경우가 많다. 하향 평등은 고르게 한다는 평준화의 의미는 있지만, 수준의 하향을 초래한다는 점에서 아쉬움이 있는 것이다. 뿐만 아니라 상하 간의 차별은 해소되어 계층 간의 문제는 상당부분 완화될 수 있겠지만, 구성원 간의 불화(不和)와 의욕 상실로 생산력 저하를 초래할 수 있다는 점에서 취약점이 많다고 할 수 있다.

그러나 정암이 말한 융평이란 상향을 지향하는 평등이라는 점에서 의의가 크다. 위를 끌어내려 고르게 하는 것이 아니라 아래를 끌어올려 고르게 하는 점에서 상하 계층 모두에게 이로움이 있다. 그런점에서 오늘날 이른바 '윈(WIN)-윈(WIN)' 전략과 상통하는 면이 있다. 무엇보다 두 계층을 동시에 만족시킨다는 점은 현대적으로 보아도 시사하는 바가 크다.

정암은 무엇을 '손(損)'해야 하고 '익(益)'해야 하는가에 대해 세세하게 구체적인 내용을 명시하지는 않았다. 하지만 당시의 시대적 배경과 정치 현실을 살펴보면 손익(損益)해야 할 사항들은 분명해진다. 당시 상황으로써 분석해보면 우선 경제적인 부(富)의 '손익(損益)'이 절실하였다. 무엇보다 당시 심각한 양상을 보이던 부호(富豪)와 일반 서민들 간의 빈부 격차를 줄여 고르게 살게 하는 것이 시급한 일이었다. 이른바 '빈익빈부익부(貧益貧富益富)'의 요소가 있는 민생(民生)을 개선하여 형평을 이룩하는 경제적인 평등이 시급한 일이었다.

정암이 융평의 절차적 방법으로 제시한 '덜 것은 덜어내고 더할 것은 더해주는' 방법의 근본정신은 『주역』 손괘(損卦)와 익괘(益卦)의 의미를 응용한 것이다. 위에서 덜어서 아래에 보태는 것이 '익(益)'이고, 아래에서 덜어서 위에 더하는 것은 '손(損)'이다. 그것에 기초하여 당시 특권층의 이익을 차단하고 그들에게 돌아가던 부를 공익성과 사회적 형평성을 고려하여 하층민에게 환원하여 끌어올리는 방법이 융평(隆平)이다. 이것은 당시 특권층의 재산을 몰수하거나 환수하여 일반 백성들에게 돌린다는 것은 아니다. 더 이상 특권층에게 경제적 이득을 가게 하지 않는 '색리원(塞利源)' 즉, 특권층에게 계속되는 이원을 더 이상 허용하지 않는 '차단'의 필요성을 말한다. 그럴 때 국가 경제는 여유가 생기고, 결국 백성들이 부담해야 하는 세금이 줄어들게 됨으로써 서민 경제에도 좋은 결과를 가져오게 된다는 것이다. 그리하여 마침내 모두가 하나가 되는 태화의 경지 즉, 대동 사회로 나아갈 것을 도모할 수 있게 된다는 내용이다.

태화의 경지로 나아가는 과정은 끊임없는 시폐혁신(時弊革新)을 통한 변통이 요구된다고 정암은 밝혔다. 정암이 조정에 나가 활동하던 4년간 한순간도 개혁이나 변혁을 멈춰본 적이 없었다. 기묘사화가 일어나 구금되는 그 순간까지 자신을 잊고 태화지역으로 가는 개혁을 멈추지 않았다.

정암의 확고한 개혁 의지에 반해 중종은 매우 소극적인 의지를 가진 군주였다. 알성시에서 정암을 비롯한 유생들에게 당우지치(唐虞之治)에 대한 강렬한 의지를 피력하고서도 정작 정암이 조정에서 그런

230

정치를 위한 변혁을 주청하면 조종의 구법이나 선왕의 일이라 하여
번번이 거부하거나 의지를 보이지 않았다. 지나치게 인습(因習)에 젖
어 변화를 두려워하고 경계함으로써 신진 사림들을 실망시킨 경우가
한두 번이 아니었다. 신료들이 확고한 의지와 명쾌한 논리로써 변혁
의 이유를 설명해도 중종은 좀처럼 나서려 하지 않았다. 정암을 비롯
한 도학자들이 지치를 이루기 위한 가장 우선적인 조건으로 끊임없
이 군주가 성군이 되기를 요청한 것은 주지의 사실이다. 그들이 한순
간도 임금의 마음을 바르게 인도하는 일 즉, '격군심(格君心)'에 그렇게
강한 노력을 기울인 것은 바로 그런 이유에서였다.

그런 점에서 보면 중종은 이른바 '용군(庸君)'이라고 보아야 할 것이
다. 율곡은 『동호문답』에서 성군이 아닌 임금을 분류하여 '용군', '혼
군', '폭군'으로 분류한 바 있는데, 용군이란 '나약하여 뜻이 약하고 우
유부단하여 정치가 서지 않으며 인순(因循)하고 고식적(姑息的)이며 날
로 나라를 쇠약하게 만드는 임금'이나.[49] 중종이 개혁을 꺼리고 번번
이 조종구법(祖宗舊法)을 이유로 거부하던 측면 등을 보면 '용군'과 같
은 면모가 있었음을 확인하기란 어렵지 않다.

6. 시폐(時弊) 혁신의 원칙과 개혁의 선진성(先進性)

1) '인시가감(因時加減)'의 변통론과 개혁의 완급(緩急) 조절

정암의 지치적 개혁은 처음부터 철저하게 원칙에 입각하여 추진되
었다. 500년이 지난 오늘날에도 '개혁'을 거론할 때면 의례히 정암을
역사적 사례로 거론하는 것도 그 개혁 과정이 원리와 원칙에 따라 구
체화되었기 때문일 것이다. 그런 개혁이었기에 과단성(果斷性)이 있었

49 『율곡전서』(상), 「동호문답」 참조.

다. 그러나 군주였던 중종을 비롯하여 훈구 세력들의 변통(變通)에 대
한 두려움과 거부도 대단했다.

> 전하께서 오히려 고집하시고 굳이 거절하시면서 반드시 조종의 구법
> 임을 핑계대시니, 선대 조종에서 과연 신봉하였더라도 이런 식으로 핑
> 계를 돌리시면 이것은 선조의 허물을 드러내는 무례(無禮)함이 되고,
> 인습에 따라 그냥 보존되어온 잘못된 것인데도 조종으로 돌려버리면
> 이것은 조종께 누를 끼쳐서 불경(不敬)스런 일이 됩니다. 불경과 무례
> 는 사람이 감히 하여서는 안 되는 것입니다.[50]

군주가 "조종조에서 혁파하지 못하고 내려온 일을 내가 잘난 체하
여 고치는 것은 진실로 불가하다"[51]고 단호히 거부하였으나, 정암의
개혁 의지는 이보다 너 확고하였음을 볼 수 있다. 정암이 주축이 된
신진사류는 반정(反正)으로 등극한 중종이 보였던 지치에의 의지를 확
신하고 대소사에 걸쳐 개혁에 박차를 가하였던 것이다. 일례로 소격
서(昭格署) 혁파와 왕실 불사의 폐지에 대하여 본다면, 이는 선대 선왕
의 구법에 의한 것이어서 폐지할 수 없다는 중종의 극력 반대에도 불
구하고 혁파를 시도했다. 이단 배척이라는 명분을 내세운 것이기는
하였지만 개혁의 대상이라고 판단되었을 경우, 완수될 때까지 노력을
포기하지 않았다. 군주의 고집도 있었지만, 옳은 길을 간다는 확신에
찬 도학자들의 의지도 굽힐 줄 몰랐다.

조종 때의 일이라도 일시에 잘못된 일은 자손이 고쳐야만 또한 전대의

---

50 『중종실록』 권34, 13년 8월 무진(戊辰)조: 殿下尙滯膠牢拒必以祖宗爲辭 祖宗果信
奉而若是歸之 則是彰先祖之過而無禮 因循偶存而歸之祖宗致累乎先祖而無敬 無
敬無禮 人所不敢.

51 『중종실록』 권34, 13년 8월 경인(庚寅)조: 傳曰 祖宗朝所未革去事 自謂吾賢而改
之 固不可焉.

공렬(功烈)을 빛낼 수 있는 것입니다. 더구나 소격서는 다만 전조(前朝)
의 구습을 답습하였을 뿐이니, 조종 때의 일이라고도 할 수 없는 일입
니다. 그리고 전조의 잘못을 조종께 돌리는 것도 불경한 일입니다. 지
금 혁파하더라도 스스로 잘난 체하여 고치는 것이 아니니, 이 분부는
왕으로서 흔들림 없이 평탄하고 정대한 말씀이 아닌 듯합니다.[52]

선대 조종에서 신봉하여온 구법이라 할지라도 현재의 시점에서 불
합리하다면 개변하는 것이 마땅하며, '조종시사(祖宗時事)'라는 이유나
변명은 구차할 뿐 아니라 오히려 고치는 것이 전열(前烈)을 빛나게 한
다는 적극적인 변통 논리를 펼쳤다. 보편타당성이 있는 것이라면 개
변이나 변통할 필요성이 없겠지만, 잘못되고 폐단이 있는 것이라면
즉시 총명과단하게 개변하는 것이 합당하다는 정암의 변통론은 매우
강력한 것이었다. 과연 얼마나 현실에서 절실한가의 여부가 중요한
것이지, 다만 전대의 전통이라 하여 고집해서는 안 된다는 논리이다.

금과옥조(金科玉條)라면 마땅히 준수하여 잃지 않아야 하거니와, 교폐
(膠弊)가 된 것이라면 마땅히 변화시켜서 고쳐 통하게 해야 합니다. 이
런 일을 변개(變改)라고 할 수는 없고, 조종의 좋은 법과 아름다운 뜻
을 어지러이 변경하는 것을 변개라고 일컬을 수 있을 것입니다. 대저
사세(事勢)와 기틀을 알아서 해야 될 일이니 그렇지 않고 선왕의 법도
를 어지러이 변개한다면 패망에 이르지 않을 자가 드물 것입니다. 또
옛날에는 합당하였으나 지금에 불합한 것이라면 마땅히 때에 따라 가
감하는 것이 옳은 것입니다.[53]

---

52 위와 같음: 祖宗時事 一時謬擧 子孫當改之 亦可以增光前烈 況此特因前朝舊習
不可曰 祖宗時事也 以前朝之累而歸之於祖宗 亦是不敬 今而革之 非自謂賢而改
之 此敎恐非王者平坦正大之言也.

53 『중종실록』 권32, 13년 2월 기묘(己卯)조: 金科玉條 當遵守勿失 如有膠固 則當變
而通之 此不可謂變改也 祖宗之良法美意 紛亂變更方可謂之變改也 大抵 識其勢

선대의 법도를 원칙도 없이 고쳐서는 안 되지만 시대의 변화에 맞추어 원칙에 따라 합당하게 변통해야만 패도(覇道)에 이르지 않는다는 주장이다. 조종(祖宗)의 좋은 법과 아름다운 풍습은 준수해야겠지만, 과거에는 적합하였으나 오늘날에 불합〔合古而不合於今〕하면 즉시 개혁하는 것이 좋다고 강조하고 있다. 정암의 변통론은 이와 같이 일관된 원칙이 있었다. 그것은 바로 '때에 따라 가감한다'는 이른바 '인시가감(因時加減)'의 원칙론이었던 것이다.

대개 후세의 사람들은 정암을 극단적인 개혁주의자라고 말하기도 하였지만, 사실은 이와 매우 달랐다. 정암은 변통해야 할 것은 해야 하지만 변통만이 능사는 아니라는 생각도 분명히 가지고 있었다.

> 과연 상교(上敎)와 같이 빨리 효과를 보려 하면 먼저 사정(私情)에 마음을 두게 되어 도리어 이루지 못합니다. 만약 오랜 세월을 두고 계속해 나가면 될 것입니다. 옛사람이 '다스림을 구하기를 목마른 것처럼 한다'고 하였으나, 일에는 더디고 빠름이 있으니 더디게 할 것은 더디게 해야 하고, 빨리 할 것은 빠르게 해야 합니다.[54]

소격서 혁파나 위훈 삭제 등은 시급한 문제로서 시간을 다툴 정도지만, 특히 개변(改變)의 완급조절은 반드시 필요하다고 보았다. 이를테면 유속(流俗) 같은 것은 또한 '졸변(猝變)'한다고 해서 바꾸는 것은 결코 아니라고 하였다. 그렇다고 하여 모든 것을 유유범범하게 '점변(漸變)'만을 기다리고 앉아서는 결코 변혁할 수 없다고 강조하였다.

與機而爲之 不然徒變亂先王之法 則不至於喪敗者幸矣 又有合於古 而不合於今 則亦當因時損益也.

54 『중종실록』 권34, 13년 10월 계미(癸未)조: 果如上敎 欲速見效 則先有心於私 而反不達矣 若專以悠久待之 而淹延歲月 則斯焉而已 古云求治如渴 而事有遲速 當遲而遲 當速而速也.

유행하는 풍속은 진실로 하루아침에 갑자기 변화시키지는 못하지만, 유유범범하게 점진적인 변화를 기다리기만 하면 습관화된 풍속의 취향에 젖어서 훌륭한 옛 도를 회복하지 못하게 될 것입니다. 마땅히 숭상해야 할 풍속이 어떠한 것인가를 잘 헤아려서, 고쳐야 될 것은 바로 고쳐 사람들의 이목으로 하여금 보고 느끼게 하여 그런 세계에서 젖어 노닐게 해야 합니다. 잘 인도하면 우리 백성들도 또한 참다운 길을 행하는 사람들이오니, 어찌 구습에 빠져서 끝내 개혁하지 못할 리가 있겠습니까?[55]

대개 풍속(風俗)이나 습속(習俗)은 구습을 따르는 추향(趨向)이 강해 고치거나 변화시키기가 여간 어렵지 않다. 그러나 분명히 지향하고 숭상해야 할 것이라면 즉시 개변하여 사람들로 하여금 변화된 세상에서 경험해보도록 잘 선도하면 개혁하지 못할 이치 또한 없다고 하였다. 유속(流俗)은 바로 바뀌지는 않지만 즉시 변화시키거나 고쳐야 할 필요성이 있을 경우 둘러 개변(改變)해야 한다고 했다.

그리고 그러한 완급의 조절은 변통 여부를 결정할 수 있는 능력을 갖춤으로써 가능한 것임을 밝히고 있다.

변통한다는 것은 마땅한 말입니다만, 조종의 법을 아랫사람들이 모두 다 변통하려 하는 것은 참으로 옳지 않은 일입니다. 문왕·주공의 법도 나중에는 폐가 있었는데 하물며 후세의 법이겠습니까? 그대로 두어도 될 것을 변통하려 하는 것도 불가하며, 변통해야 할 것을 그대로 두고자 하는 것도 불가한 일입니다. 다만 성학이 고명하시어서 사물을 응접하시는 동안에 자연히 터득하신다면 될 것입니다.[56]

55 『정암선생문집』 권3, 「시독관시계」 12: 俗流固不可一朝而猝變也 但悠悠泛泛 而俟其漸變 則習俗趣向 安於踵舊 不能復古矣 當以俗尙商量 可改者 卽改之 使耳目觀感優遊而善導之 則斯民亦眞道而行者也 安有狃於舊習 終不改革之理乎.
56 『중종실록』 권33, 13년 5월 병진(丙辰)조: 所謂變而通之者 亦當矣 但祖宗朝之法 下

군주의 학문이 고명한 경지에 이르러 처사응물(處事應物)에서 자연스런 판단이 가능할 때 변화가 이루어진다고 규정하고 있다. 군주가 성군(聖君)이 되어야 한다는 조건을 제시한 것이다. 아울러 군주를 보좌하는 현상(賢相)의 역할도 강조하였다.

> 무릇 사물의 이치는 알기가 심히 어려우니 그 유속(流俗)을 바로 잡아서 옛 도를 좇게 하는 것은 성군(聖君)과 현상(賢相)이 아니면 할 수 없는 것입니다.[57]

아무리 좋은 법도 시간이 경과되면 폐단이 발생하게 마련이라는 일반론을 개진한 뒤 무엇보다 변통 여부를 판단할 수 있는 능력의 배양이 중요하다고 강조하고 있다.

지금까지의 논의를 통하여 정암의 개혁이 철저하게 그 지속성(遲速性) 또는 완급성(緩急性)을 고려하였음을 알 수 있다. 원칙 없는 개혁이 아니라 명확한 순차성에 따를 것을 분명히 하였던 것이다. 정암은 경연관으로 있을 때 특히 지치(至治)의 효과를 급히 보고자 하였던 중종에게, "모든 일에 너무 빠른 효과를 보려고 해서는 안 됩니다. 반드시 오랜 세월을 두고 기다려야 합니다."고 누차 개혁의 신중론을 아뢰기도 하였다.[58] 말하자면 변통의 완급조절(緩急調節)을 누구보다 중요하게 여겼다.

그러나 정암의 개혁은 매우 적극적이고 그 지향하는 목표가 명확하였기에 결코 안일하거나 느슨하지는 않았다. 변화와 변통, 혁신과 개혁은 정암이 도학사상을 현실화시키기 위하여 필수불가결한 요건

人欲盡變更固非也 夫文王周公之法 終亦有弊 況後世之法乎 可行而必欲變之者不可 可通而必欲不通者 亦不可也 但願聖學高明 應事接物之際 自然理會則可矣.

57 『정암선생문집』권3,「시독관시계」12: 凡事物之理 知之甚難 矯其流俗 以從古道 非聖君賢相 不能爲也.

58 『중종실록』권32, 13년 3월 무오(戊午)조.

이었기 때문이다.

당시 정치는 기강과 법도가 서지 못하고, 민생은 척박할 대로 척박하여 더 이상 개혁을 미루어서는 어떤 결실도 보지 못할 처지였다. 정암이 우선적으로 변화와 개혁을 중시하는 입장에 설 수밖에 없었던 이유가 있었고, 당시 개선해야 할 사항이 수없이 산적해 있었던 상황을 고려하면 군주에게 강력한 시폐 혁신을 요구하지 않는 것은 당연한 요구였다. 완만하게 개선해 나가기에는 당대 상황이 너무 절실했고 위기 상황은 너무나 심각하였기 때문이다.

후대의 학자들 중에 정암이 너무 급진적인 개혁을 시도하여 미완(未完)으로 끝났다고 평가하는 경우가 있다.[59] 그러나 그런 평가는 정암의 개혁과 변통론의 본질을 바르게 이해하였다고 보기 어렵다. 오히려 당시 훈구 세력들이 정암을 비롯한 신진 사림을 일망타진할 때 내세웠던 논리와 아주 유사하다. 개혁에 대한 평가는 개혁 주체의 정당성 여부로 판단해야지, 속도의 지급성(遲急性)만으로 문제 삼는 태도는 섣부른 것이라는 비판을 면하기 어려울 것이다.

정암 도학은 그 사상의 내용이나 실현 방법 등에 있어서 확고한 원칙과 기준을 강조하는 특성이 있었다. 때문에 오히려 변화나 변혁에 대해 경직된 입장을 가진 것으로 보이기도 하였다. 확실히 정암 도학은 절대적인 원칙이나 원리를 중시하는 경향이 있었지만, 그것은 변화나 변혁의 절차나 방법을 무시한 채 추진한 것이 아니라는 점이 중요하다. 오히려 정암 도학은 그 사상이 지향하는 이상적 사회로 나아가기 위하여 현실에 대해 철저한 원칙에 따라 끊임없는 변혁과 변화를 적극적으로 요구하였다. 실지로 정암이 출사 후 현실 개혁을 위하여 시행한 업적들은 당시 사회의 일상적인 변화와 개혁보다 훨씬 더 진보적인 측면이 있었던 것이었음을 유의할 필요가 있다. 지금까

59 역사문제연구소, 『실패한 개혁의 역사』, 역사비평사, 51~84쪽.

지 살핀 바대로 정암은 시사(時事)나 법제의 개변과 개혁, 변혁과 변통을 시도함에 있어서 보편성(普遍性)에 입각한 타당한 논리와 입장을 분명하게 견지하고 있었음을 알 수 있다.

2) 인격적 평등의 주창과 열린 정치

정암이 지치를 위하여 추구한 내용 중에는 특히 사회 구성원 간의 인격적(人格的) 평등(平等)을 주창하는 혁신적 제안이 보인다. 정암은 무엇보다 신분에 대한 아주 열린 생각을 가지고 있었는데, 시대를 크게 앞서는 선진적 사고였음을 알 수 있다.

> 우리나라는 땅이 좁아 본래 인물이 적을 수밖에 없는데 여기에 또 서얼(庶孽)과 사천(私賤)을 구별하여 그들은 등용하지를 않습니다. 중국과 같은 나라도 귀천을 가리지 않고 오직 고루 쓰지 못함을 걱정하고 있는데, 하물며 작은 우리나라이겠습니까?[60]

정암이 살았던 15, 16세기는 철저한 신분제 사회였다. 그러나 정암은 누구보다 인간의 신분에 대한 열린 시각을 가지고 있었다. 당시 신분에 대한 매우 자유로운 사고를 했던 측면에서 정암은 상당히 앞선 동시에 열린 생각을 지녔던 사람임이 분명하다. 정암은 비록 천인(賤人)일지라도 사람다운 올바른 인격의 소유자임을 확인하면 그가 어떤 신분인가를 가리지 않고 존중하였고, 실제로 그런 깊은 인간관계를 유지하기도 하였다. 당시 최고로 주목받는 선비로서 덕망이 높았던 정암이 도성 안의 피장(皮匠), 일명 '갓바치'와 여러 날을 같이 잠자고 지내면서 학문과 시국에 관해 묻거나 대화를 나누었다고 하는 기

---

60 『중종실록』 권32, 13년 3월 경술(庚戌)조: 我國壤地褊小 人物本少 而又分庶孽私賤而不用 中原則不許貴賤 而猶慮其不周 況小邦乎.

록은 상상하기 어려운 처세였다.[61] 계급사회에서 일부만이 누리는 정치적 권리를 보다 많은 사람이 누릴 수 있도록 하는 것은 어려운 문제이면서도 동시에 인권(人權)의 본질적인 문제와도 관계된다. 특히 왕조시대에 신분을 넘어선 정치적 평등권의 확대는 거의 혁명적(革命的) 사고(思考)에 가깝다. 정암은 신분을 초월하여 사람을 사귀었으며, 능력이 있는 사람이라면 미천한 신분일지라도 가리지 말고 벼슬길에 나설 수 있게 해야 한다는 신분적 평등을 분명히 제시했다.

서양에서도 프랑스 대혁명(1789)에서야 비로소 모든 인간의 자유와 평등 문제를 거론하는 단계라고 보면 정암의 사고는 그보다 200년 이상 앞선 것이라고 할 수 있다. 이미 앞에서 밝혔듯이 정암은 당대 지당한 일로 여겼던 첩(妾)을 두지도 않았으며, 부부관계에 대한 인식과 처리에도 거의 현대적 관점과 인식 수준을 보여주었던 면에서도 그 사고(思考)의 선진적(先進的) 측면을 볼 수 있다.

정암은 단지 인물은 고루 쓰느냐 쓰지 못하느냐가 문제이지 그 신분이나 출신이 문제가 되어서는 안 된다는 점을 아주 분명하게 지적하였다. 그리고 출사 기간에 정암은 이 점을 분명하게 실천하고자 노력하였다. 적어도 인물 등용에 있어서 차별을 두지 않았고, 학연이나 지연 등과 같은 개인적 관계를 철저하게 배제하였다. 실제로 신분을 넘어서 사람들과 교제하는 모습을 보이며 인재 등용에 있어서도 서얼 등 신분상의 차별을 철폐하고 능력주의를 따를 것을 주장하였다.

이를 분석하여보면 정암은 특히 인재의 '고른 등용[周用]' 여부가 바로 '함여유신'과 '융평'의 조건이자 절차임을 말하였음을 알 수 있다. 등용 과정에서 차별을 없애는 것 자체가 융평의 최우선 과제였지만, 나아가 단순히 신분을 가리지 않고 등용하는 것만이 중요한 것이 아니라 등용 이후에 조금도 차별 없이 고루 쓰는 것까지 언급하였다.

61 『정암선생문집』〈부록〉권1, 「사실」 및 『연려실기술』 권8, 「중종고사본말」조.

이러한 정암의 인식에는 '함여유신'이야말로 '태화지역'으로 가는 필수조건이라는 인식이 깔려 있었다. 그리고 그 주장의 밑바탕에는 특히 정신적 측면에서의 모든 구성원 간의 동질감이 충족되어야 태화지역에 이르는 것이라는 내용이 담겨 있다. 신분과 계층을 떠나 정신적 동질감을 확인하고 누릴 수 있을 때 모두가 함께 하는 진정한 의미에서의 평등이라는 의미이다. 정암은 그러한 수준까지 추구하고 있었던 것이다. 참된 의미에서 구성원 모두가 하나의 주체(主體)가 되는 것은 현대적으로도 손색이 없는 선진적 사고였다.

정암은 그런 정치를 이룩하기 위해서는 우선 군신 간의 열린 신뢰와 그것을 바탕으로 군주가 재상에게 정사(政事)를 위임하는 재상정치(宰相政治)의 필요성도 강력하게 주청하였다. 융평사회로 나가기 위한 구체적 실현 방법으로 정사를 베푸는 두 주체인 군주(君主)와 대신(大臣)의 동심 협동과 열린 자세를 주장한 것이다. 특히 군주는 광명정대(光明正大)한 식견을 가지고 대신과 일심동체(一心同體)가 되고자 하는 노력이 있어야 한다고 강조하였다. 전통왕조 시대에는 사실상 군주 독치의 통치 구조를 가지고 있다. 군주 한 사람의 통치에 의해 모든 것이 좌우되기에 그 부작용이란 이루 말할 수 없다. 정암은 그러한 폐단을 연산군을 통하여 확실하게 체험한 바 있다. 군주 한 사람이 아무리 노력을 한다고 할지라도 그 인격 수양에는 한계가 있을 수밖에 없고, 그 경우 학식을 가진 대신 혹은 재상들이 보완함으로써 허점이나 문제점을 보완할 수 있다는 점에서 매우 실질적인 제안이었다. 군주가 성현이 되려는 끊임없는 노력을 기울일 것을 특히 강조한 정암이었지만, 역사적으로 세종과 같은 성군의 경지에까지 이르는 것은 결코 쉬운 일이 아니기 때문이다. 따라서 그러한 문제점을 재상정치로써 보완하는 것을 기대하였던 것이다. 그런 점에서 정암의 제안은 매우 현실적이고 합리적이었다. 그것은 오늘날의 대의정치와 상당 부분 통하는 열린 시각이었다고 할 수 있다.

제7장 기묘사화(己卯士禍)와 정암의 종명(終命)

1. 기묘사화의 근본 원인과 발단

정암 조광조는 광명정대(光明正大)하게 도학정치를 실현하던 과정에서 기묘사화를 당하여 희생되었다. 당시 38세의 정암은 다시 대사헌(大司憲)에 제수되어 군심(君心)만을 믿고 당대의 병인(病因)이 무엇보다 '이원(利源)'에 있다고 판단한 뒤 근본적으로 제거하려고 기득권층에 맞서 치열한 개혁을 추진하고 있었다. 무엇보다 국가의 병통(病)이 이욕(利慾)의 근원, 즉 수구보수 세력의 사리사욕(私利私慾)에서 비롯되고 있음을 확신하고 그 병인을 제거하는 지난(至難)한 개혁에 착수하였던 것이다. 그 길만이 국맥(國脈)을 영원(永遠)토록 무궁(無窮)하게 하는 것이라는 판단에 의해서였다. 일련의 개혁 중 가장 중요하게 여긴 것은 바로 반정공신에 대한 위훈삭제(僞勳削除)였다. 그리고 그것은 바로 기묘사화의 가장 직접적인 원인이 되었다.

반정공신에 대한 위훈삭탈이란 당시 권력층인 훈구 세력 4분의 3의 지위를 삭제하여 그 지위를 격하시키는 일이었다. 중종반정 당시 주도 세력은 반정 닷새 후 논공행상(論功行賞)을 하여 무려 101명의 무더기 공신 책봉을 상계하였다. 그리하여 중종반정 정국공신(靖國功臣)을 책봉하게 되었는데, 정국(靖國)이란 나라를 다스려 편안하게 했다는 의미이다. 1등 정국공신에 5명〔유자광, 신윤무, 박영문, 장정, 홍경주〕, 2등 공신에 심순경 등 13인, 3등 공신에 심정 등 83인을 책봉하였다. 이날 반정공신 책봉 처음에는 이른바 반정3대장이라 불리었던 성희안(成希顔), 박원종(朴元宗), 유순정(柳順汀)은 스스로를 공신으로 책봉하는 것이 곤란하다는 판단 하에 공신 명단에 자신들의 이름을 넣지 않았다. 일종의 정치적 책략이었다. 그러자 영의정 유순(柳洵)과 우의정 김수동(金壽童)이 3대장을 공신에 책봉해야 한다는 의견을 제시하였다. 그리하여 1등 공신은 5명에서 8명으로 늘어났다. 심지어 새 임금이 된 중종도 잠저에 있을 때 자신을 섬긴 윤탕로(尹湯老)를 의거에는 참여하지 못했지만 공신에 책봉하자고 추천하였다. 한두 명씩 늘어난 공신은 결국 117명이나 되었다. 조선조 개국 이래 최대의 숫자였다.

중종 반정공신 책봉에는 크게 두 가지 문제가 내재해 있었다. 우선 공신 책정 자체가 공에 따라 상이 부여된 것이 아니라 상당 부분 위훈이었다는 것이고, 다음으로 그 보상이 당대의 국가 경제를 크게 위협하는 수준이었다는 점이다. 조선조 개국 이래 이미 여덟 차례에 걸쳐 거듭 공신 책봉이 있었던 터에 공신들에게 지급할 국유지 등 국가 재정이 바닥난 상태였다.

공신에게 주어진 상을 보면, 1등 공신의 경우 3계급 승진 및 그 부모와 처자에게도 3계급을 뛰어넘는 작위가 부여되었고, 그 아들 역시 3계급 승진의 혜택이 주어졌다. 아들이 없으면 조카나 사위를 2계급 승진시켜주었다. 뿐만 아니라 전 150결과 은 50냥이 주어졌다. 또한 반상 10인, 구사 7인, 노비 13인이 내려졌고, 말도 한 필 하사되었다. 2등 공신에게는 2계급 특진, 부모, 처자, 아들, 조카 혹은 사위에게 승진의 혜택이 주어졌고, 아울러 전 100결, 은 30냥, 반상 8인, 구사 5인, 노비 10인, 말 한 필이 하사되었다. 3등 공신에게는 1계급 특진 및 부모, 처자 아들 등에게 승진의 혜택과 함께 전 80결, 은 20냥, 반상 6인, 구사 3인, 노비 8인과 말 한 필이 하사되었다. 4등 공신에게는 1계급 특진과 부모, 처자, 형제 등의 승진 및 전 60결, 은 10냥, 반상 4인, 구사 2인, 노비 6인에 말 한 필이 하사되었다. 중종은 반정주도자였던 박원종에게 연산군 때의 시녀 3백 명을 상으로 별도로 주었을 정도였다. 성희안이나 유순정도 뇌물을 좋아해 광대한 땅을 소유하였

242

다.¹ 이러한 혜택은 당대에만 누리는 것이 아니라 자자손손 부귀영화를 누리도록 세습되었다. 『연려실기술』에는 심지어 '뇌물의 액수에 따라 정국공신의 등급이 정해졌다'고 기록될 정도로 반정공신들의 부정과 부패가 심하였다. 이러한 큰 보상이 중종반정으로 인해 무려 117명에게 주어졌으니, 그 비용을 모두 합하면 엄청난 국가적 경비가 필요했음을 알 수 있다. 훗날 정암 조광조는 이 위훈의 삭제를 주장했고, 그것은 바로 기묘사화의 직접적인 계기가 되었다.

이 공신 책정이 근본적으로 잘못되었다는 것은 1등 공신 중에 맨 먼저 이름이 올라 있는 유자광(柳子光)을 보면 바로 알 수 있다. 유자광은 실제로 아무런 공이 없었음에도 불구하고 공신 명단에 올라갔다. 그는 연산군 때 무오사화(戊午士禍)를 주도했던 자였는데, 중종반정이 성공할 기미를 보이자 연산군을 폐할 것을 주장함으로써 반정 주도 세력에 붙는 재빠른 변신을 보였다. 바로 이런 위훈(僞勳) 즉, 공(功)도 없는 자에게 잘못 책봉된 공신으로 인해 국가 재정이 큰 도탄에 빠진 상황이었다.

반정공신들의 위훈 책정은 반정주도자들이 권력화 혹은 정치 세력화를 통하여 정국의 장악이라는 정치적 의도를 깊이 내포한 것이었다. 중종 초반은 이들 세력이 정권을 완전히 장악하고 임금을 무력화시켰다. 이미 세조대와 성종대에도 이런 훈구파들이 정치권력을 장악함으로써 사림파들이 참화를 당하기 일쑤였다.

그러나 반정 이후 5년 정도의 세월이 흐른 후 주도세력들이 점차 단명으로 죽음을 맞음으로써 차츰 도학자들이 조정에 들어서게 되는 계기가 마련되었다. 박원종이 중종 5년(1510)에 43세의 나이로 죽었고, 그 2년 뒤에는 53세로 유순정이, 또 다음해에는 성희안이 52세로 각각 세상을 떠났다. 반정이 일어난 지 8년째 되던 해 그 주도세력의

1 이덕일, 『사화로 보는 조선 역사』, 석필, 1998, 352~356쪽.

243
제2부 정암 도학의 현실적 구현과 역사적 의의

핵심 세 사람이 모두 죽은 것이었다. 이를 계기로 정권의 흐름에도 변화가 일기 시작했고, 정암은 바로 박원종이 죽음을 맞이하던 해에 알성시에 장원급제하여 도학정치의 이상을 펼칠 포부를 밝힌 바 있다. 반정주도 3대신이 죽은 후 훈구 세력은 중심을 잃고 권력화를 시도하였으나 정국에는 변화가 일기 시작하였다. 그런 분위기에서 대간이 정국공신 1등이었던 공조판서 박영문(朴永文)을 당시 뇌물로써 공신 책정을 어지럽힌 인물이라고 탄핵하자, 결국 중종은 그를 축출했다. 이에 박영문은 같은 1등 공신이었던 신윤무와 불만을 토로하게 되었고, 그것을 엿들은 의정부 관노 정막개(鄭莫介)는 역모라고 고변하였다. 그리하여 이들 두 1등 공신은 중종 8년 참형에 처해졌다. 중종도 훈구 세력들을 제어하여 왕권을 강화할 필요성이 있었고, 신진 도학자들이 차츰 조정에 들어서게 되자 그들을 대우하여 사림 세력의 동조를 얻기 시작했다. 권력 판도의 변화 조짐이 일고 있었던 것이다. 훈구 세력과 사림파 간의 정치적 입지 확보 경쟁은 중종 10년을 전후한 시기에 본격화되기에 이르렀다.

박상과 김정이 구언에 응해 폐비 신씨(愼氏)의 복위(復位)를 청하였던 일도 정암의 출사를 전후한 시기의 변화하던 흐름을 반영한 것이었다. 비록 당시까지만 해도 훈구 세력들이 잔존하고 있어서 박상과 김정은 유배를 당하였지만, 그들 문제는 곧바로 등장하는 조광조에 의해 재론되어 훈구파와 사림파 간의 입지 확보 투쟁의 상징적 출발점이 된다.

특히 조광조는 철저하게 지치와 도학적 이상에 기반한 도덕정치를 추구하였으니, 훈구 세력과의 대립 혹은 갈등은 피할 수 없는 상황이었다. 신진 사림들은 이외에도 문종의 비 현덕왕후의 무덤인 '소릉 복위' 문제를 제기하여 정권의 정당성 시비에 부채질을 가함으로써 도학적 정치 질서를 세우기 위한 공격의 강도를 높이기 시작했다. 신씨 복위는 성공하지 못했지만, 정치권력의 시비(是非)와 정사(正邪)라는 도덕적 당위성의 문제를 제기함으로써 훈구 세력의 문제점을 제기하는 반면 사림 세력의 정치적 이상을 부각시키는 계기가 되었다. 정암을 비롯한 도학자들은 또한 소격서(昭格署) 혁파를 통하여 성리학적 이념의 철저한 시행과 사회질서의 확립을 더욱 강화하고자 하였고, 현량과(賢良科)를 설치하여 신진 사림의 등용문을 더욱 넓게 열어놓았다.

이러한 일련의 개혁적 실천들은 사실 훈구 세력의 기반을 약화시키고 나아가 결국 그들의 존재 자체를 부정함으로써 정치적 무력화를 도모하는 성격을 지닌 것이었다. 따라서 훈구파들에게는 존재 자체를 위협하는 위기이자 불안의 요소가 되었다.

그런 상황에서 중종은 당시 조정에 들어온 조광조를 비롯한 신진 도학자들에게 깊은 신임을 보냈다. 왕권 강화를 위한 정국 흐름의 변화 요구에 도학자들의 등용은 적합하게 호응할 수 있었고, 도학자들 또한 강한 의지를 보였다. 정암에 대한 중종의 신뢰는 특별하였다. 정암 역시 당시 사림의 영수로 존숭을 받고 있었다. 그런 정암이었기에 훈구파들에게는 가장 두려운 존재로 부상했다. 그리고 정암은 훈구파의 존재 자체를 위협하는 일련의 개혁적 조치들을 차근차근 진행했다. 특히 훈구파에게 있어 현량과(賢良科) 설치와 위훈삭제(僞勳削除)는 가장 위협적인 개혁이었다. 현량과 설치를 발의할 무렵인 중종 13년 1월에 정암은 이미 당상관인 정3품 홍문관 부제학에 임명되었다. 첫 벼슬에 나선 지 불과 2년 반 남짓 지난 시점이었다. 전례없는 고속 승진이었는데, 중종의 신임은 계속되었다. 마침내 같은 해(1518) 중종은 조광조를 사헌부 수장인 대사헌에 임명하였다. 종2품직 승진이었으니, 그 차서(次序)를 불문함이 이와 같았던 것이다.

대저 혁신적(革新的)인 생각과 실천 없이 세상(世上)은 바뀌지 않는다. 조광조는 입사 이후 일련의 지치적 개혁을 분명하고 엄정하게 실천하여왔다. 그런 과정에서 가장 지난(至難)한 과제였던 위훈삭제 작업에 착수하였다. 117명의 정국공신 중 상당 부분이 잘못된 책봉이라는 지적은 정암 이전에도 줄기차게 제기되었지만, 번번이 개정에는 실패했다. 그것은 무엇보다 권력의 핵심을 잡고 있던 훈구 세력의 존재 기반에 대한 정리 작업이라는 측면에서 사실 혁명(革命)보다도 어려운 개혁(改革)으로 여겨질 수 있는 것이었다. 중종반정에서 실제로 공로가 있었던 사람들은 그렇게 많은 숫자는 아니었다. 그럼에도 불구하고 117명의 공신 책봉은 반정 세력이 권력을 장악하고자 하는 의도에 의해 시도된 정치적 부패 행위였던 것이다. 그런 문제점을 분명하게 인식하고 있었던 도학자들은 따라서 그것을 개혁하는 것이야말로 당대 정치의 정도(正道)를 확보하는 최우선 과제라고 여겼다.

정암이 위훈삭제 문제를 정식으로 건의한 것은 중종 14년(1519) 10월이었다. 당시 사헌부 최고 수장 대사헌이던 정암은 사간원 최고 수장 대사간 이성동(李成童)과 함께 이 문제를 본격적으로 거론하고 잘못을 바로 잡을 것을 건의하였다. 이미 1등 공신을 받은 자들은 대부분 죽고 없었다. 박원종, 성희안, 유순정 3대신은 이미 죽었고, 박영문과 신윤무도 정막개의 모반 고변 사건에 의해 처형된 뒤였고, 유자광도 귀양 가서 죽은 뒤였다. 홍경주만이 유일하게 남아 있었다. 그러나 정국은 여전히 훈구 세력에 의해 주도되고 있던 상황이었기에 결코 쉽지 않은 개혁이었다. 이런 점은 중종도 알고 있었으나 사림들은 개의치 않고 개혁을 추진하였다. 그리하여 정암은 2, 3등 반정공신 중 심한 자들은 개정을 하고, 4등 공신 50여 명은 아무런 공도 없이 책봉된 자들이라고 규정하고 그 작위를 박탈할 것을 강력하게 주장했다.

그러나 중종은 결코 윤허할 자세를 보이지 않았다. 소격서 혁파 과정에서도 정암을 비롯한 도학자들이 얼마나 지난한 경험을 한 바 있었던가를 고려할 때 위훈삭제는 더 어려운 문제로 대두되었다. 중종 자신의 존재 기반에 대해 문제 삼는 것이 불안한 면도 있었지만, 이제 차츰 사림파들의 요구에 싫증을 느끼기 시작했다. 중종의 위훈삭제 반대는 완고하였다. 이에 정암을 비롯한 도학자들은 사직을 하며 요구를 굽히지 않았다. 당시 영의정 정광필도 개정의 필요성에는 동의하고 있었다. 결국 윤허를 거부하던 중종도 11월에 4등 공신 전원과 2, 3등 공신 일부를 포함, 모두 76명의 공신을 삭제하는 것을 윤허했다.

이런 위훈삭제는 사실상 정국의 주도권을 사림파가 주도하게 되었음을 의미하는데, 그것은 동시에 훈구파의 위기를 뜻하는 것이기도 하였다. 참으로 지난한 투쟁으로 얻은 사림파의 값진 승과였다. 그러나 이 위훈삭제는 정암을 비롯한 수많은 신진 도학자들을 참화로 몰아간 기묘사화가 발발하게 되는 직접적인 계기가 되고 말았다.

2. 중종(中宗)의 묵인(默認)과 종용(慫慂)

기묘사화가 촉발하게 된 직접적인 사건은 위훈삭제였지만, 보다 근본적인 원인은 임금이었던 중종의 변심(變心) 즉, 임금의 신망만을 믿고 있던 도학자들을 중종이 배신하고 다시 훈구 세력을 선택한 임금의 이중적 태도에 있었다.

도학자들의 일관된 개혁 추진으로 차츰 훈구 세력의 위기의식도 증대되고 있었다. 그 무렵 중종도 도학자들의 정도(正道)에 대한 타협 없는 추구에 대하여 매우 싫증을 느끼기 시작했다. 훈구 세력은 그런 점을 놓치지 않았다. 그리하여 임금의 배신과 그것을 눈치 챈 훈구 세력은 또다시 역사의 수레바퀴를 뒤로 굴리는 참혹한 사화를 도모하는 수순을 밟기 시작했다.

그 무렵 무엇보다 정암에 대한 신진 사림의 압도적인 존중과 백성들의 흠모도 날이 갈수록 달라지고 있었다. 정암이 가는 길에 백성들이 따르기 시작하였고, 신진 관료들도 크게 고무되어 조정 분위기는 놀랍게 변모되고 있었다. 이런 사림파의 도약에 훈구파의 위기의식도 날로 증대될 수밖에 없었다. 이제 정치의 주도권이 정암을 비롯한 신진 사림에게로 옮겨가고 있음이 확실해 보였다.

그럴수록 젊은 도학자들은 더욱 의지를 보였고, 특히 경연을 통하여 중종의 의식을 철저하게 변화시키고자 하였다. 그래서 아침부터 저녁까지 시간 가는 줄도 모르고 성심(誠心)으로 중종에게 의욕적인 개혁을 요구하였다. 그러나 중종은 〈알성시〉 책제에서 보여주었던 개혁의 의지를 끈기 있게 고수하지는 못하였다. 차츰 경연에서도 지루함을 느끼기 시작하였다. 사실 중종의 도학자 등용은 지치(至治)에 대한 의지의 표현이었다기보다는 정치적 측면에서 훈구파를 견제하려던 의도가 더 강한 것이었다.

그럼에도 불구하고 정암을 비롯한 신진 도학자들은 중종의 의지를 사실 너무 지나치게 믿었던 면이 있었다. 중종의 마음이 변하고 있음을 감지하지 못하였다. 이미 중종의 마음이 사림에게서 떠나기 시작하였다. 이러한 중종의 마음을 남곤(南袞)과 심정(沈貞)이 간파하였고, 당시 1명만 생존해 있던 반정 1등 공신 홍경주에게 전하였다. 그리고 그들은 조광조를 비롯한 젊은 도학자들을 일망타진(一網打盡)할 참화를 모의하기에 이르렀다. 이것이 기묘사화(己卯士禍)가 발발하게 되는 발단이었다.

기묘사화가 발생한 근본 원인은 대략 크게 두 가지로 파악할 수 있다. 첫째는, 도학자들을 신임하였던 중종의 배신이었고, 둘째는, 이러한 임금의 배신을 간파한 남곤과 심정 등 훈구 권력자들의 권력 독점 기도가 그것이다. 남곤과 심정은 홍경주 등 무인(武人)을 자극하였고, 홍경주는 자신의 딸인 희빈홍씨(熙嬪洪氏)를 통하여 이른바 '주초위왕(走肖爲王)'이라는 비방으로 중종을 조종하기 시작하였다. 심정은 또한 다른 후궁 경빈박씨(敬嬪朴氏)를 통하여 조광조가 백성들의 마음을 움직이고 있다는 소문을 퍼뜨리게 하여 중종의 불안감을 조성하기 시작하였다.

중종은 반정공신들에 의해 추대된 왕이었다. 그런 까닭에 상당 기간에 이르는 동안 군왕으로서의 지위가 허약하였고, 자신의 독립된 위치를 확보하기 위하여 훈구 세력이 아닌 사림파가 필요했다. 그런 과정에서 중종은 당시 최고의 신망과 지지를 받던 조광조를 등용시키면서 군왕으로서의 지위 확보에 나섰다. 사림파의 강력한 신진 지도자였던 조광조도 중종의 신임을 바탕으로 그 요구에 부응하며 지치적 개혁에 박차를 가하였다. 조광조는 김정(金淨), 김식(金湜), 김구(金絿), 기준(奇遵) 등 신진 도학자들과 함께 이 땅에 요순(堯舜) 시대와 같은 지치적 왕도정치를 구현하겠다는 각오로 정치 질서의 개혁과 개편을 추진하였다.

그러나 중종은 그런 도학자들을 축출하고자 하는 훈구 세력의 거사를 묵인(默認)하는 것에서 더 나아가 종용(慫慂)하고 있었다. 경쟁관계에 있던 정치권력 구조의 문제점을 군주에게 유리한 방향으로 철저하게 이용하고자 하였던 것이다. 당시 훈구 세력과 사림 세력 간의 경쟁은 더 이상 공존(共存)이 불가능한 사태로 치닫고 있었고, 임금은 그 간극을 정도(正道)로 극복하거나 조화를 모색하기보다는 역이용함으로써 편한 방향을 택했다. 그리하여 훈구파의 거사를 묵인함은 물론 한 걸음 더 나아가 밀지(密旨)를 내려 오히려 종용하는 태도를 보이게 되었다.

조광조 등이 정국공신을 삭제한 것은 공신들을 '신하가 임금을 폐하지 못한다'는 강상(綱常)의 죄를 어긴 것으로 몰아가기 위함이다. 먼저 많은 공신을 삭제한 후에 나머지 소수의 공신들에게 연산군을 폐한 죄를 물으면 경 등은 어육이 될 것이고, 그 다음에는 화(禍)가 내게 미칠 것이다. 주초(走肖)의 무리가 간사하기가 왕망(王莽)과 동탁(董卓)과 같아서 온 나라 인심(人心)을 얻어 가지고 모두가 우러러보는 바가 되었도다. 하루아침에 송태조(宋太祖)에게 임금의 옷인 황포를 몸에 입히는 변이 생기면 그들이 과연 임금 되기를 사양하겠는가? ……요즘 과인이 먹어도 맛을 알지 못하고 잠을 자도 자리가 편치 못하여 파리한 뼈가 드러났도다. 내가 이름은 인군이나 실상은 아무것도 알지 못하노라.[2]

『연려실기술』에 실려 있는 이 밀지는 중종이 홍경주에게 직접 언문(諺文)으로 써서 내린 것으로 기록되어 있다. 밀지였기 때문에 조선왕조 공식 기록인 『조선왕조실록』에는 기록되어 있지 않다. 전하는 기록에 의하면 이 밀지를 쓴 사람은 중종이고, 받은 사람은 홍경주이다. 밀지를 쓰고 받은 사람의 이름이 정확하고 구체적이다. 밀지를 내렸다는 사실만 기록되어 있는 것이 아니라 그 내용까지 정확하게 전해지고 있음을 볼 수 있다. 밀지와 관련된 인물이 절대 권력자라는 사실을 감안하면 그 내용이 허위일 가능성은 거의 없어 보인다. 적어도 임금과 직접 관련되는 내용을 기록하여 후세에 전하면서 없는 사실을 허위로 꾸며 저술로 남기는 것은 상식적으로 납득하기 어려운 일이다. 그런 점에서 중종이 밀지를 내린 것은 기정사실로 판단된다. 뿐만 아니라 기묘사화가 발생한 3일 뒤 대간(臺諫)이 중종에게 죄가 있으면 정당하게 조치하면 되지 한밤중에 밀지를 내려 처벌하는 것에 대하여 다음과 같이 지적하는 것을 볼 수 있다.

임금의 위엄으로 몇 명의 선비를 죄주는 것이 무엇이 어렵기에 어두운 밤에 밀지(密旨)를 내려서 비밀스럽게 하십니까? 신하를 신임한다

2 『연려실기술』 권7, 「중종고사본말」〈기묘사화〉조: 諺書密旨曰 光祖等 請削靖國功臣者 重其綱常也 先除無功者 然後稍存二十餘人名 以擅廢燕山君之罪 則卿等爲魚肉 及于予矣 走肖之輩 奸似莽卓 得一國之人心 爲百僚之所瞻 一朝有宋祖黃袍加身之變 雖欲辭之其可已乎…… 近來食不知味 寢不安席 瘦骨稜稜 予名爲人君 實不知也.

면 정성으로 대우하여 의심하지 않으셔야 하고, 죄가 있다면 분명하고 바르게 죄를 정하면 될 것인데, 겉으로는 친근하게 신임하는 척하시고, 속으로는 제거하려는 마음을 품으셨으니, 임금의 마음이 이러한 것은 위망의 조짐입니다.[3]

여기서 대간은 중종이 밀지를 내린 사실을 분명하게 언급하고 있다. 이런 기록은 중종이 밀지를 내린 것 자체가 명확한 것이었음을 증명해주고 있다. 그런 전제하에 이제 그 밀지의 내용을 분석해볼 필요가 있다. 중종은 조광조 등이 위훈삭제를 한 것이 중종반정의 정당성을 부인하기 위한 것이라고 규정하고, 인심을 얻어 조광조가 자신을 부정하고 임금이 되고자 한다고까지 과장하고 있다. 임금 자신이 그렇게 신임했던 신하 한 사람에 대하여 극단적인 불신과 배척을 보이고 있는 것이다. 절대 신임을 보였던 신하의 목숨을 거두면서 그 사유라고 제기한 내용이 매우 궁색하다. 논리는 궁색하고 비약은 극단에 가까워 억지나 다름없는 내용임은 재론이 필요하지 않을 정도이다. 기묘사화 당일 국문(鞫問)도 없이 즉시 처형하고자 하였던 극단적인 행위에 대해 당시 도학파를 반대하던 병조판서 이장곤(李長坤) 조차도 임금의 행동을 '도적질'에 비유했던 사실은 이런 내용을 뒷받침해준다. 당시 이장곤이 "임금이 도적의 행동을 해서는 안 된다"고 지적하자 중종은 그제야 영의정 정광필과 우의정 안당을 한밤중에 불러오게 하는 행동을 취한 바 있다.[4] 당시 조광조 등에게 지목된 죄목(罪目)은 '간당죄'였다. 당시 법전인 『경국대전(經國大典)』에는 간당죄가 없었다. 『경국대전』 형전(刑典)에는 '대명률(大明律)을 적용한다'는 한 줄밖에 없었다. 그래서 조광조에게는 중국의 법률이었던 대명률을 적용하였다.

3 『중종실록』 권37, 14년 11월 을축(乙丑)조.
4 『중종실록』 권37, 14년 11월 을사(乙巳)조.

　　중종은 끝내 조광조를 사사(賜死)했다. 같은 임금에게서 나온 신임(信任)과 배신(背信)이라고 보기에는 그 내용이 너무 이율배반적(二律背反的)이었다. 한 사람의 유능(有能)한 인재가 나오기까지 얼마나 고난한 자기 수양의 과정을 거쳐야 하고, 고된 학문을 하였던가에 비하면 목숨을 거두기는 한순간에 지나지 않았다. 그런 점에서 보면 중종의 태도는 역사적 아쉬움이 크게 남는 부분이라 하지 않을 수 없다.

　　우리 역사를 통하여 보더라도 정암 같은 인물은 결코 쉽게 나오기 어렵다. 신하는 임금이 등용하면 나가는 것이고 쓰지 않으면 물러나는 법인데, 차서(次序) 없이 등용하다가 한순간에 목숨까지 거두는 임금의 인재에 대한 태도가 경박하다고 하지 않을 수 없다. 쓰지 않으면 그만이지 그렇게 쉽게 당일(當日)로 '죽이라'는 명을 내리는 것은 전통왕조 시대임을 감안하더라도 권력자의 폭거(暴擧)에 가깝다. 전통 시대에 군주는 명실상부하게 만백성의 주인과 같은 존재였다. 가까이 두기가 저어하면 위리안치(圍籬安置)하여 멀리하면 될 일이었다. 그러나 중종은 정암을 비롯한 신진 사류(士類)를 대거 하룻밤 사이에 목숨을 거두려고 하였다.

　　동서양 역사를 보더라도 어진 임금은 자고로 신하를 귀하게 대우하고 신임을 두터이 하였다. 그런 면에서 보면 중종의 도학자들에 대한 처사는 참으로 아쉬운 면이 있다. 일부 후세의 사가(史家)들이 당시 중종이 기묘사화의 주인공은 아니라는 견해를 밝힌 바 있으나, 여러 가지 정황으로 판단해보건대 기묘년 당시의 중종은 결코 권력이 허약한 군주는 아니었다. 물론 당대에도 조정은 훈구 세력이 주도하고 있었지만, 당시 반정주동 세력들이 홍경주를 제외하고는 거의 대부분 죽고 없었을 뿐 아니라 재위 거의 15년을 맞고 있었던 상황이었기에 중종은 결코 허약한 임금은 아니었다. 도학파든 훈구파든 이제 거의 소신껏 등용할 수 있는 권력을 확보하고 있었던 상황이었다. 따라서 훈구 세력에 일방적으로 끌려가던 즉위 초년과는 상당히 다른 지위에 있었다.

바로 그런 점에서 기묘사화를 사실상 중종이 주도하고 있었음을 지적하고자 한다. 훈구 세력은 중종의 변심을 눈치 채고 자신들의 권력을 다시 확보하고자 하였을 뿐이지 조광조를 비롯한 신진 사류를 내쳐야겠다고 작심한 주인공은 중종이었음은 전후 사정을 보아 확실해 보인다.

『조선왕조실록』에는 기묘사화가 일어난 3일 뒤 사림(士林)들이 홍경주와 김전, 남곤 등을 사화를 일으킨 참인(讒人)으로 지목하자, 홍경주 등이 그런 것이 아님을 임금인 중종이 명백히 해줄 것을 요청하는 기록이 있다

> 홍경주가 아뢰기를, "사림(士林)을 해치려고 신(臣)이 앞장섰다고 한다면 옳지 않습니다. 오늘 김전(金詮)을 만났는데, 신에게 말하기를 '사림들이 다 우리들을 참인(讒人)으로 지목(指目)한다' 하였습니다. 김전과 남곤 등이 신 때문에 악명(惡名)을 얻게 된다면 어찌 이런 일이 있을 수 있겠습니까! 임금께서 저들이 지나치다 하여 바로 잡으려고 생각하시는 것을 신이 알았으므로, 신이 남곤, 김전 등에게 말하여 그 죄를 분명히 바르게 하고자 청하였습니다."[5]

홍경주는 임금에게 사전 밀지를 받고 먼저 김전에게 가서 모의를 하였고, 이어서 남곤과도 도모하였다. 그 자리에서 남곤은 조정의 삼공(三公)이 앞장서는 것이 좋겠다고 하자, 홍경주는 영의정 정광필에게 찾아가 건의하였으나 정광필은 '이제 공언(公言)을 들었으나 나는 도모할 수 없으니, 그대들이 바로 잡으려면 선처(善處)하도록 하라'고 묵인하며 참여는 거부하였다. 홍경주 등은 거사 후 세상 사람들의 지

---

5 『중종실록』 권37, 14년 11월 18일 무신(戊申)조.

탄이 자신들에게 쏠리자 사화(士禍)의 근원(根源)이 임금인 중종(中宗)에게 있으며, 자신들은 임금의 밀지를 받고 거사한 것밖에는 없음을 중종이 명확히 세상에 밝혀줄 것을 요청한 것이다. 그러자 정광필도 중종에게, "아랫사람들은 다 홍경주, 남곤 등이 이번 일(기묘사화)을 일으킨 것이라고 합니다. 이들이 간사(奸邪)한 자로 지목(指目)되면 장차 사람들에게 용납(容納)되지 못할 것이니, 임금께서 명백히 알리셔야 합니다"라고 분명히 중종이 사화를 일으킨 사실을 알릴 것을 청하고 있다. 자신들이 군자(君子)들을 일망타진하려 한 것이 아니고 임금의 뜻대로 하였을 뿐이라는 것을 명백히 하여 후세에 소인(小人)이 군자(君子)를 해쳤다는 비난을 염려하고 있는 것이다. 홍경주와 김전, 남곤 등 기묘사화를 주동했던 자들이 '임금께서 조광조 등이 지나치다 하여 사습의 폐단을 바로 잡으려고 거사를 사실상 지시한 것이고, 자신들은 따랐을 뿐'이라는 사실을 임금인 중종에게 건의하는 내용을 통해, 실제(實際)로 기묘사화를 주도(主導)한 인물이 중종(中宗)이었음을 명백하게 알 수 있는 것이다.

중종은 정암을 비롯한 도학자들에게 요순과 같은 이상정치(理想政治)를 펼쳐보고자 하는 목표(目標)를 제시한 뒤 그것을 실천하기 위하여 신진 사림을 대거 조정에 등용했다. 그러나 임금의 그러한 목표를 믿고 조정에 나간 신하들을 중종은 결국 배신(背信)하고 말았다. 이러한 중종과 도학자들과의 관계를 운동경기(運動競技)에서 우승을 목표로 출전한 감독과 선수의 관계에 비유해보면 흥미로운 유사점(類似點)을 발견할 수 있다. 운동경기에서 감독과 선수는 우승이라는 목표에 도달하기 위해 일치단결(一致團結)하여 최선을 다한다. 특히 선수의 장점(長點)을 살려주는 것이 감독의 몫이라는 점에 이견(異見)이 없을 것이다. 그리고 그런 감독을 이른바 '덕장(德將)'이라고 부른다. 중종은 스스로 제안했던 목표에 도달하기 위하여 선수들을 구성하기는 했지만, 임금만 믿고 일신(一身)의 영달(榮達)을 꾀하지 않으면서 충정(衷情)

을 다한 신료들의 장점을 살려주기는커녕 결국 그들을 내치고 죽음으로 내몰았다. 감독 스스로 우승고지라는 목표 자체를 포기해버린 셈이고, 결국 경기에 참여했던 선수들조차 냉정하게 사지(死地)로 내쫓아버렸던 것이다. 그런 점에서 보면 감독으로서 최고지도자(最高指導者)가 지녀야 할 요건을 중종은 갖추지 못했던 것이라고밖에 하기 어려울 것이다.

중종은 기묘사화 이후에도 20여 년 이상 왕위에 있었지만, 신뢰할 수 있는 어떤 신하도 곁에 두지는 못하였다. 뿐만 아니라 왕으로서의 권위도 얻지 못한 채 긴 시간을 보내고 말았다. 반면에 중종이 죽인 조광조는 율곡의 표현처럼 조선왕조 내내 태산(泰山)과 북두(北斗)처럼 사람들마다 우러러보고 역사에 길이 남는 위대한 인물이 되었다.

역사(歷史)에는 가정(假定)이 허용되지 않는다. 그렇지만 조광조가 만약 큰 포용력(包容力)과 안목(眼目)을 지닌 군주를 만났더라면, 16세기 이후 조선의 상황은 괄목할 만한 변화가 있었을지도 모를 일이다. 인물(人物)의 크기를 알아주는 임금과 그런 시대(時代)를 만나지 못한 정암 자신의 아쉬움이 컸을 것이라는 점은 짐작하고도 남는다. 정암은 생(生)의 마지막 순간까지 중종에 대한 신임을 저버리지 않았다. 능주(綾州)에서 사사(賜死)의 명을 전하는 금부도사가 죽음을 재촉하는 동안에도 정암은 중종이 자신을 그렇게 버리지는 않을 것이라는 일말(一抹)의 기대를 갖고 있었다. 기대와 아쉬움의 마음을 마지막 순간까지 지니고 있었던 것이다. 정암은 그렇게 군심(君心) 하나만을 믿고 있었지만 중종은 '군자불기(君子不器)'의 포용력을 지니지는 못하였다. 그런 이면(裏面)으로 인해 정암의 종명(終命) 순간은 더욱 긴 여운으로 남는다.

3. 훈구파의 사화 모사(謀事)와 거사(擧事)

중종의 밀지를 받은 훈구 세력은 곧바로 행동에 돌입하였다. 그들의 모화(謀禍) 과정과 거사(擧事) 논리는 참으로 박약한 것이었다. 그러나 중종과 그 사주를 받은 훈구파의 한밤중 숙청극은 우리 역사상 가장 이상적 정치가 실현되던 한 시대가 좌초되는 순간이기도 하였다. 조광조를 비롯한 도학자들은 언제나 사화(士禍)가 패도정치(覇道政治)로 전락하는 가장 경계해야 할 것임을 임금에게 누누이 강조해온 바 있다. 그들은 지치(至治)를 통하여 당대를 요순(堯舜)의 시대와 같이, 우리 임금을 요순과 같은 성군(聖君)으로 이끌기 위한 일에만 전심전력(全心全力)해왔다. 그들은 옥중(獄中) 상소에서도 밝혔듯이 오직 군심(君心)만을 믿고 달려왔다. 정치적 반대 입장에 서 있던 훈구 세력이 임금 주변에서 또다시 참화로 자신들을 제거할 거사를 도모하고 있었음에도 불구하고 아무런 정보나 대비도 없었다.

중종의 변심(變心)을 읽어낸 남곤과 심정, 홍경주 등 훈구파들은 반정으로 자리에 오른 임금을 불안하게 하는 심리전(心理戰)을 전개하였다. 홍경주는 딸 홍빈(洪嬪)을 통하여 중종의 심기(心機)를 읽어낸 뒤 조광조가 위험스런 인물임을 부추겼다. 정국공신의 개정으로 훈구파들의 위상이 급강하되자 위기의식에 사로잡힌 나머지 조광조를 제거하지 않으면 존립 자체가 위협당할 것이라는 판단에 따른 것이었다.

바로 남곤과 심정은 자신들의 정치적 욕망을 위해 행동을 개시하였다. 남곤은 젊은 시절 사림파의 존숭을 받던 김종직(金宗直)에게서 배운 인물이었지만 도학자의 길을 걷지 못하고 오히려 간교한 마음으로 자신의 영달(榮達)을 위해 돌아서버린 사람이었다. 그는 사사건건 조광조와 자신을 비교하며 시기하는 마음을 가졌으나 결코 그 인물됨이 정암에 상대될 수준은 되지 못하였다. 기묘사화로 인해 평소 경쟁관계에 있던 조광조를 죽인 후 남곤은 영의정에까지 올랐지만 역사에서는 올곧은 선비를 죽인 소인배(小人輩)라는 낙인을 면치 못하는 신세가 되었다. 심정은 중종반정 정국공신 3등으로 녹훈되었던 인물이나 조광조의 위훈삭제로 훈작과 토지 및 노비들을 모두 빼앗긴 상태였다. 남곤과 심정은 위훈삭탈이 단행된 지 나흘 뒤 홍경주를 보내어 중종에게 조광조를 처단하도록 청하게 했다. 그는 중종 주변의 인물들이 사림파가 대부분이니 경복궁의 북문(北門)인 신무문(神武門)을 열어 궁궐에 들어갈 수 있도록 허락을 받아냈다. 중종은 밀지를 내려 신무문을 열게 하였다. 기묘사화에 중종이 직접적으로 개입한 사실은 앞에서 살핀 바 있다. 남곤, 심정, 홍경주, 성운 등이 거사하도록 조종한 것도 중종이거니와 북문을 열게 허락한 것도 중종이었다. 궁궐의 다른 문 열쇠는 임금의 비서실에 해당하는 승정원(承政院)에서 보관하였는데, 신무문 열쇠만은 액정서(掖庭署)에 소속된 사약방(司鑰房)에서 가지고 있었기 때문에 승정원을 통하지 않고 문을 열 수 있었다.

1519년 기묘년 11월 15일 밤 조선조 4대 사화 중 가장 많은 피화자를 낸 기묘사화의 대참화가 시작된 것이었다. 당일 밤 승정원 사령이었던 승지 윤자임(尹自任)과 공서린(孔瑞麟), 주서(注書)였던 안정(安珽), 검열(檢閱) 이구(李構) 등이 사건이 발생하자 놀라서 급히 근정전으로 달려갔으나 이미 연추문이 열려 있었고, 청의(青衣)의 군졸들이 근정전을 호위하고 있었다. 화천군 심정, 병조판서 이장곤, 판중추부사 김전(金詮), 호조판서 고형산(高荊山), 병조참지 성운(成雲) 등이 합문을 지키고 있었다.

승지들이 비정상적인 상황이 벌어진 것에 대하여 주동자들에게 물었을 때 이장곤은 중종이 내린 '표신(標信)' 즉, 밀지를 가지고 입궐하였다는 대답을 하였다. 중종은 이어서 내관(內官) 신순강(申順強)을 통해 즉석에서 성운을 승지(承旨)로 임명하여 당직자들을 교체시켰다. 중종은 그 자리에서 거사에 동참하고 있던 성운에게 왕명을 하달하는 직책을 내림으로써 사림파들을 배제시킨 것이다. 성운이 칼을 찬 채 근정전 안으로 들어가려 하자 윤자임은 승정원에도 알리지 않고 일개 내관의 말만 듣고 함부로 입대하려 하는가를 따졌고, 사초(史草)를 기록하는 관리였던 기주관 안정(安珽)이 사관(史官) 없이 입대하는 것은 불가하다고 합문을 막았지만 성운은 그들을 뿌리치고 조정 안으로 들어섰다.

중종은 주동자들에게 문제를 제기했던 당시 숙직(宿直) 승지 윤자임, 공서린, 주서 안정, 한림 이구 및 홍문관에서 숙직하던 응교 기준(奇遵)과 부수찬 심달원(沈達源) 등을 즉각 하옥하게 하였고, 의금부로 하여금 조광조 등을 체포하게 하였다. 그날 밤의 일은 기록할 사관조차 두지 않고 진행했다. 이날 밤 중종이 하옥을 명한 신료들의 명단은 다음과 같다.

벼 슬	이 름
대사헌(大司憲)	조광조(趙光祖)
우참찬(右參贊)	이자(李耔)
형조판서(刑曹判書)	김정(金淨)
부제학(副提學)	김구(金絿)
대사성(大司成)	김식(金湜)
도승지(都承旨)	유인숙(柳仁叔)
좌부승지(左副承旨)	박세희(朴世熹)
우부승지(右副承旨)	홍언필(洪彦弼)
동부승지(同副承旨)	박훈(朴薰)

그날 밤 중종은 특명을 내려 조정의 주요 관직을 교체시켰다. 이조판서였던 신상을 예조판서로, 예조판서였던 남곤을 이조판서로, 김근사와 성운을 임시 대리 승지인 가승지(假承旨)로, 심사순(沈思順)을 임

시 대리 가주서(假注書)로 임명하였다. 모두 구두로 명령하였으니 정상적인 임명 절차를 거친 것이 아니었다. 이로써 왕명하달 기구가 사림파에서 즉시 훈구파로 교체되었다. 거사 당일 밤 즉석에서 임명된 가주서 심사순을 통해 중종은 바로 조광조를 처벌하라는 교지를 쓰게 하였다. 그러자 검열 채세영(蔡世英)이 붓을 뺏으며 죄명도 없이 사람을 죽일 수는 없다고 대항하였으나 역부족이었다. 그는 역사를 기록하는 숭고한 붓을 아무나 잡아서는 안 된다고 소리치며, "그들의 죄명(罪名)이 대체 무엇이냐'고 소리쳤으나 이미 대세는 기운 뒤였다. 이것이 이른바 우리 역사상 가장 이상적 정치를 펼치려고 일심(一心)으로 노력하던 올곧은 선비들이 대참화를 겪게 되는 기묘사화(己卯士禍)의 내막이었다.

그러나 이와 같이 기묘사화는 그 시작과 동기, 그리고 사화를 일으키는 과정 자체가 비이성적이고 반역사적이었다. 중종과 그 사주를 받은 훈구파가 함께 일으킨 기묘사화는 이처럼 권력을 쥔 자들의 폭력적인 행동으로 진행되었다.

홍경주와 남곤은 조광조 등을 '국문할 것도 없이 때려 죽여야 한다'고 주청하였고, 중종은 근정전 아래에 형기(刑器)를 갖추도록 명했다. 그들 신진 사류들의 바람은 단순하고 분명했다. 좋은 정치를 하였던 옛사람들의 글을 읽고 가정에서는 어버이에게 효도를 다하고, 나라에서는 충의를 다하여 이 땅에도 요순시대와 같은 지치(至治)를 염원하였을 뿐이었다. 국법(國法)을 어긴 것도 아니고 역모(逆謀)를 꾀한 것도 아니었다. 오직 한 가지 이 땅에도 요순(堯舜)과 같은 시대의 도래를 바라고 일신(一身)의 영예 따위는 염두에조차 없었던 인물들이었다. 그럼에도 불구하고 조광조를 비롯한 도학자들은 죄명(罪名)도 없이 죽음을 당해야 하는 위기를 맞고 있었다. 기묘사화가 일어나던 당일 『중종실록』의 기록에 의하면, 중종과 남곤, 홍경주, 심정 등은 당일 밤 안에 조광조 등을 격살하고자 시도하였다.

　그날 밤 예조판서로 구두 임명된 훈구파 신상이 이런 중종의 폭력
적 행동에 대하여 다음과 같이 지적할 정도였다.

　　신이 보건대 조광조 등은 옛 책을 읽고 지치(至治)에 이르게 하고자
　　하였으나 젊은 나이로 갑자기 승진하여 세상을 경력(經歷)한 일이 없
　　으므로 도리어 인정(人情)을 어겨 들끓게 한 잘못은 과연 없지는 않습
　　니다. 그러나 이 때문에 죄주는 것이 과연 괜찮겠습니까?[6]

　신상의 지적은 명료하였으며 본질적인 문제를 언급하였다. 그러나
중종은 이미 훈구 세력들과 의논한 것이니, 계획된 대로 처치하라는
명령을 내린다. 당시 병조판서였던 이장곤조차 "임금이 도적의 행동
을 할 수 없다"고 지적할 정도였다.
　'임금이 도적의 행동을 하여서는 안 된다'는 지적은 바로 정암 조광
조가 평소 중종에게 지극한 정성으로 강조하던 말이었다. 정당한 절
차에 의한 정당한 시도가 왕도정치를 희구하는 군주가 걸어야 할 정
도(正道)라고 정암은 기회 있을 때마다 주지시키고자 하였다. 이른바
야인 '속고내(速古乃) 사건'이 가장 대표적인 사례라고 하겠다. 당시 북
방 여진족의 국경 침입이 잦아 조정에 심각한 문제로 대두되었을 때,
비정상적(非正常的)인 계책(計策)으로써 속고내를 사로잡으려고 몰래
군사를 내려는 논의를 하였다. 이에 정암은 변법(變法)은 왕자(王者)가
펼칠 길이 아니라고 근본적인 측면에서 문제를 지적함으로써 중지시
켰다. 변방의 야인 같은 이적(夷狄)을 물리치는 경우에도 왕도정치의
근본과 어긋나는 명분(名分) 없는 거사(擧事)는 절대 범해서는 안 된다
고 강력히 주장했던 것이다.[7]

6 『중종실록』 권37, 14년 11월 15일 을사(乙巳)조.
7 『중종실록』 권34, 13년 8월 갑신(甲申)조.

어떤 경우에도 원칙(原則)과 정도(正道)를 지킬 것을 그 누구보다 강조했던 조광조가 반대파에 의해 가장 비정상적인 방법으로 절대 위기를 맞이하고 있었으니, 역사적 아이러니가 아닐 수 없다.

몇 사람의 지적에 의해 가까스로 조정 대신들의 논의를 거치기로 하였다. 정광필, 안당, 김전, 남곤, 이장곤, 홍숙, 성운, 채세영, 권예, 심사순 등이 입시하였다. 중종은 즉시 추고전지(推考傳旨)를 기초하게 하였다. 중종은 서둘러 정죄(定罪)를 명하고 남곤으로 죄안(罪案)을 만들게 하였다. 남곤은 조광조, 김정, 김구, 김식, 윤자임, 박세희, 박훈에게 죄를 주어야 한다고 이름을 썼다. 그러자 중종은 기준(奇遵)도 넣으라고 지시했다. 중종이 일일이 당일 밤의 진행을 주도했음을 분명하게 확인할 수 있는 부분이다. 정광필이 누구를 우두머리로 할 것인가를 중종에게 묻자, 일언지하에 "조광조를 우두머리로 하라"고 명하였다. 이와 같이 그날 밤의 모든 과정은 중종의 지시에 따라 이루어졌음을 왕조실록은 분명하게 기록하고 있다.

당시 영의정 정광필과 우의정 안당이 결연히 중종을 설득하였다. 다음날인 11월 16일 조정의 신료들 19명, 즉 부수찬 심연원, 전주서 이기, 안정, 전개사간 이성동, 전집의 박수문, 사간 유여림, 장령 이청, 김인손, 헌납 임권, 지평 이희민, 이연경, 정언 이부, 김익, 홍문관 전한 정응, 교리 송호지, 수찬 권전, 저작 경세인, 정자 김경윤, 권장 등이 상소를 올려 같이 일을 한 사람들이 하옥되었으니 함께 죄를 받겠다고 청하였다. 소식을 들은 성균관(成均館) 유생(儒生)과 선비 천여 명이 광화문(光化門) 밖에 모여들어 상소를 올리며 대궐로 진입하여 농성을 벌이며 통곡하기 시작하였다. 유생들은 함께 옥에 갇히기를 자청하여 감옥이 부족하다는 보고가 임금에게 올라갔을 정도였다. 기록에 따르면 정광필이 중종의 옷자락을 붙잡고 간청하여 가까스로 추국하는 국청을 열 수 있었다고 한다.

이 사람들을 어찌 다 죄 주겠습니까? 붙잡힌 사람들 중에 승지들은 바른 의논을 따르기를 좋아했을 뿐입니다. 이자는 나중에 나라에서 크게 써야 할 사람이니 파직만으로 마땅할 것 같고, 또 조광조 등도 무슨 사심(私心)이 있었겠습니까? 다만 옛사람의 글을 보아서 지극히 좋은 정치를 해보려는 뜻에서 한 일이 간혹 과격한 적이 있었으나 이로써 심하게 치죄할 수는 없습니다. 성대(聖代)에 선비를 죽였다는 비난을 받으면 반드시 사책(史冊)에 오점을 남기게 될 것입니다. 금부를 시켜 취조하여 죄의 무거움과 가벼움을 가려야 합니다.[8]

중종은 그날 밤 안으로 모든 것을 끝내려고 하였다. 조정에서 조광조 등의 처벌을 신속하게 결정내리지 못하자 중종은 다급하게 재촉하기까지 하였다.

조정의 큰일이 이미 결정되었으니, 중간에서 지체하여 도리어 어린아이 장난처럼 되어서는 안 된다. 빨리 전지(傳旨)하라. 입계(入啓)를 두세 번 재촉했는데도 밤이 다가도록 결정하지 못하니 매우 옳지 않다.[9]

다음날 옥중에서 김정, 김구, 김식, 조광조, 윤자임, 기준, 박세희, 박훈은 각각 자신의 소회를 적어 공초(供招)하였다. 이들의 공초는 당당하고 그 내용 또한 선명하다. 거짓이라고 볼 수 있는 내용은 찾기가 어렵다. 그들이 무엇을 위해 어떻게 하였는가를 보면 이들을 죄주고자 하였던 사화 주동자들의 정죄(定罪)가 얼마나 억지였던가를 반증해준다. 『조선왕조실록』 중종 14년 11월 16일자에 기록된 도학자들의 공초를 그대로 옮겨보기로 한다.

---

8 『중종실록』 권37, 14년 11월 15일 을사(乙巳)조.
9 위와 같음.

공초자	공초 내용
김정 (金淨)	"신의 나이 34세입니다. 나이가 젊고 우직한 데다가 성품도 좁고 급한 데, 외람되게 육경(六卿)에 오르매 늘 스스로 조심하고 나라의 은혜에 보답하려고 생각하여, 논사(論思)할 때에는 한결같이 올바른 데에서 나오게 하려고 힘쓰고 밤낮으로 근심하여 왔을 뿐입니다. 서로 붕비(朋比)를 맺고, 궤격이 버릇이 되어, 국론이 전도되고 조정이 날로 글러가게 한 일은 신에게는 참으로 없습니다."
김구 (金絿)	"신의 나이는 32세입니다. 성품이 본디 어리석으나 다만 고인(古人)과 사우(師友)의 도움을 사모하여 뜻을 같이 하는 선비들과 교유하였을 뿐입니다. 인물을 진퇴하는 것은 하류(下類)가 할 일이 아니며, 착한 자를 좋아하고 착하지 않은 자를 미워하여 한갓 공론을 가지고 서로 시비하였을 뿐입니다. 붕비를 맺고 궤격하여, 국론이 전도되고 조정이 날로 글러가게 하였다는 것은 신의 뜻과는 다릅니다."
김식 (金湜)	"신의 나이는 39세입니다. 외람되게 천은(天恩)을 입어 뽑혀서 대관(臺官)이 되었고, 과거에 급제하여서는 대사성으로 승수(陞授)되었으므로 조금이라도 보탬이 되고자 하였을 뿐입니다. 권요(權要)의 지위에 있지 않으므로 인물을 진퇴한 일이 전혀 없으며, 붕비를 맺고 궤격한 버릇이 되어 국론이 전도되고 조정이 날로 글러가게 하였다는 것은 신이 하지 않은 일입니다."
조광조 (趙光祖)	"신의 나이는 38세입니다. 선비가 세상에 태어나서 믿는 것은 임금의 마음뿐입니다. 국가의 병통이 사리(私利)의 근원(根源)에 있는 줄로 망령되게 생각하여 국맥(國脈)을 무궁토록 새롭게 하고자 하였을 뿐 다른 뜻은 전혀 없었습니다."
윤자임 (尹自任)	"신의 나이는 32세입니다. 성품이 본디 광우(狂愚)하나, 다만 옛사람의 글을 읽어서 시비를 조금 압니다. 국가에서 일을 논할 때에 혹 조광조, 김정, 김식, 김구 등과 서로 뜻이 같으므로 함께 교유하였을 뿐입니다. 그 논의가 궤격하였는지는 모르겠으며, 사사로이 서로 부화(附和)하였다는 것은 신이 한 일이 아닙니다."
기준 (奇遵)	"신의 나이는 28세입니다. 젊어서부터 옛사람의 글을 읽었으므로, 집에서는 효제를 다해야 하고 나라에서는 충의를 다해야 한다고 생각하였으며, 뜻을 같이 하는 선비와 고도(古道)를 강구하고 국가가 반드시 요순(堯舜)의 정치에 이르게 하고자 하여 선한 자는 허여하고 선하지 않은 자는 미워하였습니다. 조광조는 젊어서부터 사귀어왔으며, 김식, 김구, 김정은 늦게 상종하였는데, 그 논의가 궤격한지는 모르겠으며, 함께 교유하였을 뿐이고 서로 부화한 일은 신에게는 참으로 없습니다."

박세희 (朴世熹)	"신의 나이는 29세입니다. 나이가 젊었을 뿐 아니라 성품도 소우(疏愚)하여 밖으로 나타나는 행검(行檢)이 없으나, 옛사람의 글을 읽었으므로 시의(時宜)를 참작하여 일에 임해서 정성을 다하는 것이 신의 직분이었습니다. 조광조는 신이 젊어서부터 교유하였고, 김식, 김정, 김구도 늘 교유하였으나 그 논의가 궤격한지는 모르겠으며, 상종하였을 뿐이고 참으로 서로 사사로이 부화한 것이 아닙니다."
박훈 (朴薰)	"신의 나이는 36세입니다. 성질이 본디 미열(迷劣)하나, 옛사람의 글을 읽었으므로 입심(立心), 행기(行己)를 옛사람과 같이 하기로 스스로 기약하여 임금에게 충성하고 어버이에게 효도하려고 밤낮으로 생각해 왔습니다. 또 사우(師友)가 없으면 성인(成人)이 될 수 없으므로 조광조, 김정, 김식, 김구 등과 서로 교유하였을 뿐이고, 그 논의가 궤격한지는 모르겠으며, 사사로이 서로 부화하였다는 것은 신이 한 일이 아닙니다."

이를 통해 기묘사화의 참화를 입게 될 사람들이 받은 죄명은 이른바 '논의(論議)가 궤격(詭激)하고 사사로이 부화(附和)하였다'는 것을 알 수 있다. 마침내 조광조, 김식, 김정, 김구에게는 사형(死刑)이, 윤자임, 기준, 박세희, 박훈에게는 장 1백 대와 3천 리 밖으로 유배가 내려졌다. 젊은 시절 산사에서 『맹자』의 「호연장(浩然章)」을 득해하고 이미 삶과 죽음의 문제를 초탈한 정암이었지만, 통곡하고 말았다. 목숨에 대한 여한(餘恨)이 있어서라기보다는 차서 없이 신임하여 등용해주던 임금이 한번의 대면(對面)도 허여(許與)하지 않은 채 한밤중에 도적질을 하듯 젊은 선비들을 격살[殺士]하고자 한 어처구니없는 상황에 대한 통곡이었다.

영의정 정광필이 중종에게 눈물로 호소하여 이들의 형량이 겨우 한 등급 내려질 수 있었다. 조광조 등 4인은 고신(告身)을 빼앗고 곤장 1백 대를 치고 귀양을 보내고, 윤자임 등 4인은 고신을 뺏고 곤장 1백 대를 때린 후 지방에 유배를 보내라는 지시였다. 조광조는 능주(綾州), 김정은 금산(錦山), 김구는 개녕(開寧), 김식은 선산(善山), 박세희는 상주(尙州), 박훈은 성주(星州), 윤자임은 온양(溫陽), 기준은 아산(牙山)으로 귀양을 가게 되었다. 이외에도 많은 사람들이 관직을 삭탈당하였고, 아울러 현량과(賢良科)도 폐지되었으며, 소격서(昭格署)는 부활되었다. 뿐만 아니라 위훈 삭제된 공신들은 모두 다시 복훈되어 공신첩과 전답 및 노지 등을 되찾았다.

이와 같이 정사(正邪)와 선악(善惡)이 전도(顚倒)되고, 선비가 소인(小人)이 되고 소인배가 선비가 된, 우리 역사상 가장 혼돈스러웠던 기묘사화는 이렇게 궁색(窮塞)하게 발발(勃發)하여 탈법적(脫法的)으로 자행(恣行)되었던 것이다. 그리고 그 결과는 역사상 유례가 없을 정도로 많은 피화자(被禍者)를 냈다. 여기서 『기묘제현록(己卯諸賢錄)』에 기록된 기묘사화 피화자 혹은 관련자의 숫자를 정리해보면 그 정도를 짐작해볼 수 있다.

구분	인원	비고
기묘팔현(己卯八賢)	8명	조광조 외
유찬(流竄)	9명	김구 외
삭직(削職)	13명	이자 외
파직(罷職)	20명	김안국 외
산반(散班)	18명	성세창 외
종실(宗室)	5명	파릉군 외
혁과(革科)	17명	이연경 외
별과피천(別科被薦)	92명	서경덕 외
유사(儒士)	15명	박광우 외
의사(醫師)	2명	안찬 외
방리인소두몰장 (方里人疏頭沒杖)	9명	정의손 외
보유(補遺)	17명	조원기 외
계	225명	

4. 능주(綾州) 유배와 적배 생활(謫配生活)

조광조는 끝내 중종을 만나 자신을 변호할 기회를 갖지 못하였다. 차서(次序)를 불문하고 자신을 등용해주던 임금을 위해 일신의 안일(安逸)을 잊은 채 새로운 정치를 펼쳐보고자 했던 정암의 노력은 그 임금과 반대 세력에 의해 본질이 왜곡되었다.

조광조 등 4인은 11월 16일 밤 감사(減死)되어 장 100대에 처하여졌다. 정광필과 안당, 육조, 한성부 등이 함께 진계하여 병약(病弱)한 선비들에게 무거운 장형(杖刑)을 가하면 유배길 중도에서 필시 죽고 말 것이니, 형을 거두기를 대여섯 번 간곡하게 아뢰었다. 그러나 중종은 이미 밤 3고가 지난 시각이었음에도 불구하고 바로 결장(決杖)하라고 명하였다. 결장이 끝난 뒤 각기 집으로 돌아간 뒤 17일 아침 중종은 유배길에 오르기 전 조광조 등에게 자신의 의사를 전하는 교지를 내렸다.

> 너희들은 모두 시종지신(侍從之臣)으로 경연에 출입하면서 상하가 같은 마음으로 지치(至治)를 기대했었는데, 너희들의 인물됨이 어질지 않은 것은 아니로되 근래 모든 일에 과격(過激)하여 평온치 않게 함으로써 조정 일에 잘못이 많았다. 이번 일에 내가 어찌 마음이 편안하겠는가? 조정 대신들 역시 어찌 달리 사사로운 마음이 있겠는가? 너희들로 하여금 이런 지경에 이르도록 한 것은 내가 밝지 못하여 능히 미리 대처하지 못한 탓이다. 너희들의 죄를 만약 법률대로 정한다면 이에 그치지 않을 것이다. 그러나 너희들에게 사사로운 마음이 없었고, 단지 나라를 위하려고 한 나머지 과격함을 알지 못했던 것이니, 가장 가벼운 형량으로 죄를 확정한 것이며, 만약 보통의 죄인이라면 이러한 교지도 내리지 않았을 것이다. 너희들이 오래 시종으로 있었으니, 난들 너희들의 마음을 모르겠는가? 이번에 나라의 일을 그르친 까닭에 이러한 뜻으로 보이는 것이다.[10]

266

중종은 조광조 등이 유배지로 떠난 뒤 승지 성운을 보내 위와 같
은 마음을 전하려고 하였다. 그러나 조광조 등이 중종의 이 교지를
받았는지 확인할 수는 없다.

이를 통하여 보면 조광조 등은 지치(至治)를 실행하려 함에 단지
'과격(過激)하였다'는 사실로 죄를 받았다. 임금에게 '과격함'을 느끼게
함도 죄목이 될 수는 있을 것이다. 그러나 임금이 신하의 행동을 '과
격하다'고 느꼈다면 그들로 하여금 '부드럽게' 하도록 할 수 있는 방
법 또한 없지는 않았을 것이다. 그러나 중종은 그런 방법을 택하지
않았다. 절대 권력을 지닌 임금이 신하의 '과격함' 때문에 한밤중에
선비들을 일망타진(一網打盡)하는 사화(士禍)를 주도하는 모습은 측은
할 정도이다. 그런 임금에 의해 조광조를 비롯한 수많은 젊은 선비들
은 일거에 유배를 당하거나 파직되었다.

기묘사회가 일어난 다음날부터 참화(慘禍)가 근본적으로 잘못된 것
이었다는 지적이 조정에서 제기되기 시작하였고, 홍경주와 김전 등
일부 주동자들은 역사적 비난을 두려워한 나머지 자신들은 임금의
뜻을 따랐을 뿐 참인(讒人)이 아니라는 억지 변론을 하기 시작했다.

조광조는 1519년 11월 17일 이른 아침 장 1백 대를 맞은 아픈 몸으
로 전라도 화순군(和順郡) 능성(綾城) 유배길에 올랐다. 조광조의 먼 유
배길에는 많은 사람들이 나와 위로를 아끼지 않았다.

능주(綾州)로도 불린 그곳에서 정암은 25일간 적배 생활을 하였다.
좁은 초가(草家)였으나 정암에게는 그런 점이 문제될 것은 아니었고,
집에서 따라온 노자(奴子)와 능주현에서 보내준 관동(官僮) 수명이 있
었으나 스스로 주위에 조그마한 폐라도 끼치지 않으려고 노력하였다.

제자 장잠(張潛)은 스승의 유배지까지 따라와 함께 지냈다. 장잠에
게 『근사록(近思錄)』과 『소학(小學)』을 가르치기도 하였다. 이 두 책은

10 『중종실록』 권37, 14년 11월 17일 정미(丁未)조.

정암이 어떤 책보다도 참된 학문을 위해 강조해온 바 있던 것들이다. 적소에서도 학문하는 선비로서의 자세를 게을리 하지 않았다. 그동안 백인걸(白仁傑)과 성수침(成守琛) 등 여러 제자들이 내려와 스승에게 문안하기도 하였다.

유배 생활 중에 정암은 바깥출입을 삼가며 매우 조용하게 지냈다. 아랫사람들에게는 온후(溫厚)한 태도로 대하였으며, 자신을 도와주는 주위의 사람들에게 고마운 마음을 표하기도 하였다. 늘 근신하는 태도로 책을 보거나 제자들을 가르치는 일로 일과를 삼을 뿐이었다.

특히 제자 학포(學圃) 양팽손(梁彭孫)이 고신삭탈을 받은 뒤 스승인 정암을 찾아와 함께 하였다. 학포는 열아홉 살 때 자신보다 여섯 살 위의 스승 정암을 만나 스승이자 동지로서 마음으로 존숭하였다. 더구나 정암과 학포는 같은 해에 사마시에 응시하여 정암은 진사시(進士試), 학포는 생원시(生員試)에 각기 일등으로 합격한 인연이 있기도 했던 사이였다. 성균관에서 지내는 동안에도 함께 학문에 정진하였으며, 뜻이 서로 맞아 함께 사제이자 동지로서 그동안 10여 년을 함께 지내온 터였다. 정암과 학포는 조정 상황과 민생의 의미에 관한 담론으로 밤을 새우면서 비록 짧은 기간이었으나 우정을 나누며 지냈다.

그러나 정암의 마음 한 편에 늘 아쉬움과 미련이 있었고, 슬프고 괴로운 마음을 지울 수 없었다. 정암이 능성(綾城) 적중(謫中)에서 학포 양팽손에게 전하여준 것으로 알려져 있는 다음 칠언절구(七言絶句)는 당시의 심정을 잘 말해주고 있다.

誰憐身似傷弓鳥	누가 활 맞은 새 같다고 가련히 여기는가
自笑心同失馬翁	내 마음은 말 잃은 마부 같다고 쓴웃음을 짓네
猿鶴正嗔吾不返	군자들은 내가 돌아오지 않는다고 성을 내지만
豈知難出覆盆中	독 안에 들어 빠져나오기 어려운 줄을 어찌 알리오

여기서 사람들은 자신을 화살 맞아 비적거리는 한 마리의 새로 비유(比喩)하지만, 오히려 스스로 중원(中原)을 달리다가 잠시 말은 잃은 마부(馬夫)에 비유하고 있다. 그러나 낡은 정치에 대하여 단행했던 개혁의 정당성을 생각하면서 훈구 세력의 축생(畜生)과 같은 그 야만성에 대하여 이제 쓴웃음을 짓고 있는 자신을 보고 있다. 멀리 떨어져 소식조차 알 수 없는 동료들도 그리웠을 것이다. 충청도 금산(錦山)에 유배된 김정(金淨), 개녕(開寧)에 유배된 김구(金絿), 선산(善山)에 유배된 김식(金湜) 등 여러 동지들의 얼굴들이 선명하게 떠올랐을 것이다. 기묘사화를 당하여 뿔뿔이 유배되거나 위리 안치된 동료들에 대한 소식도 궁금하였을 처지였다.

김정은 순창군수 시절 담양부사 박상과 함께 중종의 구언에 따라 폐비 신씨를 복위해야 한다고 상소하여 귀양을 갔다가 정암이 첫 벼슬길에서 그를 변호하여 언로를 확보하게 된 인물이었다. 그 후 출사에 뜻을 버리고 모친을 봉양하며 학문에 열중하던 중 정암의 간곡한 권유를 수용하여 조정에 나가 36세에 형조판서에 임명되었다. 그는 유배지에서 모친의 병환이 염려되어 군수의 허락을 받아 인근 고향 보은에 가서 모친을 뵙고 오는 사이, 유배지가 진도(珍島)로 바뀌는 운명 같은 일이 일어났다. 모친을 뵙고 오도록 허락해준 금산군수는 금부도사에게 김정이 유배지에서 도망했다고 거짓으로 고해바침으로써 결국 그는 제주도에 위리 안치되었다. 그런 그에게 1521년 중종은 끝내 사약을 내렸다.

스물한 살 때 사마시에 올랐다가 문과에 급제해 홍문관에서 응교, 전한 등을 역임한 젊은 도학자 복재(服齋) 기준(奇遵)은 기묘사화를 당하여 충청도 아산으로 귀양 갔다가 함경도 온성(穩城)으로 이배되었는데, 중종은 1521년 당시 29세였던 기준에게도 결국 사약을 내렸다.

현량과에 장원하여 직제학이 되었다가 사림파의 추천으로 성균관 대사성이 되었던 김식(金湜)은 기묘사화 후 경상도 선산에 유배되었다. 1520년 그에게 중종이 내린 사약이 내려오자 당시 인근에 있던 이신(李信)이라는 사람이 간신들의 손에 죄도 없는 선비가 죽는 것을 보다 못해 술에 취한 김식을 종을 시켜 도피시켰다. 금부도사가 군사를 풀어 추적하여 포위망이 좁혀지자 김식은 이신과 종을 보낸 후 스스로 목을 매어 자결하였다.

정암과 함께 소격서 혁파에 앞장섰던 백암(白菴) 김구(金絿)는 기묘사화 후 개녕에 유배되었다가 남해로 이배되어 13년을 보냈고, 2년 후에는 고향 예산으로 돌아왔지만, 그동안에 부모가 모두 세상을 떠났고, 자신도 병을 얻어 결국 1534년 세상을 떠났다.

정암은 기묘사화 한 달 뒤 바로 사사되어 다른 동지들의 상황을 알 수는 없었을 것이다. 그러나 중종은 결국 신진 도학자들에게 차례로 사약을 내려 무고했던 선비들을 사실상 모두 제거하고 말았다. 그들의 삶은 비록 짧았지만 권력자의 결과도 역사를 통하여 보면 허망하고 초라할 뿐이었다. 긴 역사 속에서 보면 정권은 순간처럼 짧았고, 사화 주모자들은 역사적 비판과 심판을 면치 못하게 되었던 것이다.

그러나 조광조를 비롯한 선비들은 죽었지만 영원히 살아 그들이 머물던 자리마다 사람들의 발길이 끊이지 않고 있다. 정권은 순간이어도 역사는 영원히 이어져 가는 것이고, 시비곡직(是非曲直)도 가려지게 마련이다.

정암 조광조의 적려유허지로 남아 있는 화순군 능주면 남정리(南亭里) 174번지 일대는 화순군 내 중심부에 속하는 평야지대에 위치해 있다. 광주 아래 나주군을 인접하는 능주는 오늘날 화순군에 속하지만 예전에는 목사(牧使)가 머물던 큰 고을이었다. 백제시대에는 '이릉부리', '죽수부리'로 불리다가 신라 경덕왕 때 지명을 한자로 바꾸면서 능성(綾城)이 되었다. 조선시대에는 '능성현'이었는데, 조선조 16대 인조(仁祖)의 어머니 인헌왕후가 능성(綾城) 구씨(具氏)라는 이유로 능주목

270

적려유허지 표지판

으로 승격된 곳이다. 옛날 녹사가 머물던 동헌(東軒) 터에는 능성면사무소가 자리 잡고 있는데, 동헌의 정문인 '죽수절제아문'은 아직도 그대로 남아 있다. 동헌터 근처에 정암의 적려유허지가 있다.

정암의 적려유허지는 당시 능주 관노(官奴) 문후종(文厚從)의 초가삼간 집이었다. 근래 이 초가삼간이 복원되었는데, 나지막한 비봉산(飛鳳山) 아래 정암 유배지에는 현종 8년(1667) 우암(尤庵) 송시열(宋時烈)이 짓고 동춘당(同春堂) 송준길(宋浚吉)이 쓴 '정암조선생적려유허추모비(靜庵趙先生謫廬遺墟追慕碑)'가 서 있다. 전라남도 지방문화재 제41호로 지정된 이 추모비는 당시 능주목사였던 민여로(閔汝老)가 세웠다. 이 비 전면은 해서체 종서 2행으로 쓰여 있고, 비신 뒷면의 상단에는 '정암조선생추모비'라고 전액하였으며, 그 아래에 정암의 유배 내력에 대하여 다음과 같이 기록하고 있다.

아, 이곳은 정암 조선생이 귀양 와서 별세하신 곳이다. 아, 이제 정암
선생께서 돌아가신 지 149년이 되었는데도 기묘학사와 대부들은 그

학문을 사모하고 백성들과 하급관리들은 그 은혜를 생각함이 오래될수록 더욱 잊지 아니하고 모두 말하기를, '우리나라로 하여금 삼강오륜(三綱五倫)의 윤리를 알게 하여 이적(夷狄)과 금수(禽獸)가 되는 것을 면하게 하는 것은 오직 정암 선생의 덕택이라' 하여 이곳을 지나는 사람들은 누구나 다 엄숙하게 머리 숙여 공경치 아니한 이가 없느니라. 이는 그 누군가 그렇게 하셔서 하는 것일까? 그 사람은 누구나 다 양심이 있기 때문에 스스로 그러한 것이다.

아, 저 남곤, 심정, 홍경주의 무리들은 과연 어떠한 사람들인고? 우리나라는 기자(箕子) 성인(聖人)의 학문을 밝히고 어진 정치를 한 뒤로, 수천 년 동안 학문과 정치가 난맥상을 이루고 있는 가운데 포은 정몽주, 한훤당 김굉필 선생 등이 나시어 성인의 학문을 밝혔으나, 송나라 성리학자 정명도, 정이천, 주자 선생 등의 학통을 이어받아 요순(嘉舜)의 왕도정치(王道政治)에 뜻을 두어 명덕(明德)과 신민(新民)으로써 이 학문의 표준을 삼는 자는 정암 선생으로부터 비롯되었다고 하여도 틀

유배지 전경

272

린 말이 아닐 것이다. 선생의 휘는 광조요, 자는 효직이니 한양인이다. 성종13년(1482)에 출생하여 중종5년(1510)에 진사장원하고 1515년 문과에 급제하여 벼슬이 대사헌에 이르렀다. 기묘년 11월에 남곤, 심정, 홍경주 등이 밀의하여 주초위왕(走肖爲王)이 왕이 된다는 무근지설(無根之說)을 조작하여 변을 일으켜 변고가 일어나 즉시 이곳 능주에 유배되니 옥주는 관노 문후종이다. 다음달 12월 20일에 사약이 내려와 돌아가시었다. 그로부터 149년 뒤 현종8년 정미년(1667)에 능주목사 민여로가 세월이 오래되면 그 유허를 잃어버릴까 두려워하여 이곳에 비를 세워 영원토록 잊지 아니하고자 하니 옛날 정부자께서 안락정에 대한 글을 지으시면서 '물은 차마 이를 폐할 수 없었고 땅은 차마 이를 버리지 못하는 것이니, 아! 정학(正學)을 어찌 잊을 수 있으랴'라고 하였다. 아! 이 말씀을 이 비에 새김이 합당할지로다. 정미년 4월에 후학 숭록대부의정부 우찬성 겸 성균관제주 세자이사 송시열(宋時烈)은 비문을 짓고 정헌대부원임 의정부좌참찬 겸 성균관제주 세자 시강원찬선 송준길은 비문을 쓰고 통정대부 충청도관찰사 겸 병마수군절도사 순찰사 민유중은 전서를 쓰다.[11]

현재 조광조의 적려유허지에는 추모비와 영정각(影幀閣), 적중거가(謫中居家)였던 초가 3칸, 강당인 애우당(愛憂堂) 등이 있다. 강당 마루에는 여름 나절 오가는 길손이 휴식을 취하기도 하고, 마을 아낙네들이 땀을 들이는 휴식처가 되고 있다. 마루에는 정암의 절명시(絶命詩)를 포함한 간결한 현판들이 걸려 있다.

또한 이곳에서 멀지 않은 화순군 한천면(寒泉面) 모산리(牟山里)에는 죽수서원(竹樹書院)이 있다. 죽수서원에는 정암 조광조와 학포 양팽손의 위패가 모셔져 있고, 봄가을로 제사를 지낸다. 대나무를 의미하는

11 정암의 적려유허지에 화순군에서 세운 〈정암조광조적려유허추모비 번역문〉 전문.

죽수서원에 서 있는 정암과
학포 추모비

죽수(竹樹), 그 대나무서원 주위에는 오늘날에도 대나무들이 푸른빛으로 서 있다. 죽수서원은 전라남도에서는 순천의 옥천서원에 이어 두 번째로 1570년 사액(賜額)을 받았다.

5. 정암의 종명과 이신순도(以身殉道)

조광조에게 사사 명령이 내려진 것은 기묘사화 발발 한 달 뒤인 1519년 12월 15일이었고, 금부도사가 능주적중에 도착한 것은 같은 달 20일이었다. 중종 14년(기묘년) 12월 14일 생원 황이옥(黃李沃)과 유학 윤세정(尹世貞), 이래(李來)가 합동으로 상소하여 조광조 등을 사사할 것을 청하였다. 이미 귀양 가 있던 8인을 죽여야 한다는 상소였다. 중종은 상소를 올린 이 세 사람에게 술과 음식을 내려 칭찬하였다. 이들 중 황이옥은 기묘사화가 일어나 그들 8인이 구속되자 그들의 석방을 위해 상소문을 지은 바가 있는 이중적인 위인이었다. 그러자 당시 대사헌 이항(李沆)과 대사간 이빈(李蘋)도 합세하여 거들었다. 합세라기보다는 어떤 측면에서 사주(使嗾)라고 보아야 옳을 것이다. 그들은 많은 인물들을 대거 추가하여 처벌 대상자로 왕에게 보고하였다. 안당, 유용근, 한충, 정응, 최산두, 장옥, 이충건, 이희민, 조광좌, 이자, 김안국, 신광한, 정순붕, 이청, 양팽손, 구수복, 정완, 이약빙, 이연경, 권전은 물론이거니와 조광조에게 호의적이었던 왕실 인물들도 다수 포함되어 있었다.

기묘사화를 주도했던 남곤과 심정도 난색을 표할 정도로 많은 숫자였다. 이런 식으로 숙청된 인원은 모두 18명이었다. 그리하여 결국 유용근, 정응, 최산두, 정완은 유배를 당했고, 안당과 유운과 김안국은 파직을 당하였으며, 이자, 최숙생, 이희민, 이약빙, 이연경, 조광좌, 윤광령, 송호지, 송호례, 양팽손, 이충건은 고신박탈을 당했다.

대사헌 이항과 대사간 이빈은 결국 남은 조광조 등의 처벌을 건의했다. 이에 중종은 정광필과 김전의 해임을 일방적으로 통고했고, 대신 남곤을 좌의정으로, 이유청을 우의정으로 임명한 뒤 조광조와 김정, 김식, 김구 네 사람을 사사하라고 하였다. 이에 남곤과 최숙생조차 사형은 지나치다고 지적하였으나 중종은 결심을 굽히지 않았다. 결국 중종은 의금부 당상이었던 심정과 손주를 불러 명령을 내렸다. 조광조, 김정, 김식, 김구는 사사하고, 윤자임, 기준, 박훈, 박세희는 절해고도에 안치하라고 하였다. 이에 다시 남곤과 이유청이 간청하자 중종은 결국 조광조를 그 괴수(魁首)로 하여 사형으로 다스리고, 김정 이하 3인은 절도에 안치하며, 윤자임 이하 4인은 서북방 먼 곳에 안치하라는 최종 명령을 내렸다. 정암 조광조의 죽음이 결정 난 순간이었다.

중종은 한때 대사헌에 올랐던 인물을 사사하면서 최소한의 기본 형식인 교지(敎旨)도 내리지 않는 상식 이하의 태도를 보였다. 최고 권력자였던 중종의 인물됨은 이처럼 정상적이지 못하였다.

정암은 마지막 순간에도 엄정함을 잃지 않았다.

"단지 사사(賜死)의 명(命)만 있고 사사에 대한 글은 없습니까?"

그러자 도사(都事) 유엄(柳渰)은 종이쪽지를 꺼내어 보여주었다.

"나는 일찍이 대부(大夫)의 반열에 있었는데, 지금 사사에 이르러 어찌 단지 조그만 종이쪽지 하나를 도사에게 부쳐, 그것을 신표(信標)로 삼아 죽도록 한단 말인가? 만약 도사의 말이 아니었다면 아마 믿을 수 없을 것입니다."

"누가 정승이며, 심정(沈貞)은 지금 어떤 자리에 있습니까?" 당시 남곤이 좌의정이었으며, 심정은 의금부 당상으로 있었다. 이런 사실을 확인하고 난 정암은,

"그렇다면 내가 죽는 것이 틀림없군. 조정에서는 우리를 어떻게 말을 합니까?" 이에 도사는 조정에서 '왕망(王莽)'의 일로 말하고 있다고 전하였다. 그러자 정암은 말하였다.

"왕망은 개인적인 이익을 추구한 자이오."

이로써 사사를 전하는 도사에게 확인할 것은 다 물었다. 이에 사사를 받아들이는 절차만 남아 있었다.

"죽으라는 명이 있으니 오래 지체하면 불가할 것입니다. 그렇더라도 오늘 안으로 죽으면 되지 않겠소? 내 몇 줄의 글을 써서 집에 보내고, 아울러 분부하고 조처할 일도 있으니, 일의 처치가 끝난 후 죽도록 해주시오."

그리고 정암은 방으로 들어가 목욕재계하고 새 옷으로 갈아입었다. 붓을 잡고 부인과 두 어린 아들에게 보내는 글을 준비하였다.

제자 장잠과 학포 양팽손 등과 그동안 보살펴준 사람들을 불러서 일렀다.

"내가 죽거든 관(棺)은 얇은 것으로 하여라. 무겁고 두꺼운 것으로 하면 먼 길에 돌아가기 어려우리라." 그동안 함께 지내온 한 사람, 한 사람에게 작별을 고했다. 집주인을 불러 미안함을 표시하였다.

"그동안 참으로 신세가 많았소. 내가 그대의 집에 묵었던지라 후일

꼭 보답을 하려고 했는데, 보답은커녕 오히려 그대로 하여금 흉변을 보게 하고, 집을 더럽히게 되었으니, 내 비록 죽더라도 한이 남는구려."

끝으로 정암은 38년의 생애를 마감하는 심정을 담아 역사에 남기는 절명시(絶命詩)를 써내려 갔다.

愛君如愛父	임금 사랑하기를 어버이 사랑하듯 하였고
憂國如憂家	나라 걱정하기를 집안 걱정하듯 하였노라
白日臨下土	밝은 해가 이 세상을 내리 비추니
昭昭照丹衷	거짓 없는 나의 마음을 훤히 밝혀주리라.

그리고 정암은 독배를 마셨다. 그러나 곧 절명되지 않자 금부도사를 따라온 군졸들이 목을 졸라 죽이고자 달려들었다. 이에 정암은 온몸이 뒤틀리는 고통 속에서 엄숙하게 그들을 호통쳤다.

"임금께서 나의 목을 보존하고자 사사의 명을 내리신 것이다. 너희들이 어찌 감히 이럴 수가 있느냐." 그리고 독주를 더 가지고 오게 하여 마신 뒤 종명(終命)하였다.

한 인간의 삶은 죽음을 통해 확인되고, 정신은 그 삶이 부당한 죽음으로 인해 왜곡될 때 더욱 강렬하게 의식(意識)된다. 정암의 죽음은 한 인간의 모든 현상적인 것을 멈추게 하는 것이었지만, 이미 삶을 통해 그 정신이 남아 후대 역사를 비추는 등불과 같은 역할을 하게 되었다. 사람의 한 생애(生涯)에서 남는 것이란 재산도 명예도 아니다. 정암의 생애는 개인적으로 인간의 삶이 무엇을 지향(志向)할 때 가치를 지니는 것이며, 크게는 나라의 근본이 무엇인지, 그리고 그것이 왜 중요한지를 깨우쳐주는 위대한 것이었다.

조광조에게 중종은 어떤 인물이었는가? 객관적인 인간관계로는 '군신(君臣)' 간이었다. 일반적으로 유학에서 오륜(五倫)을 말할 때 군신 간에는 '의(義)'의 윤리를 강조하여, '군신유의(君臣有義)'를 말한다. 임금과 신하 간에는 의만 있으면 된다. 의가 군신 간의 상호관계를 유지하는 필요충분 조건이다. 의리가 맞으면 관계가 유지되는 것이고, 맞지 않으면 그 관계가 언제라도 해체될 수 있는 것이다.

그러나 조광조는 중종을 단지 군주로만 여기지 않았다. 조광조는 군주를 어버이와 동격으로 대하였다. 이것은 정암의 매우 독특한 '군주론(君主論)' 혹은 '군신론(君臣論)'이라 할 수 있다. 말하자면 군주와 어버이를 동일한 관계로 인식한 것이다. 이런 인식과 관점은 정암의 절명시(絶命詩)에 아주 확연히 나타나 있다. 이를 도식화하면 매우 분명하게 보인다.

군(君)	=	부(父)

그러나 주지하다시피 유교에서 부(父)는 군(君)에 절대 우선하는 존재이다. 대개 사람들이 임금이 어버이보다 우선하는 존재로 여기기 쉬운데, 이것은 사실 유교적 윤리 규범이 역대 정치상황에서 그 본질이 왜곡된 경우이다. 전쟁과 같은 특수 상황이 아닌 평상적인 사회에서는 부가 군에 우선하는 것이 유교적 가르침이다. 그래서 오륜(五倫)에서도 '부자유친(父子有親)'이 '군신유의'보다 먼저 제시된다. 어버이를 사랑하는 마음을 미루어서 임금을 섬기는 것이다. 나의 어버이를 사랑하는 마음으로 다른 사람의 어버이를 공경하는 것이다. 이른바 수신제가치국평천하(修身齊家治國平天下)는 철저하게 조건적인 윤리덕목이다.

수신(修身) ▶ 제가(齊家) ▶ 치국(治國) ▶ 평천하(平天下)

위 도식에서 보듯이 『대학』에서는 천하를 평화롭게 하고자 하는 자는 반드시 먼저 그 나라부터 안정되게 다스릴 것을 요구한다. 그런 차원에서 어버이에 대한 효(孝)는 임금에 대한 충(忠)보다 절대 우선한다. 이것을 다시 도식화해보면 다음과 같다.

효(孝) > 충(忠)

이와 같이 유교에서는 언제나 어버이가 임금보다, 효가 충보다 항상 우선하는 개념이며 덕목이다. 그런데 우리 역사상 신라(新羅)시대 화랑도(花郎道)의 '세속오계(世俗五戒)'에서 '사군이충(事君以忠)'이 '사친이효(事親以孝)'보다 먼저 언급된 부분이라든지, 한국 현대 정치에서 초·중·고등학교 교육에서 '효충(孝忠)'이라고 하여야 할 것을 '충효'라고 강조하여 가르친 사례는 사실상 그 본질이 군사적(軍事的) 교육과 관련된 상황에서 왜곡된 것임을 알 수 있다.

이런 측면에서 보면 정암이 임금을 어버이처럼 사랑하고, 나랏일을 집안일처럼 걱정했다는 절명시의 표현은 자신이 조금도 거짓 없이 온전하게 임금과 나라를 위해 일하였다는 참으로 엄숙하고 진실한 고백이다. 임금을 어떤 마음으로 섬겼는가를 논할 때 어버이와 같이 섬겼다는 고백 외에 더 숭고한 말이 있을 수 없다. 이러한 조광조의 충정(衷情)은 그가 경연 시독관으로 있으면서 중종에게 진강하던 때에도 분명히 표현된 바 있다.

> 의리(義理)로 보면 비록 군신(君臣) 간이지만, 정(情)으로 보면 (임금과 신하는) 부자(父子)입니다. ……어버이가 자식을 알아주지 못하면 자식이 근심하는 기색을 면하기가 어렵고, 임금이 신하를 알아주지 못하면 신하는 능히 충성을 다할 수가 없는 것이니, 임금과 신하 관계와 어버이와 자식 관계는 크게 보아 동일(同一)한 것입니다.[12]

---

12 『정암선생문집』 권3, 「시독관시계」 2: 義雖君臣 情則父子……父不知子 則子不免憂色, 君不知臣 則臣不能忠 君臣父子 大檃一也.

이것은 정암이 어떤 마음으로 정치에 임하고, 어떤 자세로 인군을 대하였던가를 보여주는 중요한 대목이다. 정암은 임금인 중종을 최고의 지성(至誠)으로 섬기고 국사(國事)도 지극한 마음으로 근심하고 염려하였음을 하늘에 우러러 고백하고 있는 것이다.

조광조의 이러한 충정을 당시 군주였던 중종은 안타깝게도 올바르게 인식하지 못하였던 것으로 판단된다. 중종은 우리 역사상(歷史上) 참으로 드물게 출현(出現)한 큰 인물(人物) 한 사람을 올바르게 보지 못하는 어리석음을 범하였던 것이다. 한 위대한 인물이 출현하였으나 당시 군주(君主)가 제대로 인식하지 못하여 사지(死地)로 내몰고 말았던 상황은 큰 아쉬움으로 남는 부분이다.

중종은 조광조를 이와 같이 등용했다가 배척하고 말았지만, 같은 군주의 지위에 있던 숙종(肅宗)은 『정암집』을 읽고 느낀 감정을 다음과 같이 술회한 바 있다.

讀靜菴集有感 『정암집』을 읽고 느끼다

每思臨死言	매번 죽음에 임하시던 때 하신 말씀을 생각할 때마다
涕淚自交迸	끝없는 눈물이 저절로 앞을 가리나이다
今讀先生書	지금 다시 선생의 글을 읽어보니
益知道德晟	그 도(道)와 덕(德)이 환하게 밝음을 더욱 잘 알겠도다
朝紳咸仰成	조정의 신료들이 모두가 우러렀고
野嫗亦尊敬	초야의 아낙네도 또한 모두 존경했네
餘事游於藝	여유로우실 때 예술도 즐기셨으니
佳哉筆勢勁	아름답도다 그 필세(筆勢)의 꿋꿋함이여!

같은 인군이라도 큰 신하의 출현을 기뻐하고 인물됨을 알아보는 안목이 이렇게 다를 수 있음을 보여주는 시(詩)이다. 도를 중하게 여

기고 훌륭한 신하를 알아볼 줄 아는 군주를 만나는 것이야말로 전통 왕조 시대에 지치(至治)를 이룰 수 있는 선결요건이라고 할 것이다. 숙종의 이 시는 현재 『정암집』 서두에 전하여지고 있다.

또한 정조(正祖, 1752~1800 재위)도 "정암과 동시대(同時代)에 태어나지 못한 것이 몹시 애석하다"[13]고 표현할 정도였다. 퇴계도 그런 아쉬움을 표현한 적이 있지만, 정암이 그 인물됨을 알아볼 수 있는 군주를 만났더라면 하는 안타까운 부분이라 하지 않을 수 없다.

정암은 사사(賜死)된 직후 제자였던 양팽손(梁彭孫)에 의해 전남 화순군 이양면(梨陽面) 증리 중조산(中條山) 아래에 가매장(假埋葬)되었다가, 이듬해 봄이 되어 경기도 용인(龍仁) 선영으로 반장되었다. 반장된 조광조의 시신이 세상을 떠나던 마지막 길에는 이연경(李延慶), 성수종(成守琮), 이문건(李文楗) 등 제자와 지인(知人)들이 나와 통곡하며 술잔을 올렸다. 1520년 정암의 장례식 당시 분위기는 지난 해 기묘년 참화를 주도했던 권간들의 시선 때문에 마음은 있어도 감히 나가기가 어려웠다. 양팽손은 스승의 시신을 모셨던 바로 그 자리에 사당(祠堂)을 건립하고 매년 춘추로 제사를 모시며 추모의 념(念)을 다하며 슬퍼하였다.

삶의 가치는 죽음이 어떠한가에 의해 좌우된다. 현실에서 어떤 삶을 살아야 할지는, 지금의 내 생활이 최후에 어떤 결과 혹은 평가로 끝맺음되는가를 상기하면 쉽게 답을 얻게 된다. 삶은 유한(有限)하지만, 그 유한성으로 인해 인간은 더욱 귀중한 가치를 추구하게 되는 것이다. 그래서 사람들은 과연 어떻게 살아야 할지 갈피를 잡기 어렵다고 판단될 경우 자신의 삶의 마지막 장면을 연상해보기도 한다. 죽음의 순간을 어떻게 맞을 것인가의 문제는 삶의 지향을 결정하는 요소가 되기도 하는 것이다.

---

13 『정암선생문집』〈부록〉, 권1, 「치제문」〈정묘병진치제문〉: 我思文正 惜不同時.

정암의 삶은 현대인에 비하면 대체로 짧은 기간이었다고 할 수 있다. 그러나 우리는 정암의 삶을 통하여 깨닫는다. 모름지기 인간의 삶이란 여러 가지 일들을 하기 위해 '오래 사는 것'도 중요하지만, 뜻 있는 삶이어야 하고 삶의 의미와 가치, 그리고 지향(志向)이 더욱 중요하다는 것을 일깨워준다.

정암은 행동주의(行動主義)의 올바른 원칙을 지켰다. 그런 행동주의의 원천은 삶 자체가 성찰로 일관된 깊은 수양에서 비롯되어 나온 것이었다. 안전하고 벼슬이 보장되는 길을 버리고 정암은 끊임없는 '불의(不義)'와 맞서는 실천인(實踐人) 혹은 지성인(知性人)으로서의 삶을 충실하게 살았다. 살아 있는 매순간 최선을 다했다. 주체적 의지로 선택하고 책임을 지는 삶의 길을 걸었다. 시대 상황에서 자신이 해야 할 것이라고 판단한 일들을 마지막 순간까지 성실하게 수행했다. 언제나 자신의 내면의 소리에 귀 기울이며 견실(堅實)한 윤리적 삶을 종교적 구도(求道)의 자세로 살았다. 주경집의(主敬執義)하는 성찰적(省察的) 자세로 스스로에게 부끄러움이 없는 길을 굳건하게 걸어갔다. 일찍이 스스로의 주체적 결단과 노력으로 삶의 태도를 도약시켰고, 종명의 순간까지 당면하는 문제들을 회피하지 않고 정확하게 바라보며 의롭게 행하다가 고난을 당하였다.

죽음의 순간은 깊고 큰 울림이 있었다. 일찍이 삶과 죽음의 문제를 깊이 깨닫고, 늘 그것을 의식하며 진지한 자세로 충만한 의미로 일상을 살았기 때문에 결코 흔들림이 없는 종명(終命)의 순간을 맞았다.

혹자는 정암의 죽음을 '불행(不幸)하다'고 아쉬움을 표하기도 하였고, 혹자는 '실패(失敗)'라고 말하기도 하였지만, 끝이 아니라 새로운 시작이었던 것이다. 정암이 깨우쳐준 삶과 죽음의 태도에 대한 가르침은 그래서 두고두고 인구(人口)에 회자(膾炙)되었다. 자신만의 쾌락(快樂)과 무사안일(無事安逸)을 위해 사는 삶이 큰 의미를 지니기 어렵고 일시적인 것일 수밖에 없다는 사실을 우리는 정암을 통해서 깨달을 수 있다.

이미 정암이 참화(慘禍)를 당하여 옥중에 있을 때 올린 상소에서도 밝혔듯이 중종이나 훈구파의 논리처럼 정암의 실천적 삶과 행동이 개인적 영예와 안위를 위한 것은 아니었다. 국가의 병통(病痛)이 이욕(利慾)의 근원(根源)에 있다고 판단하고 국맥(國脈)을 무궁토록 새롭게 하고자 생사(生死)의 문제를 넘어 일심(一心)으로 전념하였음은 의심의 여지가 없다. 이 점은 후세의 어떤 사람일지라도 부정하기는 어려울 것이다. 정암의 삶과 실천을 통하여 보건대 죽고 사는 생사(生死)의 문제가 이미 정암 자신에게는 지치(至治)를 향한 개혁 드라이브를 바꿀 명분이 되지 못하였음은 확실해 보인다.

정계에 나아간 이후 정암이 걸었던 길은 평소 학문을 통하여 체득한 도(道)와 진리(眞理)를 따르는 외길이었다. 한결같은 일념(一念)으로 한 길을 걸었다. 다만 훈구 세력들이 지적했던 것처럼 그 길을 가는 동안 다소 급진적(急進的)인 면이 있었을 뿐이다.

퇴계(退溪) 이황(李滉)도 정암의 「행장」에서 정암을 비롯한 도학자들이 당시 무엇이든 속히 이루고자 하는 폐단이 있어서 건의(建議)하고 시설(施設)함에 있어서 '날카로움이 너무 드러나고 장황하면서도 점진적인 면이 없었던 것〔봉영태로(鋒穎太露) 장황무점(張皇無漸)〕'을 기묘사화의 원인으로 지적한 바 있다.[14] 정암에게 그런 면이 없었던 것은 아니다.

정암 스스로 너무 급하게 승진하는 것에 대하여 크게 염려하였고, 그런 까닭에 누차 물러나고자 간곡히 청하였으나 뜻을 이루지 못하였다. 대사헌(大司憲)이 된 뒤 정암은 무려 다섯 차례나 사직을 청하였으나 중종은 끝내 윤허하지 않았다.

---

14 『정암선생문집』〈부록〉권6, 「행장」.

신이 출신(出身)한 지 40개월도 못 되는데 직임이 외람합니다. 하물며 헌장(憲長)은 일국(一國)의 풍헌을 바로 잡는 것으로서 소임이 지극히 중요하고, 또 신이 출신한 뒤로부터 외람되이 시종(侍從)의 자리에 있고 다른 임무를 맡지 않았으므로 문서나 조장(條章) 등의 일은 형식을 몰라, 처음 출신한 사람과 다름이 없으니, 감히 사직합니다.[15]

조광조의 사직은 상투적인 것이 아니라 자신이 왜 그 일을 맡기에 부적합한지를 매우 구체적으로 임금에게 고백하고 있다. 시종직에만 주로 있었고 다른 직책을 역임해보지 않아 사헌부의 수장(首長)으로서 자신은 경험이 부족한 사람임을 솔직하게 아뢰고 있다. 그리고 한두 번 사양한 것이 아니고 다섯 번이나 사직을 청했다는 것은 겸양(謙讓)의 예(禮)로 보기 어렵고, 역시 진심으로 스스로의 경력이 부족하다는 청원한 것임이 분명해 보인다. 그러자 중종은,

대사헌의 임무는 매우 중요하여 이 직에 합당한 사람이 쉽지 않다. 전조가 주의하지 않았더라도 내 생각에는 이미 경을 주의하였는데, 전조가 마침 경을 주의하였다. 비록 문서의 일을 모른다 하더라도 이는 다만 말단의 일이니, 어찌 반드시 경력이 있은 뒤에야 알겠는가?[16]

하고, 다섯 차례 모두 윤허하지 않았다. 조광조 스스로 임금의 차서 없는 임용에 대하여 경계하고 염려함이 지대하였고, 매번 사직을 청하기도 수없이 하였으나 그때마다 중종은 전폭적인 신뢰를 보이며 직임을 더욱 높였던 것이다. 물러나고자 하여도 물러날 수가 없었고, 임금의 두터운 신임에 감격하여 자신을 잊고 어려운 국정 운영에 충정을 다하고자 하였다.

---

15 『중종실록』 권34, 13년 11월 22일 무오(戊午)조.
16 위와 같음.

　실제로 당시 정암이 당면했던 과제들이 얼마나 지난(至難)한 것이었던가? 정암에게는 별다른 선택의 길이 없었던 것이다. 출사 이후 하루도 쉴 겨를이 없을 정도로 힘써 개혁을 추진하였다. 서서히 여유를 가지고 점진적으로 할 수 있는 일들이 사실상 거의 없었다.

　그리고 자고(自古)로 개혁다운 개혁이란 완만하게 이루어진 사례가 거의 없었다. 개혁이란 것 자체가 다소 절박한 시기에 요구되는 면이 있는 것이다. 말하자면 급하지 않은 개혁이란 본래 드문 법이다. 개혁은 평상적인 상황에서 요구되거나 요청되는 일은 아니기 때문이다. 그런 점에서 정암의 지치적(至治的) 개혁이 급진적이었다는 것 자체가 본질적(本質的)인 문제가 되는 것은 아니다. 급진적이었다는 것 자체로 사형에 처할 문제는 아니었던 것이다. 급진성 자체는 개혁의 성공 여부를 판가름하는 문제가 될 뿐이지 개혁주체(改革主體)의 도덕적(道德的) 정당성(正當性) 자체를 훼손하는 것은 아니기 때문이다. 말하자면 '급진(急進)' 혹은 '과격(過激)' 그 자체가 본질적인 문제는 안 된다는 의미이다.

　정암은 죽음 앞에서 하늘을 우러러 한 점 부끄러움이 없었고, 땅을 굽어보아도 거리낌이 없었다고 스스로 확신하였다. 도와 진리의 길을 따라 살았고, 그리고 죽음이 주어지니 그냥 받아들일 뿐이라는 엄숙한 자기 고백을 종명(終命)의 자리에서 천일(天日)하에 밝혔다. 이런 죽음은 보통 사람과는 다르다.

　일찍이 공자는 "아침에 도(道)를 들으면 저녁에 죽어도 좋다"고 하여, 사람에게는 생명(生命)을 초월하는 가치가 있음을 밝힌 바 있다. 맹자도 "그 도(道)를 다하고서 죽는 자는 정명(正命)"이라고 밝히고, "정기정물(正己正物)은 대인(大人)이라야 가능할 뿐"만 아니라 "오직 성인(聖人)이라야 천형(踐形)을 할 수 있다"고 한 바 있다. 그리고 이러한 죽음이 바로 '이신순도(以身殉道)'라고 하였다.

　본래 유학은 공맹(孔孟) 이래로 고도의 형이상자(形而上者)나 초월적 존재보다는 인간의 도(道)를 중심으로 삼는다. 그러므로 항상 보편적 인간 본성(人間本性)이 논의의 핵심이 된다. 그러나 인간중심주의라고 하여 단순히 물질이나 실용만을 중시하는 현실주의는 아니다. 무엇보다 정의와 도리를 위하여 살신성인(殺身成仁)하는 것을 당연한 것으로 여긴다. 그런 의미에서 유가의 인간관에서는 생리적(生理的), 심리적(心理的) 인간은 물론 의리적(義理的), 성명적(性命的) 인간이 하나로 만난다. 말하자면 성(性)과 성(誠)과 성(聖)이 일관되어 생명적, 윤리적, 철학적, 종교적 문제를 포괄하는 특성이 있다. 그러므로 유학에서는 자아의 본성을 발견하여 성찰하며 실천하는 것이 특성이다. 무엇보다 진리(眞理)와 인간(人間)이 분리되지 않는다.[17] 바로 이런 점에서 접근할 때 정암은 유가적 인간에 가장 충실한 삶을 살았음을 알 수 있다.

바로 정암의 삶과 죽음은 진리(眞理)의 파지(把持), 즉 도(道)와 진리를 위한 죽음이었다. 종교적 차원의 순교(殉敎)보다 어떤 점에서는 차원이 더 높다고 하겠다. 종교를 최고 가치로 여기는 사람의 입장에서는 순교가 지고(至高)의 가치를 지니는 것이겠지만, 학문이나 일반적인 관점에서는 순도(殉道)는 순교를 뛰어넘는 의미를 지닌다고 할 것이다. 정암의 죽음은 이신순도, 즉 진리(眞理)를 위한 죽음이었기 때문이다. 인류 역사를 통하여 소수의 인간만이 학행일치(學行一致)를 보였을 뿐이었다. 그리고 바로 그런 사람들에 의해 인류의 역사는 진보해 왔다. 세상의 등불 같은 역할을 해온 것이다. 정암이 후세 사림(士林)들에 의해 태산(泰山)과 북두(北斗)와 같은 존숭을 받는 이유는 바로 그런 점에 있다고 할 것이다.

정암의 삶은 당대 권세가(權勢家)나 권력(權力)의 뜻에 맞춘 것이 아니었다. 하늘의 진리, 즉 천도(天道)를 어떻게 실천하느냐에 오직 관심을 두었다. 그리고 바로 그것을 임금에게도 요구하였다. 우리도 요순

17 류승국, 『동양철학연구』, 동방학술연구원, 163~164쪽.

(堯舜)과 같은 태평성대(太平聖代)를 이룰 수 있다는 자신감의 반영이었다. 사람의 행동과 선택이 진리(眞理)에는 부합되지만 당대 사람들의 요구에는 합치되지 않을 수도 있고, 사람들의 요구에는 부합하지만 천도에는 어긋나는 것이 있을 수 있는데, 정암은 진리의 실천을 택했다. 후세의 학자들 중에는 정암이 명철보신(明哲保身)하여 학문을 크게 이루었다면 그 성취(成就)를 헤아리기가 어려웠을 것이라고 말하기도 하지만, 정암은 이미 최고의 삶을 살았기에 그 순정성(醇正性)은 치명수지(致命遂志)의 의미를 다하였다고 할 수 있다. 그러므로 정암의 죽음을 두고 행불행(行不幸)을 논하는 일 자체도 어떤 의미에서 무의미한 일이라고 하지 않을 수 없는 것이다.

제8장 정암 조광조에 대한 평가와 역사적 의의

1. 퇴계와 율곡의 정암에 대한 평가와 존숭

1) 퇴계의 평가와 존숭

퇴계(退溪) 이황(李滉, 1501~1570)과 율곡(栗谷) 이이(李珥, 1536~1584)는 명실공히 한국 성리학을 대표하는 쌍벽(雙璧)이다. 16세기 한국 성리학은 퇴계와 율곡이 있어 인성론적인 측면에서 중국을 능가하는 고도의 발전을 이룩할 수 있었다. 퇴계는 한국 성리학의 종정(宗正)으로 불리며 당대는 물론 오늘날까지 지극한 존숭을 받고 있으며, 율곡은 진리와 경세(經世)의 근본적 합일을 추구했던 점에서 단연 주목받는 사상가이자 경세가였다.

퇴계는 생애의 대부분을 이른바 악화(惡貨)가 양화(良貨)를 구축(驅逐)하는 사화(士禍)의 시대를 살면서 유교의 근본적인 본령과 정신에 충실하며 경사상(敬思想)을 중심으로 인간의 내면적 진실성을 주체적으로 수렴하고 성찰하는 순일(純一)한 공부를 중시했던 대학자였다. 한편 율곡은 정통 성리학적 입장을 견지하면서도 단순히 성리학만을 고수한 것이 아니라 불교와 노장철학, 그리고 양명학 등을 위시한 제가(諸家)의 학설에도 깊은 이해가 있었고, 무엇보다 진리와 실제의 조화라는 실용적인 경세론(經世論)으로 정치와 경제는 물론 사회 전반에 걸쳐 획기적인 선견(先見)을 제시하였으며, 이를 몸소 실천한 학자이자 정치 개혁가로 평가된다. 이 두 사상가는 특히 도학적 실천과 의리를 공통적으로 중요하게 여기며 선비정신을 표준으로 삼고자 하였던 점에서 공히 통하는 바가 있다.

조선조 4대 사화(士禍)가 그 생애와 무관하지 않았던 까닭에 스스로 호(號)를 퇴계(退溪)라고 지었던 이황은 그런 연유로 조광조의 출처(出處)에 대해 문제(問題)를 제기(提起)한 바 있다.

무릇 하늘이 큰 대임(大任)을 맡기는 사람을 이 세상에 내려보낼 때 어찌 능히 일찍이 한 번에 만족할 만한 성공(成功)을 거두게 하겠는가? 반드시 중년(中年)에 배불리 먹어서 양기(陽氣)와 체질(體質)을 튼튼히 하고 만년(晚年)에 가서 크게 성공하는 데 여건(與件)을 갖추게 할 것이다. 정암 선생께서 처음 일찍이 성세(聖世)에 급히 기용되지 않고 편안하게 집에서 지내며 궁(窮)한 시골 마을에서 은거(隱居)하면서 더욱 크게 학문에 힘을 기울이고 재덕(才德)을 닦고 함양해서 오랜 세월 동안 연마했더라면 궁리하고 연구한 것이 관철되어 더욱 고명(高明)해지고 축적해서 기른 것이 높고 깊어서 더욱 넓고 두터워져서 밝고 빛을 내어 정주학(程朱學)의 근원을 탐구하고 공자(孔子)의 유덕(遺德)에 접할 수가 있었을 것이다. 이렇게 되었더라면 그 한때 성군(聖君)을 만나 뜻을 펴도 또한 좋은 일이요, 또 그 뜻을 펴지 못해도 또한 별로 상관할 것이 없을 것이다. 다만 믿는 바로써 도의(道義)와 인간의 기본이 되는 문제에 대해서 교훈(教訓)을 세워 후세에 남겨주는 일이 반드시 있었을 것이다.

그러나 정암 선생께서는 그렇게 하지 못하셨으니, 발탁되고 등용되어 너무 빨리 벼슬자리가 높아진 것이 첫 번째 불행(不幸)이고, 은퇴(隱退)하기를 구하였으나 뜻을 이루지 못하였던 것이 두 번째 불행이고, 귀양 가신 곳에서 곧 세상을 떠나신 것이 세 번째 불행이다. ……아! 하늘이 선생에게 큰 책임을 내리신 뜻이 과연 어떻게 된 것인가?[1]

퇴계는 정암의 삶이 세 가지 점에서 '불행(不幸)했다'고 지적하고 있

---

1 『정암선생문집』 〈부록〉 권6, 「행장」.

다. 좀더 학문을 연마하면서 재덕을 함양해서 정주학의 본령과 공자의 유덕을 축적한 연후에 벼슬에 나가야 했다는 내용이다. 그러나 정암이 벼슬길에 나간 것이 34세였으니, 당시로서는 결코 이른 나이도 아니었다. 학문의 완성이란 끝이 없는 것이기도 하겠지만, 그리고 이미 학문은 명성이 높아 20대 중반에 배우기를 청하는 사람들이 문전에 크게 이를 정도였다는 점을 이미 앞에서 확인한 바 있다.

퇴계가 정암의 삶에 대하여 불행하다는 견해를 밝혔지만, 그것은 아쉬움의 표현에 지나지 않는 것이라는 사실을 다음 글은 말해주고 있다. 퇴계도 이미 정암의 출사 당시 진퇴(進退)가 사실상 불가능했던 상황임을 명확하게 인식하고 있었다.

> 돌이켜 생각해보면 근래 사대부(士大夫)를 대우함에 있어 옛 일에 따르지 않고 의(義)는 없어졌다. 관직(官職)에서 물러나겠다고 청할 수 있는 길을 없애버려서 한번 조정에 출사하면 그만둘 수 있는 길이 끊어졌다. 일단 조정(朝廷)에 서게 되면 스스로 병자(病者)가 되어 떠나거나 죄(罪)로 몰려서 물러나는 길밖에는 관직을 떠날 길이 없게 되었다. 비록 정암 선생께서 뜻이 맞지 않아서 물러가려고 기회를 엿본다고 하여도 능히 그 관직을 벗어날 수 가 없었다. 이렇게 능히 그 벼슬자리를 용퇴할 수 가 없다면 우환(憂患)이 닥쳐오게 마련인데, 이 우환마저 어찌 가히 슬기와 계교(計較)로써 면할 수 있겠는가? 이러한 어려운 처지를 정암 선생은 만났던 것이다.[2]

입구(入口)는 있으되 출구(出口)가 없었던 정암 당시의 벼슬길 상황을 분명하게 지적하고 있다. 일단 조정에 발을 들여놓게 되면 병자(病者)가 되거나 죄인(罪人)이 되지 않고서는 물러날 수 없었다는 퇴계의

---

2 위와 같음.

지적은 참혹하다. 벼슬길에 섰던 정암의 고민을 짐작하고도 남음이 있는 부분이다. 인재를 등용하기만 하고 진퇴(進退)의 선택 여부를 허여하지 않았던 상황에서 길은 오직 개혁으로 나아가는 것밖에 없었다. 이러한 정암의 길에 대하여 퇴계는 이해하고 있었던 것이다. 아쉬움과 역사에 대한 미련의 표현이었음을 알 수 있는 부분이다.

무엇보다 정암 조광조가 조선조 도학의 태산북두(泰山北斗)로 역사 속에 우뚝 설 수 있었던 것은 바로 퇴계 이황과 율곡 이이의 진심에서 우러나온 존숭이 있었기 때문이라고 하여도 과언이 아니다. 퇴계와 율곡은 정암에게서 직접 배우지는 않았다. 그럼에도 불구하고 16세기 이후 한국 성리학의 방향을 결정한 퇴계와 율곡 같은 위대한 인물들에 의해 올바른 평가를 받게 되었다. 그리하여 비로소 정암은 몸은 죽었으나 사상사적 의의는 우뚝 설 수 있게 되었던 것이다. 퇴계는 정암의 「행장(行狀)」을 지었고, 율곡은 정암의 「묘지명(墓誌銘)」을 썼다. 행장과 묘지명은 그 인물에 관한 기록 중 가장 상징적인 것인 동시의 중요한 내용이어서 그것이 갖는 의미가 무엇보다 크다. 따라서 행장이나 묘지명 등을 누가 썼는가는 그 인물의 사상사적 위상을 파악할 수 있는 점에서 시사하는 바가 많다. 우선 행장이나 묘지명을 쓴다는 것 자체가 대상 인물에 대한 존중의 표현이라는 점도 의미하는 바가 있다고 하겠다. 퇴계는 정암의 「행장」을 짓는 이유를 다음과 같이 기술하고 있다.

> 내가 스스로 생각하니 비록 정암 선생의 문하에서 공부하지는 않았지만, 선생의 영향을 받은 것은 이미 많다. 그런데도 불구하고 이미 비명(碑銘)을 사양하였는데 또 행장(行狀)도 짓지 못하겠다고 하면 어찌 인정이 있는 곳에 일이 따른다고 말할 수 있겠는가!

정암의 「행장」은 퇴계가 64세 때 쓴 것이니, 퇴계의 인생에서 만년의 기록에 해당하는데, 여기서 퇴계 스스로 정암의 문하생(門下生)은 되지 못했지만 자신의 학문에 영향을 받은 것은 적지 않음을 고백하고 있다. 여기서 퇴계가 받았다고 하는 '영향'이라는 것이 정암의 '불행한 삶'을 통한 명철보신(明哲保身)과 같은 깨달음은 결코 아닐 것이다. 퇴계는 명실공히 16세기 한국 성리학을 대표하는 최고의 학자라고 할 수 있는데, 정암에게서 성리학적 이론체계를 영향 받았다고 보기는 어렵다. 역시 퇴계가 정암에게서 영향을 받았을 부분은 '도학(道學)'이라고 하여야 할 것이다. 퇴계의 삶 속에 도학자로서의 면모가 있는 부분도 부정하기 어려운데, 그러한 측면은 확실히 정암에게서 맥락을 찾아야 할 것으로 보인다.

퇴계가 정암의 행장에서 지적했듯이 정암은 '치군택민(致君澤民 : 임금을 훌륭하게 하고 백성의 삶을 윤택하게 하는 것)과 흥기사문(興起斯文 : 유학의 도를 일으키는 것)'을 자기의 책임으로 삼았을 뿐이었고, 다만 '봉영태로(鋒穎太露 : 날카로움이 너무 드러남)와 장황무점(張皇無漸 : 장황하면서도 점진적으로 하지 못함)'으로 기묘사화가 일어났을 뿐임을 지적하고 있다.[3] 역(逆)으로 '봉영태로'와 '장황무점'이 죽음으로 내몰 만한 죄목이 될 수 없다는 것을 퇴계는 지적한 것이라고 볼 수도 있는 부분이다.

퇴계는 열아홉 살이던 1519년(기묘년) 9월 문과별시 초시(初試)에 응시하기 위해 서울에 갔다가 중종이 성균관에서 알성(謁聖)할 때 당시 사헌부 대사헌이던 정암을 멀리서나마 본 적이 있다. 정암 사후 퇴계는 제자 김성일(金誠一)에게 "일찍이 중종을 뵈올 때 정암을 멀리서 바라보니 걸음걸이가 단정하고 태도가 본받을 만하여 한 번 보고 그 사람됨을 알 수 있었다"고 전제한 뒤, "조정암(趙靜庵)은 천자(天姿)가 참으로 아름다우나, 학력(學力)이 충실치 아니하여 그 베푼 것이 당처(當

---

3 이상은, 『퇴계의 생애와 학문』, 예문서원, 1999, 62쪽.

292

處)에 지나침이 있음을 면하지 못하였다. 그런 까닭에 마침내 일이 패(敗)함에 이르니 만약 학력이 이미 충실하고 덕기(德器)가 성취한 연후에 나아가서 세무(世務)를 담당했더라면 그 성취할 바를 쉽게 헤아릴 수 없었을 것이다."[4]고 하여, 정암이 학력과 덕기가 미진하였음에도 불구하고 조정에 나아가 결국 실패하였다고 규정한 뒤, 후학들이 경계 삼을 필요가 있다고 밝힌 바 있다. 일견 그런 부분을 지적할 수 있을 것이지만, 정암이 명철보신(明哲保身)하지 못한 것에 대한 퇴계의 지적은 역시 다른 견해가 있을 수도 있을 것이다. 퇴계가 말하는 학력의 충실함이란 과연 어디에까지 도달하여야 한다는 것인지, 그리고 사람이 닦아야 할 덕기도 어느 수준에 이르러야 과연 조정에 나갈 수 있는 정도인지 가늠하기 쉽지 않다. 퇴계의 지적대로 하면 어느 누구도 조정에 서기가 쉽지 않을 것이다. 사실 정암의 학력이 미진하였고, 덕기(德器)가 불완(不完)하였다는 퇴계의 지적에 대해서는 퇴계가 정암을 너무 수세적으로 본 면이 있었다는 비판을 면하기 어려울 것이다. 정암의 정계 진출이 결코 이르지 않았으며, 퇴계가 기대했던 덕기라는 것이 어느 정도까지 이루어져야 하는지는 알 수 없으나 필자가 판단하기에 이미 정암은 성현의 경지에 이른 수준이었음을 충분하게 확인할 수 있다고 본다.

그리고 퇴계가 정암의 일이 실패하였다고 한 부분에 대해서도 다소 피상적인 인식의 결과라고 여겨진다. 정암이 만약 70세 혹은 80세까지 명철보신하게 살았더라면 과연 어떤 일을 성취할 수 있었다는 것일까? 이 점에 대해서도 필자 개인적인 생각으로 퇴계의 관점에 다소 문제가 있다고 보여진다. 정암은 이미 출사 4년 만에 거의 정치적 완성을 보는 수준에 이르도록 정사를 펼쳤다. 역사적으로 왜곡되고 잘못된 국시를 바로 잡았고, 사상적으로 유교의 정통성을 확보하였

4 『퇴계전서』 4, 「언행록」 권5, 〈편류〉.

다. 이미 정암은 충분히 스스로 위대한 인물로 자신을 완성해놓은 시기였다. 그것은 후대 학자들의 존숭을 통해서도 충분히 입증되고 남음이 있다. 정암의 죽음이 가치 없는 것이었다는 평가를 내린 후학은 적어도 찾아보기 어렵다. 정암의 삶은 비록 아쉽게 끝이 났지만, 충분히 그 의의와 가치를 지닌 것이었기에 다른 여한은 없을 것이라고 본다.

퇴계는 정암이 천자(天姿)는 아름다우나 학력(學力)과 덕기(德器)가 부족하였다고 보았는데, 학력과 덕기라는 것이 천자와 무관한 것이 아니다. 필자가 판단하기에 정암은 아름다운 천자를 바탕으로 조선조 역사상 최고의 인격 수양에 이르렀던 인물 중의 한 사람이라고 본다. 퇴계의 정암에 대한 비판은 말 그대로 죽음에 대한 아쉬움 그 이상도 이하도 아니라고 필자는 판단한다.

정암에 대한 퇴계와 율곡의 언급이 어떤 의미를 담고 있건 간에 두 쌍벽에 의해 정암이라는 인물의 역사적 위상과 학문적 의의가 보다 분명하게 부여된 것이라는 점에는 이의가 없을 것이다. 퇴계나 율곡 없이 정암에 대한 정당한 평가 혹은 사상사적 위상은 상당히 지체되었을 것이다. 그러나 정암 사후 얼마 가지 않아 곧바로 정당한 평가를 받을 수 있었던 일은 역시 당대의 인물이었던 퇴계와 율곡의 존숭과 노력의 결실이었다고 할 것이다.

2) 율곡의 평가와 존숭

율곡의 정암에 대한 존숭은 퇴계보다 더 지극했다. 율곡은 파주에 은병정사(隱屛精舍)를 짓고 정암 조광조와 퇴계 이황 두 분을 모시고 존숭하며 제사를 드렸다. 율곡은 특별한 스승을 모시지 않았으나 평소 정암과 퇴계를 마음의 스승으로 삼고 지극한 마음으로 존숭하였다. 특히 정암에 대한 율곡의 존숭은 남달랐으며, 퇴계보다는 35세 연하였지만 직접 찾아가 밤을 새우며 학문을 토론하기도 하였다. 특히 율곡이 쓴 희천의 「양현사기(兩賢祠記)」와 「도봉서원기(道峯書院記)」, 「경연일기(經筵日記)」 등에는 그가 정암을 얼마나 존경했던가를 알 수 있는 표현들이 곳곳에 적혀 있다. 그런 글들에는 정암에 의해 우리나라에 성리학(性理學)이 있는 것을 비로소 선비들이 알게 되었고, 부모와 임금에 대한 도리는 물론 정의와 이익의 구분도 알게 되었으며, 왕도(王道)가 귀하고 패도(覇道)가 천함을 알게 된 공과 조선조의 도학(道學)이 조정암에서부터 일어났다고 하는 등 구체적인 찬양이 지극하다. 율곡의 정암에 대한 숭모(崇慕)의 표현들은 정확하면서도 지나침이 없다.

그러나 율곡이 정암의 출처와 진퇴에 대해 문제를 삼지 않은 것은 결코 아니다.

> 옛 사람들은 반드시 학문이 성취된 뒤에라야 도(道)를 행하려 하였다. 그런데 행도(行道)의 요체는 임금의 마음을 바르게 하는 것보다 급한 일은 없다. 애석하다! 조문정공(趙文正公)은 현철한 자품(資稟)과 경세제민(經世濟民)의 재주를 가졌으면서도 학문이 채 대성(大成)하기도 전에 갑자기 정치의 요로(要路)에 올랐기 때문에 위로는 임금의 그릇된 마음을 바로 잡지 못하였고, 아래로는 권문세가(權門勢家)들의 비방을 막지 못하였다. 그리하여 막 충성을 베풀려 하는데 참언(讒言)들이 바로 생겨 목숨을 잃게 되었고 조정은 혼란스러움에 빠지게 되었다.[5]

율곡은 정암이 현철한 천자(天姿)와 재덕(才德)을 지녔음에도 불구하고 학문이 대성하기 전에 정치일선에 뛰어들어 요직에 임명됨으로써 목숨을 잃게 되었다고 아쉬워하고 있다. 율곡의 지적은 엄정(嚴正)하다. 특히 표현이 신중하고 정확하다. '성공하지 못하였다'는 말은 썼

---

5 『율곡전서』 권28, 「경연일기」, 명종(明宗) 22년조.

지만, 율곡의 표현은 결코 후대의 사가(史家)들이 흔하게 표현하는 '실패'라는 말과는 그 의미가 같지는 않다. 성공하지 못하였다는 것은 아쉬움의 표현이지 실패함으로써 달성한 것이 전혀 없다는 의미는 아닌 것이었다. 율곡의 표현 역시 아쉬움 그 이하도 이상도 아니었다. 율곡이 정암을 두고 성공하지 못하였다는 내용은 바로 임금의 그릇됨을 바로 잡지 못한 것과 권세가들의 비방을 막지 못하여 스스로는 목숨을 잃고 정국의 어려움을 초래하였다는 것이다. 이것 때문에 정암의 출사(出仕)가 실패라는 의미는 아니었다. 율곡은 정암의 출사와 출현(出現)으로 후대에 끼친 공(功)이 지대(至大)하다고 표현하고 있기 때문이다.

> 어찌하여 하늘은 그 사람을 세상에 내놓으시면서 그로 하여금 성공하지 못하게 했단 말인가! 조문정공이 진퇴의 기미에는 밝지 못한 점이 있기는 하였지만 학자들은 이때에 이르러서야 도학을 높이 받들만 하고, 왕도가 귀하고 패도가 천한 것임을 알게 되었으니, 사도(斯道)에 끼친 그의 공로는 없어지지 않으리라. 뒷사람들이 그를 태산이나 북두처럼 우러러보고, 또 조정으로부터의 은총이 날이 갈수록 더욱 융숭함은 실로 지당한 일이다.[6]

율곡만큼 정암을 올바르면서도 지극한 마음으로 존숭한 사람은 드물었다. 율곡은 정암에 대하여 지적해야 할 문제점은 그대로 표현하였고, 의미를 부여하고 존숭해야 할 점은 명확하게 밝히고 있다. 조선조 도학의 태산북두가 조광조라는 율곡의 평가는 간결하면서도 정확한 것이라 하겠다. 이어서 율곡은 정암의 한국도학사상사(韓國道學思想史)에서의 위상과 공로에 대하여도 다음과 같이 그 통서(統緒)와

---

6 위와 같음.

역할(役割)을 분명하게 밝히고 있다.

> 우리나라에는 도학(道學)의 전통이 없었는데, 고려조에 정몽주(鄭夢周)
> 가 처음으로 그 발단(發端)을 열었다. 그러나 짜임새가 정밀하지 못하
> 였고, 조선조의 김굉필(金宏弼)이 그 단서(端緒)를 이었지만 아직 크게
> 드러나지는 못하였다. 그러다가 조광조가 도학을 창도(唱導)함에 이르
> 러서 학자들이 모두 그를 추존(推尊)하게 되었다. 그러므로 지금 우리
> 나라에 성리학(性理學)이 있음을 알게 된 것은 조광조의 덕분이다.[7]

여기서 율곡은 우리나라에 도학이 있게 됨은 바로 정암에 의해서
라고 확실하게 규정하고 있다. 정몽주와 김굉필, 조광조에 연결되는
한국도학사의 통서에 대하여 언급하면서 그 역할에 대해서는 확연히
구분되는 점이 있음을 밝히고 있는 것이다.

뿐만 아니라 율곡은 정암이 입조(立朝) 이후 선무(先務)로 삼은 것에
대하여 『경연일기(經筵日記)』에서 다음 네 가지로 간명하면서도 정확
하게 정리한 바도 있다. 첫째, 숭정학(崇正學) 즉, 도학을 숭상하고, 둘
째, 정인심(正人心) 즉, 인심을 바로 잡으며, 셋째, 법성현(法聖賢) 즉, 성
현을 본받고, 넷째, 홍지치(興至治) 즉, 지극한 정치를 행하였다.

율곡은 또 「도봉서원기(道峯書院記)」에서도 표현의 차이는 있지만,
비슷하게 정암의 노력에 대하여 평가하였다. 첫째, 격군심(格君心) 즉,
임금의 마음을 바로 잡고, 둘째, 진왕정(陳王政) 즉, 왕도정치를 진술
하였으며, 셋째, 벽의로(闢義路) 즉, 의로운 길을 열었고, 넷째, 색리원
(塞利源) 즉, 이욕의 근원을 막았다. 이것을 표로 정리해보면 다음과
같다.

---

7 위와 같음.

정암이 입조(立朝) 이후 선무(先務)로 삼은 일에 대한 율곡의 평가

출전	「經筵日記」	「道峯書院記」
내용	숭정학(崇正學)	격군심(格君心)
	정인심(正人心)	진왕정(陳王政)
	법성현(法聖賢)	벽의로(闢義路)
	흥지치(興至治)	색리원(塞利源)

후대의 많은 사람들이 정암에 대하여 평가를 하였지만, 율곡은 그 업적과 내용을 아주 간명(簡明)하면서도 정확하게 규정하였다고 할 수 있다. 율곡이 역사적 인물에 대한 이해와 평가는 올바르고 정확하기로 정평이 나 있는 편이다. 이런 점에서 보면 정암에 대한 율곡의 평가는 사실 지극한 존숭의 념(念)에서 우러나온 표현이라고 보아야 할 것이다.

후에 율곡은 정암과 퇴계를 비교한 적도 있는데, 그 장단을 정확하게 본 것으로 파악된다. "이황은 당세(當世)에 유가(儒家)의 종주(宗主)로서 조광조 뒤로는 그와 비견할 사람이 없었다. 이황의 재주와 국량(局量)은 비록 조광조보다는 못하였지만, 의리(義理)를 깊이 연구하여 지극히 정미(精微)한 점으로는 또한 조광조가 그를 따르지 못한다."[8]고 한 것이 그것이다. 정암은 재주와 국량이, 이황은 의리를 정미하게 탐구한 점에서 큰 장점이 있다는 것인데, 두 학자의 특장(特長)을 정확하게 파악하였다고 하겠다. 율곡은 또 백인걸과의 대화에서 "자품(資稟)으로 본다면 정암이 월등하게 낫지만, 도달한 경지로 말하면 퇴계가 낫다"고 한 바도 있는데, 일맥상통하는 평가라고 하겠다. 이런 점에서 퇴계는 정암을, 율곡은 정암과 퇴계를 각각 매우 존숭하고 있

---

8 『율곡전서』 권28, 「경연일기」, 명종(明宗) 22년조.

음을 알 수 있는 것이다.

정암을 사숙(私淑)한 제자가 많았다는 것은 이미 앞에서도 언급하였거니와, 특히 율곡은 정암을 가장 존중하였고 정암에게서 받은 영향도 적지 않았던 것을 알 수 있다. 율곡은 왕도정치를 최고의 이상적 이념으로 보았던 측면뿐만이 아니라 불굴의 개혁 정신 등에서도 정암과 아주 닮은 부분이 많았다. 스스로 평생 정암과 퇴계를 존중하여 자신이 세운 '은병정사(隱屛精舍)'에는 두 존경하는 인물의 석상(石像)을 세웠을 정도였다.

정암이 퇴계와 율곡에게 학문적 지향을 밝혔다면, 퇴율(退栗)은 정암의 생애와 학문을 올바르게 평가함으로써 보답을 하였다고 할 수 있다. 한국도학사상사에서 정암과 퇴계와 율곡이 세 솥발〔鼎足〕과 같은 위상과 역할을 하고 있음을 보여주는 대목이라 하겠다.

2. 신원(伸寃)·복권(復權)과 문묘배향

1) 신원 운동의 전개와 복직 과정

조광조에 대한 복권 논의는 사실 한 개인의 신원이나 복권 운동이라고 보기 어려운 면이 있다. 그 전개 과정을 살펴보면 조광조의 신원과 복권을 통하여 도학(道學) 즉, 조선조 성리학의 정통성 확립이라는 이념적 정착 과정과 관련된 일종의 '운동(運動)'이라는 성격이 강했음을 알 수 있다. 한편으로 그만큼 조광조라는 인물이 역사적으로 차지했던 비중이 크고 중대했음을 의미하는 것이기도 하였다.

중종은 조광조를 비롯한 신진도학자들의 이른바 '급진성'과 '당파성'에 염증을 느껴 그 주역들을 제거해버리면 장차 정국이 안정되고 편안할 것이라고 판단하였다. 그러나 그 결과는 오히려 중종의 기대와는 반대로 나타났다. 기묘사화 바로 다음날부터 근본적인 문제 제기가 있었고, 조광조가 희생되고 난 뒤 얼마 지나지 않아 조광조를 복권(復權)하고 신원(伸寃)해야 한다는 주장이 제기되기 시작했다.

기묘사화 바로 다음날 성균관의 유생 임붕(林鵬) 등 240여 명이 상소하여 조광조의 '억울함'을 아뢰고, 자원하여 감옥에 가겠다고 청하는 것을 시작으로 중종 재위 기간 동안 조광조를 죽인 일이 잘못된 것이었다는 지적은 끝없이 제기되었다. 사화 당시 유생뿐만 아니라 왕실(王室) 종친(宗親) 중에서도 조광조 등을 설원(雪寃)시키고자 하는 노력이 있었다. 종실의 지친이었던 파릉군(巴陵君) 이경(李璥)은 사화 직후 상소를 올려 과감하게 조광조를 위하여 변론하였다. 이 때문에 그는 전라도 해남으로 귀양 갔고, 사화가 끝나고 난 뒤에도 15년간이나 귀양지에서 지내다가 끝내 사면을 받지 못한 채 해남에서 세상을 떠났다.

뿐만 아니라 조광조가 귀양 간 뒤 부제학이 된 이사균(李思鈞)은 "조광조 등이 종묘사직을 위해서 한 일이고 다른 사심(私心)이 없었음"을 극력 진달한 바 있었고, 중종 20년에는 폐지된 현량과 급제자들을 다시 등용하자는 논의가 있기 시작했으며, 그로부터 4년 뒤 생원 이종익(李宗翼)은 상소를 올려 조광조와 함께 일시에 죄를 입은 자들을 모두 방환(放還)시켜야 한다고 주장하였다[9]. 또 중종 26년 유생 조윤박(趙允璞)은 천재지변이 일어나자 그 원인을 조광조에 대한 하늘의 감응(感應)이라고 상소하면서 그의 묘를 추봉(追封)할 것을 청하기도 하였다.[10]

물론 기묘사화 직후 몇 년 동안 훈구 세력이 조정을 독차지하고 있을 때에는 조광조나 기묘사림들을 가리켜 송대의 왕안석(王安石)에 비유하거나, '경솔하고 천박한 무리들', '연소배(年少輩)', '조정을 변란시킨 사람' '난정(亂政)의 괴수', '난역죄인(亂逆罪人)' 등이라고 표현하여 역사적 의의를 부여하려고 하지 않았다. 이들은 대부분 남곤, 심정,

김안로 등 기묘사화를 주동한 권신(權臣)들이거나 그들과 부화뇌동한
사람들이었다. 반대파들의 논리는 조광조 등이 무리를 지어 임금을
기망(欺罔)하고 고담준론(高談峻論)으로 궤격(詭激)하게 속이며 사사로운
감정을 써서 조정의 정사를 탁란(濁亂)시켰다는 것이었다. '궤격함'이
란 언행이 상도를 벗어나 괴이하고 과격하다는 의미인데, 기묘사림을
공죄할 때의 주요 죄목이었다. 궤격한 습성이 문제될 수는 있겠지만,
죽음으로까지 내몰 죄목인지에 대해서는 논란이 없을 수 없을 것이
다. 또한 『조선왕조실록』을 기록한 사신(史臣)들은 조광조, 김식 등을
'기묘신진(己卯新進)'[11]이라 하기도 하고, 그들의 행위를 '청류(清類)의
난(亂)'[12]이라고 표현하기도 하였다. 비록 소란을 일으킨 사류들이었
지만 맑은 선비였다는 것은 인정한 것이다. 정광필(鄭光弼)도 기묘사
화 직후 퇴출되었다가 중종 27년에 다시 영의정이 되어서는 기묘년
에 죄지은 자들을 서용하여 소통시킬 것을 청하기도 하였다. 이에 중
종은 정광필의 청원을 수용하여 당시 생존해 있던 박훈(朴薰)과 김구
(金絿)를 유배에서 풀 것을 지시하기도 하였다.[13]

중종 28년에 이르러서는 당시 검토관 구수담(具壽聃)과 사경(司經)
이준경(李浚慶) 등이 경연에서 조광조를 비롯한 기묘년(己卯年)의 사림
들을 적극 변호하기 시작하였다. 구수담은

> 기묘년의 사류들은 그 일이 비록 잘못이 없다고는 할 수 없으나 그 실
> 정(實情)을 추구하여 보면 모두 나라를 위하고자 한 것이었고, 털끝만
> 큼도 사사로운 생각은 없었습니다.[14]

---

11 『중종실록』 권67, 25년 1월 16일 정미(丁未)조.
12 『중종실록』 권64, 23년 12월 30일 정유(丁酉)조.
13 『중종실록』 권74, 28년 3월 6일 기사(己巳)조.
14 『중종실록』 권76, 28년 4월 13일 을유(乙酉)조.

라고 하였다. 또 그들이 옛일만을 알 뿐 시의(時宜)에 어두워 과격한 면이 있었으나 염치(廉恥)를 중하게 여기고 학문(學問)을 숭상하여 자신의 마음을 다스려 모든 것을 올바르게 하려던 마음뿐이었음을 강조하고, 그들을 처벌하는 일 때문에 좋은 풍속과 아름다운 풍토까지 폐기시켜 버린 것은 아주 잘못된 일임을 지적하였다. 이준경은 『소학』과 『근사록』은 인재를 배양하는 지극한 서적인데도 불구하고, 당시 크게 금하여 그 책들을 끼고 다니기만 해도 기묘의 무리라고 지목하여 비웃고 배척하던 풍토에 대해서도 크게 잘못되었다고 지적하였다. 그때까지만 하여도 아직 훈구 권간(權奸)들이 조정을 장악하고 있었기에 두 사람은 삼공(三公)에 의해 사정(私情)을 둔 말이라 하여 결국 파직당하였다.[15] 그러나 이미 당시 조정에서 기묘사화에 대하여 본질적인 문제점을 제기하는 풍토가 형성되기 시작하였음을 알 수 있다.

'기묘인(己卯人)'들을 서용(敍容)하자는 논의는 김안로가 사사된 1537년(중종 32년)에 이르러 본격화되었다. 기묘사화가 일어난 뒤 18년이 지난 시점이었다. 그리하여 일부에게 비록 죽은 뒤 일이기는 해도 직첩(職牒)을 돌려주는 일을 의논하기 시작했다. 그리고 간사한 소인들에게 중상을 당하여 억울하게 죄를 입은 사람들이라는 말도 공공연하게 나오게 되었다. 그 결과 중종 33년 초에는 현량과 급제자들을 다시 등용해도 좋다는 허락을 하였고, 그 해 4월에는 현량과 급제자 중 죽은 사람들의 직첩을 돌려주라는 조처를 내렸다. 그런 논의가 있게 된 2년 뒤에는 현량과를 복구하지는 않았지만, 40여 명의 인재를 천거하는 형식을 다시 쓰기도 하였다. 현량과의 효용성을 상당 부분 인정하는 변화를 보인 것이다.

조광조를 비롯하여 김식, 김정, 김구, 기준, 윤자임, 한충 등 기묘명인들에 대한 신원 논의는 특히 하서(河西) 김인후(金仁厚)가 구체화하

15 『중종실록』 권76, 28년 11월 16일 갑인(甲寅)조.

였다. 김인후는 경연 검토관으로서 근본적인 문제를 제기하였다.

> 근래 이를 데 없는 소인(小人)으로서 죽어도 죄가 남을 자들은 다 복
> 직(復職)되고, 한때 잘못한 일은 있더라도 그 본심(本心)은 나라를 속이
> 지 않은 자들은 상은(上恩)을 입지 못하였습니다. 상은을 입지 못하였
> 을 뿐 아니라 그 사람들이 숭상하던 글도 모두 폐기하고 쓰지 않으니
> 매우 온편하지 못합니다.[16]

김인후는 심정과 이항 등 권간을 소인배로 지목하고, 조광조와 김
식 등을 정당하고 올바른 선비로 자리매김하였을 뿐만 아니라『소학』
과 '향약' 등에 대해서도 올바른 평가를 해야 할 필요성을 제기했다.

특히 중종 말년에는 경연관들이 집중적으로 조광조에 대한 변론을
펴놓았다. 참찬관 송세형(宋世珩)은 중종에게 조광조의 절명시(絶命詩)
를 읊으며 성심(誠心)으로 사심(邪心) 없이 국기를 위해 일했다고 변론
하면서 다른 사람들은 거의 다 복직되었지만 조광조만 복직되지 않
고 있음을 지적하였다.[17] 당시 홍문관 부제학 송세형은 "조광조는 기
묘인들 중에서도 가장 현명했기에 비록 기묘인들을 비난하는 사람이
라 하더라도 조광조만큼은 감히 비난하거나 헐뜯지 못합니다. 한때의
소인들이 해괴한 말로 아뢰었기 때문에 상께서 죄가 있다고 여기십
니다"고 조광조의 무죄를 낱낱이 진달했다. 그러자 중종은 "조광조의
일은 앞서도 여러 번 들었는데 과연 그러하기는 했다. 다만 한때에
조광조를 죄의 괴수라고 했으니 지금 경솔하게 논할 수 없다"고 복직
을 수용하지 않았다. 중종이 처음으로 조광조의 죽음에 대하여 잘못
이 있었음을 인정하는 대목이다.

---

16 『중종실록』 권101, 38년 7월 20일 계해(癸亥)조.
17 『중종실록』 권102, 39년 3월 27일 을축(乙丑)조.

경연관들은 임금이 선(善)을 상주고 악(惡)을 죄주는 것은 공(公)에 의하고 사(私)에 의하지 말아야 하는데 중종은 그러지 못했다고 계속 지적했고[18], 송세형은 장문의 상소를 올려 다시 조광조의 신원을 촉구하였다. 대간(臺諫)들도 줄곧 조광조처럼 순박하고 정직한 사람은 없었으며, 다만 병폐가 있었다면 단지 사람을 너무 깊이 믿고 선(善)을 너무 지나치게 좋아하는 데 있었다고 변론하였다. 중종의 죽음이 임박하여 오고 있을 무렵, 조정의 신료들은 기묘인들이 나라를 위한 마음만은 매우 아름다운 것이었다는 지적을 끊임없이 임금에게 올렸다. 조광조의 마음에 일분이라도 사사로운 뜻이 있었다면 한 사람의 이목(耳目)은 속이기 쉬워도 만인(萬人)의 이목은 속이기 어렵고, 한때의 공론은 피할 수 있어도 뒷날의 공정한 기록은 피할 수 없는 법이라고 전제하고, 조광조에 관한 한 당시나 후세에도 어떠한 이론(異論)이 없다고 밝히기도 했다. 전적으로 중종의 호오(好惡)가 치우쳐 중심(中心)을 잃었다는 지적을 거침없이 하였다.[19] 중종 말년인 39년 당시 대사헌 이해(李瀣)는 "원악(元惡)으로 논단된 것도 10년이면 불문에 부치는 법인데, 조광조만은 이미 20년이 훨씬 지난 일인데도 억울함을 씻지 못하고 있다"고 지적하여 중종의 결단을 촉구하기도 하였다[20].

특히 성균관 생원 신백령(辛百齡)은 중종이 임금으로서 현명(賢明)한 신하 한 사람을 보호(保護)하지 못하였을 뿐만 아니라 죄도 없는 선비들을 죽이고서도 오랜 시일이 지나서도 뉘우칠 줄 모른다고 지적한 뒤 중종의 40년 왕업이 한 가지 잘못된 일로 누가 될 것이라고 극단적인 진언을 하였다. 그는 여러 사화 중 기묘사화가 가장 참혹했다고 몰아붙인 뒤 조광조가 터무니없는 죄에 빠져 끝내 변백(辨白)되지 못

18 『중종실록』 권102, 39년 4월 7일 을해(乙亥)조.
19 『중종실록』 권102, 39년 4월 12일 경진(庚辰)조.
20 『중종실록』 권102, 39년 4월 13일 신사(辛巳)조.

하고 있지만, 조광조야말로 중종대에 '가장 우수한 신하'였다고 주장
하였다. 그리고 그는 조광조의 도학이 김굉필←김종직←길재←정몽
주에게서 각각 흘러온 것이라고 하여 조선조 도학의 연원(淵源)을 정
리하기도 하였다. 또 그는 남곤과 심정이야말로 춘추대의(春秋大義)에
의해 단죄(斷罪)받아야 할 '죄악(罪惡)의 괴수(魁首)'라고 지목하였다. 창
천(蒼天)이 조광조의 의리를 굽어보고 있으며 밝은 해가 조광조의 사
심(邪心) 없음을 알아주고 있다고 밝히고, 당시 자식이 아비를 죽이고,
종이 상전을 죽이며, 이서(吏胥)가 관장(官長)을 도모하고, 처첩이 지아
비를 모해하는 것과 같은 교화와 풍속의 폐해가 심해진 것을 비유하
기를, '국가의 사세가 마치 낡은 배 안에 있는 것'과 같은 한심스런
상황에 이르렀다고 진단하였다. 이런 것이 모두 중종에 의해 조광조
가 그렇게 죽임을 당하면서 비롯된 것이라고 밝혔다.[21] 신백령의 두
번에 걸친 상소는 아주 날카롭고 매서웠는데, 특히 모두 잘못의 책임
을 중종 한 사람에게로 돌리는 무서운 상소였다. 그런 상소는 지방관
들도 올리기 시작했다. 『동몽선습(童蒙先習)』을 저술하였던 마전군수
(麻田郡守) 박세무(朴世茂)의 상소가 대표적인 사례였다.

중종은 재위 39년 11월 15일 세상을 떠났다. 말년에 조광조를 신원
하라는 끊임없는 진언과 상소에도 불구하고 세상을 떠날 때까지 중
종은 조광조의 복권을 허용하지 않았다. '기묘사화의 시말(始末)'을 자
신이 다 알고 있다'는 말로 변명하면서 거부했던 것이다. 죽음이 임박
했을 무렵 신하들은 한결같이 '결자해지(結者解之)'의 측면에서 중종이
기묘사화에 대한 책임을 인정하고 스스로 잘못을 정리하여야 역사적
비판을 면할 것이라는 진언과 상소를 올린 바 있다. 기묘사화의 책임
이 전적으로 중종에게 있고, 근본적으로 잘못된 사화임을 인정하고
조광조를 신원하라는 것이 거듭된 상소의 내용이었다. 그러나 중종은

---

21 『중종실록』 권102, 39년 5월 29일 병인(丙寅)조.

끝까지 조광조의 신원을 거부하였는데, 그때마다 답변 내용은 '조광조는 내가 안다'는 것이었다.

중종이 조광조에 대하여 알기 때문에 죄를 용서할 수 없다는 것은 무슨 의미일까? 그것은 다른 사람은 몰라도 조광조는 어떤 인물이며, 그가 어떤 죄를 지었는지 자신은 안다는 뜻이다. 그리고 조광조의 사람됨과 죄가 무엇인지를 자신은 잘 알기 때문에 용서해줄 수 없다는 것이었다. 그러나 과연 중종은 조광조에 대하여 정확한 인식을 하고 있었던 것일까?

혹자(或者)는 "이해하는 것은 용서(容恕)하는 것이다"라고 말한 바 있지만, 중종은 조광조를 제대로 이해하지 못하였던 것 같다. 등용하고서도 신임하지 못하여 끝까지 수용하지 못하였고, 결국 용서하지도 못하였다. 조광조는 임금만을 믿고 자신을 보호할 어떤 대책이나 힘도 준비하지 않고 오직 나라 일만을 걱정했다.

그래서 그는 기묘사화 직후 옥중(獄中)에서 도대체 참화(慘禍)가 일어난 연유에 대하여 믿지 못하면서, 자신에게 그렇게 신임을 보였던 중종을 한번만이라도 만나뵐 수 있기를 간청하였지만 뜻을 이루지 못했다.

그런 점에서 조광조는 자신을 알아주는 임금을 만나지 못한 것이었다. 율곡도 "하늘이 인물(人物)을 낼 때는 반드시 쓸 이유가 있어서 그러는 법인데, 어찌하여 정암을 낳고 그렇게 가시게 했는가?"고 반문한 바 있는데, 우리 역사상 참으로 순결(純潔)한 영혼을 지닌 올곧은 선비 한 사람이 태어났지만, 아쉽게도 그를 알아보는 현철(賢哲)한 군주를 만나지 못하였던 것이다. 중종은 스스로 '왕도정치(王道政治)'를 희구하며 그런 보좌를 요청하였지만, 그 요청에 응한 '대기(大器)'를 스스로 저버림으로써 전통시대 정치의 본령(本領)을 회복(回復)할 수 있는 기회를 잡지 못하고 말았다. 퇴계나 율곡의 정암에 대한 아쉬움은 바로 그런 천재일우(千載一遇)를 놓친 것에 대한 표현으로 보아야 할 것이다. 두 학자의 지적처럼 정암이 인물을 알아보는 임금을 만났더라면 이 땅에서도 실제로 요순정치(堯舜政治)와 같은 지치의 실현은 물론, 조선조 중기의 정치적 수준과 삶의 질을 크게 향상시킬 수 있는 기회를 가질 수도 있었을 것이다.

정암에 대한 신원(伸寃)은 중종 사후 등극한 그의 아들인 인종(仁宗)에 의해 전격적으로 이루어졌다. 인종은 자질이 순미하여 침착하고 온후하며 성인(聖人)의 학문을 독실하게 믿고 순일(純一)한 공부를 하였으며, 특히 효우(孝友)는 타고났다고 사신들은 기록하고 있다. 동궁 시절부터 언동이 시중(時中)하여 사람들이 그 한계를 헤아릴 수 없을 정도였다고 하며, 즉위하여 정사를 베풀 즈음에 처결하고 보답함이 이치에 맞지 않는 것이 없었다고 한다. 특히 상소에 대하여 때로 어필로 비답을 내렸는데, 말과 뜻이 극진하여 보는 사람들이 누구나 탄복할 수준이었다고 한다.[22]

8개월이라는 짧은 재위 기간이었지만 인종은 현량과를 다시 시행하고 『소학』을 언문으로 인출하여 경연에서 진강하게 하는 등 도학적 이상정치에 충실하고자 하였다.

인종은 재위 1년도 못 되어 세상을 떠났다. 아버지 중종의 재위 기간이 40년 가까이 되어 동궁 시절이 상대적으로 길었을 뿐만 아니라 몸이 허약한 편이었는데도 불구하고, 중종 말년에 몸을 생각하지 않은 채 지극 정성으로 중종을 간호하다가 건강이 크게 악화되었다. 그러다가 중종이 세상을 떠나자 애통한 예도(禮度)가 지나치게 지극하여 결국 몸을 이기지 못하고 세상을 떠나고 말았다. 사신들의 기록으로 미루어보면 인종은 세종과 같은 군주에 버금갈 자질을 지녔던 것을 알 수 있다. 그리하여 백성들도 인종이 승하하자 제 부모를 잃은 듯이 슬퍼하였다고 한다. 31세의 젊은 나이로 인종이 죽자 성균관(成均

---

22 『인종실록』 권2, 원년 7월 1일 신유(辛酉)조.

館)과 사학(四學)의 유생들이 광화문 밖에 모여 하루 종일 끊임없이 곡하였고, 여염의 천인과 규중의 부녀도 울부짖지 않은 사람이 없었다고 실록은 기록하고 있다.

조광조에 대한 신원 문제는 인종이 즉위하자마자 바로 제기되었다. 그러나 인종도 처음에는 선대(先代)의 일이라 하여 즉각적인 결정을 내리지는 않았다. 그러다가 병의 증세가 위중하여지자, 세상을 떠나기 하루 전 마지막 전교를 유언으로 내렸다.

> 조광조(趙光祖) 등의 일은 내가 늘 마음속에서 잊지 않았으나 선왕(先王)께서 전에 허락하지 않으셨으므로 내가 감히 가벼이 고치지 못하고 천천히 하려 하였다. 이제 내 병이 위독하여 날로 더욱 심해져서 다시 살아날 가망이 전혀 없으므로 비로소 유언하여 뒤늦게나마 인심을 위로하니, 조광조 등의 벼슬을 일체 전일의 중의(衆議)처럼 회복할 수 있었으면 다행하겠다. 현량과(賢良科)도 전에 아뢴 대로 그 과를 회복하여 거두어 등용하도록 하라.[23]

1545년 정암 조광조에 대한 신원이 이루어진 역사적인 순간이었다. 이로써 '사실상(事實上)' 조광조의 모든 관작이 복원되었다. 여기서 필자가 사실상이라고 표현한 것은 인종 사후 등극한 명종(明宗)은 을사사화(乙巳士禍) 주동자였던 이기(李芑) 등의 주장에 따라 다시 조광조의 복권과 현량과의 복원을 없었던 것으로 원점화한 것[24]을 염두에 두고 한 말이다. 명종대 을사사화 관련자들로 인해 번복되어 약 20년 정도 조광조에 대한 복권 논의가 중단되기는 하였지만, 조광조에 대한 신원과 복권은 인종의 명령에 의해 실제로 시행된 것으로 보아 무방하다. 유언을 내린 다음날 인종은 세상을 떠났다. 형식적으로는 아버지

---

23 『인종실록』 권2, 원년 6월 29일 경신(庚申)조.
24 『명종실록』 권2, 즉위년 10월 10일 기해(己亥)조.

307
제2부 정암 도학의 현실적 구현과 역사적 의의

중종이 일으킨 참화를 아들이 신원하여주는 절차를 밟은 셈이었다.
중종에 대하여 왕조실록을 기록했던 사신(史臣) 중에는 다음과 같이
적은 자도 있다.

> 중종은 인자하고 유순한 면은 남음이 있었으나 결단성(決斷性)이 부족
> 하여 비록 일을 할 뜻은 있었으나 일을 한 실상은 없었다. 좋아하고
> 싫어함이 분명하지 않고 어진 사람과 간사한 무리를 뒤섞어 등용했기
> 때문에 재위 40년 동안에 다스려진 때가 적었고 혼란한 때가 많아 끝
> 내 소강의 효과도 보지 못했으니, 슬프다! ……우유부단하여 아랫사람
> 들에게 이끌렸고, ……형제간의 우애가 이지러졌고, ……부부의 정이
> 없어졌으며, ……부자간의 은의(恩義)가 어그러졌고, 대신을 많이 죽이
> 고 주륙(誅戮)이 잇달아 군신의 은의가 야박해졌으니, 애석하다.[25]

필자가 판단하기에 사신의 중종에 대한 이러한 비판은 적절한 것
이라고 여겨진다. 사신들의 논평에 따르면 중종은 군신, 부자, 부부,
형제간의 도리를 모두 어그러뜨린 군주였다. 임금이 군자와 소인을
분면하지 못하여 현·불초(賢不肖)를 뒤섞이게 하면 권간(權奸)이 왕명
을 농락하여 변고(變故)가 잦을 수밖에 없다. 특히 중종이 '대신(大臣)을
많이 죽이고 주륙이 잇달아 군신 간의 의리가 야박해졌다'는 표현은
조광조 등의 죽음이 진실로 어디에서 연유하였던 것인가를 다시한번
확인하게 해주는 것이기도 하다.

인종에 의해 사실상 조광조에 대한 신원이 이루어지고 관작이 회복
되자 이후의 존숭은 지극하였다. 이미 밝혔듯이 퇴계 이황은 정암을
위하여 「행장」을 지었고, 선조 때 영의정 이산해(李山海)는 정암 묘소
의 「묘표음기(墓表陰記)」를 지었다. 또 우암 송시열은 화순 능주의 「적

---

25 『중종실록』 권105, 39년 11월 15일 경술(庚戌)조.

려유허비」는 물론 용인 심곡서원의 「강당기」, 『정암선생문집』의 「서
문」 등 여러 곳에서 존숭의 글을 썼고, 조선 중기 이후 수많은 유학자
들은 물론 실학자 유형원(柳馨遠)에 이르기까지 이루 헤아릴 수 없을
정도의 지식인들이 정암을 기리는 글을 썼다.

2) 문묘 배향과 역사적 의의

선조가 즉위하자마자 기대승(奇大升)은 경연에서 기묘사화와 을사
사화의 잘못됨을 정면으로 비판하고, 성리학의 정통을 정몽주-김종
직-김굉필-조광조로 세울 것과 함께 조광조와 이언적을 복권할 것
을 주장하였다.[26] 퇴계 이황도 적극 참여하였다. 퇴계는 정암의 학문
과 행사에 대하여 상세하게 선조에게 아뢰었고, 남곤을 비롯한 기묘
사화의 권신들의 간계(奸計)에 대해서도 고하였다. 이어 사간원에서는
'조광조의 관직을 복권하고, 문묘(文廟)에 종사(從祀)하자'는 건의를 올
렸다.[27] 1568년 선조 1년에는 성균관 유생들도 사현의 문묘종사를 청
하였다는 기록도 보인다.[28]

조광조를 문묘에 종사하자는 건의가 처음 나온 것이었다. 그러자
당시 홍문관 직제학을 맡고 있던 노수신(盧守愼)은 사간원(司諫院)의 청
을 받아들여 조광조에게 관작과 시호를 내리자는 주장을 하였다.[29]
그리하여 선조는 1568년 4월 조광조에게 벼슬과 시호(諡號)를 추증하
는 전교를 내리게 되었다. 그 전교 내용은 다음과 같다.

죽은 대사헌 조광조는 세상에 드문 순수하고 아름다운 자품으로서 사
우(師友) 연원(淵源)의 전수를 얻었고 도학을 드러내 밝혀 세상의 대유

---

26 『선조실록』 권1, 즉위년 10월 23일 갑진(甲辰)조.
27 『선조실록』 권2, 1년 4월 4일 계미(癸未)조.
28 『선조실록』 권6, 5년 9월 19일 임인(壬寅)조.
29 『선조실록』 권2, 1년 4월 10일 기축(己丑)조.

(大儒)가 되었다. 중종의 신임을 받아 충성을 다하고 정성을 다해 임금을 요순과 같이 만들고 백성을 요순시대의 백성으로 만들고자 학교를 일으키고 교화를 밝혀 사문(斯文)을 부식(扶植)하는 것으로써 자기의 임무를 삼았다. 중종도 그가 어짊을 아시고 말을 들어주고 계책을 따라주며 어진 보필로 삼아 의지하여 당우(唐虞) 삼대(三代)의 다스림을 이룩하려고 하였건마는 바른 사람이 뜻을 얻는 것은 사악한 사람들이 불행으로 여기는 바인지라, 간사한 남곤(南袞)·심정(沈貞)·이항(李沆) 등이 평소 공론에 용납되지 못한 것을 분개하여 홍경주(洪景舟)와 결탁하고 불칙한 말로 교묘하게 허물을 꾸며 임금이 듣고 놀라게 하여 끝내 귀양 보내 죽게 함으로써 나라의 원기를 여지없이 깎아 없앴으니, 이것은 실로 간신들의 공갈과 무함에 몰리었기 때문이지 처음부터 중종의 본심은 아니었다.

중종이 당초에 죄줄 때 하교하시기를 '너희들은 다 시종신(侍從臣)으로서 본래 군신이 마음을 같이하여 지극한 정치를 기다려보사고 하였으니 과연 나라를 위하여 정성이 있었다. 다만 처리한 일이 과격하였기 때문에 부득이 죄를 준다. 그러나 내 마음이야 어찌 편안하겠는가.' 하였고, 만년에 함께 배척을 당한 무리들을 거두어 써서 재상의 반열에 두기까지 하였으니, 이것으로 본다면 그것이 중종의 본심이 아니었음을 더욱 알 수 있다. 인종(仁宗)은 정성어린 효성이 천성에서 나와 중종의 유지를 실행하지 않은 것이 없었으므로 그들의 관작을 다시 복구시켰다. 그러나 을사년 이후에 윤원형(尹元衡)이 나라의 권세를 잡고 정사를 어지럽히다가 청론(淸論)이 자기를 시비하는 것에 격분하여 한때의 입을 다물게 하고자 심지어 이 사람들을 역적의 무리라고 지목하였으니, 그 암울하고 침체된 분위기가 오늘날까지 계속되었다. 그런데 아직까지도 설원(雪冤)하고 포장하는 은전이 없었으니 어찌 매우 애석한 일이 아니겠는가.

이번 즉위한 처음을 당하여 국시(國是)를 정하지 않을 수 없고 선비의 풍습을 바루지 않을 수 없다. 이는 곧 선왕의 뜻을 잇고 일을 계승하

는 일로서 세상의 도를 옮기는 것은 이 한 일에 달렸다. 이에 큰 벼슬
과 아름다운 시호를 추증하여 사람의 나아갈 방향을 밝히고 백성의
큰 소망에 보답할 것이다.[30]

정암이 세상을 떠난 뒤 49년 만이었다. 마침내 '문정(文正)'이라는 시
호를 내렸다. 조광조가 도학을 세상에 드러내었으며, 충실한 신하로
서 삼대(三代)의 이상정치를 이룩하기 위하여 노력한 공을 인정한다는
구체적인 공적을 명시하였다.

그리고 같은 해 4월 17일에는 조광조를 '대광보국 숭록대부 의정부
영의정 겸 영경연 홍문관 예문관 춘추관 영사 관상감사(大匡輔國崇祿大
夫議政府領議政兼領經筵弘文館藝文館春秋館領事觀象監事)'를 추증하였다.[31]
조광조가 사후에 비로소 영의정에 추증된 것이었다.

같은 해 9월 선조는 석강(夕講)에 특별히 명하여 퇴계 이황을 입시
시키고 조광조의 학문과 행사에 대해 물었는데, 이황은 다음과 같이
진언하였다.

조광조는 천품이 뛰어나고 일찍이 성리(性理)의 학문에 뜻을 두었으며
집에 거할 때에는 효성과 우애가 있었습니다. 중종께서 치도(治道)를
갈구하시어 삼대(三代)의 다스림을 일으키려고 하자 조광조도 세상에
다시없는 성군을 만났다 하여 김정(金淨)·김식(金湜)·기준(奇遵)·한충
(韓忠) 등과 서로 동심협력하여 모든 정치에 있어서 크게 경장(更張)시
켰습니다. 그리고 조법(條法)을 설립하여 『소학(小學)』으로써 인재를
교양하는 방도로 삼았고 여씨 향약(呂氏鄕約)을 거행하여 사방의 백성
들이 영향을 받아 감화되었으니 만약 오래도록 폐하지 않고 계속하였
더라면 치도가 무난히 시행되었을 것입니다. 다만 당시 젊은 사람들이

30 『선조실록』 권2, 1년 4월 11일 경인(庚寅)조.
31 『선조실록』 권2, 1년 4월 17일 병신(丙申)조.

312

태평 정치를 이루기에 급급하여 너무 서두른 폐단이 없지 않았습니다. 이리하여 구신(舊臣)들로서 배척을 당하여 실직한 자들이 앙심을 품고서 갖가지로 허점을 살피다가 망극한 참언을 만들어 한 시대의 사류가 귀양 가거나 사형을 당하였습니다. 그때의 환란이 지금까지 만연되어 사람들 중에 학행에 뜻을 갖는 사람이 있으면 그를 미워하는 자들이 기묘(己卯)의 무리라고 지목하기도 하는데 사람의 마음이 그 누가 화를 무서워하지 않겠습니까? 사풍(士風)이 크게 더럽혀지고 명유(名儒)가 나오지 않는 것은 바로 이 때문입니다.[32]

이황의 조광조에 대한 진언은 곡진하고 정확하다고 하겠다. 이후 여러 서원에서 조광조의 위패를 모시고 기리며 제사를 올리게 되는 등 추모 열기는 갈수록 더해갔다. 1570년(선조 3)에는 화순군 한천면에 사액서원인 '죽수서원(竹樹書院)'이 세워지고, 젊은 시절 공부하며 호연지기를 키우던 도봉산에는 '도봉서원(1573)'이 세워졌으며, 스승 김굉필을 만나 학문을 전수받았던 희천에도 '양현사(兩賢祠)(1576)'가 세워졌다. 또 선조 38년(1605)에는 경기도 용인 선영에 '심곡서원(深谷書院)'이 세워져 기리게 되었다. 정암의 묘소는 심곡서원과 가까운 곳에 위치해 있다. 이 밖에도 양근(楊根)에 미원서원(迷源書院, 1656), 해주의 소현서원, 나주의 경현서원, 여산의 죽림서원, 영흥의 흥현서원 등에서 정암을 기리게 되었다.

임진왜란(壬辰倭亂) 이후 조선왕조의 권위와 정통성을 회복하고자 하는 의지가 확산되면서 선조 즉위 초기에 있었던 조광조의 문묘종사 논의도 성리학을 정학(正學)으로 확립해 가는 분위기 속에서 다시 거론되었다. 정암에 대한 문묘종사 움직임은 처음부터 주로 성균관 유생들에 의해 제기되었다. 선조 3년에도 성균관 유생들은 김굉필,

32 『선조실록』 권2, 1년 9월 21일 정묘(丁卯)조.

정여창, 조광조, 이언적 사현(四賢)을 문묘종사 하자[33]는 주장을 한 바 있었고, 선조 6년에는 유생들이 이황을 더하여 오현(五賢)의 종사를 청한 바 있다.[34] 유생들은 선조 7년 2월, 9년 4월, 11년 4월에도 오현 종사를 청하였으며,[35] 선조 37년에도 오현을 문묘에 배향하자는 상소를 올렸다.[36] 이외에도 유생들이 개인적으로 정암을 비롯한 선유들을 진리(眞理)의 전당(殿堂)인 문묘에 배향하자는 상소는 이루 헤아리기 어려울 정도로 많았다.

특히 정암의 문묘종사를 누구보다 적극 건의한 인물은 휴암(休菴) 백인걸(白仁傑)이었다. 백인걸은 20대 초반에 몇몇 동지들과 정암의 집 부근에 방을 구해 살면서 정암에게 수학한 열성적인 제자였다. 제자들 중에서 누구보다도 스승에 대한 존경과 믿음이 강하였고, 의로운 마음을 따르고자 하는 자세도 강렬하였다. 그러던 중 몇 달 만에 스승 조광조가 세상을 떠나게 되자 이후 1년간 금강산에 들어가 스승을 잃은 비통함과 충격을 달랬다. 금강산에서 그는 몇 달간 두문불출하며 정좌 수행을 하는 공부를 하기도 하였다. 백인걸은 선조 즉위년과 그 이듬해, 그리고 선조 9년, 11년에 연이어 조광조의 문묘종사를 정식으로 건의하였는데, 그 열성이 남다른 면이 있었다. 특별히 조헌(趙憲)과 이이(李珥)도 정암의 문묘종사에 대하여 적극적으로 참여하였다. 백인걸의 상소에 이어 연이은 유생들의 건의에 힘입어 조광조는 광해군(光海君) 2년(1610) 9월 5일 마침내 다른 사현들과 함께 문묘에 배향되었다.[37] 그리하여 정암은 이후 조선 사회를 통하여 크게 존숭하고 장려되었을 뿐만 아니라 사상사적으로도 부동의 확고한 지위를 부여받게 되었다. 문묘에 종사됨으로써 정암은 명실공히 한

33 『선조실록』 권4, 3년 4월 23일 경신(庚申)조.
34 『선조실록』 권7, 6년 8월 28일 을해(乙亥)조.
35 『선조실록』 권8, 7년 2월 12일 정사(丁巳)조.
36 『선조실록』 권172, 37년 3월 19일 기사(己巳)조.
37 『광해군일기』 권33, 2년 9월 5일 정미(丁未)조.

국 도학의 태산과 북두로서의 위치를 차지하게 되었으며 조선조 후기까지 춘추대의와 의리 사상의 상징적 인물로 높은 존숭을 받게 되었다.

문묘(文廟)는 공자(孔子)를 중심으로 중국과 우리나라에서 사표(師表)가 되는 성현(聖賢)들을 향사(享祀)하는 성역(聖域)이다. 아무리 높은 벼슬에 오른 사람일지라도 정치가나 권세가들이 종사되는 곳이 아니다. 유학사를 통하여 역사상 진리(眞理)의 표준(標準)이 되는 인물을 엄정한 논의를 거쳐 선정하여 학문의 지향으로 삼는다. 그리하여 성현을 숭모하여 대대로 정의와 민족의 정기를 기르는 풍화의 근원으로 여긴다. 그러므로 역대로 문묘는 정교 이념(政敎理念)과 진리의 연원(淵源)을 이루는 곳으로 한국 유학의 정수(精髓)를 상징하는 특별한 곳이었다.[38]

3. 조광조에 대한 후대의 평가와 그 상반성(相反性)의 문제

1) 정암 조광조에 대한 평가의 상반성

우리 역사상 한 인물에 대한 후대의 평가로서 정암 조광조만큼 극단적인 상반성을 보인 예는 일찍이 흔하지 않았다. 정암의 삶의 여정이 그러했듯이 그에 대한 평가도 극단적인 면이 있었다. 정암 조광조에게는 '조선조 사림(士林)의 영수(領袖)'이자 '한국 도학의 태산북두(泰山北斗)'라는 긍정적 평가가 있었던 반면, '조정을 변란시킨 사람', '난정(亂政)의 괴수', '난역죄인(亂逆罪人)'과 같은 부정적 평가도 있었다. 한 인물의 삶과 실천, 학문과 설시(設施)에 대한 평가로서는 너무나 극단적인 양면성을 보여왔던 것이다. 이 때문에 정암에 대해서는 역사적

---

38 류승국, 『태학지』「서문」참조, 율곡문화원, 1970.

인식에서 늘 그런 상반된 관점이 있어 왔던 것도 사실이다.

이런 양면성 혹은 상반성은 무엇을 의미하고 어떻게 보아야 할 것인가? 이 문제는 정암에 대한 정당한 평가가 내려지지 못하고 오늘날에도 상당 부분 이중적인 인식이 이루어지고 있는 근본 원인이 되고 있다. 한 인물에 대하여 왜 이런 상반된 인식과 평가가 있어 왔으며, 그런 이해와 인식의 근원에는 어떤 문제가 내포되어 있는가를 분석해볼 필요가 있다. 이런 필요성은 우선 정암에 대한 정당한 이해를 위해서 절실하다. 아울러 그로부터 오늘날 어떤 역사적 교훈을 찾아야 한다면 그 올바른 접근을 위해서도 요청되는 일이기도 하다.

우선 정암 조광조에 대한 평가의 상반된 양상부터 살펴보기로 하자. 조광조에게 지대한 영향을 받은 바 있고, 시대적으로도 가장 가까웠던 유학자 퇴계(退溪) 이황(李滉)과 율곡(栗谷) 이이(李珥)도 정암에 대하여 상당한 인식차를 보인 바 있다. 이미 앞에서도 언급하였지만, 퇴계는 '정암이 천자(天資)는 몹시 아름다웠으나 학력(學力)이 충실하지 못하여 실패했다'[39]고 인식하고, 그런 차원에서 정암을 세 가지 면에서 불행(不幸)하다고 표현했다. 퇴계는 정암의 「행장(行狀)」에서 정암이 첫째, 조정에 발탁되고 등용되어 너무 빨리 벼슬자리가 높아진 것이 불행〔登擢大驟〕하고, 둘째, 은퇴(隱退)하기를 요구했으나 그 뜻을 이루지 못하였던 것이 불행〔求退莫遂〕하며, 셋째, 귀양 간 곳에서 곧 세상을 떠난 것이 불행하다〔謫日斯終〕고 보았다.[40] 퇴계는 정암 스스로 덕기(德器)가 성취된 뒤 조정에 섰더라면 이룩한 것이 이루 헤아릴 수가 없었을 것이라고 아쉬워하였는데 그런 인식의 연장선에서 나온 평가였음을 알 수 있다.

반면 율곡은 정암의 진퇴(進退)에 문제가 있었음을 전제하였지만,

39 『퇴계전서』 4, 「언행록」, 권5, 〈편류〉.
40 『퇴계전서』 2 권48, 「정암조선생행장」.

한국에 성리학이 있게 된 것은 전적으로 정암 덕분이며, 한국 도학의
태산북두(泰山北斗)로 평가하였다.[41] 비록 진퇴(進退)의 기미에 미진한
바가 있긴 하였으나 후세에 미친 영향은 대단히 크고 그 도(道)는 영
원하다 의미를 부여했다.

조광조를 죽음으로 내몰았던 중종은 말년에 신하들이 기묘사화의
직접적인 책임이 군주에게 있었다는 것을 전면적으로 거론하며 무려
열일곱 차례에 걸쳐 신원 상소를 받아야 했다. 그럼에도 불구하고 중
종은 끝까지 다른 사람들은 용서할 수 있어도 조광조만큼은 절대로
안 된다고 반대하였다. 과연 중종은 정암의 어떤 점을 문제 삼았기에
수십 년이 지난 뒤에도 결코 용서할 수 없다는 마음을 가지고 있었던
것일까? 중종은 조광조가 궤격(詭激)하게 편당(偏黨)을 지어 따르는 자
들은 수용하고 그렇지 않은 자들은 배척하는 태도를 보였다고 비난
하였다. 그리고 그것이 조광조를 죽인 중대한 이유였다고 끝까지 주
장하였다.

반면 같은 군주의 지위에 있던 정조(正祖)는 "정암과 동시대(同時代)
에 태어나지 못한 것이 몹시 애석하다〔我思文正 惜不同時〕"[42]고 할 정
도로 정암에 대해 중종과는 상반된 인식을 보인 바 있다.

또한 중종의 밀지를 받아 기묘사화를 주도했던 남곤과 심정을 비
롯한 당시의 권간(權奸)들은 조광조를 '조정을 변란시킨 사람'이나 '난
정의 괴수', 혹은 '난역죄인'이라고 하여 극형에 처할 것을 요구하였을
뿐만 아니라 신원(伸冤)이나 복권(復權)에도 철저하게 반대하였다.

그런 반면, 당대의 다른 지식인들은 그들과는 정반대로 존숭을 보
여준 바 있다. 퇴계와 비슷한 견해를 보인 학자들의 경우 '정암이 종
신토록 살 수 있었더라면 사람들에게 끼친 도가 어찌 여기서 그쳤겠

41 『율곡전서』 권28, 「경연일기」.
42 『정암선생문집』〈부록〉권1, 「치제문」.

는가?'고 의문을 제기한 바 있지만, 동시대 학자였던 정응(鄭㶨)은 정암을 여섯 가지 일로 '행복한 사람'이라고 보기도 했다.[43] 또 휴암(休庵) 백인걸(白仁傑)은 "정암이 고종명(考終命)은 못하였지만 그 유풍(流風)과 유택(遺澤)은 죽은 뒤에 더욱 현저할 뿐만 아니라 후세 사람이 도학을 존상(尊尙)하며 왕도를 높이고 패도를 천시하게 된 것도 전적으로 정암의 공(功)"[44]이라고 지극한 존경을 표하였다. 중봉(重峯) 조헌(趙憲)도 사현(四賢)의 문묘종사를 청하는 상소에서 "정암은 사도(斯道)를 밝게 이어 세상을 건지고 인심을 맑게 한〔拯世淑人〕 공로가 있다"[45]고 높이 평가하였으며, 우암(尤庵) 송시열(宋時烈) 역시 정암이 도학을 수립한 공로를 들어 성리학의 비조(鼻祖)인 주렴계(周濂溪)와 같이 한국 도학의 비조라고 그 역할을 높이 평가하였다.[46]

과거 전통왕조 시대의 경우 정암에 대한 평가가 상반되게 나왔던 측면은 정치권력 구조의 특수성을 감안할 때 일정 부분 수긍되는 부분이 있다. 조선조 초기부터 조정을 중심으로 이른 바 정권의 실질적인 주도권을 장악해왔던 관학파 혹은 훈구파, 그리고 그들과 대립하여 의리와 강상의 춘추대의를 중시했던 사림파 간에는 권력구도상 경쟁관계가 팽팽하게 유지되어왔다. 이들 양대 세력은 정치적 입장과 이념적 성향도 철저하게 대립 구도를 보임으로써 정부의 주도권 확보를 위한 경쟁관계를 유지할 수밖에 없었다. 그런 이유로 항상 대립된 입장과 태도를 보여왔던 것이다. 정암에 대한 역사적 평가가 극단적인 양상을 보인 것도 사실 이들 두 권력 구조의 입장을 대변한 것에 다름 아니었다.

그러나 조선왕조가 이미 막을 내린 오늘날에 있어서도 정암에 대

43 『정암선생문집』〈부록〉권3, 「신구소」.
44 『정암선생문집』〈부록〉권3, 「청종사소략」.
45 『정암선생문집』〈부록〉권3, 「청사현종사소략」.
46 『정암선생문집』〈부록〉권4, 「심곡서원강당기」.

한 평가가 과거 전통왕조 시대와 같은 상반된 입장이 두드러지게 나타나고 있는 것은 어떻게 파악하여야 할까? 필자가 판단하기에 근·현대에 와서 조광조라는 한 인물에 대한 평가가 상반된 양상을 띠는 것은 그 삶과 실천의 외형적인 측면을 주목하는가, 아니면 그 정신사적 의의, 즉 내면적 측면에 주목하는가의 차이에서 비롯된다고 본다. 말하자면 정암의 개혁에 대한 형식적인 측면과 내용적인 측면 중 어느 쪽에 더 비중을 두는가의 차이에서 비롯되어 상반성을 드러내는 것으로 보인다. 형식적이거나 외형적인 측면에서 접근하면 정암의 개혁이 실패했는가, 아니면 성공했는가를 따지게 되는 것이고, 내용적인 측면으로 접근하면 정암의 개혁 정신이 어떤 의미를 지니는 것인가를 살피게 되므로 자연 그 의의와 관심이 달라지게 된다. 말하자면 접근하는 '코드'가 다른 것이다.

주로 외형적, 형식적 측면을 보는 학자들의 경우 정암의 삶과 개혁은 실패했다는 평가를 내리는 경향이 강하다. 이들은 대체로 정암이 그 설시(設施)와 선후 완급에 주밀하지 못한 나머지 '급진성'이나 '과격성'이 있었다거나, '이상주의자'였다는 비평의 목소리를 내고 있다. 반면, 내면적 의의를 고찰하는 쪽은 정암의 도학이 한국정신사적인 측면에서 춘추대의의 지고(至高)한 가치를 지닌다고 보는 경향이 강하다. 전자는 주로 정치학(政治學)이나 역사학(歷史學) 전공자의 측면에서 흔하게 볼 수 있는 경향이고, 후자의 경우 주로 철학(哲學)이나 사상(思想) 전공자 측면에서 주를 이룬다고 할 수 있을 것이다. 현대 학자들의 구체적인 진술들을 살펴보기로 하자.

신석호(申奭鎬)는 "조광조를 비롯한 기묘사류가 성리학으로써 당파를 형성하여 사장가(詞章家)와 대립했다"고 규정한 뒤, "당시 실정을 보면 남곤(南袞) 일파만을 공격할 수 없고 조광조 등에도 많은 결함이 있었다"[47]고 주장한 바 있다. 또 현상윤(玄相允)은 『조선유학사』에서 정암이 "경세(經世)하고자 한 용기와 정성은 충심으로 숭앙할 만하지만, 총명함이 부족하여 시의를 판단하지 못한 병통이 있다"[48]고 보았고, 이 상백(李相佰)은 『한국사』에서 "조광조와 그 추종자들이 과격·졸렬하리 만큼 급진적이어서 보수파의 의심과 질투와 증오를 사는 역효과를 가 져왔다"[49]고 정암의 잘못을 크게 비판하였다. 뿐만 아니라 이병도(李丙 燾)는 『한국유학사』에서 정암이 "높은 이상으로 지치적 업적은 많이 쌓았으나 실행 방법이 너무 과격하였고 시의를 파악하는 역량도 부족 하였다"[50]고 평가하였으며, 유명종(劉明鍾)은 『한국사상사』에서 "조광 조의 애민사상은 율곡에게 이어져 적지 않은 영향을 주었으나, 이상과 현실 사이가 엄청난 것을 정밀하게 살피지 못하여 정암의 지치주의는 실패했다"[51]고 기술한 바 있다.

그 외에도 비교적 근래의 평가들을 살펴보면, 역사학자 고영진은 조광조를 신돈·정조·대원군·고종 등과 함께 우리 역사상 실패한 개혁가 중의 한 사람으로 규정하고 있으며[52], 신복룡(申福龍)도 정암은 현실을 직시하지 않은 '이상주의자'로서 세상을 '단순논리'로 읽었고, 살아남는 지혜를 터득하지 못함으로써 '실패했다'고 규정짓고 있으 며[53], 윤천근도 조광조의 꿈은 '좌절했다'고 보았다[54].

또한 1997년 9월부터 『동아일보』에 조선조 지성 20여 명에 대해 「새 로 쓰는 선비론」이라는 제하에 연재되었던 원고가 이듬해에 『시대가 선비를 부른다』라는 책으로 간행된 바 있는데, 이 책에서 인물마다 평 (評)을 붙인 이광표(李光杓)는 조광조에 대하여 "절의와 죽음만을 최고 의 가치로 여겼던 실패한 개혁가"라고 규정하고 "정암의 죽음이 그 무

---

47 신석호, 「己卯士禍의 由來에 관한 一考察」, 『신석호전집』, 진서원, 1996.
48 玄相允, 『朝鮮儒學史』, 玄岩社, 1986, 54쪽.
49 『韓國史』(近世前期篇), 震檀學會, 1962, 547~548쪽.
50 이병도, 『韓國儒學史』, 아세아문화사, 1989, 175쪽.
51 劉明鍾, 『韓國思想史』, 이문출판사, 1985, 272쪽.
52 역사문제연구소편, 『실패한 개혁의 역사』, 역사비평사, 1997, 51~84쪽.
53 신복룡, 「한국 근현대사에 나타난 개혁가의 꿈과 좌절」, 『열린 지성』1, 교수신문사.
54 윤천근, 「유학적 지식인의 꿈과 좌절이 갖는 철학적 의미」, 『퇴계학』6, 안동대, 1994.

320

책임마저 면책시켜 주지 않는다"는 극단적인 비평을 하고 있다.[55] 또
최근 『한국유학통사(韓國儒學通史)』라는 책을 저술하여 주목을 받고 있
는 최영성(崔英成)은 정암의 지치주의 도학정치의 긍정적인 기능과 후
대에 끼친 지대한 영향은 인정하면서도 도학파의 과격성과 급진성으
로 인하여 도학정치는 실패하였다고 지적하고 있다.[56] 특히 근래 '대우
학술총서(488)'로 조광조의 삶을 조명한 바 있는 정두희는 정암이 "학문
과 도덕보다는 힘의 논리가 지배되는 현실에서 전혀 별개인 학문과
정치의 일체성만 믿고 정치에 뛰어든 매우 이상주의자"라고 지적한
뒤, 그 '실패'가 예외일 수 없었다고 결론짓고 있음을 볼 수 있다.[57]

반면 긍정적인 견해를 밝힌 현대의 학자들도 많다. 이상은(李相殷)이
"조정암은 이조유학의 도학적 전통을 처음 세운 유학자인 동시에 지
치주의를 정치포부로 내세운 유신(儒臣)으로서 정치무대에서 생기 활
발한 창조저 활동을 하다가 마침내 훈구파의 모함으로 기묘사화의 비
극을 당한 사람"[58]이라고 평하였다. 또 류승국(柳承國)은 "정암의 삶은
국가를 본질적으로 새롭게 하고자 하는 지고(至高)의 것이었으며 사상
사적인 측면에서도 한국 성리학의 특성을 결정하는 데 지대한 영향을
미쳤다"[59]고 평가하였으며, 이동준(李東俊)은 "정암은 한국에 있어서
도학의 태두(泰斗)로 숭앙을 받으며 매우 큰 영향을 끼쳤으며, 실천적
측면에서 순정성을 발휘하여 치명수지(致命遂志)하였던 것은 매우 중
요한 의의가 있다"[60]고 높이 평가하였다. 또한 금장태(琴章泰)는 "조광
조는 숭고한 정신과 절실한 학문으로 조선시대의 도학을 열었으며,
그 정신은 광명정대한 빛이 되어 당대뿐만 아니라 앞으로의 민족사는

55 이광표 외, 『시대가 선비를 부른다』, 효행출판, 1998. 39쪽.
56 최영성, 『한국유학통사』(上), 심산, 2006, 611쪽.
57 정두희, 『조광조』, 아카넷, 2000, 292쪽.
58 李相殷, 「朝鮮朝 國論에 反映된 義理精神」, 『斯文論叢』 1輯, 斯文學會, 1973, 59쪽
59 류승국, 『한국의 유교』, 세종대왕기념사업회, 1976, 202~205쪽.
60 이동준, 『유교의 인도주의와 한국사상』, 한울아카데미, 1997, 427쪽.

물론, 나아가 세계사의 어둠을 밝혀줄 수 있을 것"[61]이라고 높이 평가하였다. 또 최근 이종호는 '한국 명인의 삶과 사상' 시리즈(2)에서 정암 조광조를 '영원한 개혁의 순교자'라고 평가하기도 하였다.[62]

2) 상반된 평가에 대한 근본적 접근

지금까지 살펴본 바와 같이 정암에 대한 평가가 이렇게 상반되는 사실은 대개 다음 두 가지로 분석해볼 수 있다. 우선, 정암에 대하여 부정적인 평가를 내리는 경우 대체로 정암이 현실 문제에서 지나치게 이상과 원칙에 집착한 나머지 전후 상황을 고려하지 않고 과격하고 급진성을 띠었다는 것이다. 이러한 주장은 정암을 보는 시각이 공통적으로 결과주의(結果主義)에 초점이 맞추어져 있음을 알 수 있다. 그리고 그러한 주장은 특히 기묘사화(己卯士禍)를 주도한 당시 훈구(勳舊) 세력들의 논리와도 아주 일치하고 있음을 알 수 있다.

다음으로, 정암의 삶과 실천에 대하여 긍정적인 평가를 내리는 경우, 대체로 정암의 노력과 업적은 그 동기에 순정성(純正性)이 있고 급박했던 당시 역사적 상황하에서 볼 때 최선(最善)의 선택이었다는 것이다. 후자의 경우 정암 도학은 정치적·현실적 결과만으로 승패 여부를 판단할 성질의 것이 아니며, 따라서 그 죽음의 의미를 행불행(幸不幸)으로 평가하는 것 자체가 무리이고 곤란하다는 공통된 인식을 보이고 있다.

무릇 어느 시대 어느 사회이건 크고 작은 개혁(改革)은 필수적으로 존재하고 요청되는 일이다. 항상 산적한 현실 문제가 있기 때문이다. 산적한 현안이 크고 당면한 과제가 심각할수록 개혁정책의 강도도 비례하여 커질 수밖에 없다. 정치적 개혁에 있어서는 개혁의 정도도

---

61 琴章泰, 『朝鮮 前期의 儒學思想』, 서울대학교출판부, 1997, 254쪽.

62 이종호, 『정암 조광조』, 일지사, 1999, 표지.

문제이지만 개혁의 동기(動機)가 무엇보다 중요한 문제로 대두된다. 동기가 선(善)하냐, 악(惡)하냐에 따라 개혁의 성공 여부가 결정될 경우가 있을 뿐 아니라, 보다 근본적으로 모든 개혁은 사회 변화를 함축하기 때문이다.

뿐만 아니라 개혁이 실현하고자 하였던 가치(價値)가 무엇이었는가에 대한 검토도 중요하다. 그리고 개혁 주체(主體)가 누구이며, 그 주체가 실현하고자 하였던 개혁의 가치에 대한 인식이 어떠하였는지도 엄정하게 살펴보아야 한다.

개혁은 진보적 접근과 보수적 접근이 가능하지만, 물론 그 결과에 따라 자기 스스로를 파괴하거나 부정하는 결과를 초래할 수도 있다. 그럴 경우 오히려 심각한 사회 혼란과 갈등 혹은 진통을 동반하기도 한다.

정암 조광조의 개혁에 대한 평가는 단순히 개혁을 실천하다가 사화라는 참혹스러운 일을 당하여 죽음으로써 모든 것이 실패로 돌아갔다는 외형적 판단은 재고되어야 할 것으로 사료된다. 한 사람의 일생을 평가함에 있어 그 사람의 삶이 진정으로 무엇을 추구하였으며 어떤 방식으로 자신의 목표를 이룩하고자 하였는가에 보다 의미를 두어야지, 단지 결과에만 주목하여 성공과 실패를 결론짓는 것은 성급하다고 지적하지 않을 수 없기 때문이다.

그동안 정암 조광조의 개혁이 '성급했다'거나 '과격했다'고 하여 실패라고 평가하거나, 그 삶이 불행하다고 하는 후대의 지적에 대하여 근본적으로 접근해서 재조명해 보아야 할 필요가 있을 것 같다. 무릇 개혁이란, 특히 그것이 절박한 민생이나 삶의 현장에서 요구되는 것일 때 서두르지 않고 천천히 이룰 수 있는 성질의 것은 사실상 없다. 설령 있다고 하더라도 그것은 개혁이라고 불러야 할 정도로 시급한 문제는 아닐 것이다. 모름지기 개혁이란 시급성을 요구하는 것이라는 전제를 부인하기 어렵다. 그런 문제는 과거나 현재를 막론하고 거의 마찬가지라고 할 것이다. 정암이 살았던 시대의 정치적 상황과 경제적 문제 등은 조선조 역사를 통하여 보더라도 그 이상 절박한 시대를 찾기 어려울 정도로 긴급한 개혁을 요구하고 있었다. 누적된 정치적 병폐와 이욕(利慾)의 근원으로 민생(民生)은 거의 거덜이 난 상태였다. 국가의 이념적 정체성도 근본적인 왜곡과 훼손이 심하여 더 이상 방치하면 시비(是非)와 정사(正邪)가 도착되어 분간조차 하기 어려울 지경이었다. 권세가들의 권력 장악은 이미 임금을 무력화시키고 있었으니, 그 상황에 대한 타개는 누구보다도 당시 군주였던 중종 자신이 절실하게 느끼고 있던 사실이다.

그런 상황에서 전격 등용되어 임금의 신임을 받으면서 정암이 시도하고자 했던 지치적 개혁 자체는 아무리 강조해도 만시지탄(晩時之歎)의 상황하에서 이루어진 것이었다. 문제는 과연 정암이 추진하고자 했던 개혁의 방향성(方向性)이 잘못되었거나 그 자체가 정당성(正當性)을 상실한 것이었느냐의 여부로 논의되어야 할 것이다. 그렇지 않고 단지 개혁이 과격하고 급진적이었다는 사실로 폄하하여 실패한 것으로 단정하는 것은 그 논의가 너무 가볍고 진지함이 부족하다는 비판을 면하기 어려울 것이다. 개혁 자체의 의도나 방향이 근본적으로 잘못되었거나 시기 선택이 애초부터 문제가 있었다면, 그 시시비비를 논할 수 있을 것이지만 그런 점에서 하자(瑕疵)가 없다면 평가의 기준을 그렇게 잡아서는 곤란할 것이다.

무엇보다 조광조가 '과격'하고 '급진'적이었다는 평가의 문제점은 당시 사화를 주동한 정치적 반대파의 논리와 기본적으로 거의 다를 것이 없다는 점을 지적하고자 한다. 역사는 이미 정암을 비롯한 신진 도학자들을 일망타진한 훈구 세력들의 정치적 쿠데타를 '사화(士禍)'라고 그 성격을 정확하게 부여하고 평가를 내리고 있다. 단지 정암의 개혁이 과격하고 급진적이어서 일망타진할 수밖에 없었다는 논리는 어떤 명분으로도 정당화되기 어렵다. 기묘사화를 주동했던 남곤과 심정 등 당사자들조차 이미 생전에 자신들의 행위의 문제점을 인식하고 있었을 뿐만 아니라 올곧은 선비들을 죽인 사람들로 낙인찍혀 비판의 대상이 되었다는 사실도 상기할 필요가 있을 것이다.

또한 대개의 경우 사화(士禍)와 당쟁(黨爭)의 본질을 잘못 인식하고 당시의 정치 구도를 도학파(道學派)와 훈구파(勳舊派)의 권력투쟁 관계로 몰아가는 것도 문제의 본질을 왜곡하는 한 유형이 되었다고 할 수 있다. 사화는 올곧은 선비들을 일망타진하는 일방적인 정치 참화를 말하는 것이고, 당쟁은 권력 쟁취를 목표로 하는 정치 세력 간의 투쟁을 의미하는 것이다. 적어도 조광조를 비롯한 당시의 사림 혹은 신진 도학자들이 권력을 쟁취하기 위하여 정계에 진출하고 개혁을 단행하였다고 보는 것은 균형을 잃은 시각이라고 하지 않을 수 없다. 왜냐하면 당시의 도학파들은 자신들이 배우고 익혀 신념화(信念化)하고 있던 도학(道學)이라는 이데올로기에 기반하여 이상정치를 펼쳐 보고자 하였던 것이지 이른바 권력 획득을 염두에 둔 '정치'의 길을 걸었던 것은 아니었다. 학자로서 배운 대로 임금을 인도하고 처신하며 이 땅에도 도학적(道學的) 이상세계(理想世界)를 실현해보고자 하였을 뿐이지 다른 정치적 세력화를 모색하지는 않았다. 적어도 도학자들의 그러한 충정 자체는 의심되거나 부정되어서는 안될 것이다. 그들은 자신들을 보호할 권력이나 경제력, 군사력을 강구하지 않았다. 학자적(學者的) 양심(良心)과 순정성(醇正性)을 기반으로 국사(國事)에 임하였을 따름이다. 그런 정치적 배경이나 권력을 뒷받침할 '힘(power)'을 갖추지도 않고 정치에 임한 것이 너무 순진할 따름이라고 도학파를 비판한다면, 그것은 정치 자체를 본래 부정적으로 백안시하고 접근하는 자세라는 것을 부인하지 못할 것이다. 과연 모든 '정치판'은 그 근본 바탕 자체가 순수성이나 순정성은 논의될 가치조차 없는 '진흙탕'인 것인가? 그래서 학문을 한 학자들은 들어서도 안 되고 들어서면 반드시 실패하고야 마는 곳인가? 그러므로 과거는 물론 현대에도 정치는 소위 말하는 권력형 '정치가'만 하여야 하는 것인가? 이런 질문들이 의미가 있는 것이라면, 조광조의 개혁에 대하여 '실패' 여부를 외형적으로 판단하는 것은 보다 신중할 필요가 있을 것이다. 정치가 아무리 도덕적 정당성이 아니라 힘의 논리로써 작동되는 것이라고 하여 정당성의 결여가 아니라 힘의 부족으로 인한 실패를 단순히 패배로 평가해버린다면, 정치에서 진보(進步)나 미래(未來)는 사실상 어느 시대에도 기대할 수는 없을 것이다. 그 점은 정암이 살았던 시대나 지금이나 마찬가지일 것이다.

따라서 문제를 보는 근본적(根本的)인 시각(視覺)은 무엇보다 당사자 입장에서 삶의 진정성을 고려하고, 추구하고자 하였던 가치가 얼마나 시공을 초월하여 보편적 가치를 지니며 당대 상황에서 정당성을 확보하고 있었느냐의 유무로 그 삶의 의의와 성공 여부를 판단하여야 할 것으로 사료된다. 왜냐하면 한 인간의 생명이 이 세상에 태어나서 자연인(自然人)으로서의 천수(天壽)를 다 누리고 종명(終命)하는 것은 모두가 소망하는 지극히 자연스럽고 아름다운 것이지만, 물리적(物理的)인 삶의 기간 자체가 그 사람의 삶의 진정한 가치와 의미까지 평가하는 것이라고 보기는 어려울 것이다.

호의호식(好衣好食)하며 천수(天壽)를 다 누리다가 죽었을지라도 도척(盜跖) 같은 사람의 이름은 영원히 도적이나 도적의 괴수라는 불명예(不名譽)로 인구(人口)에 회자(膾炙)되고 있으며, 젊은 시절에 요절(夭折)하였지만 공자의 제자 안회(顔回) 같은 이는 영원히 진리(眞理)를 추구하다가 죽은 성현(聖賢)으로 존숭(尊崇)을 받아왔다. 맹자(孟子)도 살고 죽는 문제는 정명(正命) 여부, 즉 올바른 삶과 죽음이었느냐가 문제이지, 천수(天壽)를 누렸느냐의 여부는 중요한 것이 아니라고 밝힌 바 있으며, 그러한 주장은 전통적으로 매우 타당한 지지를 받아왔던 것이 사실이다.

가상적(假想的)인 표현이기는 하지만, 만약 정암 자신에게 스스로의 삶의 의미를 질문하고, 여한(餘恨)이 있는가 물어본다면, 조광조는 우리에게 과연 어떤 답변을 할까? 필자가 판단하기에 조광조 스스로 자신의 죽음 자체를 그렇게 아쉬워하지는 않을 듯하다. 자신의 충정을 알아주느냐, 그렇지 않은가가 문제이지 짧았던 생애 그 자체에는 무게를 두지 않을 것 같다. 그것은 필자가 판단하기에, 정암은 이미 살아생전에 깊은 수양을 통하여 삶과 죽음에 관한 분명한 인식을 하였음을 확인할 수 있기 때문이다. 즉 사생관(死生觀)이 이미 남다른 면이 있었던 것이다. 그래서 필자는 정암의 죽음에 대하여 이미 앞에서 '이신순도(以身殉道)'라는 말로 표현한 바 있다. 자신의 몸을 진리(眞理)를 위해 던진 것이다. 자신을 던져서라도 진리를 수호해야겠다는 자세는 보통 사람들과의 죽음과 비교되기 어려운 것이다. 그때, 그 상황 속에서 욕심이나 감정, 혹은 편견 없이 삶을 구현하는 것이었지, 세상 사람들이 알아주고 못 알아주는 것에 개의치 않았던 것이다. 오직 하늘이 부여한 천성(天性) 속에서, 그 본성을 그대로 드러내는가가 문제일 뿐이지 다른 것을 생각하지 않았던 삶이다. 그런 삶은 아주 높고 신성한 것으로서 아무나 도달할 수 있는 경지가 아니다. 선(善)을 밝히고 몸소 실행하는 것에 삶의 목표를 두는 사람은 죽고 사는 문제 자체가 가장 중요한 최고의 가치를 지니는 것은 아닌 것이다. 조금도 자기를 속이지 않는, 이른바 무자기(無自欺)의 삶이 바로 정암 조광조의 삶의 모습이었음은 부인하기 어렵다.

몸소 행함에 성실히 최선(最善)을 다하는 것, 학행(學行)이 다른 모범적 삶을 살았던 한 참된 선비이자 지식인(知識人)의 전형적 모습을 정암은 보여주었다고 평가받을 수 있을 것이다.

4. 정암 도학의 한국정신사적 위상과 현대적 의의

1) 조선조 사림의 영수(領袖)와 한국 도학의 태산북두(泰山北斗)

조선조 오백여 년의 역사 속에서 정암 조광조는 과연 어떤 역사적 위상을 가지고 있었으며, 어떤 영향을 끼쳤는가? 그가 남긴 유산은 과연 무엇인가?

이미 앞에서 정암 조광조 사후 그에 대한 역사적 평가가 매우 상반된 양상을 보여온 사실을 확인한 바 있다. 그럼에도 불구하고 정암 조광조는 우리 역사상 가장 사람들에게 크게 각인된 인물로 정평이 나 있다. 그것은 그의 삶이 다른 사람들과 특별한 점이 있었으며, 그런 이유로 그가 후대에 미친 영향 또한 지대하였음을 의미한다.

정암 조광조는 조선시대를 대표한 최고의 지성인(知性人)이요, 도학자(道學者)요, 사상가(思想家)요, 정치가(政治家)요, 관료(官僚)였다.

또한 그는 우리 역사상 가장 순수(純粹)하고 도덕적(道德的)인 이상사회(理想社會)를 펼쳐보고자 지치적(至治的)인 개혁(改革)을 단행하였으며, 비록 짧은 기간이기는 하였지만 세상을 근본적으로 바꾸는 변화도 가져왔다. 역사상 많은 사상가와 정치가들이 이상사회를 실현하기 위하여 이론을 제시하고 노력하였지만, 조광조처럼 실제로 정치 현장에서 실현을 해본 사람은 드물었다.

조광조는 과연 어떤 점에서 당대는 물론 후대에도 많은 사람들로부터 존경을 받으면서 동일시(同一視) 대상으로 부각되는가? 그것은 무엇보다도 그의 삶과 설시(設施)가 도덕적(道德的) 정당성(正當性)을 확보하고 있었기 때문일 것이다. 한마디로 춘추대의(春秋大義)의 길을 당당히 추구하였기 때문에 주장에 자신이 있었고, 추진에 박차를 가할 수 있었다고 할 것이다. 말하자면 사도(邪道)가 아닌 정도(正道)를 걸었기 때문에 모든 실천은 떳떳했고 힘을 가질 수 있었다. 이런 점은 오늘날 정치를 펼치고 정책 방향을 설정하는 사람들이 진정으로 성찰하여야 할 점이라고 본다.

조광조는 살아생전에 이미 30대에 명실공히 조선조(朝鮮朝) 사림(士林)의 영수(領袖)가 되었고, 죽어서는 한국 도학의 태산(泰山)과 북두(北斗)로서 우뚝 자리 잡았다. 이런 명성은 조금도 흔들림이 없었다. 살아서도 올곧은 선비들의 존숭을 한 몸에 받았지만, 조광조는 사후가 더 화려한 인물이 되었다. 퇴계는 그를 위하여 「행장」을 지었고, 율곡은 「묘지명」을 지었을 뿐만 아니라 은병정사(隱屛精舍) 안에 정암의 석상(石像)을 세워 존경을 표하였으며, 우암 송시열은 물론 후대의 실학자 유형원(柳馨遠) 등에 이르기까지 조선조 유자들의 한결같은 존숭을 받았다. 38세의 비교적 짧은 인생을 살았지만, 그가 배출한 많은 제자 문인들이 이후 정계에서 상당한 역할을 수행하였다. 후대의 사람들 대부분은 정암을 최고의 지위에 올리고 문묘(文廟)와 여러 곳의 서원(書院) 등지에서 배향(配享)·추존(追尊)하기에 이르렀다.

그것은 정암이 자기 자신에게 추상같이 엄격하면서 진리의 표준대로 실천하고자 하였던 삶의 진정성에서 비롯된 것이라 하겠다. 정암을 존중하고 따랐던 수많은 당대의 학자들은 범접하기 어려운 그 도학적 순정성에 감화를 받았던 것이다. 그런 이유로 정암의 삶과 실천에는 힘이 있었고, 정도(正道)를 지향하였기에 망설임이 있을 수 없었다. 머뭇거리거나 주저하는 경우 대개 사사로운 계산을 하는 자가 더 많게 마련이다.

조광조는 조선이 유교를 정교의 이념으로 채택하였지만, 당시까지도 이념적(理念的) 정체성(正體性)을 확보하지 못하고 있다고 판단하였다. 조광조에 의해 세조의 왕위 찬탈, 연산군의 패도정치, 중종반정 공신들의 부도덕한 행위 등은 도학적 이념에 반하는 반유교적 정치형태의 전형적 사례로 단정되었다. 조광조는 바로 그런 당대를 극복하고 조선조 이념의 국가정체성을 수립하는 데 결정적 역할을 수행하였다. 조광조의 출현으로 비로소 조선조는 도학으로써 정교의 이념적(理念的) 정체성(正體性)을 확고하게 정립하게 되었던 것이니, 사상사적으로 이 점은 매우 중요한 의의를 지닌다.

중종은 차츰 조광조의 정치적 영향력이 커지자 왕권까지 위협할 존재로 위기감을 느끼고 결국 기묘사화를 종용하여 제거하고 말았지만, 그 일로 말미암아 후대의 학자들로 하여금 편협된 용량을 가진 군주였다는 평가를 면치 못하게 되었다. 심지어 중종은 연산군보다도 못한 임금이었다는 평가를 받기도 한다. 재위 40여 년 뒤 사관(史官)들조차 중종은 '대동(大同)'은 고사하고 '소강(小康)'에도 나아가지 못한 정치를 한 군주라고 『조선왕조실록』에서 기록하고 있다. 그런 군주를 조광조는 요순(堯舜)과 같은 임금이 될 수 있을 것으로 믿고 자신을 던져 충성을 다하였던 것이다.

조광조는 양심과 진리의 길대로 가려고 하였을 뿐 현실과 타협하려고 하지 않았기 때문에 그렇게 죽임을 당하였지만, 그가 추구했던 도학적 이상정치는 조선왕조의 표준이자 목표가 되었다. 특히 그의 개혁은 조선조의 역사를 통하여 매우 특별한 의미를 지녔다.

그는 조선 선비 사회의 양심(良心)으로 살았으며, 지성적(知性的) 비판(批判)을 조금도 게을리 하지 않았던 도학자였다. 선비이자 지성인으로서 조광조는 도학적, 지치적 풍모를 충실하게 보여줌으로써 우리 역사상 유교 정치의 가장 높은 경지를 이룩하였다. 그런 이유로 조광조의 정당성은 그가 죽은 뒤 얼마 지나지 않아 조선조의 조정에서 정식으로 인정되고, 특별한 존숭을 받으면서 새롭게 추구되었으며, 이후 조선조 말까지 유학자들의 이념적 표상(表象)으로 높이 부각될 수 있었던 것이다.

2) 정암 도학의 현대적 의의

(1) '개혁' 문제에 근본적 성찰과 방향 제시
오늘날에도 조광조 하면 '개혁', 개혁하면 '조광조'를 떠올릴 정도로 정암의 개혁은 상징성을 갖고 있다. 그가 세상을 떠난 지 오백 년이 가깝지만, 여전히 현대인들도 개혁 하면 조광조를 우리 역사상 가장 표본적인 인물로 삼고 있는 것이다. 어떤 이유로 그러한가? 정암의 개혁이 갖는 특성들을 분석해보면 오늘날에도 시사하는 바가 있기 때문이라 여겨진다. 그것을 몇 가지로 정리해보기로 하자.

첫째, 조광조의 개혁은 정당성(正當性)을 기반으로 한 것이었다. 그는 자신의 양심에 따라 진리에 합치되는 개혁을 시도하였지, 당시 현실적 상황에 맞추어 협상을 하거나 개혁을 멈추지도 않았다. 그것은 정암의 개혁이 정도(正道) 혹은 의로(義路)라는 정당성을 지향하고 있었기 때문이다. 추호도 거리낌이 없었기에 때로 '과격', 혹은 '급진'이라는 말을 들으면서도 굳건하게 개혁을 추진하였다. 옳은 일을 정당한 판단에 기반하여 추진하는 것이라면 어떤 경우에도 물러서지 않았다. 이런 추진력이 중종으로 하여금 지치게 함으로써, 결국 기묘사화의 직접적인 원인으로 작용하고 말았지만, 정암의 개혁 자체가 언제나 지극한 정도를 기반으로 한 것이었다는 사실은 아주 명확한 일임에 틀림없었다. 그의 개혁은 언제나 가치 판단의 기준이 분명했고, 어떤 경우에도 그 기준을 벗어나거나 어긋난 실천은 하지 않았다.

둘째, 조광조의 개혁은 지치(至治)라는 이상적 목표를 지향하고 있었다. 정암의 개혁은 그 학문적 기반에 기초하고 있는데, 정암의 학문은 도학(道學)이었다. 도학은 언제나 요순과 같은 이상정치를 지향한다. 정암의 개혁도 그러한 이상 즉, 지치라는 도덕 국가의 이상을 명확히 향하고 있었다. 그런 차원에서 인군이 끝없이 도학을 탐구하여 군자를 알아보는 안목을 기르고 새로운 정치를 이루도록 노력하여야 한다고 주장하였다. 정암이 지치(至治)를 흥륭(興隆)하게 하는 점에 일관된 목표를 가지고 있었던 점은 임기응변적인 정치 행태를 보이기 쉬운 오늘날의 개혁에 시사하는 바가 매우 크다고 할 것이다.

셋째, 조광조의 개혁은 상향 균등을 지향하고 있었다. 그의 개혁은 하향 평등이 아니라 들어낼 것은 들어내고 보탤 것은 보태되 상향 평등을 지향하는 융평(隆平)을 목표로 하고 있었던 점이 돋보인다. 개혁은 대체로 그 역사적 정황이나 기반으로 보건대 하향 평등을 지향하기 쉬운 측면이 있다. 하향 평등은 비교적 실현이 용이한 반면 상향 평등은 그런 목표에 고루 도달하는 것이 쉬운 문제는 아니다. 그러나 정암의 개혁이 특히 민생들의 질곡된 삶을 해소하고 삶의 질을 향상하기 위해 복지적 측면을 유의하면서 상향 조정을 추구해 갔던 것은 큰 의미가 있다.

넷째, 조광조의 개혁은 일관성과 과단성이 있었다. 정암의 개혁은 중종도 싫증을 느낄 정도로 일관되게 추진되었고, 동시에 과단성도 있었다. 금과옥조라도 변화된 세상에 맞지 않으면 개혁해야 할 것을 강조하는 정암의 실천은 놀라울 정도로 체계적이었으며 일관성을 갖춘 것이었다. 무엇보다 모든 개혁적 조처들이 근본적인 점에서 그 성격이 서로 통할 정도로 추진력을 지니고 있었다. 누대로 이어온 관습이라 할지라도 변혁해야 할 것이라면 과단하게 고쳐나갔다. 소격서(昭格署)를 혁파하거나 위훈(僞勳)을 삭제하는 일 등은 개혁에 착수한 뒤 중간에 결코 주춤거리지 않았다. 어떠한 난관이 가로막더라도 완수한 뒤에야 끝내는 무서운 결단을 보여주었다. 조광조는 나라의 기강을 바로 잡고 이상적 정치를 펼치기 위해 옳은 것은 옳다고 하고, 그른 것은 그르다고 하며, 선한 것을 선하다고 하고, 악한 것을 악하다고 하는 일관된 마음을 한순간도 잃지 않았다. 깊은 성찰(省察)과 혁기적 전환(轉換)이 없이 개혁 추진을 기대하기는 어렵다. 정암은 이 점을 분명하게 실천적으로 보여주었다. 때로 개혁이 혁명보다 어려운 일로 여겨지는 것도 이런 점과 무관하지 않을 것이다. 모름지기 개혁이란 철학적 성찰에 기반하면서 과단하고 일관성 있게 실행에 옮겨질 때 가능하다는 것을 정암은 몸소 보여주었던 것이다. 그런 점에서 정암은 우리 역사상 개혁의 가장 모범적인 전형을 실천에 옮긴 인물이라고 할 수 있다.

다섯째, 조광조의 개혁은 사사로운 이익을 추구하지 않았다. 역사상 대부분의 개혁은 개혁 주체의 이익과 첨예하게 관련되어 있게 마련이다. 그러나 정암의 개혁에서는 털끝만큼의 사사로움이 개입되지 않았다. 이것은 정암 개혁의 굳건한 추진력이 나오는 근원이었다. 국가가 기본적으로 이욕의 근원에 빠져 있다고 진단한 조광조는 이원(利源)을 근원적으로 차단하는 일에 주력하였다. 이욕의 근원을 차단하는 것은 사실 권력 구조의 기반을 흔드는 일이라서 개혁 중에서 가장 어려운 부분이다. 그럼에도 불구하고 정암이 위훈 삭제와 같은 국가적 병통을 근본적으로 처리할 수 있었던 것은 그러한 개혁 자체가 정암 자신은 물론 개혁 주체의 사사로운 이권이나 이익 추구와는 전혀 무관하였다는 점에서 가능했던 것이다.

지금까지 살펴본 바대로 조광조가 실천했던 개혁은 일찍이 조선조 역사를 통하여 찾아볼 수 없는 것이었다. 그런 이유로 정암의 개혁은 '개혁 중의 개혁', 혹은 '개혁 그 자체'의 모범 혹은 표준이 되었다. 개혁의 기본 방향이 어떤 것이어야 함을 후대인들에게 충분히 알려 주었다. 적어도 개혁을 하여야 할진대 정암의 지치적 개혁은 그 완성을 추구하는 측면에서 어떤 개혁보다도 좋은 평가를 받을 만 했던 것이다.

이러한 특성들은 오늘날의 정치 상황이나 개혁을 필요로 하는 정치가들에게 근본적인 점에서 시사하는 바가 아주 크고, 그 방향성을 제시하고 있다는 점에서 중요한 의의를 지닌다고 하겠다.

(2) 선비정신의 원형 제시와 의의

2006년 7월 문화관광부는 우리 민족의 전통문화 상징을 민족, 강역과 자연, 역사, 사회와 생활, 신앙과 사고, 언어와 예술의 6대 분야로 나누고, 모두 합하여 100가지를 선정하여 발표한 바 있다. 여기서 '신

앙과 사고(思考)' 분야의 상징으로 효(孝)와 선비문화를 우선으로 꼽았
다. 한국 민족의 정신문화(精神文化)를 대표하는 가장 상징적인 내용으
로서 효와 선비를 선정한 것이다. 이처럼 선비문화 혹은 선비정신은
한국 민족의 정신적 상징물로서 현대적으로도 그 가치가 높이 인정
되고 있는 요소라는 점에 이견이 거의 없다. 정암 조광조는 조선조를
통하여 바로 이 선비 혹은 선비상(像)의 가장 이상적 인물로 그 중심
에 우뚝 서 있는 존재라는 점에서 남다른 바가 있다. 그는 조선조를
통하여 가장 올곧고 꿋꿋하였으며, 당당한 선비 중의 선비라 할 수
있기 때문이다.

우리 역사를 통하여 학식과 인품을 갖추고 시대마다 사회가 나아
가야 할 공동체적 이상을 제시하고 가치 기준을 정립하였으며, 올바
른 역사를 이끌어온 이상적 인격체 또는 신분계층을 '선비'라고 일컬
어 왔다. 특히 조선조를 통하여 선비들은 우리 공동체의 구심점으로
서 강인한 품성과 고매한 인격을 갖추고서 유교적 이념을 구현하기
위해 스스로를 헌신하는 것을 임무이자 신념으로 여기면서 살아왔다.
그들은 조선사회를 강건하고 정의롭게 이끌어 가는 선비정신을 강화
시켜갔다.

도학(道學)은 선비정신과 선비문화의 사상적 기반이요 근거였다. 조
선 초기 선비들은 도학적 신념에 기반하여 고려말 절의를 지킨 정몽
주와 길재 등의 의리 정신을 추존하면서 춘추대의를 존숭하고 사회
정의를 표방하는 사림파(士林派)의 통서(統緒)를 확립하였다. 사림파 선
비들은 수양을 통하여 도학적 이념을 철저하게 내면화하여 실천하며
사회적 정의 실현을 위해 개혁 의지를 발휘하게 되었고, 권력 주변의
훈구파에 대항하며 절의를 공동체적 의식의 표준으로 삼고 관료 세
력을 비판하기 시작하였다.

조선 중기에는 선비들이 관직에 나아가 현실정치를 직접 담당하기
도 하였고, 초야에서 학문을 연마하며 산림으로서 현실 문제에 비판을

가하는 형태로 임하기도 하였는데, 훈구파의 억압과 배척으로 수차례의 무고한 사화(士禍)를 당하여 많은 희생자를 내기도 하였다. 사화는 선비들의 의지와 목숨을 한꺼번에 앗아가고 학풍을 침체시키는 엄청난 참화였지만, 선비정신의 기개와 개혁 의지를 꺾지는 못하였다.

차츰 선비정신과 선비문화가 조선조의 이념과 사회를 압도하며 정치의 중심 세력으로 발전하여 마침내 사림정치시대를 맞이하기도 하였다. 선비들은 사회의 지도적 계층으로서 서민 대중으로부터 지극한 존숭을 받았으며 영향력 또한 적지 않았다. 따라서 그 지위와 존경에 걸맞는 엄격한 규범이 있었고, 평생 학문을 통하여 도리를 실천하고 앙양하는 인격적 도야를 게을리 하지 않았다.

그리하여 조선시대 중기 이후에는 사대부들에 의한 관료제도가 정착되고, 선비들이 사회의 지도적 계층에서 가장 중심적인 역할을 수행하면서 가장 뚜렷한 정치·문화·사회적 특징을 이루었다.

이후 선비정신과 선비문화는 우리 역사의 소중한 이념과 문화 형태를 이루어냄으로써 한국전통문화의 정신적 표본이자 상징이 되었다. 뿐만 아니라 지금 우리 시대에도 주의 깊게 재해석되고 계승될 필요가 있다는 요구를 받고 있다.[63]

정암 조광조는 이러한 선비정신과 선비문화를 가장 빛나는 지점으로 끌어올린 한국 선비의 종정(宗正)과 같은 인물이었다. 당대에는 조선 사림의 영수(領袖)로서, 사후에는 한국 도학의 태산북두(泰山北斗)와 같은 존재로서 우뚝 그 위치를 차지하게 되었다.

특히 그는 도학의 이념을 내면화하여 당대 사회를 가장 올바른 방향으로 인도하고자 하였고, 의리의 신념을 사회 속에서 뚜렷하게 제시하고 실천하는 선비의 전형을 보여주었다. 유교적 도덕 규범을 강건하게 실천하여 모범을 보이면서 후학을 계도(啓導)하고 대중을 교화

---

63 금장태, 『한국의 선비와 선비정신』, 서울대학교출판부, 2000, 머리말 참조.

하는 사회적 책임까지 다하였으며, 헌신하는 참다운 선비의 모습은 물론 사회적 지도자로서의 주체적인 자세를 유감없이 보여주었다. 학문 과정과 관직 생활을 통하여 조광조는 행도수교(行道垂敎)하는 선비로서의 기상을 최고로 보여주었다. 성인(聖人)에의 입지(立志)를 통하여 선비들이 어떻게 인격을 완성하며, 나아가 진리대로 살아가는 진유(眞儒)로서의 삶을 가장 모범적으로 보여주었다. 한마디로 정암의 일생은 도를 밝히고 자신을 연마하여 세상의 빛이 되는 선비의 삶 자체를 그대로 살았던 참다운 '선비 그 자체'였다.

그리하여 정암 조광조의 선비정신과 도학사상은 한국정신사에서 가장 빛나는 인간의 정신 모형을 보여주었고, 사회적으로는 우리 역사상 최고의 정치적 선진성과 지치주의의 모범을 완성해낸 역사적 의의를 지니게 되었다.

정암의 선비정신은 조선조 선비들에게는 인격적 기준이 되었고, 시대가 요구하는 사회적 양심이자 지성으로서 상징적 역할을 다하여 왔다. 학문으로 지극한 인격적 완성을 이룸은 물론 사회가 요구하는 이념적 지도자인 동시에 지성인으로서 모범을 보여주었다.

이미 앞에서 언급한 바와 같이 선비정신과 선비문화는 우리 역사상 가장 빛나는 정신 모형 중의 대표적 사례이다. 정암의 선비정신은 현대인에게도 의미 있는 성찰을 요구하고 있는 점에서 자못 의의가 크다. 현실적, 감각적 욕구에 매몰되지 않고 보다 근원적이고 가치 있는 것을 추구하는 인간 정신의 참모습을 촉구하고 있을 뿐만 아니라 자아 성찰을 통하여 신념을 실천하며 모든 계층을 통합하고 조화를 도모하는 지성인의 책무와 역할에 대해서 정암 조광조는 생생하게 그 중요성을 강조하고 있다고 하겠다.

제 3부

정암의 저술과 관련 문헌

제9장 문집 편찬 과정과 그 내용

『정암선생문집(靜庵先生文集)』은 1681년에 이기주(李箕疇)와 이선(李選)이 각각 수집한 것과 정암의 5대손 조위수(趙渭叟)의 가장초본(家藏草本)을 모아 박세채(朴世菜)가 교정·편차하고 부록(附錄)과 연보(年譜)를 붙여 정고본(定稿本)을 처음 만들었다. 이것을 다시 조위수가 부록을 줄이고 연보를 제외하여 남원에서 목판본(木版本)으로 초간(初刊)하였는데, 이것을 호본(湖本, 호남판본)이라고 한다. 그런데 이것을 다시 1685년에 박세채가 정고본대로 대구에서 중간(重刊)을 하였으니, 이것을 영본(嶺本, 영남판본)이라 한다. 이 영본에는 안병선(宋秉璿)이 「중간서문(重刊序文)」을 찬(讚)하였다.

호본은 능주(綾州) 죽수서원(竹樹書院)에 보관되어 있었으나 서원이 훼철되고 재이(災異)를 입어 손상되었고, 영본도 역시 빠진 것이 있어

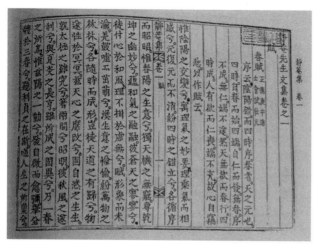

정암선생문집

완전하지 못하였는데, 조광조의 제자인 학포(學圃) 양팽손(梁彭孫)의 후손인 양회연(梁會淵)이 1892년 두 판본을 수합하여 전라도 관찰사 민정식(閔正植)의 협조를 얻어 양본(兩本)을 바탕으로 재편하고 부록을 증보하여 능주(綾州) 삼지재(三芝齋)에서 목판(木板)으로 간행하였으니, 이것이 삼간본(三刊本)이다. 이후 고종(高宗) 때에도 또한 능주에서 15권 5책으로 중간(重刊)되었다고 한다.

현재 전해지는 선생의 문집〔목판본(木版本)〕은 1929년 양회규(梁會奎)가 수정·보판하고 추각(追刻)한 후쇄본(後刷本)이다.

문집을 구성하고 있는 권책(券冊)의 구성과 분량은 목록(目錄), 원집(原集) 5권, 부록(附錄) 6권, 속집목록, 속집원집(續集原集) 1권, 속집부록 5권으로 모두 합하여 5책으로 목판은 모두 348판으로 되어 있다. 선생의 문집에는 이외에도 숙종대왕어제독정암집유감(肅宗大王御製讀靜庵集有感)과 송시열의 정암선생문집서(靜庵先生文集序)가 실려 있는데, 우암의 서문은 친필(親筆)로 쓴 것이 그대로 판각이 되어 있다.

후쇄본은 6년 뒤(1935) 경기도 용인의 조영원(趙泳元)이 재판(再版)을 발행하였는데, 감인(監印)을 맡은 이필훈(李弼薰)이 「서정암선생문집후(書靜菴先生文集後)」를, 후손 조낙원(趙洛元)이 「발(跋)」을 붙여 경성(京城)의 영흥인쇄소(永興印刷所)에서 인쇄를 하였다.

참고로, 정암 조광조 문집의 번역은 1972년 『韓國의 思想大全集』(제9권)에 그 일부가 장선종(張善宗)에 의해 이루어진 바 있다. 이 번역본에는 『정암집(靜菴集)』「원집(原集)」 거의 전부와 「부록(附錄)」 중에서는 〈어류(語類)〉가 번역되었는데, 당시 학술원원장(學術院院長)이던 이병도(李丙燾) 박사가 간단한 『정암집』 해설을 붙였고, 별도로 원문(原文)을 실었는데, 동화출판사(同和出版社)에서 성낙훈(成樂薰)이 책임교열(責任校閱)하여 간행하였다.

그후 1978년에 정암조선생기념사업회(靜庵趙先生紀念事業會)에서 비로소 『국역 靜菴趙先生文集(附原文)』으로 완역·간행하였다. 이 번역본은 한국문예진흥원(韓國文藝振興院)의 지원을 받아 성균관대학교(成均館大學校) 대동문화연구원(大東文化硏究院) 간행의 영인본〔『이조초엽명현선집(李朝初葉名賢選集)』소재(所載)〕인『정암집』을 저본(底本)으로 하고, 1933년 조영원(趙泳元)이 발행한『정암선생문집(靜菴先生文集)』을 참고본으로 하여 보유(補遺)하여 '비매품(非賣品)'으로 번역되었다. 이 책의 번역은 당시 충남대학교의 조종업(趙鍾業) 교수〔권 1, 2 번역〕, 성균관대학교 대동문화연구원의 윤혁동(尹赫東) 씨〔권 3, 4 번역〕, 민족문화추진회(民族文化推進會)의 이이화(李離和)·김동주(金東柱)·이정섭(李廷燮) 씨〔권 5 및 부록 이하 번역〕·장재한(張在釬) 씨〔참고본에서 보유한 소(疏)·차(箚) 등 번역〕가 맡았고, 민태식(閔泰植) 박사가 감수(監修)를 담당했으며, 동아출판사(東亞出版社)에서 인쇄를 하였다.

그리고 2004년에는 조종업(趙鍾業)이『수정재역 정암선생문집』(景仁文化社 刊)이라는 책명으로 번역해내었다. 여기서 조종업은 기념사업회에서 발간한 1978년 번역본의 오류를 수정하였다고 밝히고 있으며, 수정된 번역본과 함께 본문(本文)에 구두점(句讀點)을 찍어서 별도로『靜菴先生文集』을 함께 출간하였다. 이 번역본의 표지에는 번역자가 조종업(趙鍾業)으로 되어 있고, 번역 서문에서도 역자(譯者)는 1978년 당시 많은 분들이 참여하여 일부분씩 나누어서 번역하다 보니 통일성(統一性)이 결여되었다고 지적하면서 그런 문제점을 보완한 것으로 설명되어 있다. 그런데 책의 맨 뒷면에는 조종업이 번역책임자(飜譯責任者)로 되어 있고, 김선기(金善棋) 외 7명의 번역위원(飜譯委員) 이름이 적혀 있음을 볼 수 있다.

또한 민족문화추진회(民族文化推進會)에서는 1986년부터 한국문집을 선정하여『한국문집총간(韓國文集叢刊)』영인 사업을 추진 중인데,『靜菴集』의 경우 국립중앙도서관장본〔國立中央圖書館藏本, 도서번호 : 한46-가277, 1929년 양회규(梁會奎) 후쇄본〕을 저본(底本)으로 하여 구두점(句讀點)을 찍어『韓國文集叢刊』제22집으로 1989년 영인(影印)하여 간행한 바 있다. 민족문화의 보전, 전승, 계발, 연구를 통한 민족문화의 진흥을 목적으로 1965년 설립된 민족문화추진회에서는 구두점을 찍어 영인한 이 『靜菴集』의 원문 전부를 인터넷(internet) 상에서 학자나 관심 있는 모든 사람들에게 무료로 제공하고 있다.

※ 민족문화추진회 인터넷 사이트 주소 : www.minchu.or.kr → 한국 문집총간 →『정암집』

아울러 『정암선생문집』의 전체 목록을 표로 정리해보면 다음과 같다.

『정암선생문집(靜庵先生文集)』 목록표(目錄表)

구분	권수	분류	내용
원집 (原集)	1권	부(賦)	◦ 춘부(春賦)
		시(詩)	◦ 봉화치재(奉和恥齋) ◦ 송순지남행(送順之南行) 5수 ◦ 송숙부부경원진(送叔父赴慶源鎭) ◦ 제강청노란죽병(題姜淸老蘭竹屛) 8수 ◦ 송한서경부충청수영(送韓恕卿赴忠淸水營)
	2권	대책(對策)	◦ 알성시책(謁聖試策)
		소(疏)	◦ 홍문관청파소격서소(弘文館請罷昭格署疏)
		계사(啓辭)	◦ 사간원청파양사계(司諫院請罷兩司啓) 1~3 ◦ 사간원논이행등지실계(司諫院論李荇等之失啓) ◦ 사면홍문관전한계(辭免弘文館典翰啓) ◦ 양사청개정정국공신계(兩司請改正靖國功臣啓) 1~4 ◦ 인불종개정공신사사직계(因不從改正功臣事辭職啓) 1~3
		서(書)	◦ 답안순지서(答安順之書)
		잠(箴)	◦ 계심잠(戒心箴)
		묘갈(墓碣)	◦ 승정원우부승지홍공묘갈(承政院右副承旨洪公墓碣)
		공장(供狀)	◦ 옥중공사(獄中供辭) ◦ 옥중연명소(獄中聯名疏)

원집 (原集)	3권	경연진계 (經筵陳啓)	◦ 검토관시계(檢討官時啓) 1~7 ◦ 시독관시계(侍讀官時啓) 1~18 ◦ 시강관시계(侍講官時啓) 1~4 ◦ 참찬관시계(參贊官時啓) 1~15
	4권	경연진계 (經筵陳啓)	◦ 참찬관시계(參贊官時啓) ◦ 복배부제학시계(復拜副提學時啓) 1~14 ◦ 대사헌시계(大司憲時啓) 1~4 ◦ 삼배부제학시계(三拜副提學時啓) 1~7 ◦ 복배대사헌시계(復拜大司憲時啓) 1~8 ◦ 원자보양관시계(元子輔養官時啓) 1~3
		습유(拾遺)	◦ 계(啓) 1~5 ◦ 홍문관서계(弘文館書啓) ◦ 부제학시서계(副提學時書啓)
	5권	연중기사 (筵中記事)	◦ 연중기사(筵中記事) 1~4 ◦ 기사(記事)
		습유(拾遺)	◦ 연중기사(筵中記事)
		유묵(遺墨)	◦ 유묵(遺墨)
부록 (附錄)	1권	사실(事實)	◦ 사실(事實)
	2권	어류(語類)	◦ 다른 문헌에 나오는 정암의 말씀 기록
	3권	계(啓), 차(箚), 소(疏)	◦ 안당(安瑭), 김정(金淨), 박세희(朴世喜)의 계(啓) ◦ 유운(柳雲), 김세필(金世弼)의 신구계(伸救啓) ◦ 정응(鄭譍), 강유선(姜惟善)의 신구소(伸救疏) ◦ 기대승(奇大升), 노수신(盧守愼), 이황의 청포증계(請褒贈啓) ◦ 백인걸(白仁傑)의 청가포증종사문묘차(請加褒贈從祀文廟箚) 및 청종사소략(請從祀疏畧) ◦ 이이(李珥)의 청이현종사계(請二賢從祀啓) ◦ 조헌(趙憲)의 청사현종사소략(請四賢從祀疏畧) ◦ 임숙영(任叔英)의 관학유생청오현종사소략(館學儒生請五賢從祀疏略) ◦ 정문손의 신원소(伸冤疏)
	4권	전지(傳旨) 시의(諡議)	◦ 추증관시시전지(追贈官諡時傳旨) ◦ 시의(諡議)
		제문(祭文) 축문(祝文)	◦ 이지완(李志完)의 종향사제문(從享賜祭文) ◦ 이정구(李廷龜)의 오현종향문묘후반교문(五賢從享文廟後頒教文)

부록 (附錄)	4권	제문(祭文) 축문(祝文)	◦기대승(奇大升)의 죽수서원축문(竹樹書院祝文) 및 죽수서원제문(竹樹書院祭文) ◦정구(鄭逑)의 제문(祭文) ◦정경세(鄭經世)의 희천서원제문(熙川書院祭文)
		기(記)	◦이이(李珥)의 도봉서원기(道峯書院記)와 희천양현사기(熙川兩賢祠記) ◦송시열(宋時烈)의 심곡서원강당기(深谷書院講堂記) 및 능주적려유허추모비기(綾州謫廬遺墟追慕碑記)
		발(跋)	◦정온(鄭蘊)의 난죽병발(蘭竹屛跋) ◦김상헌(金尙憲)의 발(跋)
	5권	세계(世系)	◦세계(世系)
		연보(年譜)	◦연보(年譜)
	6권	행장(行狀) 비지(碑誌)	◦이황(李滉)의 행장(行狀) ◦홍인우(洪仁祐)의 행장(行狀) ◦이이(李珥)의 묘지명(墓誌銘) ◦노수신(盧守愼)의 신도비명(神道碑銘)
		발(跋)	◦박세채(朴世采)의 발(跋)
속집 (續集)	1권	습유(拾遺) 시(詩)	◦증송재(贈松齋) / 차송재조매시(次松齋早梅詩) / 과피세정유감(過避世亭有感) / 송재부인의성김씨만(松齋夫人義城金氏輓) / 과양근미원(過楊根迷源) / 증박제독(贈朴提督) / 증정추파(贈鄭秋波) / 강호정회유운(江湖亭會遊韻) / 조매계만(曺梅溪輓) / 증장맹우(贈張孟羽) / 추야주중봉별김자유지임영천(秋夜舟中奉別金子由之任榮川) / 능성루수중(綾城累囚中)
속집 부록 (附錄)	1권	치제문(致祭文)	◦영묘(英廟)(1)/정묘(正廟)(5)/순묘(純廟)(3)/왕세자(王世子)(1)/헌묘(憲廟)(1)/철묘(哲廟)(2)/당저(當宁)(2)
	2권	소(疏), 차(箚), 계(啓)	◦강현(姜顯)의 기묘구제현소(己卯救諸賢疏) ◦정경세(鄭經世)의 경상도유생청종사소(慶尙道儒生請從祀疏) ◦이준경(李浚慶)의 청종사차략(請從祀箚略)/양사청오현종사합계(兩司請五賢從祀合啓)/ 예조보계(禮曹覆啓) ◦이장영(李長榮)의 신원소(伸寃疏)(2)
	3권	보유(補遺)	◦사실(事實)

속집 부록 (附錄)	4권	기(記)	◦ 이산해(李山海)의 정암선생묘표음기(靜庵先生墓表陰記) ◦ 조찬한(趙纘韓)의 중수죽수서원기(重修竹樹書院記) ◦ 최립(崔岦)의 양현사기(兩賢祠記) ◦ 정범조(丁範祖)의 사은정기(四隱亭記) ◦ 민종현(閔鍾顯)의 중수사은정기(重修四隱亭記) ◦ 조성교(趙性敎)의 적려유허비각중수기(謫廬遺墟碑閣重修記)
		시(詩)	◦ 양희지(陽熙止)/강현(姜顯)/정의손(鄭義孫)/조세구(趙世求)/박상(朴祥)/유형원(柳馨遠)/강공헌(姜公憲)/최립(崔岦)/송시열(宋時烈)/조정만(趙正萬)/권상하(權尙夏)/이재(李縡)/성영우(成永愚)의 시(詩)
		찬(贊)	◦ 이진혁(李鎭赫)의 정암선생찬(靜庵先生贊)
		상량문 (上樑文)	◦ 오억령(吳億齡)의 도봉서원상량문(道峰書院上樑文)
		제문(祭文)	◦ 송시열(宋時烈)의 제문(3)
	5권	비(碑)	◦ 최익현(崔益鉉)의 서원동서원유허추모비(書院洞書院遺墟追慕碑) ◦ 송병순(宋秉珣)의 죽수서원유허추모비음기(竹樹書院遺墟追慕碑陰記)
		시(詩)	◦ 양우규(梁禹圭)의 등천일대(登天日臺) ◦ 성근묵(成近默)의 과정암선생묘(過靜庵先生墓) ◦ 양진영(梁進永)의 천일대(天日臺)
		문생록 (門生錄)	◦ 성수침(成守琛) 외 29명의 문생들의 이름이 적혀 있음
		중간발 (重刊跋)	◦ 정범조(鄭範朝)의 중간발(重刊跋) ◦ 조명교(趙命敎)의 중간발(重刊跋)

제10장 정암의 저술 정선(精選)

1. 유묵(遺墨)[1]

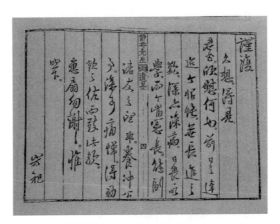

유묵(遺墨) : 송순지남행(送順之南行)

2. 시(詩)[2]

奉和恥齋[3]　치재께 화답하여 바치는 시

生平喜聞善	평생 좋아함은 착한 일을 듣는 것
願遊君子側	군자 곁에서 교유하기 원하노라

---

1 정암 조광조의 유묵은 현재 『정암선생문집』 권5에 「송순지남행(送順之南行)」 외 일부가 전하고 있다. 그 외에도 『조선명현필첩』에 「장상운암주인(狀上雲巖主人)」 등이 전하고, 개인 소장가들이 몇 점을 지니고 있는 것으로 알려져 있다. 정암의 서체는 간결 단아하면서도 힘차다.

有友若干人	약간의 벗들이 있어
爲學旣心得	학문을 함에 이미 마음이 통하였도다
嘗念每相隨	일찍이 생각함이 매번 서로를 따르니
百世同摸索	영원토록 함께하며 탐구하기 원하노라
自機侵迫來	참화의 기미가 절박하게 닥치더니
一城猶遠域	한집안 같던 도성이 먼 지역처럼 느껴지네
故人獨山齋	오랜 벗은 홀로 산중에 머무르며
朝暮唯對嶽	조석으로 산악만 대하였으니
閑忙頓二跡	한가하고 분망함이 돈연히 갈라졌네
路杏空我落	길옆 행화가 까닭 없이 떨어지는데
豈無相戀情	어찌 서로 연정이야 없겠는가?
敍心兼春酌	마음을 술회하며 봄 술을 곁들이니
長安雖萬家	비록 장안에 만가가 있지마는
無一投我足	내 발길 행할 곳 한군데도 없구나
宦遊苦如斯	벼슬살이 괴로움이 이다지도 힘이 드니
徇人且强色	사람을 따르면서 억지 표정 짓고 있네
眞性見一凋	참다운 본성도 한번 시들게 되면
恐負前所讀	전날 독서한 것 저버릴까 두렵다
須當解纏去	모름지기 마땅히 행전(行纏)을 풀어버리고
永爲吾性適	길이 내 성품을 따라 살아가리라
葵誠差太愚	윗사람 섬기는 정성 너무 어리석지만
顧望終有極	돌보고 바라보매 끝내 극진함이 있으리라
但恨素蓄無	다만 한스러운 것은 쌓인 것이 전무하니
補拾應不博	보충하고 수습함이 응당 넓지 못하리라

---

2 정암 조광조는 일생 동안 시를 많이 짓지 않았다. 스스로 시에 능하지도 않을 뿐 아
  니라 또한 좋아하지도 않는다고 밝힌 바도 있다. 현재 『정암집』「본집」과 「속집」에
  전하는 시는 모두 17題 28首인데, 여기서는 본집에 있는 5題를 소개한다.
3 치재는 종남 부수(從南 副守) 창수(昌壽)의 호이다.

348

送順之南行五首 순지(順之)의 남행길에 주는 시 다섯 수[4]

扶時有所歸	시국을 붙들어 돌아갈 데 있으리니
適幾尤陳力	기미를 살펴서 더욱 힘쓸지어다
習流慣可人	유속을 익히고 좋은 사람을 이었으니
奈如戕善俗	어찌 좋은 풍속을 해칠 수야 있겠는가
聖主方轉化	훌륭하신 임금께서 바야흐로 교화를 펴시니
東丘欣日出	우리 동방 청구에 태양이 떠오르도다
款款效忠信	꿋꿋하게 마음으로 충과 신을 본받으니
莫此更何得	이것 아니고는 다시 무엇을 얻겠는가
天威嚴咫尺	임금의 위용이 지척에서 엄하니
一誠毋移易	한결같은 정성 바꾸지 말지어다

大道久寂寞	대도(大道)가 오래도록 적막하니
異議今崢嶸	이단(異端)들이 분분하게 일어나도다
渾渾千丈波	혼혼하게 천길 물길이 마구 흘러서
黃流欲掩淸	누렇게 탁한 물이 청류를 덮으려 하네
王澤滯莫下	임금의 은택은 막혀서 내려가지 못하고
殘岷無自生	쇠잔한 백성들은 스스로 살아갈 수가 없네
嘗聞古君子	일찍이 옛 군자들에 대해서 들었는데
歎靡逢君明	밝은 임금을 만나지 못함을 탄식하였도다
維時難再得	오늘의 이 기회는 다시 얻기 어려우니
爲君鳴不平	임금을 위해 공평하지 못함을 아뢰도록 하세

慈母保赤子	어진 어미가 어린애를 보호함은

---

4 순지는 정암의 벗 안처순(安處順)의 자(字)이다. 순지가 부모 봉양을 위해 구례(求禮)로 벼슬을 얻어 내려가기 전에 정암에게 찾아와 함께 잠을 자면서 오래도록 격조하게 될 것을 염려하여 붕우 간에 서로 밝혀주고자 여러 장의 시를 요구하여 받은 시이다.

莫學中兒情	배우지 아니해도 아기 마음 꼭 맞추지
吾民且有口	우리 백성들도 또한 입을 가졌으니
我志當先明	나의 뜻 마땅히 먼저 밝히리라
濟物固分事	만물을 고르게 함은 진실로 맡겨진 일
素學爲今行	평소 학문한 것 오늘에야 행할 수 있게 되었네
化宣君能不	교화하고 선양함은 그대 능치 아니하냐?
最父子弟兄	무엇보다 중요한 것은 부자와 형제일세
大雅曾未聞	대아를 일찍이 들어보지 못했으니
汚染何由淸	오염되고 물든 것을 무엇으로 맑히려나

君行屬春時	그대의 남행길이 때마침 봄철이라
天地養仁和	하늘과 땅에서도 어진 화육 한창일세
活油江新流	강물은 새로 흘러 온 누리 활력되고
丰茸草生坡	언덕 가득 새로 돋은 봄풀이 무성하네
道逈千里盡	가는 길 천리 먼 길 다하는 동안
眼中幾歷多	안중에 뵈는 일 역력하게 많으리라
君子惟心遠	군자의 마음은 오직 멀기만 하니
無非意所加	그 마음 더하여 어딘들 못 이룰까?
他年聞報政	다른 해 좋은 정치 소식 듣거든
須憶此日歌	오늘의 이 시를 부디 잘 기억하시게나

聚散無端事	만나고 헤어짐은 무단하게 일어나니
分離可堪情	이별의 슬픈 정 견딜 수 있으려나
悵朴周期遠	슬프디 슬픈 마음 기약하기 먼 길인데
況有大載行	하물며 이제 가면 몇 년이나 못 보겠지
南懽同母子	남쪽의 즐거움은 모자 상봉 즐김이고
北樂講延英	북쪽의 즐거움은 군신 의리 깊음이라
忠孝難全保	충성과 효도는 함께 하기 어려우니

隨居各傾誠	저마다 거처에서 정성으로 지내세
湖人問洛息	호남 사람들이 서울 소식 묻거들랑
君傳聖志貞	성스럽고 곧은 뜻 그대가 전해주소

送叔父赴慶源鎭幷序　경원진으로 부임하는 숙부님을 전송함[5]

世人不究理	세상 사람들은 이치 연구를 하지 않아
文武爲兩事	문(文)과 무(武) 두 가지만 일을 삼고 있도다
文旣非章句	문이라는 것이 이미 장구(章句)만이 아니고
武豈善射騎	무라는 것이 어찌 활 쏘고 말 타는 일만 잘 함이겠는가
武侯在草廬	제갈무후가 초려에 있을 적에
所事明心地	일삼은 것은 심지를 밝히는 일만 하였도다
朝廷重北門	조정에서 북쪽 관문을 중하게 여겨
叔也充其帥	숙부로 하여금 장수를 맡기시니
野人雖難化	야인들이 비록 교화하기 어려우나
稟性非有二	인간의 품성은 두 가지가 아니로다
聞道服廉潔	도덕을 익히시고 청렴결백하셨으니
是事猶可類	이번 일도 충분히 그러실 수 있으리이다
德來必來服	덕인이 가는 곳엔 반드시 복종이 있으니
但念治不治	다만 염려되는 것은 잘 다스림 여부로다
鎭將闇且悍	경원진 장수들 거칠고 사나워서
威武且貪肆	위무 또한 방사하고 탐욕스러우리라
遂使昔來格	마침내 예부터 격식을 갖추게 하였던 것인데
反致城下伺	도리어 성 아래서 염탐만 하는도다

---

5 정암의 숙부 조원기(趙元紀)가 경원진으로 부임하게 되자 정암이 전송하며 올린 시이다. 조원기도 정암의 벼슬길에 당부하는 글을 준 바 있다. 숙질 간에 염려하는 깊은 마음을 읽을 수 있다.

| 固知禦戎道 | 진실로 용병하는 올바른 도리는 |
| 不在威與備 | 위엄이나 군비로만 되는 일이 아님을 알겠노라 |

題姜淸老灖蘭竹屛　청강노 은(濦)의 난죽 병풍에 쓰다[6]

人生本自靜	인생은 본래 스스로 고요한 것
淸整乃其眞	맑고 바른 것 그것이 바로 진리이네
穩毓馨香德	조용히 향기로운 덕성을 기르나니
何殊草與人	어찌 초목과 사람이 다르겠는가

崖懸蘭亦倒	벼랑 진 절벽에 난초도 누웠고
石阻竹從疏	수석이 격차하여 대나무도 성글도다
苦節同夷險	고절은 평평하고 험함이 똑같고
危香郁自如	고고한 향기는 절로 욱욱하도다

筍生俄苗葉	얼마 전 죽순 나더니 잎이 따라 피어 나와
稚長却成竹	어린 것이 어느 결에 성죽이 되었도다
觀物做工夫	사물을 보며 이치를 공부하니
如斯期進學	배움에 나가는 길 바로 이런 것이로다

嫩質托巖隈	연약한 체질로 바위틈에 의지하며
孤根依雲壑	외로운 뿌리는 구름처럼 걸려 있네
倩描寓逸懷	아름다운 묘사는 은일한 생각에 부쳐두고
擬取幽潛德	그윽하게 숨은 덕을 비기어 취하리라

---

6 원래 8수로 된 것인데 7수만 전하고 있다.

南巡飄不返	남방을 순수하다 표연히 아니오니
哭帝喪英皇	임금님을 곡하다가 영제를 잃었도다
血染成斑竹	피눈물 물이 들어 반죽이 되었으니
淚沾漾碧湘	흐르는 눈물 푸른 상강 물들이네

數竿蒙瞀雨	몇 줄기 대나무 가지 비바람에 어지럽고
葉葉下垂垂	잎새마다 줄줄이 아래로 늘어졌네
天意雖同潤	하늘의 뜻 비록 다르게 젖었지만
幽貞恐卒萎	그윽한 절개 시들까 두렵도다

幽芳誰共賞	그윽하고 분방함을 누구와 더불어 즐길까
高節衆同猜	높은 고절을 무리들이 시샘하도다
所以隱君子	이 때문에 은둔 군자는
孤懷倚此開	고고한 마음 여기에 펼쳐서 보노라

送韓恕卿忠赴忠淸水營 충청수영으로 부임하는 한서경 충(忠)을 송별하는 시

城闕關山北	성궐은 관산의 북쪽이오
樓臺瘴海邊	누대는 해변의 밖이로다
歸心迷極浦	돌아갈 마음은 포구에서 서성이며
別淚洒寒天	이별의 눈물이 차가운 하늘에 흩날리도다
木落晴江雨	나뭇잎은 청강비에 떨어져 내리고
秋深古壘煙	가을은 옛 성의 저녁연기에 깊어만 간다
悠悠投絶域	유유히 격절한 곳에 몸을 던져두고서
日暮撫孤絃	저무는 날 혼자 앉아 거문고나 타볼거나

3. 춘부(春賦) - 봄을 읊은 부[7]

序云陰陽錯而四時序 春者天之元也 四者自春而始 四端自仁而發 無春
序無成 無仁端不遂 然天無欲而春行四時成 人有欲而仁喪端不充 故心自竊
悲 以作賦云

서(序)에 이르기를, 음양(陰陽)이 교변(交變)하여 춘하추동(春夏秋冬)의
차례가 이루어지니, 이 중에서 봄은 천지자연의 으뜸이다. 춘하추동
은 봄으로부터 말미암아 시작되고, 사단(四端)은 인(仁)으로부터 발한
다. 그러므로 봄이 없으면 사계(四季)의 차례가 이루어지지 않고, 인이
없으면 사단을 이룰 수가 없다. 그러나 하늘은 스스로를 위한 욕심이
없는 까닭에 봄이 행하여져 춘하추동의 차례가 이루어지는 반면, 사
람은 사사로운 욕심이 있기 때문에 인(仁)을 해치게 되고 사단을 확충
하지 못한다. 그런 까닭에 마음이 저절로 슬퍼져서 부(賦)를 지어 노
래하노라.

惟陰陽之交變兮　寓理氣之妙要
理乘氣而相感兮　元復元而不消
紛四時之錯立兮　各循序而昭昭
惟春陽之生意兮　獨天機之無窮
專乾坤之幽妙兮　蘊和氣之融融
彼蒼天之寥寥兮　徒付心於和風
理不掛於虛無兮　賦象形而未渝
羌鼓噓而苴萌兮　渙生意之愉愉
紛萬物之林林兮　各隨時而成形

7　1510(중종 5)년 봄 29세의 정암은 이 부(賦)로 진사시(進士試)에서 장원을 하였는데,
　높은 문학성과 함께 매우 철학적인 내용을 담고 있다.

豈徒天道之有歸兮　物遂性於冥冥

茲天心之靡改兮　固自然之生生

孰太極之難究兮　著兩間兮昭明

彼秋風之遂利兮　與夏炎之長亨

雖所成之固異兮　乃一春之所爲

惟茲陽之一動兮　發自微而愈彌

舉全體於三春兮　邈利貞之在斯

嗟人生之所稟兮　與四時而爲一

豈按排之所致兮　天與人其不錯

具四性於初賦兮　推自仁而爲三

括衆善而無垠兮　藹至誠之常涵

雖所發之肹綿兮　廓四海之準則

或發揮其萬變兮　謇明立此人極

雖禮義之多端兮　資一仁而不忒

何牛羊之日牧兮　汩喪仁而蔑貞

泉涓涓而欲達兮　被黃流而不清

上褻天之明命兮　下慢人之倫紀

甘下流而不悟兮　羌衆善之所委

豈細行之不修兮　乃本源之不臧

昔顏子於尼父兮　問求仁之至方

知四大與五常兮　亦由茲而乃昌

勤四勿而操存兮　方寸盎無不春

與春氣而比和兮　化氤氳而日新

春著功於草木兮　我事業之彬彬

春賦容於花卉兮　我面背之睟盎

雖天人之似殊兮　理在仁而靡爽

아, 음양(陰陽)이 교변(交變)함이여!
이기(理氣)의 묘한 요체가 깃들었도다

이(理)가 기(氣)를 타고 서로 감응함이여!
원(元)은 다시 원(元)이 되어 소멸하지 않도다

춘하추동이 번갈아가며 자리함이여!
각각 차례에 따라 밝고 밝도다

봄볕이 만물을 낳고 낳음이여!
특별히 천기의 무궁함일 따름이다

건곤(乾坤)의 그윽하고 오묘함을 전일하게 함이여!
화기(和氣)의 융융(融融)이 가득하도다

저 창천(蒼天)의 고요하고 넓음이여!
한갓 화풍(和風)에 마음을 붙이도다

이(理)가 허무(虛無)에 걸려 있지 않음이여!
형상(形象)에 품부되어도 변함이 없도다

아, 천지기운을 불어내어 싹을 틔움이여!
생생(生生)의 유유(愉愉)한 뜻을 두루 펼치도다

분분히 만물이 많고 많음이여!
각기 때를 따라 형체를 이룸이로다

어찌 한갓 천도만이 돌아감이 있으랴!

만물도 명명(冥冥)함 속에서 본성(本性)을 이루도다

이 천심(天心)이 변하지 않음이여!
진실로 자연의 생생(生生)하는 이치로다

누가 태극(太極)의 어려움을 논구하였는가?
천지(天地) 양간(兩間)에서 밝고 밝게 나타나도다

저 추풍의 결실을 이룸이여!
여름날 더운 햇살을 길게 누림이도다

비록 이룬 바가 다름은 있지만,
이는 모두 봄이 이루어낸 바로다

아, 양(陽)의 한 번 움직임이여!
발(發)함은 미미하지만 더욱 가득 차 가는구나

봄철 세 달에서 전체를 볼 수 있음이여!
멀리 가을의 결실과 겨울의 정고함이 여기에 있도다

아, 사람이 태어남에 품부받음이여!
춘하추동과 더불어 한 가지로다

어찌 안배해서 이루어진 것이겠는가!
하늘과 사람은 본디 어긋나지 않도다

애초 태어날 때 인의예지(仁義禮智)를 품부받음이여!
인(仁)을 미루어서 나머지 셋을 이루도다

뭇 선(善)을 포괄하여 다함이 없음이여!
성대하고 지극한 정성이 항상 넘치도다

비록 발한 것은 작고 아득하지만,
사해(四海)의 준칙(準則)으로 충분하도다

혹은 그 만 가지 변화를 발휘함이여!
아, 우리 인극(人極)을 밝혀 세우도다

예의(禮義)는 비록 다단(多端)하지만,
하나의 인(仁)에 바탕하여 어긋남이 없도다

어찌 소와 양을 날로 방목하리오!
어지럽게 인(仁)을 해쳐 정(貞)을 없앨 것이다

샘이 연연히 흘러 바다에 달하고자 함이여!
흙탕물에 휩쓸려 맑아지지 않는구나

위로는 하늘의 밝은 명을 업신여기며,
아래로는 사람의 법도와 기강을 더럽히도다

천박함에 빠지는 것을 즐겨 깨닫지 못함이여!
아, 뭇 악이 모여듦이로다

어찌 세세한 행함만이 닦여지지 않음이리오!
이는 본원도 착하지 않음이로다

옛날 안자(顔子)가 공자님에게 대함이여!

인(仁)을 찾고자 물음이 지극하였도다

사대(四大)와 오상(五常)을 앎이여!
또한 이로 말미암아 더욱 창성하도다

사물(四勿: 非禮勿視, 非禮勿聽, 非禮勿言, 非禮勿動)의 경계를 힘써 인
(仁)을 보존함이여!
마음이 화락하여 봄 아님이 없도다

봄기운과 더불어 함께 화함이여!
천지의 인온(氤氳)한 기운과 화합하여 날로 새롭도다

봄이 초목에 공(功)을 드러냄이여!
우리 사업이 빛나고 빛나도다

봄이 꽃과 초목에 자태를 드러냄이여!
우리 얼굴이 밝아지고 몸이 편안해짐이 넘치도다

비록 천(天)과 인(人)이 다른 듯하지만,
천리(天理)가 인(仁)에 있어서 조금도 어긋나지 않도다

　　然則 春之於天 仁之於人 同一春也 或常常而不變 或冥冥而莫恂 玆豈
非有欲與無欲之所由臻也 遂作歌曰

　　그런즉 천지자연에 있어서 봄과, 사람에 있어서 인(仁)이 동일한 '춘
(春)'이로다. 그런데도 불구하고 혹은 항상되고 항상되어 불변하는 것
과, 혹은 어둡고 어두워서 믿음이 없는 것은 어찌 '유욕(有欲)'과 '무욕
(無欲)'으로부터 말미암아 비롯되는 것이 아니겠는가! 마침내 결론으로

다음과 같이 노래하노라

在天兮春

在人兮仁

仁本太極

異而同兮

識此何人

無極翁兮

천(天)에 있어서는 춘(春)이오

인(人)에 있어서는 인(仁)이로다

인(仁)은 태극(太極)에 근본 하나니

이 두 가지는 다르면서도 같은 것이로다

이것을 아는 사람 누구인고?

무극옹(無極翁)이로다!

4. 계심잠(戒心箴) — 마음을 경계하는 잠언[8]

人之於天地　稟剛柔以形　受健順以性　氣則四時　而心乃四德也　故氣之
大浩然　無所不包　心之靈妙然　無所不通　況人君一心　體天之大　天地之氣
萬物之理　皆包在吾心　運用之中　一日之候　一物之性　其可不順吾道　使之乖

8　1516(중종 11)년 겨울 임금이 홍문관에 명하여 계심잠을 지어 올리게 하였는데, 정암
　이 1등을 차지하여 털 요 한 벌을 하사받은 작품이다. 당시 정암은 35세로 벼슬에 나
　아간 지 2년째 되던 때였다. 264자(字)로 된 이 계심잠의 대요(大要)는 천리(天理)를
　잘 보존하고 인욕(人欲)을 막으라〔존천리알인욕(存天理遏人慾)〕는 것이라 하겠는데,
　단순히 실무적이거나 합리적인 내용뿐만 아니라 종교적 의미까지도 깊게 깔려 있어
　서 정암 도학의 높은 수준이 잘 함축된 글이다. 특히 마음의 영묘(靈妙)함과 주체성
　(主體性)을 강조하고 있다.

戾邪枉耶 然人心有欲 所謂靈妙者 沈焉 梏於情私 不能流通 天理晦冥 氣
亦否屯 彝倫斁而萬物不遂 況人君聲色臭味之誘 日溱於前而勢之高亢 又易
驕歟 聖上是念是懼 命臣述戒 嗚呼 至哉 臣敢披割丹衷 冀補萬一

    사람이 천지에게서 강건함과 유순한 기운을 품부받아서 형체를 이
루고, 굳건하고 순한 기운을 받아서 성품을 이루었으니, 기운은 사시
(四時)이고 마음은 사덕(四德)입니다. 그러므로 기운이 큼은 넓어서 포
용하지 못하는 것이 없고, 마음의 신령스러움은 영묘하여서 통하지
못하는 바가 없습니다. 하물며 임금의 한 마음은 하늘의 큰 것을 본
체로 하였으니 천지의 기운과 만물의 이치가 모두 나의 마음이 운용
하는 속에 포함되어 있습니다. 하루의 기후와 한 물건의 성질이라도
어찌 나의 법도에 순응하지 아니하여 어그러지게 해서야 되겠습니까!
    그러나 사람의 마음에는 욕심이 있으므로 그 마음의 본체의 영묘
한 것이 침체되어 사사로운 인정에 얽매여서 능히 유통하지 못하여
천리가 어두워지고, 기운도 또한 막히어서 인륜이 폐하여지고, 천지
만물이 생을 이루지 못하는 것입니다. 하물며 임금은 음란한 소리와
아름다운 맛의 유혹이 날마다 앞에 모여들고 또한 권세가 더없이 높
아서 교만하여지기 쉽습니다.
    성상께서는 이를 염려하고 두려워하여 신(臣)에게 명하여 경계하는
글을 지으라 하시니, 아! 지극하십니다. 신이 감히 뜨거운 정성을 진
술하오니 만분의 일이라도 도움이 되기를 바라나이다.

    天地絪縕 大化惟醇 氣通而形 理承其眞 斂括方寸 萬象彌綸 渾然昭晰
神用不忒 充微著顯 式揭人極 擴準四海 功躋位育 偉哉靈妙 於穆天通 巍
巍堯業 亦此之衷
    然體活虛 物感無從 情熾紛拏 潛移厥志 闇然沈昏 蕩乎奔駛 眇綿暑刻
衆慝恣萃 彝倫旣斁 天壤易位 生意隨遏 羣品不遂 自絶速禍 癸辛之喪

君子是懼 動靜有養 敬以內持 義以外防 惺惺介然 視聽有常 祗栗室幽
上帝臨赫 凜然自守 神明肅肅 涵濡勿替 循循允修 涓涓其澄 浩浩其流 發
揮萬變 卓然暾日 義形於事 仁溥於物 冲融和粹 盎然兩間 嗚呼操舍 善惡
攸關 故聖授受 只傳心法 難明者理 易流者欲 惟精惟一 庶存其德
　願上體躬 戒懼翼翼 克非如敵 發端若苗 察守惟密 中執屬屬 存心太極
永保無斁

천지가 왕성한 기운으로 만물을 생생하니 크게 화육함이 순정하도다
기운이 통하여 형상을 이루고 이치가 품부되어 그 참됨을 완수하네
마음속에 수렴하여 포괄하니 만상이 가득하여 경륜할 수 있도다
혼연하여 밝게 비치매 신묘한 작용이 어긋나지 않도다
은미한 것을 채우고 드러남을 밝혀서 이에 높이 인극(人極)을 받들도다
확충하여 온 세상의 준칙(準則)으로 삼고 천지가 정위(正位)하여 만물
을 화육하도다
위대하도다, 영묘(靈妙)함이여! 오! 하늘과 통함이로다.
높고 높은 요임금의 사업도 또한 이 진실된 마음에서 나왔네

그러나 본체는 활발하고 허령하여 외물의 감응에도 좇지 않도다.
사사로운 정(情)은 어지럽고 분요하여 모르는 사이에 이 뜻을 흩어놓네
용렬하게 모르는 사이에 빠져들고 방탕하게 분요함에 치달리네
아득히 묘연한 사이에 여러 사특(邪慝)함이 방자히 모여드네
떳떳한 인륜(人倫)은 이미 무너지고 하늘과 땅은 자리가 뒤바뀌어 버
렸도다
생의(生意)도 따라서 막히고 만물은 완성을 이루지 못하네
스스로 끊어 빠르게 재앙을 불러들이니
이것이야말로 걸주(桀紂)가 패망한 이유로다

군자는 이것을 두려워하여 움직일 때나 고요할 때에 마음공부 게을리

하지 않도다

경(敬)으로써 마음을 유지하고 의(義)로써 행동을 지키도다

성성(惺惺)하게 깨어서 개연히 행동하고 듣고 봄에 항상됨이 있도다

어두운 방에서도 조심하고 두려워함이 상제(上帝)가 밝게 임한 것 같이 하네

늠름하고 굳세게 스스로를 지켜 신명(神明)이 엄숙하고 엄숙하도다

은덕에 젖어 바꾸지 않고 끊임없이 이 마음을 진정으로 닦도다

그 밝음은 진실로 깨끗하고 그 움직임은 크고 크도다

만 가지 변화를 발휘하지만 탁연히 밝고 빛날 따름이라

의(義)는 모든 일에 나타나고, 인(仁)은 모든 물건에 널리 미치네

넉넉하고 푸근하고 화평하고 순수한 것이 천지 사이에서 가득 차 넘치도다

아! 이 마음을 가지거나 놓음으로써 선과 악이 분별되도다

그러므로 성인이 가르쳐주고 전해받는 것은 다만 심법(心法)으로써 할 뿐이로다

밝히기 어려운 것은 이(理)이고, 쉽게 빠지는 것은 욕심이라

오직 정성스럽게 하고 오직 한결같이 하여 그 덕(德)을 잘 보존할지어다

원컨대 성상은 몸을 굳건하게 하시어

경계하고 두려워하기를 끊임없이 힘쓰시되,

배척하기를 적과 같이 하시고 선을 펼치기를 싹이 나듯 하소서

살펴 지키시기를 오직 엄밀하게 하시고

중용의 이치를 지극하게 잡으소서

마음에 태극(太極)을 보존하시어

길이길이 영구히 사라지지 않게 하소서

5. 알성시책(謁聖試策)[9] — 과거시험에서 답안으로 쓴 대책

王若曰 孔子曰 如有用我者 期月而已 可也 三年有成 聖人豈徒言哉 其
規模設施之方 必有先定於未行之前者 其可指而歷言之歟 當衰周之末 紀綱
法度 皆已頹圮 而夫子猶以爲三年有成 若過三年 則其治效 當如何耶 亦有
可觀其已行之跡者歟 聖人過化存神之妙 未易容議 予以寡德 承祖宗丕基
臨政願治 于今十年 而紀綱有所未立 法度有所未定 如此而求有成之效 豈
不難哉 諸生 學孔子者 皆有堯舜君民之志 不止於有成而已 當今之時 如欲
致隆古之治 何者爲先務 其言之以悉

왕께서 아래와 같이 책제(策題)를 내시었다.

공자께서 말씀하시기를, "만약 누가 나를 등용해 나라를 다스리게
한다면 1년이면 그런대로 실적을 낼 것이고, 3년이면 정치적 이상을
성취할 것이다"고 하셨는데, 성인이 어찌 한갓 부질없는 말씀을 하셨
겠는가? 아마도 공자께서는 그 말씀하신 뜻의 규모와 시행하시고자
하셨던 정치적 방도를 미리 반듯하게 정해놓으셨을 것이다. 바로 그
것을 조목조목 지적하여 설명할 수 있겠는가?

공자가 살아 계셨을 당시는 주나라 말기로서 기강과 법도가 모두
이미 무너졌다. 그럼에도 불구하고 공자께서는 오히려 '3년이면 정치
적 이상을 성취할 것'이라고 하셨다. 만약 공자께서 정치를 맡아 과연
3년이 지났다면 그 다스림이 효과가 어떻게 나타났겠는가? 또한 실

---

9 정암이 34세이던 1510(중종5)년 성균관의 추천으로 조지서 사지 벼슬을 제수 받게
되자 정식으로 과거에 응시기로 결심하게 된다. 그 해 가을 중종이 문묘를 배알하고
성균관 유생을 대상으로 알성시를 실시하자 응시하여 을과 제1인자로 합격한 과거
답안지이다. 이 과거시험의 책제(策題)는 중종이 직접 출제하였고, 정암의 대책(對策)
은 책제에 따라 크게 세 가지로 요약되어 있다. 현존하는 조광조의 글 중에서 가장
장문(長文)인 동시에 그 내용도 아주 구체적이며 체계적인 것으로서 정암 도학사상
의 핵심을 담고 있는 매우 중요한 저술로 꼽힌다.

행하시고자 했던 치적으로서는 어떤 참고할 만한 것이 있었겠는가? 성인이 지나가시기만 해도 백성들이 그 덕에 교화를 이루고, 머무시게 되면 그 신묘함이 간직된다는 이른바 '과화존신[過化存神: 성인(聖人)이 거쳐 가신 곳은 감화되고, 머무는 곳은 신성하여 진다;『맹자』「진심」상]'의 묘한 이치는 쉽게 설명하기 어렵지만은, 내가 덕이 부족한 사람인데도 불구하고 조상님들께서 이어오신 나라의 큰 기틀을 이어받아 정사(政事)에 임하게 되었다. 그리하여 나라를 잘 다스리기를 원한 지 이미 10년이 되었건만, 아직도 기강(紀綱)이 서지 못하고 법도(法度)가 정하여지지 않았다. 이런 상황에서 다스림의 공적을 이루려고 하니, 어찌 어렵지 않겠는가?

오늘 여기에 모인 여러 유생(儒生)들은 공자를 배우는 사람들로서 모두 임금을 요순시대의 임금처럼 되게 하고, 백성을 요순시대의 백성같이 되게 하고자 하는 뜻이 있을 것이니, 그대들의 뜻이 단지 정치적 목적을 성취하는 데서 그치지는 않을 것이다. 만일 오늘과 같은 시대 상황에서 옛날의 훌륭했던 이상적인 정치를 다시 이룩하고자 한다면, 과연 무엇을 가장 급선무로 힘써야 하겠는가? 이에 대한 대책을 기탄없이 말하여보라.

臣對 天與人 本乎一 而天未嘗無其理於人 君與民 本乎一 而君未嘗無其道於民 故古之聖人 以天地之大 兆民之衆爲一己 而觀其理而處其道 觀之以理 故負天地之情 達神明之德 處之以道 故凝精粗之體 領彛倫之節 是以 是是非非 善善惡惡 無所得逃於吾之心 而天下之事 皆得其理 天下之物皆得其平 此萬化之所以立 治道之所以成也

雖然 道非心 無所依而立 心非誠 亦無所賴而行 爲人主者 苟以觀天理而處其道 由其誠而行其事 於爲國乎何難 恭惟主上殿下 以乾健坤順之德 孜孜不息 出治之心旣誠 爲治之道已立 猶慮夫紀綱有所未立 法度有所未定 其於尊禮先聖之餘 進策臣等于泮宮 先之以先聖之事 遂及欲復隆古之治 此

臣所願陳者 敢不罄竭卑懷 以塞淸問之萬一

臣伏讀聖策曰 孔子曰 如有用我者 止未易容議 夫一人而至於千萬人 不爲不多矣 夫一事而至於千萬事 不爲不煩矣 然而所謂心所謂道者 未嘗不 一於其間 而千萬人事之雖殊 而其道心之所以爲一者 天本一理而已

故以共天下之道 導與我爲一之人 以共天下之心 感與我爲一之心 感之 而化其心 則天下之心 化於吾心之正 莫敢不一於正 導之而導於吾道 則天 下之人 善於吾道之大 莫敢不歸於善 顧吾之道與心誠未誠如何 而治亂分矣

夫子之道 天地之道也 夫子之心 天地之心也 天地之道 萬物之多 莫不 從此道而遂 天地之心 陰陽之感 亦莫不由此心而和 陰陽和 萬物遂而後 無 一物不成就於其間 而井井焉有別 況夫子導之以本有之道 而易得其效 感之 以本有之心 而易得其驗歟 以此而言之 則期月之可 三年之成 豈徒言而無 實哉

其規模設施之方 則亦必有先定者 何以言之 道外無物 心外無事 存其 心 出其道 則爲仁而至於天之春 而仁育萬物 爲義而至於天之秋 而義正萬 民 禮智亦莫不極乎天 而仁義禮智之道 立乎天下 則爲國之規模設施 何有 加於此耶

嗚呼 世有盛衰之殊 而道無古今之異 當周之末 紀綱法度 雖已頹圮 而 使天之意 未厭乎周德 而援夫子之道 而行之於邦 禮以導其民志 樂以和其 民氣 政以一其行 則政化大擧 而天地將昭焉而訢合 陰陽煦 草木茂矣

且其已行之跡 則雖有三月之治 而行者讓路 男女異道之盛美之可稱 而 此固未始爲夫子之大道也 其贊周易修春秋之數事 實萬世窮天地之大法大 敎 而不易之道也 夫子雖不得其位於當世 而萬世之所依式而爲治者 實同堯 舜之功也 後世而苟無夫子之敎立於天下 則堯舜之道 不得傳永於後世 而堯 舜之治 無由而復矣 故善觀事者 不觀於顯然之跡 而觀於不跡之跡 此所謂 過化存神 而未易容議者也

臣伏讀聖策曰 予以寡德 止豈不難哉 天下之事 未嘗無本 而亦未嘗無 末 正其本者 雖若迂緩 而實易爲力 捄其末者 雖若切至 而實難爲功 是以 善論治者 必先明本末之所在 而先正其本 本正 則末之不治 非所憂矣

恭惟主上殿下 以至誠之心 夙夜不怠 唐虞之治 何以而致也 唐虞之俗
何以而興也 民有一有不衣者 思所以溫之 一有不善者 思所以善之 欲躋東
方於泰和之域者 于今十年于玆矣 紀綱有所未立 法度有所未定 豈聖上求治
之心 未盡誠而然也 必也未得其本者歟 且所謂本者 豈非道乃出治之由 心
爲出治之本 而誠亦行道之要也

夫道也者 本乎天 而依之於人 行之於事爲之間 以爲治國之方也 故爲
國而得其道焉 紀綱未爲力立 而立於人所不見之間 法度未爲力定 而定於人
所不聞之地 若別以爲紀綱 而以政事之末而立之 別以爲法度 而以文具之末
而定之 則所謂紀綱法度者 未嘗有立 而所立反有傷於治國之體矣 何者 其
本未立 惟末之從 而未得其道也

故古之明王 以知千變萬化之無一不本於人主之心者 莫不正其心而出其
道也 正其心而出其道也 故爲政而仁得焉 處物而義得焉 事事物物 無一不
出於道 而父子之倫 君臣之分 各得其理 天之經 地之倫 亦有所歸焉 此堯
舜禹執中之道也

伏願殿下 不以政事文具之末 爲紀綱法度 而以一心之妙 爲紀綱法度之
本 使此心之體 光明正大 周流通達 與天地同其體 而大其用 則日用政事之
際 皆爲道之用 而紀綱法度 不足立而立矣

雖然 有其誠而後 其心之道 立於貞固 終見其成也 子思子曰 不誠 無物
誠者 所以紀綱之本之立 而無不實者也 天地之理 至實而無一息之妄 故自
古至今 無一物之不實 聖人之心 亦至實而無一息之妄 故自始至終 無一事
之不實 故凡事之出於心者 必有是心之實 而所行之政 無有不實 而紀綱有
所立 而不爲苟且 法度有所定 而不爲文具矣

殿下若以政事之末 爲紀綱法度之方 以一心之妙 至誠之道 反以爲迂緩
而不勤乎心法 則是求水於山 而求木於水也 終未見其絲毫之驗矣 此紀綱之
大本也 大法也

若法度之所以粗定 紀綱之所以粗立者 未嘗不在乎敬大臣而任其政也
君未嘗獨治 而必任大臣而後 治道立焉 君者如天 而臣者四時也 天而自行
而無四時之運 則萬物不遂 君而自任 而無大臣之輔 則萬化不興焉 非徒不

興不邃而已 天而自行 君而自任 則大失爲天爲君之道

且旣置之以大臣之位 而使之姑以奉行文書爲職業 又恃小臣之察以防之
則上而君不得使臣之道 下而臣不得事上之方 而君臣之道缺矣 故古之聖君
賢相 必誠意交孚 兩盡其道 而可以共成正大光明之業矣 伏願殿下 姑以敬
大臣而任其政 粗立其紀綱 粗定其法度 以基後日大本之立 大法之行也

臣伏讀聖策曰 諸生 學孔子者 止其言之以悉 臣荒蕪未學 何足以知之
夫子之所以爲邦 不過曰明道而已 所以爲學 不過曰謹獨而已 謹以明道謹獨
二事 爲殿下獻焉

所以治國者 道而已 所謂道者 率性之謂也 盖性無不有 故道無不在 大
而禮樂刑政 小而制度文爲 不假人力之爲 而莫不各有當然之理 是乃古今帝
王所共由爲治 而充塞天地 貫徹古今 而實未嘗外乎吾心之內 循之則國治
失之則國亂 不可須臾之可離也 是以 使其此道之體 暸然於心目之間 不敢
有須臾之不明也

然人之情 未嘗不愼於顯而忽於微也 幽隱之間 乃群臣之所不見 而已所
獨見 微細之事 群臣之所不聞 而已所獨知 是皆人情之所忽 而以爲可以欺
天罔人 不必謹者也 旣有是心而藏伏之久 其見於容貌之間 發於政事施爲之
際 必有暴著而不可揜者 終至於毁政傷化 故古昔帝王 旣戒懼乎此道 而常
明不昧 而於此幽隱之中 尤致其謹焉 必使幾微之際 無一毫邪僞之萌 而純
乎義理之發 則治國之道 盡善全美 此紀綱之所以立 法度之所以定也

伏願殿下 誠以明道謹獨 爲治心之要 而立其道於朝廷之上 則紀綱不難
立而立 法度不難定而定矣 然則夫子三月之可 三年之成 亦無不在乎是矣
臣干冒天威 不勝激切之至 謹昧死以對

신(臣)은 임금님의 책제(策題)에 대하여 아래와 같이 대답하노이다.

하늘〔天〕과 사람〔人〕이 하나에 근본 하여 하늘이 그 이치를 사람에
게 품부하지 않음이 없었고, 임금과 신하가 하나에 근본 하여 임금이
그 도를 백성들에게 행하지 않음이 없었습니다. 그런 까닭에 옛날의

성인은 천지의 큼과 백성들의 많음을 하나로 여겨 그 이치를 살피고 그 도(道)에 처하였던 것이니, 살피기를 이치로써 하였던 까닭에 천지의 정(精)을 갖추었고 신명(神明)의 덕(德)에 달하였으며, 처하기를 도로써 하였던 까닭에 정조(精粗)의 체(體)를 조화시키고 이륜(彝倫)의 도리를 행할 수 있었던 것입니다. 이런 까닭에 옳음을 옳다고 하고, 그름을 그르다고 하였으며 선을 선이라고 하고 악을 악이라고 하는 것이 나의 마음에서 벗어나지 않을 수 있었으며, 천하의 일이 모두 그 이치를 얻었고, 천하의 물(物)이 다 그 공평함을 얻을 수 있었던 것입니다. 바로 이러한 데에서 만 가지 교화가 서게 되고, 다스리는 도가 이루어지게 되는 것입니다.

비록 그러하오나 도(道)는 심(心)이 아니면 의거할 바가 없고, 심은 성(誠)이 아니면 의뢰할 수가 없으니, 인군이 된 사람은 진실로 천리(天理)를 보아서 그 도에 처하고, 그 성(誠)에서 말미암아 그 일을 행하게 될 것 같으면 나라를 다스리는 데에 무슨 어려움이 있겠습니까? 엎드려 생각하옵건대, 주상 전하께서 하늘의 굳건하고 땅의 온순한 덕(德)을 지니고서 부지런히 힘쓰시며 쉬지 않으시어 백성들을 다스리시는 마음이 이미 성실하시고, 정치의 도가 이미 섰는데도 불구하고 오히려 나라의 기강이 서지 못하였다고 여기시고, 법도가 올바르게 정하여지지 않았다고 여기시어 문묘(文廟)에 나아오셔서 선성(先聖)들을 알현하신 후 성균관 유생들에게 과거 책제를 내리시면서, 무엇보다 옛 성인의 일을 언급하시고 마침내 융고의 정치를 이루시고자 하는 포부를 밝히셨습니다. 바로 이 점은 신(臣)이 먼저 진달하고자 하였던 것이니, 어찌 감히 부족한 생각이나마 남김없이 다 말씀드려서 귀하신 질문에 만분의 일이라도 보답하지 않을 수 있겠습니까?

신이 삼가 엎드려 전하께서 내신 책제 가운데, "공자께서 '내가 등용이 된다면'에서부터 '쉽게 논의할 수는 없다'"고 하신 부분을 읽어

보았습니다. 무릇 한 사람으로부터 천만인에 이르기까지를 말한다면 그 숫자가 많다고 하지 않을 수는 없고, 한 가지 일로부터 천만 가지 일에 이르기까지를 말한다면 그 일이 번거롭다고 하지 않을 수는 없습니다만, 그러나 이른 바 심(心)이라는 것과 도(道)라는 것이 일찍이 사람과 일과 하나가 아닌 법이 없는 것입니다. 그런데 천만 가지 일들이나 사람이 비록 다르다고 할지라도 그 도와 심이 하나가 되는 소이는 바로 천(天)에 있는 법이니, 하나의 이치에 근본 하는 것일 따름입니다.

그러므로 천하의 도를 함께 하여 나와 더불어 하나가 될 수 있는 사람들을 인도하고, 천하의 마음을 함께 하여 나와 더불어 하나가 될 수 있는 마음들을 감화시키면 됩니다. 감화시키되 그 마음을 변화시키면 천하의 모든 사람들의 마음이 내 마음의 올바름에서 변화되어서 감히 올바르지 않는 사람이 없을 것이며, 인도하기를 나의 도에서 인도하면 천하의 모든 사람들이 나의 도의 큼에서 올바르게 되어 모두가 착하게 되지 않는 사람이 없게 될 것입니다. 따라서 스스로의 도(道)와 심(心)이 성실한지 성실하지 않은지의 여부에 따라서 나라가 잘 다스려지거나 혼란스럽게 되는 갈림이 생기게 되는 것입니다.

공자님의 도는 바로 천지의 도이며, 공자님의 마음은 천지의 마음입니다. 그러니 천지의 도는 많은 만물들이 이 도를 좇아서 이루어지지 않음이 없고, 천지의 마음은 음양의 감응이 또한 이 마음으로부터 말미암아 화합하지 않음이 없게 되는 것입니다. 그러니 음양이 화합하고 만물이 이루어진 뒤에라야 일물(一物)이라도 천지의 도와 심에서 성취되지 않는 것이 없게 되어, 마침내 바로 그런 데에서 만물의 질서정연한 구별이 있게 되는 것입니다. 하물며 공자는 본래부터 갖추어져 있는 도(道)로써 인도하시어 쉽게 그 효과를 볼 수 있었을 것이고, 본래부터 갖추어 있는 심(心)으로써 감응시키시어 쉽게 그 효험을 볼 수 있었을 것입니다. 바로 이런 것으로써 말씀드린다면 3개월

만이면 될 수 있다는 말씀과 3년이면 완성을 볼 수 있을 것이라는 공자님의 말씀이 어찌 부질없으며 실질적이지 않다고 할 수 있겠습니까?

그런 점에서 볼 때 공자님이 베푸시고자 하셨던 다스림의 규모와 구체적인 방책이 또한 미리 반듯하게 정해져 있었을 것이니, 무엇을 가지고 그렇게 말할 수 있겠습니까? 도(道)를 벗어나서는 물(物)이 있을 수 없고, 마음[心]을 벗어나서는 일[事]이 있을 수 없습니다. 그래서 그 마음을 잘 보존하여 그 도를 마음에서 나오게 하면 인(仁)이 되어서 하늘이 봄이 되게 하는 것과 같은 데 이르러서 마침내 온 세상의 만물을 인(仁)으로 화육(化育)시키게 될 것이고, 의(義)가 되어서 하늘이 가을을 오게 하는 것과 같은 데 이르러서 마침내 온 세상의 만민들을 올바르게 할 것이며, 예(禮)와 지(智)가 되어서 또한 하늘이 하는 것과 같은 데에 이르지 않음이 없을 것입니다. 인의예지(仁義禮智)의 도가 천하에 반듯하게 서게 되면 나라를 다스리는 규모와 방법들이 이보다 더 나은 것이 어디 있겠습니까?

아! 세상에는 성하고 쇠하는 이치의 다름이 있지만 도는 고금의 차이가 없으니, 주나라 말기를 당하여 기강과 법도가 이미 무너질 대로 무너졌습니다만, 하늘의 뜻이 주나라의 좋은 덕을 싫어하지 않으시어 공자의 도로써 이끌어서 당대에 행하여지게 하여 예의로써 그 백성들의 뜻을 인도하고 음악으로써 그 백성들의 기운을 화합하게 하고 정치로써 그 행함을 한결같이 하게 하였습니다. 그리하여 정치적 교화가 크게 일어나 천지가 점점 밝아지고 혼합하여 음양이 맑은 기운으로 초목을 무성하게 하였습니다.

또 이미 드러난 행적으로 말할 것 같으면 비록 석달간의 다스림일지라도 길 가는 사람들이 서로 길을 양보하는 것이라든지 남녀가 서로 다니는 길을 구분하게 되는 성대하고 아름다운 일 같은 것은 충분히 예상되는 일입니다. 하오나 어찌 이것만이 진실로 공자께서 하고자 하셨던 큰 도의 전부라 할 수 있겠습니까? 공자께서 주역(周易)을 찬(贊)하시고, 춘추를 편찬하신 것과 같은 몇 가지 일들은 실로 만세 토록 다함없는 천지의 큰 법도이자 큰 가르침을 다한 것이어서 영원 히 변하지 않는 도(道)인 것입니다. 공자께서 비록 당시 큰 자리를 얻 지는 못하였습니다만, 만세토록 본받고 법식으로 삼아 좋은 정치가 되게 하신 공은 요순임금의 공과 실질적으로 꼭 같습니다. 후세에 진 실로 공자님의 가르침이 천하에 서지 못하였다면 요순의 도(道)도 후 세에서 영원히 전할 수 없었을 것이며, 요순의 정치도 말미암아 회복 해보고자 하지도 못하였을 것입니다. 그러므로 세상의 일을 잘 살피 는 사람이라면 이미 드러난 자취만을 가지고 보아서는 안 될 것이며, 보이지 않고 드러나지 않는 참뜻을 살펴야 하는 것입니다. 이것이 바 로 과화존신(過化存神)으로서 쉽게 설명할 수 없다는 것을 말하는 것 입니다.

전하께서 내신 책제 중에서 "내가 덕이 부족한 사람인데도 불구하 고" 하는 데서부터 "다스림의 공적을 이루려고 하니, 어찌 어렵지 않 겠는가?" 하는 곳까지를 제가 삼가 엎드려 읽어보았습니다. 천하의 일에는 일찍이 근본(根本)이 없지 아니하고, 마찬가지로 말단(末端)도 없지 아니하니, 그 근본을 바르게 하는 일은 어렵고 시급하지 않은 것처럼 보이지만, 실은 힘이 되기가 쉽습니다. 반대로 말단이 되는 일은 매우 간절하고 지극한 것처럼 보이지만, 실은 공(功)이 되기가 어렵습니다. 그러므로 정치를 올바르게 논하는 사람은 반드시 먼저 근본되는 일과 말단에 속한 일을 분명하게 나누고, 우선 그 근본을 바르게 해야 합니다. 근본이 바르게 되면 말단에 속하는 일이 잘 다 스려지지 않는 것은 근심할 필요가 없습니다.

공손히 생각하건대 주상 전하께서는 지극히 정성스런 마음으로 이 른 새벽부터 늦은 밤까지 게을리 하지 않으시고, 요순시대의 정치를 어떻게 하면 이룰 수가 있을까, 요순시대의 풍속을 어떻게 하면 일으킬 수가 있을까 걱정하셨습니다. 그리하여 백성 중에 한 사람이라도 헐벗은 사람이 있으면 그를 따뜻하게 입힐 생각을 하셨고, 백성 중에 한 사람이라도 선하지 못한 자가 있으면 그를 선하게 만들 것을 생각하셔서, 우리 동방(東方)이 태평하고 화락한 태화지역(泰和之域)에 오르도록 노력하신 지가 어언 10년이나 되었습니다. 그런데도 기강(紀綱)이 아직 바르게 서지 못하고, 법도(法度)가 아직 제대로 정해지지 않았으니, 이것이 어찌 전하께서 올바르게 다스리시려는 마음이 아직도 정성스러움이 부족해서 그렇겠습니까? 이는 필시 그 근본을 얻지 못해서 그런 것이 아니겠습니까! 그런데 이른바 근본이 되는 것이란, 도(道)가 곧 바른 정치를 펴 나가는 근원이 되고, 심(心)이 바른 정치를 펴는 근본이 되며, 성(誠)이 도를 행하는 요체가 되는 것이 아니겠습니까!

무릇 도(道)라는 것은 천(天)에 근본 하면서, 인간에 의존하고, 일과 행위 속에서 행하여져 나라를 다스리는 방도가 되는 것입니다. 그러므로 나라를 다스림에 있어서 그 도를 얻으면, 기강이란 애써 세우려고 하지 않아도 사람들이 알지 못하는 사이에 서게 되며, 애써 법도를 정하려 하지 않아도 사람들이 듣지도 못하는 사이에 정해지게 되는 것입니다. 만약 따로 기강이라고 하여 정치의 말단에 속하는 것을 세우거나, 따로 법도라고 하여 사소한 문구나 따지는 말단의 일로써 정하려고 한다면, 이른바 기강과 법도는 결코 바로 서지 못할 것이고, 선다고 하여도 오히려 나라를 다스리는 근본을 해치게 될 것입니다. 왜냐하면 근본이 서지 않았는데 오로지 말단만을 좇아서 그 도를 얻지 못하였기 때문입니다.

그러므로 옛날의 명석한 임금들은 이 세상의 천만 가지 변화가 모두 임금의 마음에 근본을 두고 있지 않는 것이 없다는 것을 아셨기에, 마음을 바르게 하여 도를 펼치려 하지 않은 이가 없었습니다. 그 마음을 바르게 하여 그 도를 행하였기 때문에 정치에서는 인(仁)을 얻게 되었고 일을 처리함에 있어서 의(義)를 얻게 되어, 하는 일마다 하나도 도(道)에서 나오지 않는 것이 없었습니다. 그리하여 부자(父子)간의 윤리와 군신(君臣)간의 명분이 모두 그 이치에 맞게 되어 하늘과 땅의 경륜(經綸)이 모두 귀결되는 바가 있었으니, 이것이 바로 요·순·우(禹) 임금이 행했던 중용(中庸)의 도입니다.

원컨대 전하께서는 정사(政事)와 문구의 말단적인 것으로써 나라의 기강과 법도로 삼으려 하지 마시고, 마음의 영묘(靈妙)함으로써 기강과 법도의 근본으로 삼으십시오. 이런 마음의 본체로 하여금 광명정대(光明正大)하게 하고 두루 통달하게 해서 천지와 더불어 그 본체를 같이 하고, 그 작용을 크게 하시면, 그날그날 실행하는 모든 정사(政事)가 모두 도에 따라 이루어질 것이니, 기강과 법도는 애써 세우려고 하지 않아도 서게 될 것입니다.

비록 그러할지라도 성(誠)이 있은 후라야 그 마음의 도가 굳건하게 서게 되어서 마침내 그 성과를 보게 될 것입니다. 자사(子思)께서 "성(誠)이 아니면 사물도 없다"고 하셨으니, 성(誠)이란 곧 기강의 근본이 서서 성실하지 않음이 없는 것입니다. 천지의 이치는 지극히 성실하여 한순간이라도 허망하지 않기 때문에, 예로부터 지금까지 단 한 가지 일도 성실하지 않은 것이 없었습니다. 성인의 마음 역시 지극히 성실해서 단 한순간이라도 허망하지 않았기 때문에, 처음부터 끝까지 한 가지 일이라도 성실하지 않음이 없었습니다.

그러므로 모든 일이 마음에서 나오는 것은 반드시 이 마음의 성실함이 있어서 베푸는 정치도 성실하지 않음이 없게 되어, 기강이 서게 되어 구차스럽지 않고, 법도가 정해져서 문서의 도구로 빠지지 않게 될 것입니다. 전하께서 만약 정사의 말단으로써 기강과 법도를 세우는 방도로 삼으시고, 그 마음의 영묘함과 지성(至誠)의 도를 도리어 쓸모 없다고 여겨 심법(心法)에 힘쓰지 않으시면, 이것은 마치 산에서 물을 구하고 물에서 나무를 구하는 것 같아 결국 아무런 성과도 얻지 못할 것입니다. 이것이 곧 기강의 대본(大本)이며 대법(大法)인 것입니다.

법도가 대강이나마 정해지는 것과 기강이 대강이나마 서게 되는 것은, 일찍이 대신(大臣)을 공경하여 그에게 정치를 위임했기 때문임이 아닌 경우가 없습니다. 일찍이 군주가 독치(獨治)를 하지 않고 반드시 대신을 임명하고 그에게 정사를 위임한 연후에야 다스림의 도가 서게 되었습니다. 인군이란 비유하자면 하늘과 같고 신하는 사시(四時)와 같습니다. 하늘이 스스로 행한다 하나 사계절의 운용이 없다면 만물이 이루어질 수가 없습니다. 임금이 스스로 정치를 다 떠맡는다 하더라도 대신들의 보좌가 없다면 만 가지 교화가 이루어질 수가 없습니다. 비단 만물이 이루어지지지 못하고 교화가 이루어지지 못할 뿐만 아니라 하늘이 스스로 행하고 임금이 스스로 정사를 다 맡게 되면 하늘이 되고 임금이 되는 도리를 크게 잃어버리게 되는 것입니다.

또 이미 대신을 그 자리에 임명하셨으면서도 그들에게 단지 문구나 따지는 사소한 일만 맡기고, 소인배들의 말만 믿고 대신들을 믿지 않으신다면, 위로는 임금이 신하를 부리는 도리를 얻지 못하고, 아래로는 신하가 임금을 섬기는 도리를 얻지 못하여 군신의 도리를 잃게 될 것입니다. 그러므로 옛날의 성군(聖君)들과 현명한 재상들은 반드시 성의(誠意)로써 서로 믿어서 그 도를 다하였기 때문에 광명정대(光明正大)한 큰 공업을 이룰 수가 있었습니다. 엎드려 원하옵건대 전하께서도 진실로 대신들을 공경하시고 그들에게 정치실무를 위임하시어 기강을 세우고 법도를 정하셔서, 훗날 나라를 다스리는 대본과 대법이 행하여질 수 있는 기틀을 마련하십시오

제가 전하께서 내신 책제 가운데, "오늘 여기에 모인 여러 유생들은 공자를 배우는 사람들로서"에서 "이에 대한 대책을 기탄없이 말하여보라"까지를 삼가 엎드려 읽어보았습니다. 신이 제대로 배운 것이 없어 거칠고 무식하여 어찌 안다고 말씀드릴 수가 있겠습니까마는, 공자께서는 나라를 다스리는 것은 도를 밝히는 것[明道]에 지나지 않으며,

학문하는 것은 아무도 보지 않는 곳에 혼자 있을 때라도 늘 삼가는 것[謹獨]에 지나지 않는다고 하셨습니다. 그러므로 이 '명도'와 '근독' 두 가지를 가지고 전하를 위하여 말씀을 드리겠습니다.

나라를 다스리는 것은 도(道)일 뿐입니다. 소위 도라는 것은 성(性)을 따르는 것을 말합니다. 대개 성이 있지 않은 곳은 없기 때문에 도 또한 없는 곳이 없습니다. 크게는 예악(禮樂)과 형정(刑政)과 작게는 제도(制度)와 문물(文物)이 모두 사람의 힘을 빌려 되는 것이 아니라, 그 각각이 지니고 있게 마련인 당연한 이치에 따라 이루어지는 것입니다. 이것이 곧 고금의 제왕들이 함께 말미암아서 정치를 하시던 것으로 천지에 가득 차고 고금(古今)을 관철하신 것이로되 그 모든 것이 실은 나의 마음 안에서 벗어나는 것이 없었습니다. 그러니 이러한 이치를 따르면 나라가 잘 다스려지고, 이것을 따르지 않으면 나라가 어지러워지기 때문에 이러한 이치로부터 잠시라도 떠나서는 안 됩니다. 그러므로 이러한 도의 본체로 하여금 마음으로 생각하고 보는 사이에 환히 비치게 하여, 잠시라도 내 마음속에서 그 이치가 떠나게 해서는 안 됩니다.

그러나 대개 사람들은 밝게 드러난 곳에서는 삼가지만, 은미한 곳에서는 뜻이 소홀하지 않음이 없게 마련입니다. 그윽하게 감추어져 있는 곳에서 일어나는 일은 여러 신하들은 보지 못하지만, 자기 자신만은 그 사소하고 미묘한 일까지도 다 볼 수 있고, 미세한 일도 여러 신하들은 듣지 못하지만, 자기 자신만은 다 아는 것입니다. 이런 것은 모두 사람들이 마음가짐을 소홀하게 하여 하늘을 속이고 사람도 속일 수 있다고 여겨서 꼭 삼가지 않아도 되는 것으로 여깁니다. 이미 이러한 나쁜 생각을 마음에 오래 지니고 있으면 그런 나쁜 생각이 얼굴에 나타나게 되며, 나라를 다스릴 때도 드러나게 되어 더 이상 감추어둘 수가 없으며, 마침내 정치와 교화를 그르치게 됩니다.

그러므로 옛날의 제왕들은 이렇게 되지 않으려고 이 도를 경계하고 조심해서 항상 마음을 밝혀 혼미해지지 않도록 노력하였고, 깊고 어두운 곳에서 홀로 있을 때는 더욱 근신(勤愼)하기를 극진히 하였던 것입니다. 그리하여 반드시 은밀한 곳에 홀로 있을 때라도 추호라도 사특한 생각이 싹트지 못하게 하여 순수하고 의로운 진리가 발현하게 되면, 나라를 다스리는 도가 진선진미(盡善盡美)할 수 있었습니다. 바로 이렇게 하는 것이 나라의 기강이 세우고 법도가 정해지게 하는 것이었습니다.

엎드려 비오니 전하께서는 진정으로 도(道)를 밝히시고 홀로 계실 때에도 항상 삼가는 태도로써 마음의 요체(要諦)로 삼으시고, 그 도를 조정에 세우시면 나라의 기강(紀綱)은 세우려고 하지 않아도 서게 될 것이며 법도 또한 어렵지 않게 정해질 것입니다. 그런즉 공자께서 "삼 개월이면 충분하며, 삼 년이면 다 이룰 수 있다"고 하신 말씀의 본뜻도 바로 여기에 있지 않음이 없을 것입니다. 신이 감히 천위의 두려움을 무릅쓰고 감격하고 간절한 마음을 이기지 못하여 삼가 죽음을 무릅쓰고 책제에 답하나이다.

6. 홍문관청파소격서소(弘文館請罷昭格署疏)
– 홍문관에서 소격서를 혁파하기를 청하는 상소[10]

伏以道惟一 而德無不明 治惟純 而國無不理 不一乎道 不純乎治 則二 而闇 雜而亂 一純二雜 罔不原乎是心 故正厥原 通微溥顯 克一其居 而政 化惟純 德著而國昌 迷厥原 熾枉沈闇 二三其守 而政化乃雜 德滅而國亡 始雖幾而順迪所止 然操舍靡常 君子猶慮其終 況不愼夫心幾事微 而渾邪以

---

10 정암이 37세이던 1518[무인(戊寅), 중종 13]년 7월 부제학(副提學)으로서 성리학을 정학(正學)으로 숭상하고 이단(異端)의 폐단을 척결하기 위하여 도교사당인 소격서를 혁파할 것을 주청하는 상소문이다.

淪其原乎

是以 古之明王 順乎天而知微 信乎人而知彰 履道于一 持治乎純 廣運
懿德 允惇皇政 昭明之化 屆無不格 陰陽暢 羣生邃 無小邪孼礙於其間 逮
乎下衰 上寡寅恭精一之學 下乏謨明匡保之識 道不協極 政罹于咎 率由荒
駁 遷蒙延惑 罔底于正 間有美資之主 懋遵其道 而容惑於異端 懋純其治
而或陷於詭說 心旣昏迷 德日頗僻 體道敷化 罔有休臧 民則莫中 下情底違
乖戾于天 二氣閉鬱 灾沴作 而萬物不蕃 甚者 溺信邪敎 謟事敬奉 匪神而
致誠 匪鬼而致祀 不惠于民 不孚于天 而反祈虛報永命於冥邈無稽之甚 其
亦陋矣

今昭格之設 載敷道敎 訓民于邪 憲憲趨奉 泄泄謬悠 邈乎顯顯之義 瞭
然誕罔之象 實君心邪正之分 政治純雜之由 上帝喜怒之幾 王政之所可剔遏
者也 玆敎之奉 雖在閭氓 聰明而作元后者 固當明禮視義 克闡大道 俾迪正
方而用保其極 乃反尊崇 置司立官以奉 述醮以事 敬之如當享之神 祝禱幽
繁 陰鬼釀奸 是乃后猷無令 下民焉式 雖其奉若典常 表襮于邦 昏不燭理
而趍好乖張 乃黎庶之常難保於薰化 矧導之以虛誕之敎 而驅一世於詭怪之
域歟

噫 民無常德 德于君化 其於奉天帥下 化民以躬之義 爲何如耶 朝廷寔
念是虞 志切祛邪 意專植正 論列在斯 動餘旬月 始自大臣論極 臺諫其在侍
從 亦陳懇至此 一國臣僚 祇新自勉 共惟大道 拭跂德音 而天聽猶邈然 棄
剛懷柔 徊徨顧戀 不卽勇斷 孚感否阻 君臣二致 而上下各有所德 如此而欲
其扇大和浸淳風 俾百僚疊疊於善 顧不難哉 帝王所以篤化美俗 帥衆而爲善
者 不過循其公論而不奪其情也 故攸徹厥心 無謂民小 敏勇果斷 務循物情
夫識是非謂之聰 察邪正謂之明 不能移惑謂之剛 確然無疑謂之斷 凡此四者
皆人主之用 不可一日而離者也 存之以無爽 則其於應事處物 儘無混淆並容
遲回之病矣 殿下 其有是耶

且道家之說 幽無所證 明無所據 衆所洞灼 而殿下尙滯膠牢拒 必以祖
宗爲辭 祖宗果信奉 而若是歸之 則是彰先祖之過而無禮 因循偶存 而歸之
祖宗 是致累乎先祖而無敬 無敬無禮 人所不敢

在麗季 敎化不諒 人服異敎 踵訛襲謬 式至今日 政殿下澄滌汚染之時
庸何以遲疑 殿下寅畏天命 祗懼丕基 孜孜學問 進進德業 奢華流蕩之作 無
淫于志 虞夏皇王之道 探究體認 凡所以抑詭類拔正道者 靡不用極

而獨此一事 唯蔽聖明 將除而復信 欲革而還疑 大失乾剛精粹之德 臣
等猶恐殿下之心 其於精一之功 或有所未至也 一則直方 而守義理之正 精
則粹白 而辨邪正之分 用之於身而道明 施之於事而政善 惟左惟右 罔有不
一之功 苟或未盡 邪念潛臟 引類暗長 羣妄抵隙以起 衆僞朋興而集 而側媚
邪佞之徒 又因緣交締 則將來之禍 有不可勝言 臣等政爲此懼焉

殿下何惜毅斷 以疑鬱羣情耶 人氣鬱 則天氣亦鬱 鬱而生戾 暢而生和
故救災之方 暢開羣情 以和天心 凡悖道害政之恨鬱人心者 必暢祛而慰悅之
人氣自然和暢 天無乖戾之作矣

且天道之原 下有違道之事 則天用怒 乃降災 故應災之道 莫若順天理
修正道 和人心耳 臣等 固非故引此爲言 適乎玆時 而實有是理 願殿下潛思
默慮焉 嗚呼 王道不可不一 而士政亦當惟純 ·而正 民志定 純而簡 民易從
天地之道 亦本乎純一 而運四時 亨萬化 無非一氣 是以聖王欽 則天道 道
積于一 立政于純 應接施爲 統貫一理 乃克建皇極 伏願殿下 學而明心 明
而精一 毋惑於異端 毋陷於詭說 克從一德 化民于正 則吾道幸甚幸甚

도(道)가 오직 한결같으면 덕(德)이 밝게 드러나지 않음이 없고, 정
치가 오직 순수하면 나라가 다스려지지 않음이 없습니다. 도가 한결
같지 못하고 정치가 순수하지 못하면 도와 정치가 둘로 갈라져서 어
두워지고, 복잡하여져서 혼란에 빠지게 됩니다. 한결같이 순수해지고,
둘로 갈라져서 복잡해지게 되는 것이 모두 이 마음에 근본하지 않음
이 없는 것입니다. 그러므로 그 근본을 바르게 하여 은미한 것을 통
하게 하고 드러난 것을 두루 펴서 능히 그 터전을 한결같이 하시게
되면, 정치(政治)와 교화(敎化)가 순수하게 되어 임금의 덕이 드러나고
나라도 창성하게 될 것입니다. 반대로 그 근본을 미혹되게 하여 올바

르지 못한 것을 왕성하게 하고 이상한 것에 빠져 그 중심이 두 가지 세 가지로 갈라지게 되면, 정치와 교화가 혼잡하여져서 임금의 덕이 없어지고 나라도 망하게 되는 것입니다. 처음에는 비록 그 기미를 알아서 그 그쳐야 될 바를 쉽게 행하지만, 그러나 마음이 잡고 버리는 것이 떳떳하지 못하면 군자도 오히려 그 종말이 어떻게 될까 염려하거늘, 하물며 그 마음의 기미와 일의 작은 부분을 신중하게 하지 못하여 혼연히 간사하게 되어 그 근본을 망령되게 하는 것임에랴!

이렇기 때문에 옛날의 밝은 임금은 천리에 순응하여 기미를 아셨고, 사람들에게 신임을 얻어서 빛날 것을 알아서 도(道)를 실천하심에 한결같이 하시고 지치(至治)를 지니심에 순수하게 하셔서 아름다운 덕(德)을 널리 펴시고 왕도정치(王道政治)를 참으로 돈독하게 하시어 밝고 밝은 교화(教化)가 이르지 않는 곳이 없었으니, 음양(陰陽)이 화창하고 여러 중생(衆生)들이 다 뜻을 이루어 조그만 사특함조차 그 사이에 끼어들지 못하였습니다. 그런데 후대의 쇠미한 시대에 이르러서는 임금이 조심하고 공경하며 정성스럽게 하고 한결같이 하는 공부를 적게 하시고, 신하들도 밝은 계책과 올바르게 보좌할 지식이 결핍되어서 도(道)가 기준에 미치지 못하고 정치는 모순에 걸려들었으니, 모든 것이 거칠기만 하고 잡박한 것으로 말미암아 몽매하고 현혹된 것을 끌어들여 정도(正道)에 이르지 못하고 말았습니다. 간혹 아름다운 자질을 지닌 임금이 있어서 그 도를 힘써 따르다가도 쉽게 이단(異端)에 현혹되었고, 그 정치를 순수하게 힘써 베풀다가도 혹 궤이한 사설(邪說)에 빠져서 마음이 이미 혼미해지고 덕이 날로 더욱 편벽되어져서 도를 체득하고 교화를 베풂에 아름답고 착함이 있지 아니하여 백성들은 중심이 없어지고 아랫사람들의 뜻은 비뚤어지며, 천리에 어긋나고 음양 두 기운은 막히게 되어 재앙이 일어나서 만물이 번성하지 못하게 되는 것입니다. 심한 자는 사교(邪教)에 빠져 믿고 정당하지 않은 귀신을 공경하여 받들고, 받들어야 할 신(神)이 아닌데도 치성(致誠)을 드려서 백성들에게 은혜가 돌아가지 아니하고, 하늘을 믿지 아니하며, 도리어 헛된 응보와 왕업의 영원함을 어둡고 막연한 데에서 기원하니 근거 없는 짓을 하는 심한 정도가 그 또한 비루할 뿐입니다.

지금 소격서를 설치한 것은 도교를 펴서 사악함으로 백성을 가르치는 것인데 공공연하게 떠받들고 속임수에 휘말려서 밝고 밝은 의리에는 어둡고, 거짓으로 속이는 우상에 눈이 멀어지니, 실로 임금의 마음에는 사특함과 올바름이 어긋나게 되고, 정치는 순수함과 잡됨이 섞이는 원인이 되며, 상제가 기뻐하고 노하게 되는 동기가 되니, 왕도정치로서 척결해 막아야 할 것입니다. 이런 사교를 받드는 사람이 비록 백성들이라고 하더라도 총명함으로써 임금이 된 사람은 진실로 마땅히 예(禮)를 밝히고 의(義)를 드러내어 능히 대도(大道)를 천명해서 백성들로 하여금 올바른 방향으로 나아가게 하고, 그 표준을 보존하게 하여야 하거늘, 이와는 반대로 도리어 존경하여 유사(有司)를 두고 벼슬자리를 세워서 받들게 하며, 제물(祭物)을 올려 섬기고 공경하기를 마치 마땅히 대접해야 할 신령과 같이 하여 축원하고 기도하기를 더욱 번거롭게 하여 음귀가 간악함을 빚어내니 이것이야말로 임금의 법령에 아무 이로움이 없는 것이거늘, 하물며 백성들이 어디 본받을 수 있는 것이겠습니까? 비록 법령(法令)과 강상(綱常)과 같이 받들어서 나라를 밝힌다고 하더라도 그 어두움이 이치를 밝히지 못하여 괴상하고 허황된 곳으로 몰려다니기를 좋아함이 백성들의 버릇이어서 훈택으로 감화를 보장하기 어렵거늘, 하물며 백성들을 허황되고 요망한 가르침으로 인도해서 온 세상을 궤이한 사설의 경지로 몰아가셔야 되겠습니까?

아아! 백성들이란 떳떳한 덕이 없어서 임금의 교화로써 덕을 삼으니, 임금께서 하늘을 받들고 신하를 거느리며 백성들을 교화시키심에 몸소 행하셔야 할 의리(義理)가 어떠하셔야 되겠습니까? 조정에서는 이런 점을 염려하고 이런 점을 근심하시어 간사함을 떨쳐내는 뜻을 간절하게 세우고, 정론(正論)을 부식(扶植)시키시는 데 생각을 온전히 하여서 이 문제에 관한 논의가 시작된 지 한 달 남짓 되었습니다. 처음에는 내신(大臣)들로부터 시작되어 대간(大諫)에 이르러 극진한 간언이 있었고, 시종(侍從)들까지도 또한 간절한 진언이 있었사오니, 이런 모습이야말로 온 나라의 신료들이 오로지 새롭게 스스로 힘써서 오직 대도(大道)를 생각하며 임금님의 허락을 받기를 바라고 바라는 것입니다. 그럼에도 불구하고 임금님의 들음은 오히려 막연하여 강직한 말을 하는 자를 버리고 아첨하는 자를 믿으시고, 방황하며 미련을 버리지 못하신 채 즉각 용단(勇斷)을 내리지 못하시니, 믿고 감응함이 막혀 군신은 두 갈래로 찢어져 위아래가 각기 따로 덕으로 삼는 것이 있게 되었습니다. 이러하고서도 임금의 큰 교화가 펴지고, 순풍에 젖게 하여 모든 백관들로 하여금 선(善)에 흠뻑 나아가게 하려고 하신다면 생각해보건대 어찌 어렵지 않을 수 있겠습니까? 제왕들이 교화를 두텁게 하고 풍속을 아름답게 하여 무리를 거느려서 선(善)을 행하는 것은 그들의 공론(公論)을 따라서 그 뜻을 빼앗지 않고자 함에 지나지 않는 것입니다. 그러므로 '경계하는 것은 그 마음이니 백성을 작게 여기지 말며, 민첩하고 용맹스럽고 과단하게 해서 사물의 실정에 힘써 따른다'고 한 것입니다. 무릇 시비를 아는 것을 '총(聰)'이라 하고, 사특함과 올바름을 살피는 것을 '명(明)'이라 하며, 능히 미혹됨에 빠져들지 않는 것을 '강(剛)'이라 하고, 확연히 의심하지 않는 것을 '단(斷)'이라고 하는데, 무릇 이 네 가지는 모두 임금께서 날마다 적용하심에 하루라도 떠날 수 없는 것들입니다. 이것들을 지니시어 어긋남이 없으시면 일에 대응하시고 사물을 처리하시는 데 혼란스러워 주저하시는 병통이 조금도 없게 될 것입니다. 그런데 전하께서는 이러한 것이 과연 있사옵니까?

또 도가(道家)의 말은 그윽하기는 하지만 증명(證明)할 수가 없고, 밝아도 근거(根據)가 없다는 것을 대중(大衆)들은 훤히 다 아는 일입니다. 그러하거늘 전하(殿下)께서는 오히려 막히고 집착하신 채 굳게 버티시면서 반드시 선대(先代) 조종(祖宗)의 일이라고 말씀하시면서 고치기를 거부하고 계시온대, 선대 조종들께서 과연 신봉하신 것이 이런 것이라고 돌리시면, 이것은 임금께서 선조의 허물을 들추어내는 것에 지나지 않는 것으로서 예의(禮義)가 없는 일이고, 잘못된 것에 미련을 두시면서 선대 조종께 그 원인을 돌리시면 이것은 선조들께 누를 끼치는 일로서 공경(恭敬)함이 없는 것이 되오니, 불경(不敬)과 무례(無禮)는 사람으로서 감히 해서는 안 되는 일입니다.

고려 말기에 정치의 교화(敎化)가 신실(信實)하지 못한 사람들이 이단의 가르침을 복종하여 그릇된 것을 답습하여 오늘에까지 이르게 되었습니다. 바로 전하께서 더럽게 물든 것을 맑게 씻어버릴 때이온데 어찌 무엇 때문에 지체하시며 의심하시옵니까? 전하께서 천명(天命)을 공경하고 두려워하시며, 왕업의 기틀을 삼가고 어렵게 여기시어 부지런히 학문에 힘쓰시며 덕업에 꾸준히 나아가셔야 사치스럽고 음탕한 데로 흐르는 행위가 뜻을 음란하게 하지 못할 것입니다. 그리고 요(堯)임금과 순(舜)임금, 우(禹)임금께서 펼치신 왕도(王道)를 탐구하고 체인하셔서 무릇 궤이한 무리들을 억누르고 정도(正道)를 치켜올리는 일도 극진하지 않음이 없어야 될 것입니다.

그런데 유독 이 소격서를 혁파하는 이 한 가지 일만이 오직 성명(聖明)이 흐려져서 장차 제거하려고 하시다가 또다시 믿으시고, 혁파하려 하시다가 도리어 의심하시어 강건(剛健)하고 정수(精粹)한 덕을 크게 잃어버리시니, 신 등은 오히려 전하의 마음이 전일(全一)하고 정밀(精密)한 공부[精一之功]에 혹시라도 이르지 못하게 될까 염려될 뿐입니다. 전일한 공부를 하시면 마음이 곧아지고 행동도 올바르게 되어서 의리의 정당함을 지키실 것이고, 정밀한 공부를 하시면 순수하고 맑아지셔서 사특함과 올바름의 차이를 분별하실 수 있게 될 것입니다. 그런 공부를 몸에 적용시키시면 도(道)가 밝아지고, 일에 베푸시면 정치가 선(善)하여져서 좌(左)로 하고 우(右)로 하여도 어느 면에서나 전일하지 않은 공이 없을 것입니다. 혹시 더러 미진하여 사사로운 생각이 숨어 있다가 나쁜 무리를 따라 몰래 자라나서 온갖 망령들이 틈을 타서 일어나고, 온갖 위선적인 행동이 떼를 지어 일어나 곁에서 아첨하는 무리가 또 인연에 따라 밀려오면 장차 닥칠 화(禍)를 어찌 이루 다 말할 수가 있겠습니까? 신 등은 바로 이 점을 크게 두려워하는 바입니다.

전하께서 어찌하여 과감하게 용단을 내리는 것을 머뭇거리시어 여러 사람들의 뜻을 의심하며 우울하게 하십니까? 사람의 기운이 우울하면 하늘의 기운도 침울해지는 것입니다. 침울하면 괴이함이 생기고, 화창하면 화기(和氣)가 생기는 법입니다. 그러므로 재앙을 구제하는 방법은 뭇사람들의 감정을 화창하게 열어서 천심(天心)을 화하게 하시는 것입니다. 무릇 어그러진 도와 해로운 정치가 인심(人心)을 한스럽게 하고 답답하게 하는 것이니, 반드시 화창하게 떨쳐 깨끗이 하시고 위로하여 그들을 기쁘게 하시면, 사람의 기운은 자연히 화창해지고, 하늘은 어그러지는 조짐을 짓지 않게 될 것입니다.

또 천도(天道)의 원리는 아래에서 도를 어기는 일이 있으면 하늘이 노여워하여 재앙을 내립니다. 그러므로 재앙에 대응하는 길은 천리에 순응하고 정도를 닦으며 인심을 조화롭게 하는 것만한 일이 없습니다. 신 등은 진실로 고의적으로 이것을 이끌어 말씀을 드리려는 것이 아닙니다. 때마침 지금 이 시기에 실제로 이런 이치가 맞아떨어짐이 있어서 그러는 것이오니 전하께서는 깊이 숙고하시어 살피시기를 바라나이다.

오호라. 왕도는 한결같지 않을 수가 없고, 왕정은 또한 마땅히 순수하여야 합니다. 한결같고 바르면 백성들의 뜻이 정하여지고 순수하고 간결하면 백성들이 쉽게 복종하는 것입니다. 천지의 도(道)도 또한 순일(純一)한 것에 근본하여 춘하추동(春夏秋冬)을 운행하는 것이고, 만 가지 조화도 하나의 기〔一氣〕가 아님이 없사옵니다. 이런 까닭에 성왕께서 천도를 공경하고 본받아서 전일한 데 도를 쌓으시고, 순수한 데 정치의 근본을 세워서 일에 응하고 만물에 접하여 베푸시는 행위가 한 가지 이치〔一理〕와 관통하여 능히 황극을 세울 있게 되는 것입니다. 엎드려 원하옵건대 전하께서는 학문으로써 마음을 밝히시고 밝음으로써 정일(精一)하게 하시어 이단(異端)에 현혹되지 마시고 궤이한 사설(邪說)에 빠지지 마시어 능히 한결같은 덕(德)을 따라서 백성들을 바른 데로 교화(敎化)시키시면 우리의 도(道)가 심히 다행이고 심히 다행이겠습니다.

7. 사간원청파양사계(司諫院請罷兩司啓)

— 사간원에서 사헌부와 사간원의 수장(首長)을 파직시키라는 계사[11]

1

言路之通塞 最關於國家 通則治安 塞則亂亡 故人君務廣言路 上自公卿百執事 下至閭巷市井之民 俾皆得言 然無言責則不得自盡 故爰設諫官以主之 其所言 雖或過當 而皆虛懷優容者 恐言路之或塞也 近者 朴祥金淨等當求言而進言 其言雖若過當 不用而已 何復罪之 臺諫乃以爲非而請罪 至發禁府郎官而拿致 爲臺諫者 能開言路然後 可謂能盡其職也 金淨等事 宰

11 1515(을해, 중종 10)년 11월 정암이 35세로 사간원의 최하위 직책인 정언(正言)이 되어 사간원과 사헌부의 최고 우두머리 두 사람이 국가의 언로를 막는 중대한 잘못을 저질렀으므로 파직시킬 것을 청하는 상소이다. 당시 7월 중종의 구언(求言)에 따라 담양부사 박상(朴祥)과 순창군수 김정(金淨)이 중종의 폐비 신씨(愼氏)를 복위시키라는 상소를 올린 바 있는데, 사헌부 대사헌 권민수(權敏手)와 사간원 대사간 이행(李荇)이 박상과 김정을 사특(邪慝)하다고 지목하여 유배를 보냈고, 이에 정암은 두 수장이 국가의 언로를 확대하기는커녕 오히려 막아버리는 큰 과오를 범하였다고 지적하면서 파직시킬 것을 요구하는 파격적인 계를 올린 것이다.

相雖或請罪　臺諫則當救解以廣言路　而反自毁言路　大失其職　臣今爲正言
豈敢與失職臺諫　同事乎　不可相容衣　請罷兩司復開言路

　언로(言路)가 통하고 막히는 것은 국가에 가장 관계되는 것이니, 통
하면 다스려지고 평안하며 막히면 어지러워지고 망하게 됩니다. 그러
므로 임금이 언로를 힘써 넓히셨기에 위로 공경대부와 백집사로부터
아래로 여항 시정의 백성들에 이르기까지 다 말을 할 수 있게 되었습
니다. 그러나 언책(言責)이 없으면 스스로 말을 극진하게 할 수 없으
므로 간관(諫官)을 두어 그 일을 맡게 하는 것입니다. 그 말이 혹 지나
치더라도 다 마음을 비워놓고 너그러이 받아들이는 것은 언로가 혹
막힐까 염려해서 그러는 것입니다. 근래에 박상(朴祥)과 김정(金淨)이
구언(求言)에 따라 진언하였는데, 그 말이 지나친 것 같더라도 쓰지
않으면 그만이거니와, 어찌하여 도리어 그들에게 죄를 주는 것입니
까? 심지어 대간이 그것을 그르다 하여 죄주기를 청하여 금부(禁府)의
낭관(郎官)을 보내어 잡아오기까지 하였습니다. 대간이 된 자로서 언
로를 잘 열어놓은 뒤에라야 그 직분을 다했다고 할 수 있을 것입니
다. 김정 등에 대하여 재상들이 혹 죄주기를 청하더라도 대간은 구제
하여 풀어주어서 언로를 넓혀야 할 것인데, 도리어 대간이 스스로 언
로를 훼손하여 먼저 그 직분을 망각하고 말았습니다. 신이 이제 정언
(正言)이 되었으니 어찌 구태여 직분을 잃어버린 대간과 함께 일을 할
수 있겠습니까? 서로 용납(容納)할 수 없을 것이니 양사(兩司)를 파직(罷
職)하여 다시 언로를 여소서.

2

　金淨朴祥等　所言之事　雖不當矣　然其上疏　置而不問　助言之德　彰著矣
宰相亦知上不用其言　而不論是非　臺諫强請罪之　陷君於不義　以成拒諫之漸
累聖德於萬世　如此之後　國家雖有大事　豈敢求言乎　雖求之　誰敢言乎　外方

草萊之人 欲言事者 路聞金淨朴祥等事而止 治世安有此事 其時臺諫 尙皆
在職 臣豈與相容乎

　　김정과 박상 등이 말한 일은 비록 부당합니다만, 그러나 그 상소를
버려두시고 불문에 부치시면 언로를 도운 덕은 빛나고 나타날 것입
니다. 재상들도 또한 임금께서 그 말씀을 쓰시지 않는 것을 알고 시
비를 논하지 않았던 것인데, 대간들이 억지로 죄를 줄 것을 청하여
임금을 불의에 빠지게 하고 간언을 막는 조짐을 만들어냄으로써 성
덕을 만세에 더럽히게 되었습니다. 이와 같은 일이 있고 난 뒤에 국
가에서 비록 큰일이 있게 되면 어찌 감히 구언을 할 수 있겠으며, 비
록 구언을 한다고 하더라도 누가 감히 진언을 하겠습니까? 외방의 초
야에 있는 사람들이 일을 말하려고 하다가도 도중에 김정과 박상 등
의 일을 듣고서 멈추어버린다면, 다스림이 있는 세상에서 어찌 이런
일이 있을 수 있겠습니까? 그 당시 대간들이 아직도 모두 직책을 맡
고 있는데, 신이 어찌 감히 더불어 서로 용납할 수가 있겠습니까?

3

　　臣言 無他意也 當時在外臺諫 雖或相容 人之所見不同 臣則不相容矣
臣之所啓 爲言路而然也 豈可苟與之同乎

　　신의 말은 다른 뜻이 없사옵니다. 당시에 외부에 있던 대간들은 비
록 혹시 서로 용납할 수 있을지 몰라도, 사람이 보는 관점은 서로 다
를 수 있으니 저는 용납할 수가 없는 것입니다. 신이 계를 올리는 것
은 언로를 위해서 그런 것일 뿐이니, 어찌 구차하게 그들과 더불어
같이 할 수가 있겠습니까?

8. 양사청개정정국공신계(兩司請改正靖國功臣啓)
─ 사헌부와 사간원에서 정국공신을 개정하기를 청하는 계사[12]

1

靖國功臣 已久之事也 其初 大臣若有遠慮 臺諫若持公論 則豈不改正
乎 錄功時 成希顔 以柳子光爲經事 嘗多使之磨勘 故冒濫甚衆 可爲痛心
子光爲子弟計 先書三大將子弟 而錄其子弟 希顔等不知其陷於術中也 成希
顔雖有大功 而無學識 朴元宗亦不學者 希顔與柳子光相知 故乃以大事 委
諸奸人 識見之小 可知

其後 雖有奮不顧身 欲正國事者 而不敢請改者 恐聖學未臻高明 故以
爲重難耳 利源開張 爲國家膏肓之病 人心壹鬱 急欲論改 而事有機會 故今
始重發 若不痛塞利源 則利欲人所易陷 必有不可忍說之事矣

정국공신은 이미 오래된 일입니다. 그 당초에 대신들이 만약 멀리
내다보는 생각이 있었거나, 대간들이 공론을 유지하기만 하였더라도
어찌 개정하지 않았겠습니까? 공적을 기록할 당시 성희안이 유자광
에게 일을 맡겨, 일찍이 그로 하여금 정리하게 한 것이 많았기 때문
에 공신 책봉의 참람함이 아주 많아 심히 마음 아프게 여깁니다. 유
자광이 자신의 자제들을 올리기 위하여 반정공신 세 대장의 자제들
을 먼저 책록하였는데, 성희안 등은 그 술책에 빠지는 것을 알지 못
하였습니다. 성희안은 비록 큰 공이 있지만 학식이 없고, 박원종도
또한 배우지 못한 자였습니다. 성희안과 유자광이 서로 아는 사이였
기 때문에 이에 그 큰일을 간신에게 맡겼으니 식견이 없는 사람임을

---

12 1519(기묘, 중종 14)년 10월 사헌부 대사헌이던 조광조가 중종반정 정국공신 중 위훈
  을 가려내고 개정할 것을 요구하는 계사이다. 마침내 117명의 반정공신 중 76명의
  위훈을 삭탈시키지만, 사흘 후 기묘사화(己卯士禍)가 일어나 정암을 비롯한 많은 신
  진 도학자들이 참화를 입게 되었다.

알 수 있습니다.

　그 후에 비록 분연히 자신의 몸을 돌보지 아니하고 국사를 바로 잡으려고 하는 이가 있었지만, 감히 개정하기를 청하지 못한 것은 성학이 아직 고명한 데 이르지 못하셨을까 두려워한 까닭에 심히 어렵게 여겼을 뿐입니다. 사사로운 이욕의 근원이 열리면 나라가 고황(膏肓)과 같은 병에 듭니다. 인심이 한결같이 답답하게 여겨 급히 개정할 것을 논하고자 하였사오나 모든 일에는 기회가 있기 때문에 이제야 비로소 신중하게 말을 꺼내는 것입니다. 만약 통절하게 이욕의 근원을 막지 못할 것 같으면 이욕은 사람이 쉽게 빠지는 것이라서 반드시 차마 말을 할 수 없는 지경에 이르고 말 것입니다.

2

　人臣不可自以爲功也　社稷危如一髮　而百姓謳吟　以思眞主　天命人心自然如此　元宗希顔等　雖曰有功　若自以爲功　則非人臣之道也　反正時　臣年二十餘矣　與友相語曰　今若錄功多濫　則必誤國事　已而果然

　신하 된 자가 스스로 자기에게 공(功)이 있다고 하는 것은 옳지 않은 것입니다. 사직이 위태로워서 위급한 상황에 이를 것 같으면 백성들은 갈구하듯 진정한 인군을 생각하게 됩니다. 천명(天命)과 인심(人心)이 자연히 이와 같사옵니다. 박원종(朴元宗)과 성희안(成希顔) 등이 비록 공이 있다고 하더라도 만일 스스로 공이 있다고 한다면, 신하 된 도리가 아닌 것입니다. 반정 당시에 신의 나이는 24세였습니다. 친구들과 더불어 서로 말하기를, "이제 만일 공신을 책록함에 참람된 것이 많으면 반드시 국사를 그르치게 될 것"이라고 하였는데, 과연 그렇게 되었습니다.

3

自前孰不欲發此論 但未知君上之可恃 故未發耳 其在廢朝時 柳洵 年
高位極 一不規諫 委靡苟容 及其反正 乃參勳籍 如金勘具壽英之類 邪媚廢
主 行如狗彘 雖明正典刑 可也 而亦參錄功 雖一家之事 尙可維之以正 況
國家正始之道 豈可如此乎

小國培養士氣 而乃開利源 使朝廷士大夫 奔波趍走 豈理也哉 欺誣天
地 何以爲治 臺諫被罔極之恩 坐見國家之病根 其可默默乎 雖被罪罰 亦欲
以身當之若古昔 則君何至如此牢拒 臣何至如此不得其志乎 必以其臣不善
而無足取信故也 士須見信於君 然後乃可出而事君矣 如臣無識 安能取信乎
每欲退而讀書 未能遂意耳

이전부터 누군라도 이 문제를 말하려고 하지 아니했겠습니까마는,
다만 주상께서 믿어주실지 알지 못하였던 까닭에 발론을 하지 못하
였던 것입니다. 저 연산군 때에 유순(柳洵)은 원로로서 지위가 높았음
에도 불구하고 한 번도 정당하게 간언하지 못하고 불분명한 태도로
구차스럽게 용인하다가, 반정 때 공신의 문서에 참여하였습니다. 김
감(金勘)과 구수영(具壽永) 같은 무리들은 연산군에게 아첨하여 개돼지
와 같은 행동을 하였으니, 비록 정의를 밝혀 형벌을 주어도 될 것이
건만 역시 녹공에 참여하였습니다. 비록 한 집안의 일이라도 오히려
올바름을 가져야 가문이 유지될 수 있는 법인데, 하물며 국가에서 시
초를 올바르게 하는 방도가 어찌 이와 같을 수가 있겠습니까?

작은 나라에서 선비의 기운을 배양하지 아니하고 이에 이욕의 근
원을 열어서 조정의 사대부로 하여금 물결치듯 휩쓸리게 하는 것이
어찌 이치에 닿는 것이겠습니까? 대간들이 망극하옵게도 은혜를 입
었사온대 국가의 병통의 근원을 좌시하고 묵묵히 있어서 되는 것입
니까? 비록 죄와 벌을 받더라도 또한 자신이 감당하고자 해야 할 것
입니다. 만일 옛날과 같으면 임금께서 어찌 이와 같이 뜻을 얻지 못

하는 데에 이르렀겠습니까? 이것은 반드시 그 신하가 착하지 못해서 족히 믿음을 취할 만한 것이 없기 때문입니다. 선비란 모름지기 임금에게 믿음을 보인 연후에야 조정에 나아가서 임금을 섬길 수가 있사온대 신과 같이 무식한 자가 어찌 능히 임금의 믿음을 얻을 수가 있겠습니까? 매양 물러가서 독서하고자 하면서도 능히 뜻을 이루지 못하였을 따름이옵니다.

4

臣如此陳悃 旣不見用 又將靦然就職 則非徒有罪於一時 亦必貽譏於萬世矣 末世臺諫 人君雖重待 尙有頹靡之習 待之若是 則朝廷將無紀綱矣

신이 이와 같이 진정으로 진달하였사오나 이제껏 쓰임을 당하지 못하였는데, 또 장차 부끄럽게 직책에 나아간다면 다만 한때의 죄를 짓게 되는 것일 뿐만 아니라, 또한 반드시 만세토록 웃음거리가 되고 말 것입니다. 말세의 대간들은 인군이 비록 중하게 대우하더라도 오히려 물러나는 버릇이 있었사온대, 지금 임금께서 이와 같이 대해주실지라도 이렇게 되면 조정에 장차 기강은 없어질 것입니다.

9. 경연진계(經筵陳啓) – 경연에서 진술해 올린 계사

檢討官時啓 경연 검토관 때의 계사[13]

1

天人之間 似遠而實邇 天之示變有二意 邦國無道 危亡將至 迷而不悟 則天降災異以遣告之 又若時事漸好 有可致至治之幾 而上下猶此遲疑不進 則亦出災異 使之警省加勉 當此之時 上下若不交修加勉 則天心無常 終必

敗亡而已 可不懼哉

하늘과 사람 사이가 먼 것 같지만 실은 가까우니, 하늘이 변괴를 보이는 것은 두 가지 뜻이 있습니다. 나라에 도가 없어서 위망(危亡)의 조짐이 장차 이르고 있음에도 불구하고 혼미해서 깨닫지 못하면 하늘은 곧 이상한 재변(災變)을 내려서 꾸짖어 알립니다. 또 하나는 때마침 정사(政事)가 점점 올바르게 되어서 지치(至治)를 이룰 수 있는 기미가 있음에도 불구하고 임금이나 신하가 오히려 의심하고 전진하지 아니하면 또한 하늘은 재이(災異)를 내어서 그들로 하여금 깨우치게 하여서 힘쓰게 합니다. 이러한 때를 당하여 임금과 신하가 만약 서로 힘을 합하여 닦아서 더욱 힘쓰지 않는다면 천심(天心)은 무상한지라 마침내 반드시 망하게 하고 말 따름이오니, 어찌 두렵지 아니하겠습니까.

2

夫君臣上下 須以至誠相孚 通暢無間 然後可以爲治 待大臣臺諫 當用是道也 近來 聖學旣進 而治效未臻 臣竊怪焉 今之士林 仰恃聖明 咸以爲古治可復 但宰相一經亂離之後 不敢盡誠於國事 譬如入門者 一足投于門內 一足在門外 不能定其出入耳 是故 自上有求治之志 而羣下未敢信其必然 必須上下相孚 而君相常以保護士林爲心 使爲善者有所恃 且知其爲善 則表而用之 不使賢愚混淆 則可見至治矣

대개 군신 상하는 모름지기 지극한 정성으로써 서로 믿어서 환하게 소통하여 조그만 틈도 없게 된 뒤에라야 지치(至治)를 이룰 수가 있을 것입니다. 그러니 대신과 대간을 대하실 때에는 반드시 이러한 도(道)로써 하여야 할 것입니다. 근래 임금의 학문이 이미 진전이 있

392

으심에도 불구하고 다스림의 효과가 아직 나타나지 못하니 신은 그 윽이 괴상히 여기는 바입니다.

오늘날 사림(士林)들이 모두 주상의 총명함을 믿고 모두 요순(堯舜) 과 같은 정치를 회복할 수 있을 것이라고 믿습니다만, 다만 재상들이 한 번 참화를 입고 난 뒤인지라 국사(國事)에 정성을 다하지 아니하고 있습니다. 비유하건대 문(門)에 들어가려는 자가 한 발은 문 안에 들 여놓고, 다른 한 발은 문 밖에 놓고서 그 출입을 결정하지 못하는 것 과 같습니다.

이런 까닭에 주상께서 좋은 정치를 펼치고자 하는 뜻을 가지고 계 시지만, 모든 신하들은 감히 과연 그렇게 되리라고 믿지를 못합니다. 그러므로 반드시 모름지기 임금과 신하가 서로 믿고 임금과 재상이 항상 사림을 보호하는 것으로써 마음을 삼아서 착한 일을 하는 자로 하여금 임금을 믿을 수 있게 하시고, 또한 그들의 착함을 알면 표창 하고 등용해서 어진 이와 불초한 자를 혼동하지 않으시면 지치(至治) 를 이룰 수 있게 될 것입니다.

3

大賢以下 則不免有失 雖臺諫 豈不所失 但其所言 皆是公論 豈必累月 堅執 至於廷立 然後乃從乎 若然 則美事出於臺諫 而不出於上矣 人臣晝事 夜度 乃敢論啓者 欲使朝廷之上 事事得正也 小事則已矣 大事 當與大臣商 議大斷 然後事乃明正 而紀綱立矣

대현(大賢) 이하는 과실이 있음을 면치 못하는 법이니, 비록 대간(臺 諫)이라고 어찌 과실이 없겠습니까? 다만 그 말하는 바는 다 공론(公 論)인데 어찌 반드시 몇 달을 붙잡고 계시다가 그때에야 조정에 붙여 서 의견을 따르려고 하십니까? 만약 이렇게 되면 착한 일은 대간에게 서 나오지 임금에게서는 나오지 않게 되는 것입니다. 임금의 신하 된

자로서 낮이나 밤이나 생각하다가 이에 감히 계(啓)를 올리는 것은 조정으로 하여금 일마다 바름을 얻었으면 하여 그러는 것입니다. 작은 일은 말할 것이 없겠지만 큰일은 마땅히 대신(大臣)들과 상의하여 결정하시게 된다면, 그런 연후에는 일마다 광명정대(光明正大)하여 기강이 바로 서게 될 것입니다.

4

祖宗舊章 雖不可猝改 若有不合於今者 則亦可變而通之 當於燕間之中 不拘常例 召對大臣或侍從 論議其可否 可爲之事 則斷而行之 可也 小臣殘劣 有何知識 職在侍從 當知無不言 故敢啓

조종의 옛 헌장을 비록 급작스럽게 고치지는 못한다고 할지라도, 만약 현실에 맞지 않은 것이 있다면 또한 고쳐서 통하게 하여야 할 것입니다. 그러니 한가한 때에 상례(常例)에 구애되지 마시고 대신이나 시종을 불러서 그 가부를 논하시어 마땅히 해야 할 일이면 결단하셔서 이행하는 것이 옳을 줄 압니다. 소신이 천박하고 졸렬하여 무슨 지식이 있겠습니까만, 직분이 시종의 자리에 있사오니, 마땅히 말씀 드리지 않을 수가 없어서 감히 말씀을 올리나이다.

5

天下之事 不進必退 大急則不可當以舒緩行之 但如今日而止 則必不進而漸退矣 若使時俗向善 而朝廷明正 絶義是崇 皆欲盡誠於國事 則善治之興 一轉移間耳 人君於可爲之事 則當以剛健行之 人主之威本重 若以剛健爲尙 則恐有過嚴之弊 故羣臣不敢以剛健啓之 臣所謂剛健 異於嚴厲矣

천하의 일이란 나아가지 않으면 반드시 물러나게 되는 법입니다. 그러니 아주 급한 일은 완만하게 행해서는 안 되는 것입니다. 다만

394

오늘같이 하시고 그쳐버리면 반드시 나아가지 못하고 점점 퇴보하고
말 것입니다. 만일 시속(時俗)을 착한 방향으로 흐르게 하자면 조정이
광명정대하고 절의를 숭상하게 해서 모두 다 국사에 정성을 다하게
하면 선치(善治)가 일어나는 일은 한번 굴러 옮기는 정도밖에 안 될
것입니다. 그러니 인군이 하셔야 할 일은 마땅히 강건하게 행하셔야
하는 것입니다. 임금의 권위는 본래 무거운 것인데, 만약 굳셈만을
숭상하신다면 아마도 지나친 엄격함의 폐단이 있게 되어 모든 신하
들은 두려워서 감히 강건하게 진계하지를 못할 것입니다. 신이 이른
바 '강건'이라 함은 '엄하고 사나운 것'과는 다릅니다.

6

宰相之職 當以民爲心 伊尹言 一夫不得其所 若撻于市 百姓殘弊 未有
若此時者 夫君臣者 爲民而設也 上下須知此意 晝夜以民爲心 則治道可成

재상의 직책은 마땅히 백성으로써 마음으로 삼아야 합니다. 이윤
이 말하기를, '한 지아비라도 그 하고자 하는 바를 얻지 못하면 저자
거리에서 매를 맞는 것 같이 한다.'고 하였습니다. 백성들의 삶이 쇠
잔하고 황폐해진 것이 지금과 같은 때가 일찍이 없었습니다. 대저 임
금과 대신은 백성을 위하여 있는 것이니, 상하가 모름지기 이런 뜻을
잘 알아서 주야로 백성을 위하는 마음을 가진다면 다스림의 도를 이
룰 수 있을 것입니다.

7

君子小人之辨 後世尤難焉 古者 人君接群臣不時 而事無不言 所懷皆
吐實 不啻如子弟之於父兄 故人君見其事 聞其言 而可知其爲人矣 今則接
見有時 禮貌有規 雖不賢之人 入侍之時 修飾善言以啓 不能察其情僞 故辨
君子小人 難矣

今者 如程朱之類 未必有之 亦不可謂必無矣 如小人之尤者 未必有之
亦不可謂必無矣 聽言觀行 乃觀人之道 而以貌取人 孔子所戒 人君當更體
念 心地旣明 則邪正不能遁其情矣 但人心操舍無常 若以正事至言爲不逆而
拒之 則衆君子皆引退矣 其後 雖欲正之 羣邪已滿於左右 無所及焉
　　昔宋神宗 賢君也 以堯舜之治爲心 而擯斥司馬光 信任王安石 以致小
人並進 其後 欲斥安石 而不可得也 臣言有深遠之慮也

　군자(君子)·소인(小人)의 분변은 후세에 내려올수록 더욱 어렵게 되
었습니다. 옛적에는 인군이 군신을 접견하되 시간에 구애되지 않고
어떤 일이든 말하지 않는 것이 없어서 마음에 있는 것은 모두 실토하
였으니 자제가 부형에게 하는 것과 같았습니다. 뿐만 아니라 임금이
그 일을 보고 그 말을 들어서 그 사람됨을 알 수 있었습니다. 그런데
지금은 군신을 접견함에 정한 시간이 있어서 비록 어질지 못한 사람
이라도 입시를 하여서는 좋은 말로 꾸며서 아룀으로써 그 실정의 진
위 여부를 살필 수가 없으므로 군자·소인을 분변하기가 어렵습니다.
　지금 사람으로 정자(程子)나 주자(朱子) 같은 분이 반드시 있다고는
하지 못하지만 또한 반드시 없다고도 단언할 수 없습니다. 소인보다
더한 자가 반드시 있다고도 못하나 또한 반드시 없다고도 단언할 수
없습니다. 그 말을 듣고 그 행실을 보는 것은 사람의 도를 보는 것인
데, 그 모양만 가지고 사람을 취하는 것은 공자(孔子)도 경계한 바입
니다. 임금은 마땅히 다시 체험하고 깊이 생각하여 마음이 이미 밝으
면 사특함과 올바름이 그 진정을 피할 수 없을 것입니다. 다만 사람
의 마음이란 그 지니고 버림이 무상하니, 만약 정당한 일과 지극한
말을 드렸음에도 불구하고 잘못된 것이라고 하여 거절한다면 모든
군자들은 다 물러가버릴 것입니다. 그런 뒤에 비록 바르게 하고자 하
더라도 뭇 간신들이 이미 임금 좌우에 가득 차 있어서 바르게 할 수
가 없게 될 것입니다.

옛적 송나라 신종(神宗) 황제는 어진 임금이었습니다. 요순의 정치
로써 마음을 삼았지만, 사마광(司馬光)을 물리치고 왕안석(王安石)을 신
임해서 소인들이 더불어 조정에 나오게 되어버렸습니다. 그 뒤에 왕
안석을 물리치고자 하였으나 그렇게 할 수가 없었습니다. 신의 말씀
은 깊이 염려되는 것이 있어서 드리는 것입니다.

侍講官時啓   시강관 때의 계사[13]

1

我國君臣之分隔絶 邇來 屢敎講官 平氣以坐 而群臣不知上意之誠否
故未能卒變舊習 以此觀之 習俗之難變也 固矣 貞熹王后臨朝時 群臣莫能
仰視 循成此習 若成宗朝 則豈有如此乎 廢朝 沈順門以仰視被罪 積威之極
群臣震慴 今之俯伏 亦廢朝之餘習也

우리나라 군신 간의 관계가 너무 지나치게 격절된 이래로, 그동안
몇 번이고 교강관들에게 기운을 편안하게 하여 앉으라는 지시가 있
었으나, 모든 신하들은 주상의 뜻이 진실인지 아닌지를 알 수 없기
때문에 옛날 구습을 갑작스럽게 바꾸지 못하고 있습니다. 이것으로
본다면 습속이 변하기 어려움은 고질적인 것입니다. 세조의 비였던
정희왕후(貞熹王后)가 조정에 임석할 때 모든 신하들이 감히 우러러
보지도 못하였는데 이 습속이 그대로 내려온 것입니다. 성종 임금 때
라면 어찌 이러한 일이 있었겠습니까? 폐조 연산군(燕山君) 때 심순문
(沈順門)이 쳐다보았다는 것만으로 죄를 받아서 위엄이 극단적으로 쌓
이게 되어 모든 신하들이 두려워 떨며 놀랬습니다. 지금 부복(俯伏)하
는 것도 역시 연산군 때의 남은 구습(舊習)입니다.

---

13 1518(무인, 중종 13)년 37세이던 해 정암이 경연 시강관으로서 올린 계사이다.

2

　學問 當及時勉勵 苟至於志氣衰暮 則無益也 今値可御經筵之日 亦云
有故 而不之御 外間無所事矣 內間別有何事乎 雖不御經筵 而不時召對 亦
可也 今之接待 羣臣 只有經筵而已 如臣等雖無知識 思所以竭誠 裨補聖學
則豈無所益乎

　夫十年 則天道亦變矣 廢朝之時 宗社幾至危亡 而反正之後 尙且因循
卽位已久 不見治效 而災變之作 無歲無之 士習日頹 朝廷之上 亦無可稱之
事 今若不正士風 不革舊習 則人心何時而可變 至治何時得見乎

　古云 靡不有初 鮮克有終 有始有終 人主之所當勉力也 天下之勢 不進
則退 今若不能振起 則天變人心 恐不可測也

　학문은 마땅히 제때에 힘써야 합니다. 진실로 의지가 쇠하고 기개
가 쇠하는 때에 이르게 되면 아무 이익이 없을 것입니다. 지금 임금
께서 경연에 납시어야 하는 날에도 또한 무슨 일이 있다고 핑계를 대
시며 나오지 않으시니, 외간에서 주재하셔야 할 일이 없는데, 궁내에
서 따로 무슨 별일이 있겠습니까? 비록 경연에 납시지 못하셨으면 아
무 때라도 신하들을 부르시어 대하시더라도 또한 좋을 것입니다. 요
즈음 여러 신하들을 접하고 대면하시는 일은 다만 경연에 있을 때뿐
입니다. 신(臣)과 같은 사람이 비록 지식은 없사오나 정성을 다해 보
필하여 임금님의 학문을 도울 수 있기를 생각하고 있으니, 어찌 조금
이라도 도움되는 것이 없겠습니까?

　대개 10년이면 천도(天道)도 또한 변하는 것입니다. 연산군 때 종묘
사직이 거의 위태로워 망할 지경에 이르렀는데, 반정 이후에도 오히
려 더더욱 변할 줄을 몰라서 즉위하신 지가 이미 오래되었으나 다스
림의 공효(功效)는 찾아볼 수 없고, 재변이 일어나지 않는 해가 없어
서 선비들의 습속이 날로 퇴색하고, 조정의 윗사람들 역시 칭찬할 만
한 일이 없습니다. 지금 만일 사풍(士風)을 바로하지 못하고 구습(舊習)

을 혁신하지 못한다면, 인심은 어느 때에나 변할 수 있겠으며 지치(至治)는 어느 때에나 얻어볼 수 있겠습니까?

옛말에 이르기를, "시작이 없는 것은 아니지만 유종(有終)의 미(美)를 거두기는 드물다"고 하였으니, 시작도 있고 끝맺음도 있게 되는 것은 임금께서 마땅히 힘써야 할 바입니다. 천하의 형세는 나아가지 않으면 후퇴하는 것이니, 지금 떨쳐 일어나 나아갈 수 없다면 하늘이 변해버리고 아마도 인심도 헤아릴 수 없게 될 것입니다.

3

今日 有人告盜出文昭殿神主者 此事未知虛實 自卽位以後 如此之事 連歲有之 人心驚懼 無時可定 今日 闕門之禁 異於常時 人皆驚惑 不知朝廷有何處分 大抵賤隷之徒 屢以變亂之言 搖動宰相 願上毋動一毫之念

宋英宗朝 韓琦爲相 其時 兩宮相隔 有言欲廢英宗者 琦曰 事不成 不過族耳 置之不問 諸葛亮之治蜀也 人心驚動 亮靜以鎭之 人心乃定

我國 近年以來 賤隷之徒 僥倖得功 靑紫眩耀 彼蠢愚之輩 有何知識 但以謀利爲急 臣恐國家元氣 以此日傷也 願上確然不動 以立大公之道

오늘 문소전(文昭殿)의 신주를 도둑질해 갔다고 고한 자가 있었습니다마는, 이 일은 실제인지 허위인지 알지 못하겠습니다. 임금께서 즉위하신 이후로 이와 같은 일이 해마다 있으니, 인심이 놀라고 두려워하여 안정될 때가 없습니다. 오늘 대궐문의 금지가 평상시와 달라서 사람들이 모두 놀라고 의심하고 있는데, 조정에서 어떤 처분을 내린 것인지 알지 못하겠습니다. 대저 천한 종들이 그동안 여러 번 변란의 말로써 재상들을 동요시켰으니, 원컨대 주상께서는 털끝만큼도 동요하는 마음을 갖지 마시기 바랍니다.

송나라 영종(英宗)조 때에 한기(韓琦)가 재상이 되었는데, 그때에 두 궁(宮)에 틈이 생겨서 영종을 폐위하려 하는 자가 있다는 말이 있었습니다. 그러자 한기가 말하기를, "일이 이루어지지도 못하였고 족당(族黨)에 불과할 뿐이니 불문에 붙여두라"고 하였습니다. 또 제갈량(諸葛亮)이 촉나라를 다스릴 때 인심이 놀라 동요하자 제갈량은 조용하게 이것을 진정시키니 인심이 이내 안정되었습니다.

우리나라는 근년 이래로 천한 노예의 무리들이 요행히 공을 얻어 벼슬에 올라서 요란을 핍니다. 저 어리석고 미련한 무리들이 무슨 지식이 있겠습니까? 단지 사사로운 이익을 꾀하는 것만을 급무로 삼으니, 신(臣)은 국가의 원기(元氣)가 이것으로 인해 날로 상할까 두렵습니다. 원컨대 주상께서는 확연 부동하여 크게 공도(公道)를 세워주시기를 바라옵니다.

4

膚受之愬 浸潤之讒 非通明知慧卓越者 初雖不信 終未免駸駸然入於其中 宮中之事 尤當謹愼也

피부를 파고드는 듯한 얄팍한 비방이나 물이 젖어드는 것처럼 모르는 사이에 빠져들게 하는 참소는, 밝게 통하고 지혜롭고 탁월한 자가 아니라면 처음에는 비록 믿지 않다가도 끝내 점점 빠져 들어가서 그 가운데에서 헤어나지 못하는 것이니, 궁중의 일은 더욱 근신하고 삼가는 것이 마땅합니다.

參贊官時啓   참찬관 때 올린 계사

學者 雖處靜中 用功亦難 況學問之功 未至於堅確 而驟登仕路 奔馳不暇 事物無窮 而心地不定 故當事舛錯 不能措手 又況人主深居九重 萬機浩繁 安能如學者處靜中 與朋友討論乎

今於經筵 雖得進講 君臣之間 名位隔絶 上有所言 未能盡喩於下 下有
所懷 未能盡達於上 如是遷延 歲月易過 幾不可失 時難再得

若聖學高明 則不必拘迫於講問也 幸於思慮之間 或有未穩至事 有時召
侍從之臣 論難可否 則情意可通也 但好善之心 不出於誠篤 而徒爲文具則
간 亦有乘隙而窺測者矣

학자가 비록 고요한 가운데 있을 때에도 공부에 힘쓰기가 또한 어
렵거늘, 하물며 학문의 힘이 아직 굳어지지 않았는데 갑자기 벼슬길
에 올라 분주하여 겨를이 없으니, 사물은 무궁하여 다함이 없고, 심
지(心地)는 안정되지 못하였으므로 일을 당하여서는 어긋나고 그릇되
어 능히 손을 댈 수가 없습니다. 하물며 임금께서는 구중궁궐에 깊이
계시어 만 가지 정무(政務)가 크고 많으니, 어찌 학자가 고요한 데 처
하여 붕우와 더불어 토론하는 것과 같겠습니까.

지금 경연에서 비록 진강을 하오나, 임금과 신하 사이에 명분과 지
위가 막히고 끊어져서 임금께서 말씀하신 것이 있으나 아랫사람에게
다 이르지 못하고, 아랫사람이 생각한 것은 능히 임금께 상달되지 못
하고 있습니다. 이와 같이 천연(遷延)하는 사이에 세월만 빨리 지나가
서 기회는 잃어버리고 때는 두 번 다시 얻기 어려울 것입니다.

만일 임금께서 학문이 고명하시다면 굳이 강론하는 데 얽매이실
필요가 없습니다. 다행히 생각하는 사이에 혹 온당하지 못한 일이 있
거든 때때로 시종하는 신하를 불러서 가부를 논하신다면 정과 뜻이
통할 수 있을 것입니다. 다만 선을 좋아하는 마음이 진실되고 독실한
데서 나오지 아니하고 한갓 형식에만 얽매여 계신다면 그 사이에 또
한 틈을 타서 엿보고 억측할 자가 있게 될 것입니다.

大司憲時啓 　대사헌 때 올린 계사

1

　　靖國時　遑遑之中　朝臣識見不高　功臣官爵　猥濫太甚　小臣近作臺官　欲
爲國事　而利源一開　莫知所救　念及於此　至欲忘身而極言之　平時則已矣　脫
有變故　則雖有善者　亦不能善其後矣　聖念豈不及此乎　不革此弊　則社稷將
不能支持矣

　　利源不塞　故或有告變者　則人心搖動　如朴耕之被告也　持弓佩刀之人
盈於光化門外　今之朝廷　請托不行者　乃細事　不足論也　大利之源　何以塞之
成希顔　功則重矣　但無識見　奚望其處事得宜乎　頃日　么麽匹夫　欲害大臣
柳聃年　臣以侍從見之　可勝痛憤哉

　　정국공신을 책정하던 때 황망한 가운데서도 조정 신하들의 식견이
높지 못하여 공신들의 관직과 작록이 외람됨이 너무 심하였습니다.
소신이 근자에 대관이 되어 나랏일을 해보고자 하여도 이욕의 근원
이 한번 열린 뒤 구제할 바를 알지 못하겠습니다. 생각이 여기에 미
치니 몸을 잊고 극언을 하고자 하는 데 이르렀습니다. 평상시라면 그
만입니다만 혹 변고라도 있게 되면 비록 착한 사람이 있을지라도 또
한 능히 그 뒤처리를 잘하지 못할 것이온대 임금님의 염려가 어찌 여
기까지 미치지 아니하리까? 이 폐단을 개혁하지 못하면 사직이 장차
유지되지 못할 것입니다.

　　이욕의 근원을 막지 못하였으므로 혹 고변이라도 있게 되면 인심
이 동요됨이 박경의 고변을 당하였을 때와 같을 것입니다. 활을 들고
칼을 찬 무사들이 광화문 밖에 가득 차 있으니, 이제 조정에 요청하
였음에도 불구하고 행하여지지 않는 것은 사소한 일은 거론할 것이
못 되거니와 큰 이권이 걸린 원천은 어떻게 막겠습니까. 성희안의 공
은 중합니다만, 다만 식견이 없어서 어찌 그 처사를 옳게 하기를 바

랄 수 있겠습니까? 저번에 미천한 필부가 대신 유담년을 해치고자 하는 것을 신이 시종으로서 본 적이 있는데, 어찌 통분함을 이길 수 있겠습니까?

2

法之變改 三公六卿之所爲也 若法司則只爲糾察而已 吏曹行吏曹之法 刑曹行刑曹之法 可也

법을 개정하는 것은 삼공과 육경이 할 일입니다. 법을 맡은 기관에서는 다만 규명하고 사찰할 따름입니다. 이조는 이조의 법을 행하고 형조는 형조의 법을 행하는 것이 옳습니다.

3

今世 功利之心大盛 細人小不滿意 則輒欲國家生亂 若朝廷小有變故 則其勢必蜂起也 近者臺諫欲激濁揚淸 所論果多矣 今之射箭 豈遇迷者所爲乎 若自上 少有厭倦之意 則如此之徒 不可遏止也

지금 이 세상에는 공리(功利)의 마음이 크게 성행하고 있어서 소인배들이 조금이라도 불만이 생기면 곧바로 국가에 난리를 일으키고자 하니, 만일 조정에 조그만 변고라도 있다면 곧 그 형세는 반드시 벌떼처럼 일어날 것입니다. 근래 대간이 부정한 자를 치고 청렴한 자를 포양하고자 하니 논하는 바가 과연 많습니다. 지금 화살을 쏘아 대간을 겁박하고자 한 것이 어찌 미련하고 우매한 자가 한 일이겠습니까? 만일 임금부터 조금이라도 바로 잡는 것을 싫어하고 꺼리는 뜻이 있으시게 되면, 이런 무리들을 막고 저지하는 것이 불가능할 것입니다.

4

大臣聞人之善 若己有之 休休然有樂善之誠 則百執事各恭其職 奔走無暇矣 上以感動人主 下以感化百姓者 責在大臣 大臣誠能協心 與其爲善 而正其不善 三公正六卿 六卿正百官 則百僚師師 而朝廷淸明矣 故大臣必得老成之人 可也

대신이 남의 착함을 들으면 마치 자기에게 이런 일이 있는 것 같이 해서 그 착함을 즐겁게 여기는 정성이 있게 된다면 백관들도 각각 그 직책을 공손히 닦는 데 분주하여 겨를이 없게 될 것입니다. 위로 임금을 감동하게 하고 아래로 백성을 감화하게 하는 것도 그 책임은 대신에게 있는 것입니다. 그러니 대신이 진실로 능히 마음을 힘써서 그 착함을 하는 자와 더불어 착하지 못함을 바로 잡아서, 삼공은 육경을 바로 잡고 육경은 백관을 바로 잡으면 백관은 서로 스승이 되어서 본받아 조정이 맑고 밝아질 것입니다. 그러므로 대신은 반드시 노성(老成)한 사람을 얻는 것이 옳을 줄 압니다.

10. 옥중공사(獄中供辭) ─ 옥중에서 함께 올린 말씀

臣年三十八 士生斯世 所恃者 君心而已 妄料國家病痛在於利源 故欲新國脈於無窮而已 頓無他意

신의 나이 38세입니다. 선비가 이 세상에 태어나서 믿는 것은 임금의 마음뿐입니다. 망령되이 국가의 병통이 이욕(利慾)의 근원(根源)에 있다고 생각하였던 까닭에, 국맥(國脈)을 무궁(無窮)토록 새롭게 하고자 하였을 뿐 다른 뜻은 전혀 없었습니다.

獄中聯名疏　옥중에서 연명하여 올린 상소

臣等 俱以狂疎愚戇 遭遇聖朝 出入經幄 得近耿光 但恃吾君聖明 展竭
愚衷 冒犯羣猜 只知有君 不計其他 欲使吾君 爲堯舜之君 玆豈爲身謀 天
日照臨 無他邪心 臣等罪固萬死 但士類之禍一開 將不念後日邦家命脉耶
天門阻隔 無路達懷 泯默長辭 實所不忍 幸一許躬問 萬死無恨 情益辭蹙
不知所云

신 등은 모두 망령되고 어설프며 우직한 자질로 성조(聖朝)를 만나
경연에 출입하여 임금을 가까이 할 수 있었으므로 오직 성명(聖明)만
을 믿고 어리석은 충정을 다하여 뭇사람의 시기를 범하였습니다. 다
만 임금이 있는 것만 알고 다른 것을 헤아리지 않았으며, 우리 임금
께서 요순과 같은 임금이 되게 하고자 한 것밖에 없는데, 이것이 어
찌 자기 한 몸을 위한 꾀함이겠습니까? 하늘의 밝은 해가 비추고 있
으니 결단코 다른 사심은 없었습니다. 신 등의 죄는 진실로 만 번이
라도 죽어야 마땅하오나, 다만 선비들에게 참화가 한 번 열리면, 장
차 후일에 국가의 명맥을 생각하지 않을 수 있겠습니까? 임금님께 말
씀을 올릴 수 있는 길이 막혀서 저희들의 마음을 임금께 상달할 길이
없습니다. 많은 말씀을 말하지 못하는 것은 사실은 차마 못하는 바이
오니, 바라옵건대 한 번이라도 임금께서 저희들에게 직접 물어주시기
를 허락하신다면 만 번 죽어도 여한이 없겠습니다. 정은 넘치고 말은
궁해져서 어떻게 말씀을 올려야 할지 알지 못하겠나이다.

제11장 정암의 행장과 묘지명

1. 행장(行狀)[1]

선생의 성은 조씨이고, 명은 광조며, 자는 효직이요, 스스로 호를 정암이라 하셨다. 조씨는 한양의 성씨이니, 7대조 양기(良琪)는 고려조에서 벼슬해서 총관이 되었고, 원나라에 들어가서는 세조조에 벼슬하여 부원사수로서 합단병을 격파시키고 노획한 것을 바치니, 원나라 임금이 금포와 옥대를 하사하면서 장려하였다. 고조는 온(溫)이니 조선조 개국공신이 되어 한천부원군을 봉하시고, 시호는 양절공(良節公)이시다. 한천부원군이 의영고사 육(育)을 낳으시니 증리조참판이시고, 참판이 성균관 사예 충손(衷孫)을 낳으시니 증리조참판이시고, 판관께서 원강(元綱)을 낳으시니 벼슬이 사헌부 감찰에 이르렀고 이조참판을 증직하였는데, 이 분이 바로 선생의 아버지가 되신다. 어머니는 여흥 민씨(驪興 閔氏)니 현감의 따님이시다.

임인년(1482) 8월 10일에 선생이 태어나셨는데, 나시면서부터 아름다운 자질이 있어서, 어려서 놀 적에 이미 성인(成人)의 풍도가 있으셨으니, 조금이라도 남의 비위를 보시면 문득 능히 그것을 가리켜 말씀하셨다. 자라서는 글을 읽고 학업을 닦을 줄을 알아서, 강개하게

---

1 정암의 행장은 홍인후가 처음 썼다. 그 후에 이황이 내용을 보완하여 다시 썼는데, 홍인후가 쓴 행장과 퇴계가 쓴 행장이 모두 『靜菴先生文集』「附錄」제6권에 수록되어 있다. 여기서는 이황의 행장을 싣는다. 번역문은 『수정재역 정암선생문집』(趙鍾業 譯)을 참고하였다.

큰 뜻을 품으시고, 유독 과거공부에 뜻을 두지 아니하고 성현의 풍도를 일으켜 사모하고, 널리 배우고 힘써 행해서 성인되기를 기약하셨다. 나이 19세에 아버지를 여의시고 어머니를 받들면서 집에 계실 적에 지극한 정성과 온화한 표정으로 봉양하셔서 효도와 의리가 있다는 칭찬이 온 나라에 알려지게 되었다.

경오년(1510)에 진사에 응시하시어 장원급제하시고, 신미년(1511)에는 모친상을 당하셨다. 을해년(1515) 여름에 조정의 신하들이 효렴(孝廉)으로써 조정에 천거해 올려서 조지서 사지를 제수하셨다. 이해 가을에 중종께서 납시는 알성(謁聖) 별시에 응시하여 을과(乙科) 제일인(第一人)으로 급제해서 성균관 전적을 받으시고, 얼마 뒤에 사헌부 감찰 예조 좌랑 사간원 정언으로 옮기셨다. 이때에 장경왕후(章敬王后)가 돌아가시자 담양부사 박상(朴祥)과 순창군수 김정(金淨)이 함께 상소해서 신씨(愼氏)를 복위해서 왕비의 자리로 회복할 것을 청하니, 조정의 의논이 마땅히 말할 바가 아니라 해서 이들을 잡아다 국문하기를 청하였다. 일이 장차 예측할 수 없게 되었을 적에, 선생께서 홀로 힘써 간해서 말씀하기를, "신씨는 진실로 복위될 수 없겠지만, 상소 가운데 논의한 내용은 또한 아주 이치에 합당하온데, 죄를 주어서 언로(言路)의 길을 막는 것은 마땅치 않습니다."라고 해서 두 공이 그리하여 죄를 면할 수 있게 되었다.

다시 보직을 옮겨 홍문관에 들어가서는 수찬·교리·응교·전한을 역임하셨다. 정축년(1517) 여름 5월에 품계가 통정대부로 오르시어 승정원 동부승지가 되셨는데, 사람들이 한결같이 말하기를 옥당(玉堂)의 어른이 되고 인군의 덕을 기를 사람은 이 사람이 아니고서는 할 수 없다고 하셨다. 겨울에 옥당으로 돌아와서 부제학이 되셨다. 이 무렵 주상께서 유학을 평생 숭상하시고 왕도정치를 펼칠 뜻을 강력하게 보여 거의 요순(堯舜) 시대와 같은 태평성대를 기대할 수가 있데 되어, 더욱 선생께 의지하고 중히 여기셨다. 선생께서는 이에 세상에서 드문 만남이라고 여겨 감동하시어, 인군을 훌륭하게 하고 백성을 윤택하게 하며, 유학을 일으키는 것으로써 자신의 책무로 삼아서 말씀하시기를, "인군의 마음은 정치를 내는 근본이니, 그 근본이 바르지 못하면 정치의 근본이 의지해서 설 수가 없고 교화가 말미암아 행해질 수가 없습니다"고 하셨다.

매번 조정에 들어가 임금을 대할 적에 반드시 마음을 가다듬고 생각을 엄숙히 해서 마치 신명(神明)을 대하듯 하시고, 아는 것은 말씀하지 않으시는 것이 없고 말씀함에 바른 말로 하지 않으시는 것이 없으셨다. 진계하여 말씀드리기를, "사람의 한마음은 본래 천지와 더불어 그 크기를 같이하고 사시(四時)로 더불어 그 운행을 같이 합니다. 그 이치는 욕심에 가려져서 큰 것이 작아지고 기질은 사욕의 질곡이 되어서 운행되던 것이 막히게 됩니다. 보통 사람도 그 폐해를 이루 말할 수가 없거늘, 하물며 인군은 세력과 지위가 높아서 교만함에 빠지기 쉽고 아름다운 소리와 빛깔의 유혹이 보통 사람보다도 만 배나 더하오니, 마음이 한번 바르지 못하고 기운이 한번 순하지 못하게 되면, 그 징조가 어둔 가운데 발하여 그 죄의 싹이 훤히 나타나서 삼강오륜이 무너지고 만물의 화육이 이루어지지 않게 됩니다. 이와 같이 되면 주상께옵서 마음을 가다듬고 하늘을 섬겨서 중화(中和)의 극진한 공을 이룬다는 것이 어떻게 되겠습니까?"라고 하셨다. 의리와 이욕과 왕도와 패도의 분별이라든가 예와 지금의 치세와 난세의 기미라든가 군자와 소인의 진퇴소장에 이르러서는, 마음속에 쌓여 있는 것을 모두 말씀하지 않음이 없이 자세히 의논하고 극진히 말씀하셨다. 혹은 밤이 되도록 임금과 함께 모두 허심탄회하게 생각하시고 이것을 경청하시면서 날마다 장려를 더하여갔다.

무인년(1518) 봄 조정에서 현량과(賢良科)를 설치해서 사람을 취하게 되자 선생께서 말씀하시기를, "임금께서 좋은 정치에 뜻을 두신 지 오래됨에도 불구하고 그 효과를 보지 못하는 것은 인재를 얻지 못하였기 때문입니다. 만일 이 법을 행하시면 인재를 얻지 못하는 것은 걱정하시지 않아도 될 것입니다"라고 하셨다. 양사와 옥당이 소격서(昭格署) 혁파를 청하였는데도 여러 달 윤허가 없자, 선생께서 정원에 나아가시어 동료들에게 일러 말씀하기를 "오늘 윤허를 받지 못하면 물러설 수 없다" 하시고, 저녁이 이르러 대간들이 모두 물러갔는데도 옥당에서 머물러 진계하시어 마침내 윤허를 받고서야 물러나셨다.

또 회녕부 성밑에 야인 속고내(速古乃)가 몰래 깊은 산 속에 사는 야인들과 통하여 갑산부 경계까지 들어와서 사람과 짐승들을 많이 노략질해갔다. 이때에 이르러서 남도병사가 비밀히 계를 올려 먼저 본도에 밀지(密旨)로 효유시키고서 이지방을 보내어, 그 상황을 살피고 몰래 엄습해 사로잡는 방법을 쓰게 하였다. 그리하여 임금께서 선정전에 납시어 임하여 보내는데 장상(將相)이 에워싸 모시었다. 이 사실을 선생께서 밖에서부터 와서 듣고는 입대를 청하여 나아가 말씀하시기를, "이 일은 마치 도적을 엿보고 속이는 방법이지 왕도(王道)로서 군사를 이용하는 방법이 아니옵니다. 또한 당당하게 큰 조정으로서 하나의 조그마한 추로들이 도적질을 하는 방법을 해서 국가를 욕되게 하고 위신을 손상시키는 것을 신은 그윽히 부끄럽게 여깁니다"라고 하니, 임금께서 즉시 명하여 다시 의논하게 하시었다. 그러자 좌우의 신하들이 간하여 말하기를 "병가(兵家)에는 기법과 정법이 있고 군사를 사용하는 데에도 경도와 권도가 있사온대, 의논이 이미 합하였사오니 한 사람의 말을 가지고서 갑작스럽게 고칠 수가 없습니다" 하고, 병조판서 유담년이 말하기를 "농사짓는 일은 마땅히 종들에게 물어야 하고, 길쌈하는 일은 마땅히 계집종에게 묻는다 하였사온대, 신은 어려서부터 북문에 출입하면서 저 오랑캐들의 실정은 자세히 알고 있사옵니다. 청컨대 신의 말씀을 들으시옵소서"라고 하였다. 그러함에도 임금님께서는 오히려 중의를 물리치고 파의해서 돌려보내시니, 임금님께서 선생님을 대접하시고, 선생님께서 임금님의 뜻을 얻은 것이 과연 두 분 다 지극하시다고 할 수가 있었다.

그 당시에 선류로 함께 뽑혀서 돌보시고 대접하심을 받은 선비가 한둘이 아니었다. 서로 더불어 협력하고 도우며 일을 분발해 일으켜서 구습(舊習)을 깎아 고치고 교화를 닦아 밝히니 선생의 법도가 차례로 거행되었었다. 『소학(小學)』으로 인재를 기르는 근본을 삼고, '향약(鄕約)'으로 풍속을 교화시키는 방법으로 삼아서 백관들이 일어나 장려하지 않는 이가 없었고 사방이 이를 위하여 바람처럼 움직였다. 그러나 제공들의 생각이 속히 하고자 하는 실수를 면치 못하였다. 대체로 건의해 아뢰고 설시(設施)를 베풂에 있어서 날카로움이 너무 드러나고 장황하면서도 천천히 하지 못하였고, 또한 연소자로서 일을 좋아하는 사람들이 시세에 영합해서 북 치듯 일어나서 어지러운 자가 사이에 많이 섞여 있었다. 그리하여 구신(舊臣) 중에 시의에 용납되지 못하고 일 때문에 공격을 받던 자의 원망이 깊이 골수에 숨어 있는 자가 있게 되었다. 선생께서는 대개 이미 일찍이 그 기미를 보시고 도(道)가 행해지기 어려운 것을 아셔서 그 자리를 떠나고 싶어하신 지가 오래셨다.

이 해 겨울 임금께서 특별히 명하여 선생을 가선대부(嘉善大夫)에 승진시키시고 사헌부 대사헌(大司憲) 겸 세자좌빈객 동지성균관사를 배수하시니, 선생께서 더욱 빨리 승진하는 것을 크게 두려워하셔서 간곡하게 힘껏 사양하였으나, 임금께서 돌보심이 더욱 높고 더욱 허락하지 아니하였다. 어떤 이가 선생께서 마침내 사퇴를 하지 못하고서 걱정하시는 빛이 얼굴에 가득하셔서 어찌할 줄을 몰라 하시는 것을 보았다고 하였다.

기묘년(己卯年, 1519, 중종 14) 봄에 김우증이란 자가 사림을 무고함이 있었다. 사건이 발생하자 조정에서 심문을 하는데 선생께서는 대사헌으로 여기에 참여하셨다. 양사가 몸소 김우증을 다스리지 않는다는 것으로써 논란이 일게 되었고, 이 일로 체직되었지만 정부의 계에 따라서 계속해서 대사헌을 맡으셨다. 그 뒤 조정에서 정국공신(靖國功臣) 중에 공이 없이 지나치게 받은 자의 녹권을 추탈하고자 하는 것을 의논하는데 선생께서도 또한 그 의논에 참여하였다. 대개 이때 선생께서 이미 떠나실 수가 없었으니, 그 기강을 파악하여 탁한 것을 격동시키고 맑은 것을 드날리며 행할 것을 명령하고 그칠 것을 금하는 것은 당연한 것이었다.

그러나 돌아보건대 시세에 크게 걱정스러운 것이 있어 일에 임하여 부득불 조제하려는 뜻을 갖지 않을 수 없었다. 신상(申鏛), 이자(李耔), 권발(權撥)과 같은 분의 소견이 모두 그러하였다. 때문에 시의에 따라 도에 맞지 않음이 없었는데도 저 교만스럽고 격동하고 경예스런 무리들은 도리어 선생께서 그들에 의지해 어기고 구차히 따라 자취가 간사한 무리들과 같다면서 배척하고 탄핵하고자 하기에 이른 것이 두어 번 있었다. 앞서 이 원수들이 곁에 있으면서 이를 갈고 혀를 차면서 날마다 틈을 기다리고 기회를 엿보다가 큰 화가 홀연히 신무문(神武門)을 여는 변을 일으켰으니, 슬프도다! 가히 이루 다 말할 수 있겠는가.

그날의 일은 『조선왕조실록』 등에 기록되어 있는데, 영의정 정광필(鄭光弼)이 울면서 임금의 소매를 잡으니 정성이 하늘에 감동되어 다행히 우레와 번개 같은 위엄이 조금 가라앉게 되었다. 성균관의 제생들이 대궐을 향해 울부짖으며 다투어서 금부에 갇히고자 하였는데, 마침내 참소하는 자의 입에 구실을 더해주었으니 이것은 소동파(蘇東坡)가 장방평(張方平)에게 토설하면서 자기를 구원해달라는 것을 말한 것과 같은 것이었다.

선생께서 11월 어느 날에 능성(綾城)으로 귀양 가셨고 후명(後命)을 받으신 것은 12월 20일이었다. 선생께서 곧 목욕하고 옷을 갈아입으신 후 조용히 도사에게 말씀하기를, "주상께서 신에게 사형을 내리실 적에 합당한 죄명(罪名)이 있을 것이니, 청컨대 조용히 듣고서 죽겠노라"고 하시니 도사가 대답이 없었다. 선생께서 또 말씀하시기를, "임금 사랑하기를 어버이 사랑하듯 하였고, 나라 걱정하기를 집안 걱정하듯 하였노라. 밝은 해가 이 세상을 내리비추니 거짓 없는 나의 마음을 훤히 밝혀주리라" 하시고, 드디어 돌아가시니 향년 38세이셨다. 명년 모월 모일에 용인현 심곡리 선인의 산소 계신 곳에다 장례를 모셨다.

선생께서는 천자(天資)가 심히 특이하여 보통 사람보다 뛰어났다. 난(鸞)새가 머무는 듯, 곡(鵠)새가 멈추는 듯하시며, 옥(玉)이 윤택하고 금이 정밀한 것과도 같으시고, 또 성한 난초(蘭草)가 향기를 뿜고 흰 달이 빛을 드날리는 것과 같으셨다. 나이 17~18세에 개연히 도(道)를 구하려는 뜻이 있으셨다. 때에 참판공이 어천찰방(魚川察訪)이 되셨는데 한훤당(寒暄堂) 김굉필(金宏弼) 선생께서 희천(熙川)에 유배되어 계셨다. 선생께서 본래 한훤 선생의 학문이 연원(淵源)이 있음을 듣고 인하여 그곳에 나아가 스승을 따라 노닐면서 학문을 하는 큰 방법을 얻어 들으셨다.

대개 우리 동국(東國)에 선정(先正)의 도학(道學) 공부가 비록 문왕(文王)을 기다리지 아니하고서도 일어날 만한 것이 있기는 하나, 그러나 그 귀결은 마침내 절의(節義)와 장구(章句)와 문장 사이에 있고 그 오로지 자기를 위하는 것만 일삼아서 진실과 실천으로 학문하는 것을 구한 자는 오직 한훤당이 그러하였다. 선생께서 이에 능히 난세를 당하시어 험난을 무릅쓰면서도 그를 스승으로 섬기시니, 비록 그 당시에 강론하시며 주고받으신 뜻을 얻어들을 수는 없으나, 선생께서 뒷날에 도에 향하시는 정성과 학업에 뜻을 두시는 탁월한 것이 저와 같은 것을 보건대, 그 발단(發端)은 바로 여기에 있었던 것이다. 다만 가히 볼 수 있는 실제를 가지고 말한다면 그 학문을 함에 있어서『소학(小學)』을 철저히 믿고,『근사록(近思錄)』을 높이 숭상하여 모든 경전에서 발휘하시고, 그 평소에는 이른 아침부터 깊은 밤까지 몸가짐을 엄숙히 하여 엄연하고 숙연하여 관복과 위의가 혹시라도 법에 어김이 없으시고 말씀과 행동에 있어서도 옛 교훈을 근거로 하시니 이것이 그 공경함을 가지는 방법이었던 모양이다.

일찍이 천마산(天磨山)에 들어가시고 또 용문산(龍門山)에 들어가셔서 강습하는 틈에도 올연히 우뚝 혼자 앉아서 하루를 마치고, 마음을 침잠하되 하느님을 대하듯 하셔서 성품의 근본을 함양하시고 괴로움을 참고 명심하고 힘쓰기를 다른 사람이 일찍이 미치지 못할 바가 있었으니, 이것이 바로 그 주정공부(主靜工夫)였던 것이다.

효도하고 우애하던 행실은 천성에서부터 나와서 날마다 가묘(家廟)에 참배하기를 비바람에도 폐하지 아니하셨다. 부모님을 봉양하면서 복종하고 순종하는 것을 곡진히 하지 않음이 없었고, 집을 다스리는 것은 바름으로써 하여 안과 밖이 절연하게 분별되어 은혜와 신의가 행해지셨다. 청백한 절개로써 스스로 갈고 닦아 스스로 기약하기를 마치 한사(寒士)와 같이 하셨다. 일찍이 부인(夫人)에게 일러 말씀하시기를 "내가 국사(國事)에 마음을 두어서 가사(家事)를 생각할 겨를이 없소." 하시고는 집을 경영하지 않았고, 인사 청탁이 통하지 않았으며 부리는 시종들을 집안에 들이지 않으시니, 그 몸을 살피고 사욕(私欲)을 극복하여 항상 미치지 못하는 것이 있는 것 같이 하셨다.

젊어서 우연히 여색(女色)을 만나게 되었는데 장차 가까이 하려고 다가오자 곧 쫓아버리고 그를 피하셨다. 또한 술이 성품을 해친다는 경계를 가지시어 친구들이 술로 인해서 행의(行儀)를 잃는 것을 보면 또한 엄하게 책망을 더하셨다. 상사(喪事)를 당하여서는 근심으로 슬퍼함을 극진히 하고 먼 조상에 있어서도 정성을 다하셨다. 후학들을 권장해 가르치실 때는 각각 그 재주에 따라 하시고, 이단(異端)을 물리치심에는 먼저 근본을 바르게 하고자 하시고 평소의 행동이 들림이 있으셔서 재주는 족히 세상을 거느릴 만하였다. 영웅처럼 빛남이 외부에 나타나 풍의(風儀)가 족히 사람을 감동시킬 수가 있었다. 일찍이 연대어좌(輦臺御坐)에 선생께서 대사헌으로서 반열에 참여하셨다가 그 일로 인하여 빠져나오실 때 추장하여 앞을 지나가셨는데, 그 의표(儀表)를 바라보던 백관(百官)들이 모두 쏠려서 교문(橋門)을 에워싼 사람들이 감탄하고 탄식하지 않는 자가 없었으니 이 모습을 이루 다 형용할 수 없었다. 그 일시에 쏠림이 이와 같으시고 그 자임(自任)을 중하게 여기시어 평소에 이르기를, "우리 임금께서 요순(堯舜)과 같은 분이 될 수 있고, 우리 백성도 요순의 백성처럼 어질고 수(壽)를 누릴 수 있다" 하시니, 그 충성심은 금석(金石)을 뚫을 만했고, 그 용맹은 분육(奔育)을 빼앗을 수 있어서 자신만을 생각하지 않는 왕의 충신으로서 구오(九五)가 성한 즈음에 나아가서는 날마다 세 번 접견하심이 있으시고, 물러가시면 사람들이 다투어 손을 머리에 올려 바라보니, 이는 가히 위아래가 서로 기뻐한 것이요, 천년 동안에 한번 만나는 기회〔千載一遇〕였다.

그런데 어찌해서 하느님은 음(陰)으로 도와서 그 상하 사이에 무지개를 놓듯 연결시키지 못하시고, 임금님은 그 뜻이 크게 행하는 것을 보지 못하시며, 백성들은 그 은택이 널리 퍼지는 것을 입지 못하게 되셨으니, 이는 곧 시운(時運)과 관계가 있고 나라의 액운(厄運)에 매여 있는 것으로서 천지(天地)가 유감스럽게 생각하는 바이고 귀신(鬼神)이 선생에게 희롱한 것이니 어찌하겠는가?

더구나 선생께서 일찍이 상사(上舍) 허백기(許伯琦)와 더불어 젊은이들이 해괴한 놀음의 풍속이 있다 말씀하시고, 또 수재(秀才) 성수침(成守琛)에게는 '향약(鄕約)'이 잘 행하여지지 않는 어려움을 걱정하셨으니, 자임하심이 비록 중하시나 고집하고 기필하는 뜻이 있는 것은 결코 아니었다. 대사헌에 제수되시어서는 힘써 사양하시었으나 사면을 얻지 못하였다. 그러자 그 일에 대하여 저렇게 깊이 걱정하심을 보고 기준(奇遵) 선생께서 일찍이 산림에 홀로 가겠다는 탄식을 발하여 함께 자주 산림에 드심을 즐겁게 여기셨다. 그런즉 선생께서 급류에서 용퇴(勇退)하려는 마음은 본래 그 평소에 늘 가지고 있던 뜻이었던 것이다.

돌아보건대 근래 사대부(士大夫)를 대접함에 옛 의리(義理)를 따르지 아니하여 조정에서 떠나기를 구하는 예조차 아예 없애버리니, 신하들이 벼슬을 그만둘 수 있는 길을 끊어버린 것이다. 그래서 한번 조정에 들어서게 되면 스스로 병으로 버려지거나 죄(罪)로 배척되는 경우 외에는 나라를 떠날 길이 없었으니, 비록 선생께서 뜻이 맞지 아니해서 물러가기를 도모하고 기미를 보시고 용퇴하고자 하신들 그 능히 그 뜻을 이룰 수 있었겠는가? 이미 능히 그 용퇴함을 이룰 수 없었으니 화(禍)와 환(患)이 돌아옴에 또 어찌 가히 슬기와 계교로써 면함을 구할 수 있었겠는가? 이런 것이 선생이 만났던 처지가 더욱 어려운 일이었음을 알 수 있는 것었다.

비록 그러하나 해와 달의 빛은 의구하여 흉기(凶氣)가 가려진 것을 풀어서 밝히고, 의리(義理)와 감동(感動)은 오랠수록 시비(是非)의 정의에 더욱 깊어져서 중종(中宗)께서도 끝내는 천심(天心)으로 통찰하고자 되었다. 의심이 씻겨 진실로 이미 환히 은혜로운 징조가 있게 되었으니 인조(仁祖)가 즉위함에 이르러 묘당(廟堂)에서 거듭 논함으로 인하여 성균관(成均館)에서도 무고함을 임금께 호소하게 되었다. 이에 능히 선왕의 뜻을 추모하고 선생의 직첩(職牒)을 처음과 같이 회복(回復)하도록 명하였으니, 아! 천도(天道)의 근본이 떳떳함이 있고 인심(人心)을 진실로 속이기 어려우니 요(堯)임금이 펼치신 뜻이요, 순(舜)임금이 아름다움으로 이루신 내용이다.

이로부터 선비의 학문이 방향을 알 수가 있게 되었고 세상을 다스리는 것이 이로 인해 분명히 밝혀질 수 있었다. 사문(斯門)이 힘을 입어서 땅에 떨어지지 않게 되었고, 국맥(國脈)이 이를 힘입어서 무궁하게 되었다. 이것으로 말미암아 말한다면, 일시적으로 사림(士林)이 입은 화(禍)가 비록 애석하다고 할 수 있으나 선생이 도(道)를 높이고 학문을 창건하신 공[崇道倡學]은 또한 가히 후세에 미쳤다고 말할 수가 있다.

또한 일설(一說)이 있으니, 주나라가 쇠한 이래로 성현의 도가 세상에 잘 행해질 수는 없었으나 이후 만세토록 행해질 수 있었다. 무릇 공자(孔子), 맹자(孟子), 정자(程子), 주자(朱子)의 덕과 재주로써 왕도(王道)를 일으킬 수 있는 것이 마치 손을 뒤집는 것과 같이 쉬운 것인데도 불구하고 마침내 성취된 것을 보면 불과 교훈을 세워서 후세에 물려주는 데[立言垂後] 그칠 뿐이었다. 그 까닭은 왜 그러한가? 하늘에 관계되는 것은 진실로 알 수가 없거니와 사람에 대해서도 또한 한마디로 논평하는 것은 할 수가 없다. 그렇다면 선생께서 세상에 나아가심에 이미 이러한 것으로써 이름이 있으시니, 세상에서 할 수 없었던 것은 괴이할 것이 없다. 다만 한이 되는 것은 그 은퇴하여 능히 그 실질적인 것을 크게 천명하셔서 우리 동방(東方)의 후생(後生)들에게 다행하게 하지 못하신 것이다. 또한 무릇 하늘이 큰 책임을 이 사람에게 내리실 적에 어찌 능히 한번 일찍이 성공하는 데 족하게 할 수가 있겠는가? 그 반드시 중기(中期)와 만기(晩期)에 누적하고 배불리 한 뒤에 크게 갖추게 될 것이다. 만일 선생으로 하여금 애당초 성세에 급히 기용되지 않고 편안히 집에서 생활한 나머지 궁한 여염 속에 은거하면서 더욱 이 학문에 힘을 기울여 갈고 닦고 함양해서 오랜 세월을 쌓았더라면 궁리하고 연구하는 것이 관철되어 더욱 고명해졌을 것이고, 축적하고 기른 것이 높고 깊어졌을 뿐 아니라 더욱 넓고 두터워져서 작연(妁然)히 정자(程子)와 주자(朱子)의 근원을 깊이 탐구하고, 공자(孔子)의 영향을 접할 수가 있었을 것이다. 무릇 이와 같이 되면 그 한때를 만나는 것은 행해져도 또한 가할 것이고, 행치 못하더라고 또한 가할 것이다. 그러니 믿을 수 있는 것은 이 도(道)와 이 사람의 처지가 교훈을 세워서 후세에 드리운 한 가지 사업이 있을 뿐이라는 것이다.

지금 선생께서 그렇지 못하여, 첫째 불행(不幸)한 것은 발탁되고 등용되어 차서 없이 등용되셨던 것이고, 두 번째 불행한 것은 은퇴하기를 구하였으나 뜻을 이루지 못한 것이고, 세 번째 불행한 것은 귀양 가신 곳에서 곧 돌아가신 것이다. 그런 까닭에 중년이나 만년에 쌓아 포개고 배불리 먹는다는 것은 다 생각할 겨를이 없었던 것이고, 그 교훈을 세워서 후세에 드리울 수 있는 일에서도, 또한 이미 미칠 수 있는 바가 없으셨다. 그런 즉 하늘이 이 분에게 큰 책임을 내리시는 뜻이 마침내 어찌 된 셈이었던가?

이런 까닭에 오늘날에도 그 실마리를 찾아 인심(人心)을 밝히고 정학(正學)을 열고자 한다면 아마 단적으로 가히 근거할 만한 것이 있지 못하고 속단하려는 무리와 느긋하게 하자는 얘기들이 나와 도리어 화복(禍福)과 성패(成敗)의 사이에서 초월하지 못하는 것이다. 세도가 더욱 투박하게 흘러 이에 방사(放肆)하게 지목해서 서로 비방(誹謗)하여 몸을 처신하는 자는 꺼리는 바가 있었고, 자식을 가르치는 자는 선량한 이를 경계하고 원수로 삼게 되었다. 그리하여 이것을 본받아 더욱 우리 도(道)는 병이 들게 되었으니, 아아 이것이 어찌 요(堯)임금이 끼친 뜻이며 순(舜)임금이 능히 추종해서 이 도를 부식하고 국맥(國脈)을 오래게 하던 왕성한 뜻이 될 수 있었겠는가? 이 점은 또한 후세의 성군(聖君)과 현상(賢相)과 모든 세도(世道)의 책임을 진 자들이 마땅히 깊이 걱정하고 길이 거울삼아서 힘써 구원해야 할 것이다.

그래서 근년 이래로 종전과는 달리 다시 좋고 나쁜 것을 명시하는 자가 한둘에 그치지 않게 되었다. 또 세상에 선비된 자가 왕도(王道)를 높이고 패술(霸術)을 천히 여기며 정학(正學)을 숭상하고 이단(異端)의 교육을 배척할 줄 알게 되어 도를 다스리는 데에 반드시 수신에 근거해서 쇄소·응대로부터 궁리·진성에 이르기까지 점점 능히 흥기하고 분발하여 하는 것이 있게 되었으니, 이것이 그 누구의 공이며 누가 시켜서 그러한 것이겠는가? 곧 하느님의 뜻을 여기서 볼 수가 있고, 성조(聖祖)의 교화가 여기에서 무궁하게 되었다.

선생의 부인은 첨사 이윤형(李允洞)의 따님이시다. 두 아들을 낳으시니 장남은 정(定)인데 일찍 돌아가고, 막내는 용(容)인데 지금 전주 판관이 되었다. 선생이 돌아가실 때 두 아들이 모두 어렸으며, 또한 두려워하고 피하는 바가 있어서 뜻하신 것과 행하신 것을 오래도록 글로 기록하지 못해서, 그 사적이 사람의 이목에 남아 있는 것이 점점 인멸하기에 이르렀다. 중간에 홍인우(洪仁祐)가 행장(行狀) 하나를 찬하였는데, 왕년에 판관이 그 종질 충남(忠男)을 보내어 홍인우가 쓴 행장을 가지고 나에게 와서 말하기를 "비석이 이미 갖추어졌으니 청컨대 명(銘)의 글을 만들어서 묘도(墓道)에 표하고자 한다."고 하였다. 내가 문장을 못한다는 구실로써 사양하고 또한 말하기를, "비문을 짓고자 할진대 마땅히 먼저 행장을 구하는 것이 도리이다. 이제 홍인후의 행장을 보니 자못 소략하다. 모름지기 다시 널리 찾아서 사적을 많이 얻고, 당세의 대가를 구해서 행장을 보완한 뒤에 천천히 비문을 도모하더라도 늦지 않다"고 하였다.

근일에 판관이 또 사람을 시켜 편지를 보내고 아울러 『음애일록(陰崖日錄)』 등 두어 가지 문헌을 보이면서 말하기를, "사적을 많이 얻을 길이 없고, 사방을 돌아다봐도 우리 선친을 위해 즐겨 붓을 들 자가 없기에 감히 두세 번 욕되이 청한다" 하니 말씀과 정의가 심히 애석하였다. 내가 스스로 생각건대 비록 선생의 문하(門下)에서 공부하지는 못했지만 선생의 영향을 받은 것은 많았는데, 이미 비명(碑銘)을 사양하였는데, 또 행장을 쓰지 않으면 어찌 인정이 있는 곳에 일이 따른다는 것을 말할 수 있겠는가? 또한 홍인우는 학문에 뜻을 둔 선비요, 선생과 같은 마을의 사람이기에 그 행장을 찬 것이 비록 간략하기는 하나 반드시 증거할 만한 것이 있을 것이다. 그러므로 이에 그 행장 뒤에 구한 문헌을 참작하여 조금 은괄(隱栝)하고 가감(加減)하는 것을 더해서 이 행장을 만들었다. 그리고 또한 판관의 효성스런 간청에 조금이나마 보답하고, 또 계속해서 듣고 보는 것이 있으면 거의 이것으로 인해서 완성할 수 있는 여지를 삼는 데 비길 뿐이다. 만일 이것으로써 후일에 붓을 잡는 자가 참고하고자 한다면 선생의 학문과 사업과 언론과 풍지는『조선왕조실록』등에 실려 있으므로 사모하고 제영(題詠)하는 자들에게 전파된 것이 더욱 많을 것이다. 그러니 어찌 이 행장에 적힌 것이 모든 기록이라고 하겠는가? 가정사십삼년 갑자년(1564) 월 일에 진성(眞城) 이황(李滉)은 삼가 행장을 찬하노라.

行狀

先生姓趙氏 諱光祖 字孝直 自號靜菴 趙氏 爲漢陽著姓 七代祖良琪 仕高麗爲摠管 入元 當世祖朝 以副帥破哈丹兵 獻俘 帝賜袍帶 奬之 高祖諱溫 爲本朝開國功臣 封漢川府院君 謚良節 漢川生義盈庫使諱育 贈吏曹參判 參判生成均館司藝諱衷孫 贈禮曹判書 判書生諱元綱 官至司憲府監察 贈吏曹參判 是爲先生皇考 妣驪興閔氏 縣監誼之女 以成化壬寅八月十日生先生 先生生有美質 少小嬉戱 已有成人儀度 稍見人非違 輒能指言之 及長 知讀書修業 慷慨有大志 獨不屑意於科擧之文 而興慕聖賢之風 博學力行 期於有成 年十九而孤 奉母家居 至誠色養 孝義之稱 達於邦國 正德庚午 試進士居魁 辛未 丁內艱 至乙亥夏 廷臣有以孝廉薦聞 除造紙署司紙 是年秋 應中廟謁聖別試 登乙科第一人及第 授成均館典籍 俄遷司憲府監察 禮曹佐郞 司諫院正言 章敬王后之喪也 潭陽府使朴祥 淳昌郡守金淨 同上疏 請復愼氏 正坤位 朝議以爲非所當言 請拿鞫 事將不測 先生獨力爭曰 愼氏 固不可復 疏中所論 亦大有理 不宜加罪 以塞來言之路 二公 由是得免 選入弘文館 自修撰 歷校理 應敎 典翰 儒先錄 此下有直提學三字 丁丑夏五月 儒先錄 作戊寅春止月 陞秩通政大夫 儒先錄 此下有拜副提學五月遷七字 承政院同副承旨 僉以爲長玉堂 養君德 非此人不可 冬 儒先錄 作尋 還玉堂 爲副提學 主上雅尙儒術 銳意文治 庶幾復見唐虞三代之盛 而尤倚重先生 先生於是 感不世之遇 以致君澤民 興起斯文爲己任 以爲君心出治之本也 其本不正 則政體無依而立 敎化無由而行矣 每入對 必齊心肅慮 如對神明 知無不言 言無不讜 其進啓之辭 若曰 人之一心 本與天地同

其大 四時同其運 由其理蔽於欲 而大者小 氣梏於私 而運者塞 在常人 其
害有不可勝言 況人君 勢位高亢 易致驕溢 而聲色誘陷 萬倍常人 心一不正
氣一不順 則兆應於冥冥 而孼作於昭昭 彝倫斁 而萬物不遂 夫如是 主上所
以存心事天 以致中和之極功 當如何也 至於義利王霸之辨 古今治亂之幾
君子小人進退消長之戒 無不罄竭底蘊 詳論而極言之 或至日昃 上皆虛心傾
竦而聽之 日加獎厲 戊寅春 儒先錄 作是年秋 朝廷欲設賢良科取人 先生
啓曰 以上之志治 久未有成效者 由不得人才故也 若行此法 人才不患不得
也 兩司與玉堂 請罷昭格署 累月不允 先生詣政院 謂同僚曰 今日未蒙允
不可退 至夕 臺諫皆退 玉堂仍留論啓 得允乃出 始會寧府城底野人速古乃
潛與深處野人通謀 入甲山府界 多掠人畜 至是 因南道兵使祕啓 先論密旨
于本道 遣李之芳 往令其伺隙掩捕 置之法 上御宣政殿 臨遣 將相諸臣環侍
先生自外來 請對 進曰 此事 正類盜賊狙獪之謀 非王者禦戎之道 且以堂堂
大朝 爲一么麽醜虜 行盜賊之謀 辱國損威 臣竊恥之 上卽命更議 左右爭言
兵家有奇正 御戎有經權 詢謀已同 不可以一人之言遽改 兵曹判書柳聃年曰
耕當問奴 織當問婢 臣自少出入北門 彼虜之情 臣實備諳 請聽臣言 上猶却
衆議 罷遣 上之待先生 先生之得君 可謂兩至矣 其一時 以善類同超擢被眷
遇者 非一二 相與協力贊襄 奮起事功 刬革宿弊 修明敎條 先王法度 次第
舉行 小學爲育才之本 鄕約爲化俗之方 百僚無不聳勵 而四方爲之風動矣
然而諸公之意 未免失於欲速 凡建白施設 鋒穎太露 張皇無漸 亦有年少喜
事之人 投合時好 以鼓作紛紜者 多厠其間 舊臣之不容時議 因事見攻者 怨
入骨髓 先生蓋已早見其幾 知道之難行 而欲避位久矣 是冬 上特命陞先生
嘉善大夫 拜司憲府大司憲 兼世子左賓客 同知成均館事 先生益以驟躋爲大
恐 控懇力辭 上眷愈隆 愈不許 人有見先生終不得辭而退也 憂懣之色滿容
而無如之何也云 己卯春 有金友曾者 誣毀士林 事發廷訊 先生以臺長參焉
兩司以先生不欲窮治友曾論遞 已而用政府啓 仍任 厥後 朝論欲追奪靖國功
臣之無功濫授者錄券 先生亦同其議 蓋是時 先生旣不得去 則其所以把握紀
綱 激濁揚淸 而令行禁止者 在所當然矣 顧於時勢 有大可憂者 故臨事 不
得不稍存調劑之意 其他如申公鏛 李公耔 權公橃所見 皆然 乃隨時之義 莫

420

非中道 彼矯激輕銳之倫 反以先生爲依違苟徇 迹同憸邪 至欲斥擧彈劾者
數矣 不知向之群怨在傍 磨牙鼓吻 日俟間隙 而駭機大禍 忽作於開神武之
變 嗟乎 可勝言哉 可勝言哉 當日之事 自有國乘 然而首相之涕泣牽裾 誠
動于天 幸有以少霽雷霆之威 諸生之守闕號哭 爭囚禁府 適足以益藉讒鋒之
口 此蘇軾所以吐舌於張方平救己之言也 先生以十月日 謫于綾城 而後命之
至 在十二月二十日矣 先生卽沐浴更衣 從容謂都事曰 主上賜臣死 合有罪
名 請恭聽而死 都事無應 先生又曰 愛君如愛父 天日照丹衷 遂卒 享年三
十八 明年某月日 歸葬於龍仁縣某里先人之兆 先生天分異甚 絶出等夷 鸞
停而鵠峙也 玉潤而金精也 又如猗蘭播芬 而皓月揚輝也 年十七八 慨然有
求道之志 時參判公爲魚川察訪 寒暄金先生 謫在熙川 先生素聞寒暄學有淵
源 因趨庭于彼 而往從之遊 得聞爲學之大方 蓋我東國先正之於道學 雖有
不待文王而興者 然其歸終在於節義章句文詞之間 求其專事爲己 眞實踐履
爲學者 惟寒暄爲然 先生乃能當亂世 冒險難而師事之 雖其當日講論授受之
旨 有不可得而聞者 觀先生後來嚮道之誠 志業之卓如彼 其發端寔在於此矣
姑以可見之實言之 其爲學也 篤信小學 尊尚近思 而發揮於諸經傳 其在平
居 夙夜斂飭 儼然肅然 冠服威儀 罔或愆度 出言制行 動稽古訓 其持敬之
法也歟 嘗入天磨山 又入龍門山 講習之暇 兀坐終晷 潛心對越 涵養本原
堅苦刻厲 人所莫及 其主靜之學也歟 孝友之行 出於天性 日拜家廟 風雨不
廢 奉養承順 靡不曲盡 治家以正 內外截然 而恩信行焉 以淸節自砥礪 自
奉如寒士 嘗謂夫人曰 吾心國事 不暇念家事 宅產無營也 關節不通也 驕直
不納也 其省身克己 常若有不及者 少日 偶値女色 將近 卽麾去而避之 尤
持麴蘖害性之戒 見朋及之因酒失儀 亦加峻責焉 居喪極憂戚 追遠盡誠敬
獎進後生 各因其材 論闢異端 欲先正本 素履有聞 而才足以率世 英華發外
而風足以動人 嘗於下輦臺御坐 先生以大憲從班 因事挺身而出 趨而過前
望其儀表 百僚盡傾 環橋門者 莫不咨嗟嘆息 語不容口 其爲一時聳服如此
而其自任之重也 謂吾君可以爲堯舜 謂吾民可以躋仁壽 其忠貫金石 其勇奪
賁育 以匪躬之王臣 當九五之盛際 進則日有三接 退則人爭手額 斯可謂上
下交欣 千載一時矣 奈之何 天不能不使陰沴 蟊蜮於其間 而上不見其志之

大行 下不蒙其澤之普被 是則關時運 繫邦厄 天地之所憾 而鬼神之所爲 戲
於先生何哉 而況先生嘗與許上舍伯琦 言童丱之駭俗 又對成秀才守琛 憂鄉
約之難行 則自任雖重 非有固必之意也 觀其力辭憲長而不得免也 憂之之深
如彼 奇公遵 嘗發山林獨往之歎 亟稱愜焉 則急流勇退 本其雅素之志也 顧
近世 待士大夫 不循古義 亡求去得請之例 絶臣僚致仕之路 一立于朝 自病
棄罪斥之外 無從而去國 則雖先生 不合而圖退 見幾而欲作 其能遂其志乎
旣不能遂其退 則禍患之來 又烏可以智計求免 此其先生所遭者 爲益難也
雖然 日月之光 依舊明於氛翳之釋 義理之感 久愈深於是非之定 中廟欲未
乾心洞鑑 而物論昭雪 固已有渙恩之漸矣 迨仁廟卽阼 因廟堂申論 館學籲
天 於是 克追先志 命復先生職秩如初 嗚呼 天道之本有常 而人心之固難誣
矣 放勳之有遺意 而重華之所成美矣 自是 士學因可以知方 世治因可以重
熙矣 斯文可賴而不墜 國脈可賴而無疆矣 由是言之 一時士林之禍 雖可謂
於惄 而先生崇道倡學之功 亦可謂漸及後世矣 抑又有一說焉 自周衰以來
聖賢之道 不能行於一時 而惟得行於萬世 夫以孔孟程朱之德之才 用之而興
王道 猶反手也 而其終之所就 不過曰立言垂後而止耳 其故何哉 在天者 固
不可知 而在人者 又未可以一槩論也 然則先生之進 旣以是名 其不得有爲
於世 無怪也 獨恨夫退不克大闡其實 以幸我東方之來者耳 且夫天將降大任
於是人也 豈能一成於早而遽足哉 其必有積累飽飫於中 晩而後大備焉 向使
先生 初不爲聖世之驟用 得以婆娑家食之餘 隱約窮閻之中 益大肆力於此
學 磨礱沈涵 積以年時之久 研窮者 貫徹而愈高明 蓄養者 崇深而愈博厚
灼然有以探源乎洛建 接響乎洙泗 夫如是 則其遇於一時者 行亦可也 不行
亦可也 所恃以爲斯道斯人地者 有立言垂後一段事爾 今先生則未然 一不幸
而登擢大驟 再不幸 而求退莫遂 三不幸 而謫曰斯終 向之所謂積累飽飫於
中晩者 皆有所不暇矣 其於立言垂後之事 又已無所逮及焉 則天之所以降大
任於是人之意 終如何也 用是之故 由今日 欲尋其緒餘 以爲淑人心 開正學
之道 則殆未有端的可據之處 而齗齗之徒 悠悠之談 反不能脫然於禍福成敗
之間 以至世道之益媮 則乃有肆作指目 以相訾謷 行身者 有所諱 訓子者
以爲戒 仇善良者 用爲嚆矢 以重爲吾道之病焉 嗚呼 此豈是放勳之遺旨 重

華之克追 以爲扶斯道 壽國脈之盛意哉 此又後來聖君賢相 與凡身任世道之
責者 所宜深憂永鑑而力救之者也 故邇年以來 所以轉移更張 而明示好惡者
非止一二 世之爲士者 猶知尊王道 賤霸術 尚正學 排異敎 治道必本於修身
灑掃應對 可至於窮理盡性 而稍稍能興起奮發而有爲焉 此伊誰之功 而孰使
之然哉 則上天之意 於是乎可見 而聖朝之化 於是乎爲無窮矣 先生內子 僉
使李允泂之女 生二男 長曰定 早卒 季曰容 今爲全州判官 先生之歿 二子
皆幼 且有所畏避 志行之述 久未有屬筆 而其事蹟之在人耳目者 漸至湮滅
中間 洪上舍仁祐 撰行狀一道 往年 判官遣其從姪忠男來 以洪狀抵滉曰 碑
石已其 請爲銘文 以表於墓道 滉以不文辭 且謂曰 欲作碑文 當先求行狀
可也 今觀洪狀 殊疏略 須更可博訪 多得事蹟 而求當世大手之人 補完行狀
而後 徐圖碑文 未晚也 近判官 又遣人致書 竝示陰崖日錄等數件文字曰 事
蹟無緣多得 而四顧無肯爲吾先把筆者 敢再三瀆請 詞情甚哀 滉自念雖不及
摳衣於先生之門 受先生之賜則多矣 旣辭碑銘 又不爲行狀 豈情至事從之謂
哉 且洪 乃志學之士 又先生里閈人也 其爲狀雖略 必有所徵據 故乃就其狀
中 參以後得文字 稍加檃栝添減而爲此文 姑以少塞判官之孝懇 又擬續有聞
見 庶可因此 而爲完就之地耳 若謂以此 而可爲他日秉筆者考焉 則先生之
學問事業 言論風旨 載之史冊 播於思詠者 尤多焉 安可以是限之哉 嘉靖四
十三年甲子月日 眞城李滉 謹狀

2. 묘지명(墓誌銘)[2]

율곡(栗谷) 이이(李珥)

기묘년(己卯年, 1519) 겨울 12월 20일에 정암선생 조공께서 능성적소
(綾城謫所)에서 돌아가시니, 이듬해 용인 심곡리에 돌아와 장례를 모셨

---

2 번역문은 『수정재역 정암선생문집』을 참고하였다.

는데, 그곳은 선영산소가 있었던 곳이다. 정사년(丁巳年, 1557) 12월 24일에 그 서쪽 수백 보 되는 곳에 다시 이장해 모시고, 부인(夫人) 이씨(李氏)를 함께 모셨다.

경진년(庚辰年, 1580)에 성균관 유생들이 한결같은 말씀을 올리기를, "오직 선생의 은택이 사라지지 아니하였기에 지금까지 선비들이 선생의 은택을 받았사오니, 그 덕을 높이고 그 공을 보답함에는 마땅히 융숭한 은전을 극진히 해야 할 것입니다. 아직 신도(神道)에 비(碑)가 없고 산소에 지(誌)가 없어서, 공경(恭敬)을 밝히고 공열(功烈)을 드날려 무궁한 뒷날에 빛낼 수가 없습니다" 하였다. 이에 서로 힘을 합쳐 재물(財物)을 모으고 역사(役事)를 시작하고 공장인을 수집해서 농석(礱石)을 마련하고자 하였는데, 조정 신하들이 위로는 묘당(廟堂)으로부터 아래로는 지방 관원에 이르기까지, 또는 궁벽한 시골의 선비에 이르기까지, 진실로 선생의 풍도(風度)를 들은 사람이면 모두가 다투어 서로 도왔다. 그리하여 큰 수고 없이 일이 잘 이루어지게 되니 묘지명(墓誌銘)을 나에게 청해왔는데, 내가 그러한 인물이 못 된다는 말로 거듭 사양하였으나 뜻대로 되지 못하였다.

선생의 도덕과 업적을 우러러 생각해보건대『조선왕조실록』등에 밝게 실려 있고, 퇴계(退溪) 이황(李滉) 선생께서 그 행장(行狀)을 지으시고, 소재(蘇齋) 노수신(盧守愼) 정승께서 신도비명(神道碑銘)을 쓰셨으니, 어찌 남은 말이 있어서 더 보탤 것이 있겠는가?

돌아보건대 이미 묘지명을 짓기로 응했기에 말이 없을 수는 없어서, 이에 간략히 세계(世系)와 실천하신 내력(來歷)과 그 자질(資質)과 그 학행(學行)과 그 베푸신 업적(業績)과 그 자손(子孫)에 대한 것을 서술하고, 아울러 선악(善惡)과 화복(禍福)과 천명(天命)의 비색(否塞)하고 통(通)한 것을 논해 서술하는 것으로 족할 것으로 사료된다.

아! 선생의 휘는 광조(光祖)요, 자는 효직(孝直)이요, 정암(靜庵)은 스스로 정한 호이다. 조씨는 한양에서 나타난 성이며 고려 총관 양기(良

珦)라는 분은 군사의 공으로써 원나라 조정에서 금포와 옥대의 하사를 받으시니, 이 분은 선생의 칠대조이시다. 총관의 증손 온(溫)이라는 분은 우리 태조대왕을 도와서 개국공신에 책록되시고, 한천부원군을 봉하시고 시호를 양절공(良節公)이라 하시니, 선생께 고조가 되신다. 양절공이 의영고사 육(育)을 낳으시니, 증직으로 이조참판이요, 참판께서 성균관사예 충손(衷孫)을 낳으시니, 증직으로 이조판서요, 판서께서 원강(元綱)을 낳으시니, 벼슬이 사헌부 감찰이시고 증직은 이조참판이시니, 이 분이 선생의 아버님이 되신다. 어머님은 여흥 민씨(驪興 閔氏) 현감 의(誼)의 따님이신데, 임인년(壬寅年, 1482) 8월 10일에 선생을 낳으셨다.

오호라! 선생께서 나이 열아홉 살에 아버지를 여의시고, 경오년(庚午年, 1510)에 진사시에 장원으로 급제하시고, 신미년(辛未年, 1511)에 어머니상을 당하시고, 을해년(乙亥年, 1515)에 효렴으로 천거되어 조지서 사지를 배수하시었다. 이해 가을에 중종께서 선성(先聖)을 뵈옵고 선비들에게 시험을 하실 적에 선생께서 그 과거에 응하시어 을과(乙科) 제일인(第一人)으로 급제하시고 성균관 전적을 받으시게 되었다.

얼마 후 사헌부 감찰과 사간원 정언으로 옮기시고, 병자년(丙子年, 1516)에 호조, 예조, 공조의 삼조 좌랑을 역임하시고 홍문관에 들어가서 부수찬이 되시고 수찬으로 승진하셨다. 정축년(丁丑年, 1517)에 부교리로써 사가독서를 받으시고, 직위를 초월해서 응교를 배수하셨다가 전한과 직제학에 승진되셨다. 무인년(戊寅年)에 계질(階秩)을 올려서 통정대부가 되시고, 부제학을 배수하셨다가 승정원 동부승지로 옮기셨다.

그러자 선생으로써 인군의 덕을 기르시기에 마땅하다 해서 다시 옥당(玉堂)의 장(長)으로 삼았다가 얼마 아니해서 계질을 다시 올려서 가선대부(嘉善大夫)가 되시고, 동지성균관사를 겸하셨다가 얼마 안 되서 사헌부(司憲府) 대사헌(大司憲)으로 옮기시고 예에 따라서 성균관사를 겸하시었다. 기묘년(己卯年, 1519) 봄에 부제학을 배수하시고, 여름에 다시 대사헌을 배수하시고 겨울에 비밀리 고해바친 자의 말을 가지고서 금부에 하옥시키니, 일은 예측할 수가 없었다. 영의정 정광필(鄭光弼)이 힘써 구원해서 다음 율을 적용해서 귀양을 보냈으나, 마침내 사사시키어 스스로 자진하시게 하니 나이가 38세이셨다.

오호라. 선생께서 자품(資稟)을 받으심이 남보다 뛰어나서 옥(玉)이 윤택한 것과 금(金)이 정밀한 것과도 같으시며 나타나는 모습이 맑고 빼어나서 난초(蘭草)가 불어나는 듯하고 달이 밝은 듯하시며 용모와 행동이 볼만해서 봉(鳳)의 거동과 난(鸞)새가 나는 듯하시고, 효도하고 우애하며 충성스럽고 곧으시며 영특하시고 슬기로우며 굳세고도 과감하시었다. 어려서도 희롱을 좋아하지 아니하셔서 이미 성인(成人)의 규범을 갖추고 있으시고 강개하게 큰 뜻을 가지시고, 성현을 흠모하는 생각을 일으켜서 반드시 끊어진 도리를 계승하려 하시었다. 세속에서 숭상하는 바가 비록 천 마리 말과 만종(萬種)의 녹(祿)이라도 하나도 개의치 아니하시고, 선(善)을 즐겨하시고 악(惡)을 미워하셔서 남의 비위를 보시면 장차 더럽혀지는 것과 같이 하시었다.

오호라! 선생께서 소시에 참판공께서 어천찰방(魚川察訪)이 되셨는데, 한훤(寒暄) 선생 김문경공(金文敬公)이 연산군(燕山君)에게 죄를 입어 가까운 고을 희천에 귀양 와 있었다. 선생께서 본래 문경공의 학문이 연원이 있는 것을 들으시고 그 문하에 나아가서 수업을 하셨다. 이때에 사도(師道)가 폐한 지 오래여서 사람들이 모두 선생을 가리켜 웃었다. 하지만 선생께서는 관계치 않으시고 폐하지도 아니하시어 비로소 학문하는 대방(大方)을 들으셨다.

이로부터 더욱 스스로 명심하고 가다듬어서 과정을 엄하게 고수하고, 『소학(小學)』과 『근사록(近思錄)』과 사서(四書)와 육경(六經) 등을 독실하게 믿으시고, 평소에 이른 아침부터 깊은 밤까지 정연하게 신칙하고 높이 팔짱 끼고 단정하게 앉아서, 가지런하고 밝고 엄연하고 정성스러워서 위엄과 거동이 절도에 맞으시고, 나아가고 물러가실 적에

나는 듯하시었다. 일찍이 천마산(天磨山)과 용문산(龍門山)에 들어가서 강습하시는 틈에 마음을 잠기고 상제(上帝)를 대하듯 하시면서 혹은 날을 마치도록 올연히 침묵(沈默)하시며, 밤중이 되어야 이에 주무시고 오경(五更)이면 반드시 일어나시니, 승려로서 참선을 익힌 자들도 모두 그 미칠 수 없다고 탄복하였다.

그 집에 계시면서 어버이를 섬기심에 공순(恭順)한 낯빛으로 봉양하시어 그 정성을 극진히 하시고, 돌아가시자 상사(喪事)에 삼가시고 제사를 추모하심에 정례와 법도가 모두 구비하시고, 가묘가 딴 곳에 있으실 적에도 날마다 반드시 한 번씩 가셨는데, 비록 공무로 해서 바쁘고 큰 바람과 비와 눈과 혹한과 혹서라도 조금도 폐하지 아니하시었다. 법도를 삼가고 지켜나가서 방어하는 것으로써 집을 지녀 나가시고 안과 밖을 깎은 듯이 하시고 윤리(倫理)를 바로 하시고 은혜와 의리를 두텁게 하시고 음란한 소리와 아름다운 빛을 멀리하시고, 술을 경계하시고 후생을 권장해 진취시킬 적에 각각 그 재질에 따라서 하시고, 속된 논란을 물리치시고, 이단(異端)을 배격하시어서 모든 몸가짐과 가사를 조처하는 것과 일을 응하는 것과 사람을 접하심에 있어서 하나같이 옛 교훈을 참고하시어 오직 서(書)와 예(禮)로써 법을 삼으시었다. 만일 털끝만치라도 예가 아닌 것을 범했을 적에는 그 마음에 불안을 느끼셔서 마치 조관을 쓰고 옥을 차고서 진흙 구덩이에 앉은 것과 같이 생각하시었다.

선천적으로 타고나신 것이 이미 특이하시고 스스로 길러나가심이 도가 있으셔서 영화가 밖으로 나타나서 온 세상을 용동하고 복종시켜서 그를 바라보는 자들이 모두 감탄하고 탄식해서 저자와 마을의 어리석은 백성에 이르러서도 매양 선생이 나가시는 때를 만날 적마다 말 앞에서 엎드려 절하고 머리를 들어 감탄하고 찬미하였다. 슬프도다! 이러한 것은 선생께서 부드러우시고 아름다우시고 좋은 행동으로 이루어진 것이거늘 어찌 도리어 이것으로써 화(禍)를 일으킬 줄을 알 수가 있었겠는가?

오호라! 선생께서 세상은 명하는 재주를 받으시고 적시에 쓰일 수 있는 학문을 지니시고 인군을 바르게 하고 백성을 편안케 하여 숨어서 살면서 마치 출세에 뜻이 없는 자와 같았으니 그러나 명성이 높이 성해지자 조신들이 다투어 천거하였다. 그 사지를 제수하였을 적에 선생께서 즐거워하지 아니하시면서 말씀하시기를, "헛된 명예를 가지고 벼슬을 얻는 것은 과거에 응해서 도를 행하는 것만 같지 못하다" 하시었다. 이미 벼슬을 받으신 뒤에는 중종께 인정을 받아서 달마다 천거되시고 해마다 승진이 되시어 수년이 못 가서 사헌부의 장이 되셨다. 임금께서 평소에 유술(儒術)을 숭상해서 문치(文治)할 것을 예의 깊이 하였다가 선생에 의지하기를 심히 중히 하시니, 선생께서도 세상에 없었던 특별한 대접에 감동이 되시어, 문득 요순(堯舜)의 인군과 신하를 만드시고 사문(斯文)을 흥기하는 것으로 자임하시었다.

매양 장차 입대하실 적에는 반드시 미리 재계하시고 정성과 공경을 쌓으시고, 그 나아가 뵈실 적에는 한결같은 마음과 엄숙한 생각으로 신명(神明)을 대하시는 것과 같이 하시고, 아는 것은 말씀하지 않는 것이 없으시며 말씀에는 대답 못하는 것이 없으셨다. 그 말씀에 이르시기를 "사람의 한 마음은 천리(天理)가 본래 온전한 것이어서 그 크기가 그지없고, 그 통용(通用)이 쉬지 아니하는 것인데 진실로 기질(氣質)에 국한되고 물욕(物慾)의 가림으로 말미암아서 큰 것이 적어지기도 하고, 운행하던 것이 혹 끊어지기도 합니다. 보통 사람에 있어서도 그 해를 오히려 구원하기가 어렵거늘, 하물며 인군은 형세와 지위가 높고 높아서 교만하고 넘침이 나타나기 쉽고, 아름다운 소리와 빛으로 기쁘게 하는 공세가 보통 사람에 비할 것이 아닙니다. 마음이 한번 바르지 못하고 기운이 한번 순하지 못하게 되면, 일에서 발생되어서 정치에 해롭게 되옵고, 화목을 깨뜨리고 악기(惡氣)를 불러일으켜서 떳떳한 윤리가 무너지고 만물이 성취되지 못하옵니다. 주상께서 마음을 가다듬어 하늘을 섬겨서 중화(中和)의 극진한 공을 이룰 수 있는 것을 그 가히 조금이라도 소홀히 할 수 있겠습니까?" 하였다. 의리(義理)와 이욕(利慾), 왕도(王道)와 패도(覇道)의 분변과 고금(古今)에 다스려지고 어지러워진 동기와 군자(君子)와 소인(小人)이 진퇴소장(進退消長)하는 모습에 있어서는 아는 것을 다하고 극진히 의논하지 않음이 없으셔서, 혹은 날이 기우는데 이르러서도 임금께서는 반드시 비운 마음으로 경청하시었다.

조정에서 장차 군사를 몰래 잠입시켜 야인 속고내(速古乃)를 엄습하기로 의논하고, 장수를 보냄에 임해서 장수들과 정승들이 모여 모시고 의논이 이미 통일되었을 적에 선생께서 밖에서부터 들어와 말씀하시기를 "이 일은 마치 원숭이를 속이는 것과 같은 것이지, 왕자(王者)가 군사를 부리는 방법이 아니옵니다. 당당한 국가로써 도적들이 하는 방법을 행한다는 것을 신은 그윽히 부끄러워 하나이다"라고 하니, 임금께서 곧 중의를 물리치시고 선생의 말씀을 따르게 되었다. 그러자 장수와 정승들의 무리가 간하였으나 마침내 받아들이지 않았다. 선생께서 인군에게 득의하신 것이 지극하다고 하지 않을 수 있겠는가! 그리하여 당시의 명류들이 협력하고 도와서 일으킬 수 있는 일을 분발해 업적을 빛내었다. 현량과(賢良科)를 설치해서 준예한 이들을 불러일으키셨으며 소격서(昭格署)를 파해서 제사법을 바루시고 『소학(小學)』을 가르쳐서 영재들을 길러내시니, 묵었던 폐단이 점점 혁신되어가고 옛 제도가 점점 일어나서 모든 관료들이 두려워하고 독려되며 사방에서 바람처럼 움직이게 되었다.

다만 사론(士論)이 혹 속히 하고자 하는 데 몰려서 칼날이 너무 드러나고, 건의를 올리는 것이 시의를 헤아리지 못하고, 간혹 일을 좋아하는 자가 시세에 영합하는 것이 면치 못함에 있어서 선생께서 생각하시기를 '걱정스럽다' 하셨는데, 옛 신하들 중에서 청의(淸議)에 배제되고 일로 인해 배척을 당하는 사람들의 원망이 골수에 들어서 이를 갈며 틈을 엿보았다. 선생께서 위연히 탄식하면서도 왕도(王道)가 급히 행해질 수 없고, 대도(大道)가 급히 오를 수 없는 것을 아신지라, 이에 조금 조제해서 중용(中庸)을 잡으면서, 뜨고 날뛰는 것을 진압하고 과격한 논의를 바로 잡으려 했으나, 도리어 선생을 저훼하는 사람들이 '겉으로만 엄숙한 체한다' 하면서 탄핵하고자 하기에 이르렀다. 선생께서 당시 일이 반드시 패할 것을 생각하시어 퇴임하시기를 구하셨으나 왕명을 얻지 못하시었다. 때마침 조정의 의논이 정국공신(靖國功臣)들의 훈적이 넘치는 자를 추종해 박탈할 것을 의논하는데, 선생께서도 이미 물러갈 수 없었은즉 기강을 잡고 이욕의 근원을 막는 것은, 직분인지라 부득불 그 의논을 같이 하지 않을 수 없었다. 합문에 엎드려 간한 지 여러 달 만에 허락을 얻어서 군신들이 들어가 어전에 모시면서 공권을 가지고 여탈을 정하였는데, 이때가 기묘년(1519) 11월 15일이었다.

가부의 결재가 겨우 마침에, 해괴한 기미가 그날 밤에 발생하였다. 남곤(南袞)·심정(沈貞)·홍경주(洪景舟) 등이 몰래 대궐문을 열고서 편전에 들어왔다. 말이 기밀이어서 전하지 않으나 선생께서 하옥되시자, 관학제생들이 운집하여 대궐 뜰에서 통곡하며 다투어 옥으로 나아가서 갇히기를 청하였다. 귀양 갈 적에 임금께서 가까이 모신 이로 하여금 효유시켜서 사사로운 죄가 아니니 조정의 의논과 견책을 따르라는 뜻을 보였으나 선생께서는 절하여 사양하였다. 그 뒤에 사약을 받으심에 선생께서 목욕하시고 옷을 갈아입으시고 죄명을 듣기를 청하니 사자가 대답이 없었다. 선생께서 임종에 미쳐서 친구에게 편지를 주는 말에 이르기를 "임금 사랑하기를 어버이 사랑하듯 하였고 (……) 밝은 해가 이 세상을 내리 비추니 거짓 없는 나의 마음을 훤히 밝혀주리라"고 하시니 듣는 자가 통곡하였다.

오호라! 선생의 부인은 첨사 이윤형(李允泂)의 따님이신데 두 아들을 낳으시니, 정(定)이라는 분은 현감 권흡(權恰)의 따님에게 장가들었으나 후손이 없으신 채 일찍 돌아가시고, 용(容)이라는 분은 음으로 벼슬을 받아서 문천군수(文川郡守)에 이르렀는데, 대호군 이경(李鏡)의 따님에게 장가들었으나, 두 딸만 낳았고 후사가 없어서 사촌 희안의 아들 순남(舜男)으로 양자를 삼았는데 아직도 어리다. 맏따님은 좌랑 허감(許鑑)에게 시집가서 아들 하나를 낳으니 윤(昀)이라 하고, 다음은 진사 홍원(弘遠)에게 시집가서 두 딸을 낳았는데 모두 어리다. 부인께서는 선생보다 38년 뒤에 돌아가셨다.

오호라! 상천(上天)은 음으로 도우시어 착한 이에게는 반드시 북돋아주시고 악에는 반드시 기울고 엎지르게 해서 화복(禍福)의 이치가 진실로 소소하다 하거늘, 이제 선생은 정직한 절개로써 왕정(王政)에 드날리시고, 충심(衷心)으로 역린을 비항하여 인군과 아버지가 있는 것을 알 뿐이요, 그 몸이 있는 것을 알지 못하시고 자기를 구속하기를 청백으로 하여 청탁이 통하지 않으며 심부름꾼을 집에 들이지 아니하며, 공사에 물러와서도 가사를 묻지 않으며, 이른 아침부터 밤늦게까지 생각하는 것은 오직 정치가 병듦에 백성이 억울해질 것이라해서 간곡한 생각으로 잠시라도 편안히 지내지 못하였는데 끝내는 참소하는 칼날을 받아서 능히 명대로 사시질 못했으니, 착한 이에게 복을 준다는 이치가 어디에 있단 말인가. 저 예예하고 답답한 자들은, 벼슬을 중히 여기고 천륜(天倫)을 가볍게 여기며 시세를 도적질하여 재리를 쫓아가며 집을 윤택하게 하고 몸을 살찌게 하면서도 국가의 위태롭고 편안한 것은 까마득하게 생각해서 북호(北胡)에서 남쪽 월나라의 병을 보는 것과 같이 해서 터럭 하나 뽑지 아니하고, 편안하다고 생각하고 도리어 선생을 비웃으면서 지목하기를 "일에 조금 이해하지 못해서 마침내 험악한 단계를 이루게 되었다"고 한다. 그리고 심한 자는 어진 이를 해치고 능한 이를 해치는 데까지 이르러서 그 세력을 심어 굳히니 이러한 무리들은 인군에게 득의해서 녹과 벼슬을 편안히 누리고, 제 집 창 밑에서 늙어 죽으니, 이른바 음흉한 놈을 화준다는 것이 또한 어둡다 할 것이다.

이러한 까닭으로 사람들이 말하기를, "자기를 위하여 은밀히 하는 자는 그 곡(穀)이 주색(朱色)이오, 나라를 위해서 충성하는 자는 그 겨레가 적색(赤色)이라 하는데 아버지가 그 아들을 경계하고 형이 그 아우를 권면해서 비위가부를 따지지 않는 것을 명철하다 하고, 자기 몸을 돌보지 않는 것을 부박하다 해서 선비들의 습관이 투박해지고 세상의 도가 더러워져가니 슬프도다.

그러나 인심은 본래 공평하고 하늘의 정의는 음특하지 아니해서 가려진 음이 겨우 사라지면 태양이 도로 빛이 나는 것이다. 중종 만년에 덕음이 매양 무죄하다고 말해서 진실로 은혜로 돌려줄 징조가 있었고, 인종(仁宗)께서 계속해서 밝혀서 묘당으로부터 거듭 논하고 관학에서 하늘에 호소해서 드디어 선지(先志)를 추모해서 선생의 벼슬과 계질을 회복하도록 명하였다. 금상(今上)이 즉위하자 청론이 더욱 확장되고 천심(天心)이 굽어 통찰해서 명하여 "대광보국숭록대부의정부영의정겸영경연홍문관예문관춘추관관상감사(大匡輔國崇祿大夫議政府領議政兼領經筵弘文館藝文官春秋館觀象監事)"를 증직하시니, 이것은 무진년(1568)이었다. 그리고 명년(明年) 기사년(己巳年, 1569)에 시호(諡號)를 '문정(文正)'이라고 하시었다.

이에 선생의 밝은 빛이 상하로 통해서 많은 선비들이 교악(喬嶽)이나 북두(北斗)와 같이 우러러서 사당을 세우고 제사를 드리는 것이 한 군데가 아니었다. 오늘에 이르러서는 천운이 돌아와서 추모하기를 옛날과 같이 하고, 온 나라의 유림들이 마음을 함께 하고 힘을 같이 해서 밖에 비(碑)를 세우고 안에 지(誌)를 묻어서 묘도(墓道)를 꾸몄으니, 이것은 참으로 예나 지금에 듣고 보지 못하는 것이요, 원사(元祀)의 높임이 장차 만세에 뻗칠 것이다. 돌아보건대 부귀하고서 알려지지 않는 자가 한때 총애를 받고 영락을 누린 것은 육기(六驥)로서 틈 사이를 지나간 것 같이 골육(骨肉)은 풀과 함께 썩어버려서 모기나 파리들이 더러운 땅에서 일어났다 없어지는 것과 다름이 없으며, 만일 그 독설(毒舌)을 열어서 선량한 이들을 죽이고 국맥을 끊어놓은 자들은 죽어야 할 것이 살아서 요행이 부월(鈇鉞)은 피하였으나, 귀신들이 저주하고 산 사람이 벌을 주어 오랠수록 더욱 엄해서 삼척동자라도 또한 침 뱉고 꾸짖을 줄을 알게 되었으니, 구천 아래 형벌이 천지가 없어지도록 풀리지 않을 것이다. 이는 진실로 족히 한때 영화롭고 욕된 것을 비교하지 않을 수가 없을 것이니, 오직 뒷사람은 그 권면하고 경계할 것을 알아야 할 것이다.

　오호라! 하늘이 어진 이를 낼 적에는 반드시 무언가 하려고 한 것이 있어서 시킨 것이다. 나아가서는 이 백성들을 구제하고 물러가서는 그 교훈을 세우는 것이거늘 지금, 선생께서는 나아가서도 그 도를 행치 못하시고, 눌러가서는 교훈을 후세에 드리우는 데 미치지 못하시고, 날마다 밝힌 학문이 크게 성공함을 이루지 못하시고, 미묘한 말씀의 실마리를 찾아 살필 수 없게 되었으니, 하물며 우리 동방(東方)은 기자(箕子) 이후로 인의(仁義)로써 세상을 다스린 자를 듣지 못해서, 주공(周公)의 법과 공자(孔子)의 도가 다만 빈말이 되었는데, 선생께서 한번 일어나시자 거의 옛 것을 회복할 수 있었고, 선생께서 다시 패하심에 사림(士林)이 와해해서 왕도(王道)의 이론은 크게 꺼리게 되었다. 그리하여 모두 그 시기가 아니라고들 하였으니, 무릇 이와 같은 즉 옛 도는 마침내 회복할 수가 없었을 것인가? 하늘이 어진 이를 내고서 중간에 그를 꺾으니 그 명(命)을 마침내 믿을 수가 없단 말인가? 그러한 것인가? 어찌 그럴 수가 있겠는가?

　시기(時期)라는 것은 위에 있는 사람이 만드는 것인데, 다만 사람이 없다고 할 것이지 어찌 시기가 없다고 하겠는가? 거룩하신 우리 임금께서 선생을 장려하고 아름답게 여기셔서 이미 높이기를 극진히 해서 유학(儒學)을 받들고 도를 숭상하여 일통(一統)을 밝히니, 학자들이 자신 있게 뜻을 피력하고 숨김없이 말할 수 있었다. 선생의 천리(天理)를 밝히고 인심(人心)을 밝히신 공이 이에 널리 퍼져서 이 사람들로 하여금 모두가 왕도(王道)는 순전하고 패도(覇道)는 병이 되는 것과, 경(敬)이 주가 되고 예(禮)가 방비가 되며, 편안한 집은 비울 수가 없고, 바른 길은 버릴 수가 없다는 것을 깨닫게 하였다. 그런즉 선생의 도는 막힌 기간은 짧고 통한 기간은 길어서 넉넉히 후왕을 위해서 태평(太平)을 열어준 것으로서 하느님이 헛되이 내신 것이 아니며 명(命)을 이에 가히 믿을 수가 있게 되었다. 선생의 뒤에서 일어난 자는 자기를 써주지 않는다는 것을 걱정할 것이 아니라 스스로 치용(致用)할 수 있는 것에 자진(自盡)할 것을 생각해야 할 것이다.

그 명(銘)에 말하기를

청기(青璣)에 학문 있어
은부사(殷父師)로 비롯했다
교화는 멀어지고 교훈은 없어져서
떨어진 실마리를 좇아갈 길이 없었네
아아! 한훤(寒喧)이여!
혼탁한 시대에서 혼자서 제창하네
깃을 깎고 화(和)를 끊어
미미하게 시작한다
하늘이 이 도를 버리지 아니하여
선생을 이 땅위에 특별히 내리셨다
선생은 간기로서
한수와 북악에서 정기를 모아왔네
곤륜산의 조각구슬
끊어지고 떨어져서 잘게 된 구슬일세

높은 식견 일찍 가져

도덕(道德)을 구하면서 다른 길을 가지 않네

기틀을 발휘하여 스승을 찾아가서

그 방에 들어가서 그 창을 잡았도다

정도(正道)를 여시니

책임이 크시었고 갈 길이 멀도다

깎고서 다시 갈고

쪼아서도 또한 간다

움직이는 몸가짐과 오고가는 행동들이

규(規)와 같이 둥글하고 구(矩)와 같이 모졌도다

자신 없다 믿지 않고

보배를 감춰두듯 독에다 보관했다

무성한 난초꽃이 향기를 뿜어내듯

가리려 하였건만 더욱더 빛이 난다

나라의 빛을 보고

임금님께 손이 되어

고기와 물과 같이 계합하고 믿어왔다

내 한 몸 버려다가 나라에 순국한다

위대한 그 뜻은 우주를 떠받들고

충성스런 단심(丹心)은 해와 달을 꿰뚫었네

순후한 교화를 맹세코 돌려다가

더러운 풍속들을 두텁게 이루도다

우임금의 큰 솥에 요망함이 누락되고

하수의 고라니가 음특함을 나타낸다

높이 솟은 예장

한번 침에 거꾸러져

삼광이 빛을 잃고

사방 백성이 슬퍼한다

임금의 마음은 하늘이 열어주셔

간사한 요귀들을 물리치고 몰아냈네

대대로 지나면서 포상을 더하시니

중간에 잘못되다 기쁨이 일어나니

선비는 저마다 그 말을 칭송하고

백성들은 너나없이 그 교화에 복종한다

띠 밭에 지름길은 저절로 열려지고

황혼에 촛불을 높이 들어 밝혔도다

울울한 구성이여!

산이 굽어지고 물이 길었도다

빛나는 영덕(令德)이여!

세상이 다하도록 잊지 못하리로다

墓誌銘

正德己卯冬十二月二十日 靜菴先生趙公 卒于綾城謫所 明年 歸葬龍仁
深谷里 從先兆 嘉靖丁巳十二月二十四日 改卜其西數百步許 以夫人李氏祔
萬曆庚辰 太學諸生 一口屬言曰 惟先生澤不斬 士于今受其賜 崇德報功 宜
極盛典 今玆神道無碑 幽堂不誌 無以昭虔揭烈 以耀無窮 乃相與衰財傲役
募工礱石 朝紳上自廟堂 下至一命 以及窮閭之士 苟聞先生之風者 擧競相
助 不勞而事集 使求誌銘于德水李珥 珥謝非其人 不獲辭 仰惟先生道德事
業 焯載國乘 退溪李先生狀其行 蘇齋盧相公銘其碑 豈有餘辭可贅 顧旣應
撰 不可無言 乃略敍世系 踐歷 資質 學行 設施 嗣息 幷論善惡禍福 天命
否泰 而足以銘 其敍曰 嗚呼 先生諱光祖 字孝直 靜菴是自號也 趙氏爲漢
陽著姓 高麗摠管良琪 以軍功受元朝袍帶之賜 是先生七代祖也 摠管曾孫諱
溫 佐我太祖 錄開國勳 封漢川府院君 諡良節 於先生爲高祖 良節生義盈庫
使諱育 贈吏曹參判 參判生成均館司藝諱衷孫 贈吏曹判書 判書生諱元綱
官至司憲府監察 贈吏曹參判 是爲先生顯考 妣 驪興閔氏 縣監誼之女 以成

化壬寅八月十日 生先生 嗚呼 先生年十九而孤 正德庚午 試進士 冠其榜

辛未 丁內艱 乙亥 學孝廉 拜造紙署司紙 是年秋 中廟拜先聖 試士 先生應

其科 乙科第一人 授成均館典籍 俄遷司憲府監察 司諫院正言 丙子 歷戶

禮 工三曹佐郎 選入弘文館 爲副修撰 陞修撰 丁丑 以副校理 賜暇讀書 超

資拜應敎 陞典翰 直提學 戊寅 陞秩通政大夫 拜副提學 遷承政院同副承旨

以先生宜養君德 還長玉堂 未幾 進秩嘉善 兼同知成均館事 俄遷司憲府大

司憲 例兼成均 己卯春 拜副提學 夏 還拜大司憲 冬 用告密者言 下禁府

事叵測 領議政鄭公光弼力救 用次律被竄 竟賜自盡 年三十八 嗚呼 先生稟

受絕人 玉潤金精 相表淸秀 蘭滋月明 容止可觀 鳳儀鸞翔 孝友忠直 英睿

剛果 幼不好弄 已具成人模範 慷慨有大志 興慕聖賢 必欲追踵絕軌 世俗所

屑 雖千駟萬鍾 一不以芥意 樂善疾惡 見人非違 若將浼焉 嗚呼 先生少時

參判公作察訪魚川 寒暄先生金文敬公 得譴燕山 謫比邑熙川 先生素聞文敬

學有淵源 因趨庭得往受業 時師道廢久 人多指笑 先生不較不沮 始聞爲學

之大方 自是 益自刻厲 課程嚴苦 篤信小學及近思錄 四子 六經 卞居 夙夜

整飭 高拱危坐 齊明儼恪 威儀折中 進退翼如 嘗入天磨 龍門兩山 講習之

暇 潛心對越 或竟晷 兀然淵默 夜分乃寢 五更必起 山人習禪者 皆嘆其不

可及 其在家事親 色養極其誠 愼終追遠 情文備至 家廟在別所 日必一往

雖公務鞅掌 大風雨雪 祈寒溽暑 不少廢 謹守法度 以閑有家 內外斬斬 正

倫理 篤恩義 遠聲色 戒麴糵 獎進後生 各因其材 黜俗論 排異端 凡持身處

家 應事接人 一稽古訓 惟書禮爲則 若涉毫髮非禮 其心不安 若冠冕佩玉

坐于泥塗也 天分旣異 充養有道 英華發外 聳服一世 望之者 咸咨嗟嘆息

以至市里蚩氓 每值其出 羅拜馬前 仰首歆讚 噫 此先生柔嘉令儀所致 豈知

反以此胎禍哉 嗚呼 先生受命世之才 抱適用之學 格君安民 此固素心 恥於

衒玉 潛居若無意者 聲譽藹鬱 朝臣爭薦 其除司紙也 先生不樂曰 用虛譽得

官 不如應擧以通行道之路 旣除之後 被知于中廟 月薦歲陞 不數年 長論思

主風憲 上雅尙儒術 銳意文治 倚先生甚重 先生感不世之遇 便以堯舜君民

興起斯文爲己任 每將入對 必宿齊戒 積誠敬 其進侍也 一心肅慮 如對神明

知無不言言無不讜 其言若曰 人之一心 天理本全 其大無外 其運不息良由

氣局欲蔽 大者或小 運者或間 在常人 其害猶難救 況人君 勢位高亢 驕溢
易生 聲色媚悅之攻 非匹夫比 心一不正 氣一不順 則生於事 害於政 傷和
召沴 彝倫斁 而萬物不遂矣 主上所以存心事天 以致中和極功者 其可少忽
乎 至於義利王霸之辨 古今治亂之幾 君子小人進退消長之象 無不罄蘊極論
或至日昃 上必虛心傾聽 朝議 將潛師 襲野人速古乃 臨遣將 將相環侍 詢
謀已同 先生自外進曰 此事類狙詐 非王者禦戎之道 堂堂國家 行盜賊之術
臣竊恥之 上乃却衆議 從先生言 將相群爭 竟不入 先生之得君 其可謂不至
乎 肆與竝時名流 協力贊襄 奮用熙載 設薦舉科 以籲俊乂 罷昭格署 以正
祀典 訓小學 以育英才 宿弊漸革 古制漸興 百僚悚勵 四方風動 第士論或
失於欲速 太露鋒穎 建白不度時宜 間有喜事者 未免投合時好 先生以爲憂
而舊臣拂淸議 因事見擠者 怨入骨髓 磨牙伺隙 先生喟然 知王道不可遽行
大猷不可遽升 於是稍調劑秉中 以鎭浮躁 而矯激之論 反詆先生爲色莊 至
欲彈劾 先生料時事必敗 求退不得命 適廷論欲追削靖國勳籍之濫者 先生既
不能退 則把綱紀 塞利源 職耳 不得不同其議 伏閤爭累月 得允 群臣入侍
榻前 將功券 定與奪 時己卯十一月十五日也 俞咈甫已 駭機發於其夜 南袞
沈貞 洪景舟等 潛開闕門 入便殿 語祕不傳 先生之下吏也 館學諸生 坌哭
闕庭 爭詣獄請囚 其讁也 上使近侍 諭以非私罪 姑從廷論示讁之意 先生拜
謝以辭 其受後命也 先生沐浴更衣 請聞罪名 使者無應 先生臨結纓 貽親舊
書 有曰 愛君如愛父 天日照丹衷 聞者慟之 嗚呼先生內子 僉使李允泂之女
生二男 曰定 娶縣監權恰女 無後 早歿 曰容 以蔭補官至文川郡守 娶大護
軍李鏡女 只生二女 無嗣 取堂弟希顔子舜男 爲後 尙幼 女長適佐郎許鑑
生一男 曰昀 次適進士洪遠 生二女 皆幼 夫人 後先生三十八年而卒 嗚呼
上天陰騭 於善必栽培 於惡必傾覆 禍福之理 固昭昭也 今先生 以謇謇之節
揚于王庭 啓赤心 批逆鱗 知有君父 不知有其身 律己淸苦 關節不通 驕直
不納 公退 不問家事 早夜所思慮 惟在政瘝民隱 惓惓無須臾寧 卒之 身觸
讒鋒 不能考終 福善之理安在 彼泄泄沓沓者 重人爵 輕天斁 儵時射利 屋
潤身肥 國家安危 邈如胡視越病 不拔一毛 雍容顧眄 自擬聖於涉世 反笑先
生 斥以少不解事 挑生廣階 甚者 或至戕賢賊能 以植固其勢 此輩 類得於

438

君 安享祿位 老死牖下 所謂禍淫者 亦昧矣 是故 人之言曰 謀身密者 其戮
朱 謀國忠者 其族赤 父戒其子 兄勖其弟 以模稜爲明哲 以匿躬爲浮薄 士
習以偸 世道以汚 悲夫 雖然 人心本公 天定靡忒 陰翳纔消 太陽回光 中廟
晚年 德音每稱無罪 固有渙恩之漸 仁廟繼明 因廟堂申論 館學籲天 聿追先
志 命復先生職秩 建今上初服 淸論益張 乾心洞契 命贈大匡輔國崇祿大夫
議政府領議政兼領經筵 弘文館 藝文館 春秋館 觀象監事 是隆慶戊辰也 越
明年己巳 賜諡文正 於是 先生耿光 彰徹上下 多士若仰喬嶽北斗 立廟明禋
非一所 式至今日 甲子已周 追慕如昨 達國儒林 齊心一力 豎外痤中 以賁
節墓道 此誠古今所未聞覩 元祀之尊 將亘萬世矣 顧視富貴蔑聞者 一時寵
樂 六驥過隙 骨肉與草卉同朽 無異蚤蝱起滅穢壤間 若其開毒喙 芟良善 以
斬國脈者 則罔之生 幸逭鈇鉞 而鬼誅人戮 愈久益嚴 三尺童子 亦知唾罵
九泉之刑 窮天地而罔赦矣 此固不足比論榮辱 惟後人 其知所以勸戒哉 嗚
呼 天篤生賢 必使有爲 進則濟斯民 退則立其言 今先生 進不克卒行其道
退未及垂訓于後日彰之學 未就大成 微言之緒 罔由尋考 況我東 箕子以後
未聞以仁義治世者 周經孔謨 只資空言 先生一倡 庶幾復古 先生旋敗 士林
瓦裂 王道之說 爲世大諱 皆諉以非其時 夫如是 則古道終不可復歟 天生賢
者而中折之 其命終不可諶歟 其然 豈其然乎 時者 在上者所造也 只是無人
豈云無時 思皇我王 獎美先生旣崇極 而尊儒尙道 以明一統 學者仰恃 發舒
無遜言 先生明天理 淑人心之功 於玆普發 使斯人擧曉王醇霸疵 敬爲主 禮
爲防 安宅不可曠 正路不可舍 則先生之道 否短泰長 綽乎爲後王開太平 而
天不虛生 命乃可諶矣 後先生而作者 其毋患莫已庸 思自盡乎所以致用哉
其銘曰

青璣有學 肇殷父師 化逖言泯 墜緒罔追 猗嗟寒暄 孤倡濁時 刻羽絶和
始然就微 天不斁文 篤降先生 先生間氣 漢嶽鍾精 一片崑璧 瑩絶纖瑕 鳳
抱高識 求道靡他 撥機尋師 入室操戈 爰啓正軌 任大道遐 旣切旣磋 亦琢
亦磨 動容周旋 規圓矩方 吾斯未信 韜櫝而藏 猗蘭播芬 欲掩彌彰 觀國之
光 乃賓于王 契孚魚水 委身徇國 志撑宇宙 忠貫日月 矢回淳風 以敦澆俗
禹鼎漏妖 河纛逞慝 參天豫章 一斫斯倒 三光失晶 四民齊悼 天啓聖衷 廓

開氛祲 歷世加褒 伸枉起歆 士誦其語 人服其化 茅開蹊逕 燭揭昏夜 鬱鬱
駒城 山紆水長 有斐令德 沒世不忘

제12장 정암 조광조 유적(遺蹟)

1. 묘소(墓所)와 심곡서원(深谷書院)

1) 묘소와 신도비(神道碑)

　정암 조광조의 묘소는 경기도 용인시 상현동 산 55-1번지에 있다. 정경부인으로 추증된 부인 이씨가 합장되어 있다. 정암의 묘역은 선조 때 만들어진 그대로 보존되어 있다. 묘소에는 대리석으로 된 묘표와 평상석, 향로석이 각 1기씩 있고 문인석과 망주석이 각 2기씩 갖추어져 있다.

정암 조광조 묘소

정암 조광조 신도비

  묘소 아래에는 선조 18년(1585)에 세운 신도비가 있다. 신도비는 종2
품 관원 이상의 분묘가 있은 근처 노변에 세우는 비석으로 비명은 일
반적으로 정3품 당상관 이상의 벼슬을 지낸 사람이 찬술하였는데, 정
암 조광조의 신도비명은 노수신이 지었고, 이산해가 글씨를 썼으며
김응남이 '문정공정암조선생신도비명'이라는 전(篆)을 썼다. 재료는 대
리석이며 높이 244m, 폭 93m, 두께 34m 규묘이고 장방형 비좌에는
국화문이 조각되어 있다.

  노수신은 정암의 신도비에서 "선생은 치도(治道)를 개진하시고 사리
(事理)를 명백히 하셔서 성정(性情)의 선악이나 의(義)와 이(利)의 분변이
나 하늘과 사람, 왕도(王道)와 패도(覇道)의 선하고 음특한 분변으로부
터, 그 학문을 높이고 변방(邊方)을 방비하는 허실과 제사(祭祀)의 예와
국가를 부강하게 하고, 조상의 업적을 계승하는 득실에 있어서도 마
음을 기울이고 베풀지 않음이 없었다"고 정암의 행도수훈(行道垂訓)의

치적을 높이 기리고 있다. 그리하여 정암 당대에 백관들은 눈을 비비며 선생을 바라보고 모든 백성들은 머리에 손을 얹고 훈취(薰醉)되어 기대를 가져서 거의 선왕의 법도가 차차로 거행되기에 이르렀다고 밝혔다.

2) 심곡서원

경기도 용인시 수지면 상현리에 있는데, 서원이 있는 곳은 본래 정암이 부친을 장례한 후 여막을 짓고 시묘살이를 하던 곳이다. 문집에 의하면 선조 38년(1605)에 세워졌다고 한다. 1650년(효종 1)에 지방 유림의 공의로 정암(靜庵) 조광조(趙光祖)의 학문과 덕행을 추모하기 위해 설립하여 위패를 모셨다. 조광조의 무덤이 이곳 근처에 있기 때문에 일찍부터 서원을 세우기 위한 논의가 있었으나, 재력이 부족하여 모현면에 있는 포은(圃隱) 정몽주(鄭夢周)를 제향하는 충렬서원(忠烈書院)에 입향하였다가 위패를 옮겨오게 되었다. 설립과 동시에 '심곡서원'

심곡서원

정암 영정과 위패

이라는 사액을 받았으며, 정암의 제자로서 능주(綾州) 유배 기간 정성
으로 모시고 종명(終命) 후 시신을 수습하였던 학포(學圃) 양팽손(梁彭
孫)을 추가 배향하였다. 대원군의 서원철폐 당시 훼손되지 않고 존속
한 47개 서원 중의 하나이다.

경내의 건물로는 사우(祠宇)와 일조당(日照堂), 그리고 재실(齋室) 및 장
판각(藏板閣), 내삼문(內三門), 외삼문(外三門) 등이 있다. 사우에는 조광조
와 양팽손의 위패가 봉인되어 있으며, 조광조의 영정이 모셔져 있다.

지붕의 좌우에 방풍판(防風板)을 달고 겹처마로 되어 있다. 일조당
은 강당으로 정면 3칸, 측면 3칸의 합각(合閣) 지붕에 겹처마로 되어
있으며, 목판벽(木板壁)으로 각 칸마다 판자문비(板子門扉)를 달아 사면
을 전부 개방할 수 있도록 하였다. 강당에는 우암 송시열이 1675년
10월에 지은 「심곡서원강당기(深谷書院講堂記)」가 있는데, 이 강당기에

서 우암은 "정암선생이 우리나라에 태어난 것은 주렴계(周濂溪)가 송(宋)나라에 태어난 것과 같다"고 높이 평가한 바 있다. 강당에는 또한「숙종대왕어제시」현판을 1750년 민진원(閔鎭遠)이 글을 새겨 달았다. 도암 이재(李縡)가 지은 「심곡서원 학규(學規)」는 1747년에 홍념해(洪念海)가 서인(書印)하였는데 오늘날까지 전해지고 있다. 심곡서원은 일제시대인 1931년 중수한 뒤 한규복(韓圭復)이 「중수기」를 썼는데, 같은 해에 한규복은 「행수가(杏樹歌)」를 짓기도 하였다. 그 3년 뒤에는 민병승(閔丙承)이 「중수건기(重修建記)」를 지었다. 현재 강당은 원내의 여러 행사 및 유림의 회합과 학문의 강론 장소로 사용되고 있다. 정면 4칸, 측면 반칸의 합각 홑처마로 된 재실은 원생이 기거하며 공부하던 곳이다. 맞배지붕에 홑처마로 된 장판각에는 원래 67종 486책이 소장되어 있었으나, 1985년에 도난을 당하여 현재는 『정암집(靜菴集)』과 『조선사(朝鮮史)』 등만 남아 있다.

오늘날 심곡서원에서는 매년 음력 2월 중정(中丁: 두 번째 丁日)에 향사를 지내고 있으며, 제품(祭品)은 4변 4두이다.

현재 심곡서원은 1975년에 경기도 유형문화재 제7호로 지정되어 있으며, 원내에 있는 정암이 심었다고 전해지는 수령 약 500년의 느티나무가 경기도 보호수로 지정되어 있다.

3) 사은정(四隱亭)

『정암선생문집』의하면 경기도 용인의 취봉산(翠鳳山)과 보개산(寶蓋山) 사이 두암(斗巖)의 언덕에 '사은정(四隱亭)'이라는 정자가 있었는데, 이곳에서 정암은 벼슬에 나가기 전 음애(陰崖) 이자(李耔)와 집안 형제 등과 도를 강론하였다고 한다. 정범조(丁範祖)의 「사은정기(四隱亭記)」에 따르면 정암이 휴양하는 동안 사은정에서 세 군자들과 더불어 강론하는 것을 매우 즐거워하였다고 한다. '사은'이란 농사짓고 나무하고 낚시질하고 나물 캐는 네 가지 은자(隱者)의 즐거움을 말하는데,

정암을 비롯한 당시 네 선비들의 의지를 읽을 수 있는 부분이다.

사은정은 정암 사후 약 300년이 지난 뒤에 정자도 낡아 폐하게 되었으나, 정암의 구세손 조국인(趙國仁)이 다른 세 선비들의 후손과 합의하여 다시 창건하게 되었다고 한다.

민종현은 「사은정중수기」에서 정암 선생이 꺾이고 패했지만 이름은 더욱 높아졌고, 빠지고 막혔더라도 도(道)는 더욱 나타나 집집마다 그 말이 전송(傳誦)하고 호호마다 그 가르침에 복종하게 되어서, 천리(天理)가 밝아지고 인심(人心)이 맑아지게 되었다고 정암의 공덕을 기리고 있다.

2. 능주(綾州) 적려유허지(謫廬遺墟地)와 죽수서원(竹樹書院)

1) 적려유허지

전라남도 화순군 능주면 남정리(南亭里) 174번지 비봉산(飛鳳山) 아래에 있다. 정암 조광조가 기묘사화를 당하여 이곳에 유배되어 타계하

적중거가

446

시기까지 약 25일간 적배생활을 했던 유허지이다.

1667(현종 8)년에 당시 능주목사(綾州牧使) 민여로(閔汝老)가 건립하였고, 우암(尤庵) 송시열(宋時烈, 1607~1689)이 짓고 동춘(同春) 송준길(宋浚吉, 1606~1672)이 글씨를 쓴 적려유허추모비(謫廬遺墟追慕碑)와 비각이 있다. 비갈(碑碣)의 전면에는 '靜庵趙先生謫廬遺墟追慕碑'를 송준길이 해서(楷書)로 썼고, 후면에는 송시

정암 조광조 선생 적려유허추모비

열의 찬문(撰文)을 송준실이 썼으며, 전자제액(篆字題額)은 민유중(閔維重)이 썼다. 비문의 내용은 정암 조광조 선생이 1519년 기묘사화를 당하여 동년 11월에 능주로 유배되고, 동년 12월 20일에 사약을 받아 타계한

적려유허지 애우당

곳임을 추모하는 뜻으로 1667년에 능주목사 민여로가 비를 세웠다는 뜻을 담고 있다. 비의 형태는 구질(龜趺)과 이수(螭首)를 갖춘 단규형석비(丹圭型石碑)이고 총 높이는 270cm인데, 비갈의 높이는 160cm이고, 폭은 80cm이다. 비각은 정면과 측면 각 1칸으로 된 정방형의 건물이며 단층 맞배지붕 형식을 갖추고 있다.

1984년에는 정암 선생의 적중거가(謫中居家) 초가삼간(草家三間)을 복원하였고, 같은 해에 영정각(影幀閣)을 건립하였으며, 다음해에는 강당(講堂)과 관리사(管理舍)를 건립하는 등 성역화에 힘을 쓰고 있다.

현재 전라남도 지방문화재(地方文化財) 제41호로 지정되어 있다.

2) 죽수서원

전라남도 화순군 한천면(寒泉面) 모산리(牟山里) 산 15의 3번지에 있다. 기묘사화 당시 정암의 일파로 몰려 삭직낙향(削職落鄕)했던 제자

죽수서원 〈천일사〉

양팽손이 정암 사후 시신을 염습하여 현재의 화순군 이양면(梨陽面) 쌍봉(雙峰)의 중조산(中條山) 아래에 암장(暗葬)하였다가 다음해(1520)에 경기도 용인의 선영으로 반구(返柩)하였는데, 반구 후 암장했던 바로 그 자리에 사당(祠堂)을 건립하고, 매년 춘추로 제사를 모셨다. 이후 정암이 영의정에 추증되고 문정공의 시호를 받아 문묘에 배향되자 1570년(선조3)에 조정에서 명하여 양팽손이 세운 사당을 현재의 죽수서원 터(址)에 옮겨 건립하고 승격(昇格)시켜서 '죽수서원'이라 하고 사액(賜額)을 내렸다. 초기에는 정암 선생 단독서원으로 춘추로 계속 향사(享祀)하여 오다가 1613년(광해 5) 화재를 당하여 중수하였고, 1630년(인조 8)에는 사계(沙溪) 김장생(金長生)의 주장으로 학포 양팽손을 배향하여 오던 중 1868년 훼철되었다. 영전(靈殿), 강당(講堂), 수직사(守直舍) 등의 건물은 훼철된 뒤 초석(礎石)만이 남아 있고, 건립 당시 세운 하마비(下馬碑)가 그대로 있다. '정암조선생 학포양선생 죽수서원추모비'도 남아 있다.

능주는 죽수서원이 있던 자리라고 하여 서원동이라 불리기도 하였다고 하는데, 서원이 폐하여진 뒤 30여 년 후 그 자리에 비를 세워 기념하게 되었다. 면암 최익현(崔益鉉)은 서원동서원(書院洞書院)의 유지(遺址)를 추모하는 비문을 썼는데, 현재『정암선생문집』에 전하고 있다.

죽수서원은 근년에 다시 서원의 일부를 복원하여 천일사

죽수서원 묘정비

(天日祠), 박약재(博約齋), 죽수서원묘정비(竹樹書院廟庭碑)가 건립되었고, 계속 복원 공사를 추진하고 있다. 고봉(高峰) 기대승(奇大升)의 축문과 제문, 정구(鄭逑)의 제문(祭文) 등이 남아 전하고 있다.

3. 정암 배향(配享) 서원

1) 도봉서원

선조 6년(1573)에 양주목사 남언경(南彦經)이 정암 조광조를 추모하기 위해 조선 전기 영국사(寧國寺) 옛터에 세운 서원이다. 현재 서울특별시 도봉구 도봉동 511번지에 사우(祠宇)만 복원되어 있으며, 매년 춘추〔음력 3월 10일, 9월 10일〕로 제향을 올리고 있다. 『조선왕조실록』에 의하면 서원을 창건할 때 소요된 물력(物力)은 경외에 회문을 내어 사대부

도봉서원

와 선비들이 각기 능력에 따라 공역의 비용을 돕게 하여 공가(公家)에 폐를 끼치지 않았다고 전해진다. 또 도봉서원에서는 『의례(儀禮)』 등 유교 경전을 저장해놓았다가 활자로 인출하기도 하였고, 인쇄한 서적들을 유생들에게 주어 강습에 도움이 되도록 하였다고 전한다.

이 서원은 임진왜란 때 소실되었다가 1608년 복원되었고, 원래 정암이 젊었을 때 자주 왕래하며 수양하던 곳을 기리기 위해 세워졌는데, 율곡 이이의 「도봉서원기(道峯書院記)」가 유명하다.

서원이 설립되어 조광조에게 제향을 올리기 시작할 무렵 휴암(休菴) 백인걸(白仁傑)은 정암의 문묘종사와 함께 도봉서원의 사액(賜額)을 주청하기도 하였다. 백인걸은 1579년(선조12)에 세상을 떠났는데, 병든 노구를 이끌고 도봉서원의 사액을 주청하였다고 알려져 있다. 또 그는 죽을 때까지 녹봉미와 마초값[馬直]을 모두 도봉서원에 보냈고, 왕래·유숙하며 스승 정암을 종신토록 한결같이 높이 사모하고 심복하였다는 기록이 『조선왕조실록』에 전해지고 있다.

도봉서원은 건립후 정암을 독향(獨享)하여 오다가 120여 년이 지난 1696년에 우암(尤庵) 송시열(宋時烈)을 배향하였고, 1775년(영조 51)에 어필사액까지 받았으나 1871년(고종 8)에는 훼철되었다. 이후 1903년에 지방 유림에 의해 단(壇)이 설치되어 향사를 이어오다가 1971년 당시 양주향교 남궁복씨의 발의로 현재 3칸 사우가 복원되어, 북벽에는 정면을 향해 왼쪽에 정암의 위패를, 오른쪽에 우암의 위패를 모셔두고 있다.

조광조를 제향하는 서원에 송시열을 배향하게 된 것은 그 학문과 도덕, 문장과 절의 및 화를 입은 상황이 조광조와 거의 비슷한 면이 인정되어서였다. 이 문제와 관련하여 많은 논란이 있었지만 박세채(朴世采) 등의 노력에 의해 우암의 덕업과 피화(被禍)한 사적이 정암과 유사한 면이 있다는 것이 인정되어 마침내 합사하게 되었다.

정암이 젊은 시절 자주 왕래하며 호연지기를 기르던 도봉서원은

도봉서원 앞 계곡 (김수항의 글씨)

창건되어 훼철될 때까지 약 300여 년간 서울 동교(東郊)의 대유원(大儒院)으로서 사림들에 의해 주자(朱子)가 세운 백록동서원(白鹿洞書院)에 견주어지는 면모와 위상을 유지하였다. 도봉서원은 성균관에 입학하기 위해 서울로 온 유생들이 차선으로 선택할 정도로 강학 장소로서 인기가 있었으며, 서울 근교에서도 경치가 빼어나 선비들의 발길이 끊이지 않았다고 한다.

　지금도 서원 앞 계곡 곳곳에는 정암의 인품과 학덕을 우러러 사모하는 선현들의 많은 필적(筆跡)이 암각화되어 있어서 특히 눈길을 끈다. 우암 송시열이 62세이던 1668년 10월에 도봉서원을 방문하여 정암 조광조 선생을 모신 사우를 참배하고 며칠간 강의를 하였는데, 그때 남긴 시 "제월광풍갱별전(霽月光風更別傳)　요장현송답잔원(聊將絃誦答潺湲)"이 서원 앞 바위에 크게 암각되어 있다. 제월광풍은 '비가 온 뒤 맑고 청명한 바람과 밝은 달의 모습'으로 성리학의 비조로 불리는 염계

(濂溪) 주돈이(周敦頤)의 인품을 칭송한 말이다. 아무 거리낌 없이 맑고 밝은 고매한 인품을 비유하는 말로 성리학자들이 이상적 인격으로 높게 여겼다. 우암은 주자가 백록동서원 강회에서 유학에 전념하고 출세를 위해 공부하지 말라는 뜻으로 지은 시 두 편 중에서 한 구절씩 발췌하여 이 시를 지었다. 우암은 또 도봉산 입구에 '도봉동문(道峯洞門)'이라는 글씨도 새겨 도봉동의 영역 기준을 제시하기도 하였다.

또 우암의 글씨 옆 바위에는 한수재(寒水齋) 권상하(權尙夏, 1641~1721)가 쓴 '무우대(舞雩臺)'라는 글씨가 새겨져 있다. '무우'란『논어』「선진(先進)」편에서 공자(孔子)가 제자들에게 각자의 소망을 물었을 때, 증점(曾點)이 "늦은 봄날 봄옷이 이루어지면 관자(冠者) 5, 6명과 동자(童子)들과 더불어 기수(沂水)에서 목욕하고 무우(舞雩)에서 바람을 쐬고 시를 읊으며 돌아오겠습니다."라고 대답한 데서 나온 말로 공자가 매우

도봉서원 앞 계곡
(이재의 글씨)

기뻐한 표현이다.

또 그 바로 옆에는 동춘당(同春堂) 송준길(宋浚吉, 1606~1672)이 쓴 "염락정파(濂洛正派) 수사진원(洙泗眞源)"도 보인다. '염락'은 염계 주돈이와 낙양(洛陽) 정자(程子) 형제를 가리키는 말이고, '수사'는 수수(洙水)와 사수(泗水)라는 물이름으로서 공자가 제자들을 가르치던 곳인데, 정암 도학의 연원을 의미하는 동시에 정암 도학을 흠모하면서 도봉서원의 유학적 배경을 높이 평가한 말이라 할 수 있다.

뿐만 아니라 문곡(文谷) 김수항(金壽恒, 1629~1689)의 "고산앙지(高山仰止)"가 남아 있는데, '고산앙지'는 『시경(詩經)』「소아(小雅)」보전(甫田)편에 나오는 말로서 '높은 산처럼 우러러 사모한다'는 의미로 역시 정암의 학덕을 높이 사모한다는 뜻을 담고 있다.

그리고 도암(陶庵) 이재(李縡, 1680~1746)가 쓴 "광풍제월(光風霽月)"도 정암을 존숭하던 여러 선현들의 자취를 함께 느끼게 해주고 있다.

2) 양현사(兩賢祠)

선조 9년(1576, 병자년)에 평안북도 회천군 희천읍 향교(鄕校) 옆에 감사 김계휘(金繼輝)가 김굉필과 조광조의 학문과 덕행을 추모하고자 하는 지방 유림의 뜻을 받들어 창건하였다. 희천은 정암 조광조의 스승인 한훤당 김굉필 선생이 무오사화(戊午士禍)로 유배된 곳이고, 정암은 대봉 양휘지의 추천서를 받아 이곳으로 직접 찾아와 배움을 청하고 사제(師弟)의 연을 맺고 수학한 뜻 깊은 곳이다. 율곡 이이의 「희천양현사기」에 의하면 당시 고을 유림들은 희천 지방이 너무 궁벽지고 문교(文敎)가 펼쳐지지 못하여 지방과 관련 있는 인물로써 덕화가 흥기하기를 기대하면서 '양현사'를 창건하기에 이르렀다고 한다.

그리하여 양현사에는 한훤당 김굉필과 정암 조광조 두 분의 위패를 모시고 제향하게 되었다. 희천 유림들은 양현사를 건립하면서 율곡 이이에게 편지로써 「양현사기」를 의뢰하였다. 현재 율곡이 쓴 것

454

과 최립(崔岦)이 쓴 「양현사기」가 모두 『정암선생문집』에 전하고 있다. 또 정경세(鄭經世)의 희천서원 제문도 전하고 있다. 우암 송시열은 두 선생을 봉안(奉安)하는 글을 지었다.

이 양현사는 임진왜란 때 불탔다가 1720년(숙종 46)에 '상현(象賢)'이라는 사액을 받아 '상현서원(象賢書院)'으로 승격되었고, 선현 배향과 지방 교육의 역할을 담당하였다. 그 뒤 대원군의 서원철폐령으로 1871년 훼철된 뒤 광복될 때까지는 복원되지 못하였다.

율곡은 「희천양현사기」에서 한훤당과 정암의 한국도학사적 의의를 언급한 뒤, 훌륭하고 꽃다운 이름은 장차 하늘과 땅이 없어질 때까지 썩지 않을 것이라고 천명하고 있다.

3) 미원서원(迷源書院)

효종 7년(1656) 경기도 양근(楊根)에 세웠다. 현재 가평군 설악면 선촌리 장석 마을에 있다. 정암이 일찍이 김식과 함께 너불어 종유하며 그 산수를 사랑하여 같이 살 것을 약속한 곳이다. 정암은 이곳에 머무는 동안 회(檜)나무를 심었다고 전해진다. 조광조와 김식을 함께 모시고 학문과 덕행을 추모하기 위해 창건하였다. 그 후 1668년에는 김육(金堉), 1694년(숙종 20)에는 남언경(南彦經), 1734년(여조 10)에는 이제신(李濟臣), 1792년(정조 16)에는 김창흡(金昌翕)을 추가 배향하였다. 선현 배향과 지방 교육의 역할을 맡아오던 이 서원은 대원군의 서원철폐령으로 1869년(고종 6)에 훼철되고 위패는 서원터에 묻었다.

그러던 중 1919년에 지방 유림들이 단(壇)을 설치하여 향사를 해오다가 1974년 중수, 개축하면서 박세호(朴世豪), 이원충(李元忠), 남도진(南道振), 이항로(李恒老), 김평묵(金平默), 유중교(柳重教)를 추가로 배향하였다. 단지(壇地) 정면 중앙에 조광조와 김식의 단비를 세워 봉안하고 있으며, 매년 8월 중정(中丁)에 향사를 지내고 있다.

4) 소현서원(紹賢書院)

황해도 벽성군 고산면 석담리에 있던 서원이다. 1578년(선조 11)에 지방 유림의 공의로 주자를 모시기 위해 '은병정사(隱屛精舍)'를 창건하였다가, 임진왜란 때 소실되었고 1604년에 관찰사 정사호(鄭賜湖)와 목사 김상준(金尙雋)이 힘을 모아 복원하였다. 1602년(광해군 2)에 '소현(現)'이라는 사액을 받은 후 조광조(趙光祖), 이황(李滉), 이이(李珥), 성혼(成渾), 김장생(金長生), 송시열(宋時烈)을 배향하였다.

복원 당시 사우와 강당, 재실, 전사청(奠祀廳), 고사(庫舍) 등이 있었으나 대원군의 서원철폐령으로 1871년(고종 8)에 훼철되었다.

5) 경현서원(景賢書院)

전라도 나주군 노안면 영평리에 있다. 1583년(선조 16)에 지방 유림이 김굉필(金宏弼), 정여창(鄭汝昌), 조광조(趙光祖), 이언적(李彦迪), 이황(李滉)의 학문과 덕행을 추모하기 위해 금성산 아래에 사당을 창건하고 위패를 모셨다. 현재 나주시의 경현동은 이 서원으로 동명이 생기게 되었다. 1597년에 화재로 소실되었다가, 1607년 '경현(景賢)'이라는 사액을 받았고, 2년 뒤(1609, 광해군 1)에는 중건하여 서원으로 승격되었다. 1693년에는 기대승(奇大升)과 김성일(金誠一)이 추가 배향되었다. 대원군의 서원철폐령으로 1868년(고종 5) 훼철되었다가 1977년 전라도 유림들에 의해 복원되었다.

사우, 신문(神門), 동·서합문, 강당, 외삼문(外三門), 고사(庫舍) 등이 있고, 매년 음력 2월 15일 향사를 지내고 있다.

6) 죽림서원(竹林書院)

충청남도 논산군 강경읍 황산리 여산(廬山)에 있는 서원인데, 정암과 퇴계 두 선생을 모셨다. 우암 송시열이 정암과 퇴계 두 선생을 봉안하는 글을 썼고, 그 글은 현재 『송자대전(宋子大全)』과 『정암선생문집』 속집 「부록」에 전하고 있다. 우암은 정암과 퇴계 두 선생이 전후(前後)에서 하나같이 우리 동방의 몽매함을 깨뜨린 분이라고 높이 숭앙하는 마음을 표하였다.

처음에는 '황산사(黃山祠)'라 하여 이이, 성혼, 김장생의 학문과 덕행을 추모하기 위해 창건하고 위패를 모셨는데, 1665년(현종 6)에 '죽림'이라는 사액을 받고 서원으로 승격되면서 조광조와 이황을 추가 배향하게 되었다. 그 후 30년이 지난 1695년(숙종 21)에는 우암 송시열을 추가 배향하였는데, 1871년(고종 8)에 대원군의 서원철폐령으로 훼철되었다.

1946년 지방 유림들이 복원하여 현재 충청남도 문화재 75호로 지정되어 있으며, 사우, 유도문, 홍문, 족리정, 팔패정, 정기비각 등의 건물이 있다. 매년 3월 15일과 9월 15일에 제향하고 있다.

7) 흥현서원(興賢書院)

함경남도 영흥군 화산(華山) 아래에 있던 서원이다. 1612년(광해군 4)에 지방 유림의 뜻에 따라 포은 정몽주와 정암 조광조의 학문과 덕행을 기리기 위해 창건하였다. 4년 뒤(1616)에 '흥현'이라는 사액을 받았고, 1651년(효종 2)에 이계손(李繼孫)을 추가 배향하였다. 1661년(현종 2)에 사우를 옮겨 지으면서 별사우를 분립시켰고, 1725년(영조 1)에는 두 사우를 중건하였다.

중건 당시 사우, 정일당, 전사청, 상관재, 일규재, 성교루 등이 있었는데, 대원군의 서원철폐령으로 1870년(고종 7)에 훼철되었다.

부록

연보 ― 참고 문헌 ― 찾아보기

서기	제왕 연대	나이	조광조의 사적
1482년	성종 13	1	○ 8월 10일 정해(丁亥)에 한성부(漢城府), 현 서울특별시 종로구 경운동 18번지에서 부친 조원강(趙元綱)과 모친 여흥 민씨(驪興 閔氏) 사이에서 출생하였다. ○ 조광조의 본관은 한양(漢陽)이고, 자(字)는 효직(孝直)이며, 호는 정암(靜庵)이다. ○ 정암의 가문은 고려시대에 순대부(順大夫) 첨의중서사(僉議中書事)를 지냈던 조지수(趙之壽)를 시조(始祖)로 하여, 6대조 조온(趙溫)은 조선조의 개국정사(開國定社) 좌명공신(佐命功臣)이 되었고, 정암의 부친 조원강은 시조로부터 9세손으로서 감찰(監察) 벼슬을 지내는 등 고려조에서 조선조에 이르는 동안 역대 왕조에서 대대로 청렴하고 강직함을 잃지 않은 명문 집안이었다. ○ 정암에게는 형과 아우가 각각 한 명씩 있었다. 형 조영조(趙榮祖)는 부친처럼 감찰(監察)을 지냈고, 아우 조숭조(趙崇祖)는 목사(牧使)를 지냈다. ○ 정암은 태어나면서부터 기질이 청수(淸粹)하고 용모가 단아하고 정결하여 사람들이 모두 기이하게 여겼다고 전한다. *이 해에 성종은 연산군의 생모인 폐비윤씨(廢妃尹氏)에게 사약(賜藥)을 내렸다. 이 사건은 후일 정치적으로 매우 복잡하고 중대한 문제의 연원이 되어 큰 파장을 몰고 온다.
1483년	성종 14	2	
1484년	성종 15	3	
1485년	성종 16	4	
1486년	성종 17	5	○ 나이 5세가 되니, 놀고 장난함에 이미 성인(成人)의 거동과 도량이 있었는데, 더욱 예(禮)를 익히고 실천하기를 좋아하여 조금이라도 어긋난 행동을 하는 사람을 보면 비록 윗사람일지라도 반드시 풍자(諷刺)하여 멈추게 하였다.

---

1 정암 조광조의 연보는 『정암선생문집』「부록」권5에 실려 있다.

서기	제왕 연대	나이	조광조의 사적
1487년	성종 18	6	
1488년	성종 19	7	
1489년	성종 20	8	
1490년	성종 21	9	
1491년	성종 22	10	
1492년	성종 23	11	
1493년	성종 24	12	
1494년	성종 25	13	
1495년	연산군 1	14	
1496년	연산군 2	15	
1497년	연산군 3	16	
1498년	연산군 4	17	○ 한훤당(寒暄堂) 김굉필(金宏弼) 선생의 문하(門下)에 들어가 수업하다. ○ 이 해에 사초(史草) 사건을 빌미로 유자광(柳子光)이 무고(誣告)하여 무오사화(戊午士禍)가 일어나 김일손(金馹孫), 권오복이 처형되었고, 김종직(金宗直)은 부관참시(剖棺斬屍)를 당하였으며, 한훤당 김굉필은 김종직의 문하생이라 하여 평안도 희천(熙川)에 유배되어 있었다. ○ 이 무렵 조광조의 부친이 어천찰방(魚川察訪)이 되어 나가게 되었다. 이때 조광조는 김굉필에게 나아가 수학하기로 작심(作心)하고, 아버지를 따라 나서 김굉필의 유배지인 평안도 희천에 찾아가 정식(正式)으로 문하생이 되고자 청했다. 당시 피화자(被禍者)였던 한훤당을 만나는 것은 사람들이 한결같이 꺼리던 일로 결코 예사로운 일이 아니었다. 한훤당과 정암이 만나 사제관계를 맺게 되는 계기는 유배지 근처를 지나다가 우연히

서기	제왕 연대	나이	조광조의 사적
1498년	연산군 4	17	일어난 것이 아니었으며, 정암의 주체적 구도(求道) 의지에 의한 것이었다. 조광조는 김굉필의 학문을 존숭하여 가르침을 받고자 하는 분명한 목적의식을 갖고 있었다. 정암은 한훤당 문하생이 되기 위하여 출발하기 전에 대사간(大司諫)을 지낸 대봉(大峯) 양희지(楊熙止, 1439~1504)에게 추천서(推薦書)를 써 달라고 부탁하였다. 양희지는 김굉필의 친구였는데, 이와 관련하여 양희지는 "수재(秀才) 조군(趙君=조광조)은 고인(故人)의 아들인데, 나이 스무 살이 안 되었지만 개연히 도(道)를 구하려는 뜻을 가지고 김대유(金大猷=김굉필)의 학문이 연원(淵源)이 있다는 말을 듣고 희천(熙川)의 적소(謫所)에 가서 옷을 여미고 공부하기를 청하려고 나에게 소개(紹介)하는 편지 한 장을 요청하였다"고 밝힌 뒤, 한훤당과 편지 왕복을 끊은 지 오래되었으나 다만 정암의 간곡한 뜻을 편지로만 할 수 없어서 아래와 같이 두 구절의 이어(俚語)를 써 주었다.

十七趙家秀　　십칠 세의 조씨 가문의 수재
三千弟子行　　삼천 제자 행동이라
慇懃求道志　　은근하게 도(道)의 뜻 구하려고
迢遽關西鄕　　멀리 관서향을 찾는다네

ㅇ 김굉필은 조광조를 심히 사랑하며 중히 여겼고, 조광조는 이때부터 한결같이 성현(聖賢)이 되는 것을 자기 학문의 소임(所任)으로 삼았다.
ㅇ 조광조가 김굉필 문하에서 공부하던 때 이른바 '건치묘식(乾雉猫食)' 문제로 군자의 언사(言辭)와 노기(怒氣) 성찰에 대해 스승에게 청의(請疑)한 일화는 아주 유명하다. 스승 김굉필이 꿩 한 마리를 얻어서 어머니께 보내려고 말리던 중 마침 고양이가 그것을 먹어버렸다. 그러자 김굉필은 꿩을 말리던 종 아이를 크게 꾸짖으면서 언성을 아주 높였다. 이에 조광조가 나아가 스승에게 말하기를, "어머님을 봉양하려는 정성은 비록 지극하오나 군자의 언사와 노기는 성찰(省察)하지 아니하면 안 되는 것으로 압니다. 불민한 저의 마음에 의심되는 점이 있어 감히 스승님께 여쭙니다."라고 하였다. 그러자 김굉필은 일어나 조광조의 손을 잡으며 "나도 방금

서기	제왕 연대	나이	조광조의 사적
1498년	연산군 4	17	스스로 후회하고 있었는데, 너의 말이 또한 그러하니 심히 부끄러워 어찌할 바를 모르겠구나. 바로 네가 나의 스승이지 내가 너의 스승이 아니다."라고 하셨다. 이 일이 있은 후로 김굉필은 조광조를 더욱 경중(敬重)하게 여겼다고 한다. ○ 조광조는 스승 김굉필의 문하에 있으면서 뜻을 가다듬고 학업을 정돈하기를 확고하고 독실하게 하여 일과(日課)의 규칙을 어기지 않았다. 낮에 스승이 강하여 주실 때에는 반드시 절실하게 질문하고, 밤에 물러나서는 깊이 생각하기를 조금도 태만히 하지 않았다. 문장을 연습하는 일에 이르기까지 또한 조금도 마음에서 떠나지 않았으며, 사람들이 혹 과거 공부를 권하면 번번이 문장이 미숙하다고 하면서 거절하였다.
1499년	연산군 5	18	○ 한산(韓山) 이씨(李氏)와 혼인하였다. 부인은 첨사(僉使) 이윤형(李允泂)의 딸이었는데, 나이는 알 수 없다. 부인과의 사이에 두 아들을 두었다.
1500년	연산군 6	19	○ 부친 참판공(參判公) 조원강(趙元綱)의 상을 당하다. 조광조는 곡하여 울며 상복(喪服)을 입는 법식과 마시며 먹는 것과 일어나 거처하는 절차를 한결같이 『주자가례(朱子家禮)』에 따라 하되, 초상(初喪) 때부터 복제(服制)가 끝날 때까지 조금도 어기지 아니하였다. 묘 옆에 묘막을 짓고 반드시 묘를 대하여 앉았으며, 제수를 올리고 난 다음에는 묘를 두루 살폈는데, 혹한이나 더울 때나 눈이 오나 비가 오나 그만두지 아니하였다. 혹 만나기를 청하는 사람이 있었으나 더불어 담소를 나누지 않았고, 한 번도 일을 보러 바깥으로 나가지 않았으니, 삼가고 슬퍼하는 예(禮)의 두터움이 이와 같았다.
1501년	연산군 7	20	
1502년	연산군 8	21	○ 복(服)을 벗고 집을 용인(龍仁) 선영묘 밑에 지었다. ○ 이미 상복을 벗었으나 애통함은 다하지 않아 묘 아래에 몇 칸의 초당(草堂)을 짓고 영원히 사모하는 곳으로 삼았다. 또 못을 파고 축대를 쌓은 뒤 연꽃과 잣나무를 심어놓고 휴식하는 자리로 삼았다.

서기	제왕 연대	나이	조광조의 사적
1502년	연산군 8	21	○ 어머니를 정성으로 봉양하였는데 맛있는 음식을 드 렸고 거처를 잘 보살폈으며, 여가가 있으면 독서(讀書)를 그치지 아니하였다. ○ 독서는 『소학(小學)』, 『근사록(近思錄)』, 사서(四書)를 중심으로 하였고, 그 다음으로는 제반 경서(經書)와 여러 성리서(性理書)를 비롯하여 『통감강목(統鑑綱目)』 등을 읽었다. ○ 독서를 할 때 매일 새벽닭이 울면 세수하고 빗질한 뒤 엄숙 단정하게 앉아 심기(心氣)를 편안히 하고, 구부려 읽고 우러러 생각하였으며, 생각하되 체득하지 못하는 것이 있으면 비록 날이 다하고 밤을 새우더라도 꼭 터득하려고 하였는데, 결코 스스로 단정지어 생각하지는 않았다. 참다운 학문이 쌓여서[眞積力久] 덕기(德器)가 이미 성취되었으나, 오히려 조금도 스스로를 속이지 않고[無自欺] 홀로 삼가는 것[愼獨]에 더욱 힘을 쏟았다. ○ 이 무렵 사초(史草) 사건으로 인하여 사화(士禍)가 일어난 때여서 주위 사람들은 정암이 공부하는 것을 보고 혹자는 '광자(狂者=미치광이)'라 하였고 혹자는 '화태(禍胎=재앙의 근원)'라고 여겨, 심지어 발길을 끊기도 하였는데 스스로는 대수롭지 않게 여겼다.
1503년	연산군 9	22	
1504년	연산군 10	23	○ 10월 갑자사화(甲子士禍)가 일어나 희천에서 순천(順天)으로 유배지를 옮겨 있던 스승 한훤당 김굉필의 부음(訃音)을 들었다.
1505년	연산군 11	24	
1506년	중종 1	25	○ 중종반정(中宗反正)으로 연산군이 폐출되고 중종이 왕위에 올랐다. 연산군의 잔학(殘虐)한 정치가 혁신되고 사기(士氣)가 장려되니, 이때부터 학업에 힘쓰는 사람들이 많아졌다. ○ 정암도 비로소 그 학문으로써 여러 후학들을 가르치게 되었는데, 멀고 가까운 곳에서 풍문을 듣고 찾아와서 배우고자 하는 사람들이 대단히 많았다. 그리하여 도야(陶冶)되고 분발한 공(功)이 성황을 이루게 되었다.

서기	제왕 연대	나이	조광조의 사적
1506년	중종 1	25	○ 이 무렵 종남부수(終南副守)였던 창수(昌壽)와 화답한 시(詩)가 있다.
1507년	중종 2	26	
1508년	중종 3	27	
1509년	중종 4	28	
1510년	중종 5	29	○ 봄에 진사시(進士試)에서 「춘부(春賦)」를 지어 장원(壯元)으로 합격하였다. 당시 시험관들이 놀래 칭찬을 아끼지 않았다. ○ 여름에는 송도(松都)의 여러 산(山)을 찾아 글을 읽었다. 5월에는 천마산(天磨山)과 성거산(聖居山)에 가서 유람하였는데, 혹 기묘한 절경(絶景)을 만나면 문득 고요하게 거닐며 읊기를 마치 티끌세상을 떠난 듯한 취향을 가졌다. 청아하고 깊은 곳을 택하여 들어 앉아 조용히 잠겨 의리(義理)의 깊음을 독파하고 경전(經傳)의 뜻을 탐색하여 정신을 모아 단정히 앉기를 마치 우뚝 조각한 사람과 같이 하였다. 소찬(素饌)의 밥을 먹으며 고행(苦行)하기를 스님처럼 하니, 비록 숙달된 사람이라 할지라도 모두 행하기 어려운 일이었다. 대체로 밥 먹고 뒷간에 가는 일 외에는 결코 한가하게 보내는 시간이 조금도 없었고, 오직 삼경(三更)에서 오경(五更) 사이에 옷을 벗고 잠자리에 들었다. 학문에 힘쓰기를 더욱 돈독하게 하여 가을에야 집으로 돌아왔다. 당시 기준(奇遵)이 정암을 따라 함께 갔었는데, 정암이 "선비가 이같이 고행하는 것은 또한 괴로운 일이 아닌가."라고 말한 것은 서로 장려하는 뜻에서였다. ○ 정암은 또 일찍이 산사(山寺)에 들어가 『맹자(孟子)』의 '호연장(浩然章)'을 읽었는데, 한 달 동안에 그 진의(眞義)를 다 해득(解得)하였다.
1511년	중종 6	30	○ 4월 성균관에서 조광조의 학문과 인품을 평가하여 조정에 천거하였다. 조정에서는 주강(晝講)의 논의를 통하여 조광조가 더욱 높은 덕을 쌓게 하여 뒷날 크게 쓸 인물로 삼기로 하고 특별히 장려하는 포상을 내렸다.

서기	제왕 연대	나이	조광조의 사적
1511년	중종 6	30	○ 모친 민부인(閔夫人)의 상(喪)을 당하였다. 슬퍼하고 삼감이 부친상을 당하였을 때처럼 한결같았다.
1512년	중종 7	31	○ 모친 시묘 생활을 계속 하였다.
1513년	중종 8	32	○ 모친 시묘 생활을 마쳤다.
1514년	중종 9	33	○ 숙부 조원기(趙元紀)가 경원(慶源)의 임지(任地)로 떠나게 되었는데, 학문에 힘쓰기를 지극히 권장하는 뜻에서 시(詩)와 서(序)를 증정하였다.
1515년	중종 10	34	○ 봄, 지평(砥平) 용문사(龍門寺)에 가서 독서를 하였다. 이때 정암은 몇몇 벗들과 더불어 걸상을 만들고 서로 밤낮으로 토론하기를 게을리 하지 아니하였는데, 모든 친구들이 스스로 정암에게 미치지 못함을 토로하였다. ○ 여름, 성균관(成均館)의 추천(推薦)을 받아 조정(朝廷)에 들어갔다. 이 무렵 정암의 명성과 행실이 뚜렷이 나타나자 조정에서 장차 크게 쓰려 하였고, 이에 성균관에서는 의논하여 조정에 천거하였다. ○ 숙부 조원기는 서신을 보내 벼슬길에 나서는 정암에게 간절하게 경계하였다. ○ 이조(吏曹)에서 선무랑[宣務郞, 종6품직]에 준하는 직위로 올려주자고 청해 아뢰었다. 이조판서 안당(安瑭)이 중종에게 아뢰기를, "조광조는 경술(經術)에 밝고 행의(行義)가 있어서 성균관의 최우수 추천을 받았으니, 만약 자격에 구애받는다면 앞으로 선비들을 권장할 수 없을 것이오니, 선무랑에 준한 주부직(主簿職)으로 올려주시어서 그 재능을 관찰하시기를 청하옵니다." 하니, 이에 임금이 그대로 행하였다. ○ 6월, 조지서(造紙署) 사지(司紙) 벼슬을 제수받았다. 그러자 정암은 "나는 본래 이익(利益)과 영달(榮達)에 마음을 쓰지 않았는데, 느닷없이 뜻밖에 일을 맡게 되니, 부득이 과거(科擧)를 거쳐서 행세하는 계제(階除)를 밟을 수밖에 없을 것 같다. 헛된 명예로 세상에 알려지는 것을 나는 매우 부끄러워 한다"고 하고, 과거를 통해 정식으로 벼슬길에 나서기로 결심하였다.

서기	제왕 연대	나이	조광조의 사적
1515년	중종 10	34	○ 가을(8월 22일), 알성시(謁聖試, 문과 을과)에 제1인자로 합격하였다. 공자(孔子)의 〔과화존신(過化存神) = 성현이 지나가기만 해도 감화(感化)되고, 계시기만 하면 신성(神聖)해 진다〕과 관련된 과거 책제에 대한 대책이었다. ○ 8월 27일, 성균관 전적(成均館典籍, 정6품직)을 제수 받았고, 사헌부 감찰(司憲府監察, 정6품직)로 옮겼다. ○ 11월 20일, 사간원(司諫院) 좌정언(左正言, 정6품직)을 제수받았다. 바로 국가의 언로와 관련하여 양사(兩司)의 수장(首長)을 파직할 것을 상소하였고, 중종은 정암의 상소대로 좇았다. 반정 당시 성희안(成希顔), 박원종(朴元宗) 등이 중종의 비 단경왕후(端敬王后) 신씨(愼氏)를 폐하고, 계비(繼妃)로 장경왕후(章敬王后) 윤씨(尹氏)를 세웠는데, 장경왕후가 이 해 2월에 원자〔元子, 이후 인종(仁宗)이 됨〕를 낳고 죽었다. 왕후의 자리가 비게 되자 7월에 담양부사(潭陽府使) 박상(朴祥, 1474~1530)과 순창군수(淳昌郡守) 김정(金淨, 1486~1520)이 구언(求言)에 따라 상소(上疏)를 올려 폐비 신씨의 복위(復位)를 청하였다. 그러자 대사간(大司諫) 이행(李荇)이 이들을 사특한 자로 규정하였고, 대사헌(大司憲) 권민수(權敏手)가 그 말에 동조하여 두 사람을 나포한 뒤 문초하였다. 이에 정광필의 만류로 귀양 보내는 정도로 끝을 냈다. 바로 이 무렵에 정암이 정언(正言)이 되었는데, 언로(言路)를 막는 것은 국가의 존립에 관계되는 것이라 규정하고, 두 수장이 언로를 수호해야 할 직분을 어기고 오히려 언로를 망쳤으니 파직시킬 것을 청하였던 것이다. 이로 인하여 조정에서는 지난(至難)한 논의가 있었고, 결국 중종은 조광조의 계청(啓請)에 따라 양사(兩司)를 파직시켰다. 그러자 직제학(直提學) 김안로(金安老) 등은 양시론(兩是論)을 펼쳐 조정의 의논이 갈라지는 조짐이 나타나게 되었다. ○ 이 해에 장자(長子) 조정(趙定)이 출생했다.
1516년	중종 11	35	○ 봄, 호조좌랑(戶曹佐郞)을 제수받았고, 곧 예조좌랑(禮曹佐郞), 공조좌랑(工曹佐郞)으로 옮겨졌다.

서기	제왕 연대	나이	조광조의 사적
1516년	중종 11	35	○ 3월, 홍문관부수찬(弘文館副修撰, 종6품직)을 제수받았고, 경연검토관(經筵檢討官), 춘추관기사관(春秋館記事官)을 겸하였다. ○ 정암은 이미 벼슬길에 나서게 되었으니 뜻을 가다듬어 임금을 바르게 하여 우리의 임금이 요순(堯舜)과 같은 성군(聖君)이 되고, 우리 백성이 요순의 백성과 같이 태평성대를 누리도록 유학을 부흥시키는 것을 스스로의 임무로 삼았다. ○ 경연(經筵)을 위해 전날 밤 미리 심신을 가다듬고 장차 강의할 글을 단정히 앉아 읽었으며, 새벽에 의복을 갈아입고 임금에게 나아가서는 일심(一心)으로 엄숙히 생각하되 신명(神命)을 대하듯 하여 임금이 감동하도록 하였다. 임금도 또한 마음의 부담 없이 열심히 들어 조정이나 백성이 서로 태평성대를 가히 이룰 것으로 기대하였다. ○ 홍문관 수찬을 제수받았고, 겸직은 그대로 하였다. ○ 11월, 중종에게 '계심잠(戒心箴)'을 지어 올렸는데, 일등을 하여 털요 한 벌을 부상으로 받았다.
1517년	중종 12	36	○ 정월에 '재이를 그치게 하고 하늘의 뜻에 응하는 도리'를 진계하였다. ○ 대신과 시종을 소대(召對)하여 조종(祖宗)의 구전(舊典)을 논의하고 시행할 만한 일은 결연히 시행할 것을 계청하였다. ○ 2월 3일, 홍문관 부교리(弘文館 副校理, 종5품직)가 되었다. ○ 2월, 홍문관 교리(校理, 정5품직)가 되어 경연시독관(經筵侍讀官), 춘추관기주관(春秋館記注官)을 겸하다. ○ 2월 28일, 임금의 명을 받아 황해도 백성들의 슬픔과 고통을 위로하였다. ○ 휴가를 받아 동호(東湖)에서 글을 읽었다. ○ 군신(群臣)을 불시에 소대(召對)하는 일을 계청하여 채납(採納)되었다. ○ 7월, 홍문관응교(弘文館應敎, 정4품직)가 되어 경연시강관(經筵侍講官), 춘추관편수관(春秋館編修官), 승문원교감(承文院校勘)을 겸하였다.

서기	제왕 연대	나이	조광조의 사적
1517년	중종 12	36	○ 8월, 한훤당 김굉필의 버슬과 시호를 내려 추증하고 문묘에 종사하는 일을 계청하였으나, 허락받지 못하였다. ○ 매죽헌(梅竹軒) 성삼문(成三問), 취금헌(醉琴軒) 박팽년(朴彭年), 주계부정(朱溪副正) 심원(深源)의 포증(褒贈)을 계청하였다. ○ 정몽주를 문묘(文廟)에 종사(從祀)할 것을 논하였다. ○ 홍문관전한(弘文館典翰)에 승진하여 전직을 겸하게 되었는데, 계사를 올려 사직(辭職)을 아뢰고 또한 외직(外職)으로 나가기를 청하였으나 임금이 허락하지 않았다.
1518년	중종 13	37	○ 정월, 경연에서 좌강(坐講)함을 논하였다. ○ 불시(不時)에 여러 신하를 불러서 대하시라 임금에게 청하였다. ○ 통정대부(通政大夫, 정3품직 당상관) 홍문관부제학(弘文館副提學)이 되어 경연참찬관(經筵參贊官), 춘추관수찬관(春秋館修撰官)을 겸하였다. 마침 말에서 떨어져 병(病)으로써 사직을 청하였으나 허락받지 못하였다. ○ 『대학(大學)』 「성의장(誠意章)」을 진강(進講)하면서 '수기치인(修己治人)의 도(道)'를 진계하였다. ○ 2월, 동한(東漢) 당고(黨錮)의 일을 논하고, 사기(士氣)를 배양할 것을 계청하였다. ○ 의리(義利)의 분별(分別)과 공물(貢物)의 폐단에 대하여 진계하였다. ○ 입사(入仕)할 처음에 인재를 가려서 등용하는 일을 진계하였다. ○ 특지(特旨)로써 벼슬을 제수하는 것을 신중히 하도록 계청하였다. ○ 뇌물(賂物)을 엄격히 금하도록 계청하였다. ○ 5월, 승정원동부승지(承政院同副承旨)에 옮겨 제수되고, 경연참찬관, 춘추관수찬관을 겸하였다. ○ 다시 홍문관부제학(弘文館副提學)을 제수받았고 겸직은 그대로 하였다. ○ 휴가를 얻어 용인(龍仁)에 가서 성묘를 하였다. ○ 7월, 상소하여 소격서(昭格署)를 혁파(革罷)할 것을 계청하였고, 9월에 허락되었다.

서기	제왕 연대	나이	조광조의 사적
1518년	중종 13	37	○ 함경도 회령부(會寧府)의 야인(野人) 속고내(速古乃)가 변경을 자주 침범하니, 조정에서 몰래 군사를 보내 엄습하는 것을 계획하였는데, 그런 계책은 '도적(盜賊)의 꾀'이지 왕도(王道)가 아니라고 계청하여 채납되었다. ○ 8월, 『논어(論語)』를 진강(進講)하였다. ○ 9월, '주경(主敬) 공부'에 대하여 논하였다. ○ 10월, 『근사록(近思錄)』을 진강하고, 원자(元子)를 보좌, 교도하는 도리를 진계하였다. ○ 11월, 가선대부(嘉善大夫, 종2품 당상관)에 승진하여 동지성균관사(同知成均館事)를 겸하였다. ○ 11월 21일, 사헌부 수장인 대사헌(大司憲, 종2품직)이 되었다. 다섯 번이나 사직을 아뢰었으나 윤허받지 못하였다. ○ 원자 보양관(元子輔養官)을 겸하였다. ○ 현량과(賢良科)를 설치할 것을 임금께 계청하여 허락되었다. ○ 안자(顔子)가 학문을 좋아함을 논하고, '사물잠(四勿箴)'을 자리 옆에 걸어둘 것을 청하였다. ○ 성균관(成均館) 유생(儒生)을 간추리고 아직 과거(科擧)를 보지 않은 사람도 가려서 대사성(大司成)을 삼을 것을 청하였다. ○ 이 해에 둘째아들 조용(趙容)이 태어났다.
1519년	중종 14	38	○ 팔도(八道)에 「여씨향약(呂氏鄕約)」의 실시를 건의하여 시행하였고, 김안국은 『여씨향약(呂氏鄕約)』을 간행·반포하였다. ○ 동지중추부사(同知中樞府事)에 전보되었다가 정부의 계에 의하여 전직을 중임하였다. ○ 1월 11일, 경연 검토관으로서 천인(天人)관계론, 군신(君臣)관계, 지치주의(至治主義)에 대하여 진강하였다. ○ 1월 20일, 민본정치(民本政治)에 대하여 논하였다. ○ 1월 23일, 군자소인론(君子小人論)과 대간(臺諫)을 중시할 것을 진강하였다. ○ 2월 19일, 경연시독관으로서 사우지도(師友之道)에 대하여 논하였으며, 『성리대전(性理大全)』을 베껴서 전원에게 진강하도록 명을 받았다.

서기	제왕 연대	나이	조광조의 사적
1519년	중종 14	38	○ 3월 2일, 신평군 윤강희가 김우증을 고변하자, 김우증 처벌 문제로 조정 의견이 대립되었고, 대사헌이던 조광조의 주장대로 처리되었는데, 이를 계기로 정암은 논박을 받아 체직되었다. 우의정 안당(安瑭)의 계청으로 유임되었다. ○ 4월, 다시 홍문관부제학에 제수되고 겸직은 전과 같았다. 『주역(周易)』을 열독하였다. ○ 6월, 다시 대사헌(大司憲)에 제수되었다. ○ 장인(丈人) 이윤형이 제물포(濟物浦) 만호(萬戶)로서 임지에서 사망하자 그곳에 다녀올 것을 청하여 허락을 받았다. 이윤형에게 장성한 아들이나 동생이 없어서 정암이 장례를 해주고 왔다. ○ 문소전(文昭殿) 능침(陵寢)의 모든 제사에 대하여 진계하였다. ○ 대신(大臣)과 대간(臺諫)이 서로 구제해주어야 하는 의의를 진계하였다. ○ 종사(宗社)의 대제(大祭)를 친히 행할 것을 진계하였다. ○ 7월, 병으로써 다시 사임을 청하였으나 허락을 받지 못하였다. ○ 여염집에 거처하고 있던 원자(元子)를 대궐 안으로 들어오도록 하여 교양하도록 계청하였고, 사화(士禍)를 예방하는 도리에 대하여 진언하였다. ○ 대신을 직책에 힘쓰게 할 도리를 논하였다. ○ 8월, 성균관(成均館) 유생(儒生)을 이끌고 입궐하여 글을 강의하였다. ○ 사정전(思政殿)에서 원자보양관(元子輔養官)으로서 『소학(小學)』을 강의하였다. 모름지기 원자 보양관은 노련하고 후덕한 사람에게 맡기고, 스스로는 대간의 임무에 충실하고자 한다는 뜻을 밝혔다. ○ 왕백(王伯)의 도리를 논하면서, 왕도정치(王道政治)에 대하여 설명하였다. ○ 9월, 능(陵)을 참배하는 관리는 공적인 복장을 착용할 것을 청하였고 허락을 받았다. ○ 10월, 신용개(申用漑)가 죽었는데, 초상에 곡하지 않음을 논하였다.

서기	제왕 연대	나이	조광조의 사적
1519년	중종 14	38	○ 정국공신(靖國功臣)을 개정할 것을 계청하였다. 중종이 정국공신 개정에 대하여 불가하다고 하자, 조광조는 대간(臺諫)을 이끌고 사직(辭職)을 청하였다. ○ 예조판서 남곤(南袞)이 일을 회피한 죄를 논난(論難)하다. 이때 남곤은 영릉(英陵)의 부향관으로 보내줄 것을 청하여 정국공신과 관련한 조정의 논의를 피하여 나들이를 나갔다. ○ 11월 11일, 중종이 정국공신 개정을 허락하였다. 공신 117인 중 76인의 위훈(僞勳)이 삭제되었다. ○ 11월 15일, 밤중에 남곤(南袞), 심정(沈貞), 홍경주(洪景舟) 등의 밀고(密告)로 인하여 기묘사화가 일어나 옥(獄)에 갇혔다. 이들은 밀의한 뒤 신무문(神武門)을 열고 들어와 밀고하였다. ○ 대사헌 조광조, 형조판서 김정, 부제학 김구, 대사성 김식, 좌부승지 박세희, 윤자임, 동부승지 박훈, 도승지 유인숙, 우참찬 이자 등이 투옥되었다. ○ 추관(推官)은 의금부사 김전이었고, 대명률 간당죄(奸黨罪)로 지명되었다. 중종은 추관에게 "조광조를 우두머리로 하라"고 지명하였다. ○ 11월 16일, 공초를 올렸다. 조광조는 "선비로서 이 세상에 태어나 믿는 바는 임금의 마음밖에 없습니다. 망령되이 국가의 병통이 사사로운 이익의 근원에 있다고 생각하여 국맥(國脈)을 영원토록 무궁하게 새롭게 하고자 하였을 뿐 다른 뜻은 없었습니다."고 하였다. ○ 그날 밤 조광조, 김정, 김식, 김구를 사형(死刑)에 처한다는 중종의 명이 내려졌고, 이에 영의정 정광필(鄭光弼)과 우의정 안당이 간곡하게 비호하였다. 그리하여 조광조와 김정은 사사(賜死)하고 김식과 김구는 장 100대를 치고 절도 안치하고 나머지는 귀양 보내라고 명이 다시 하달되었다. 정광필이 또다시 간청하여, 조광조, 김정, 김식, 김구에게 장 100대를 치고 위리 안치하라는 최종 명령이 내려졌다. ○ 11월 17일, 밤 삼경에 옥에서 나와 집으로 돌아갔다. ○ 11월 18일, 이른 아침 동소문 밖의 인가(人家)로 나가게 했다. 중종은 조광조 등을 의금부로 모이도록 명하고, 성운(成雲)으로 하여금 뜻을 전하도록 하였다.

서기	제왕 연대	나이	조광조의 사적
1519년	중종 14	38	○ 이날 밤 조광조는 적소로 떠났다. 전라남도 화순군(和順郡) 능주(綾州)에 유배되었다. ○ 태학생 이약빙(李若氷), 부제학 이사균(李思鈞), 대사헌 유운(柳雲), 전한 정응(鄭譍), 교리 양팽손(梁彭孫)이 함께 상소하여 죄없음을 변명하였다. 태학생들은 정암 등이 체포된 것을 듣고 궁궐 앞에 나아가 엎드려 무죄를 호소하니, 수많은 사람들이 몰려들었다. 이약빙(李若氷), 신명인(申命仁), 박광우(朴光佑) 등은 서로 이어서 죄없음을 상소하려 하였는데, 문지기의 거절로 뜻을 이루지 못하자 궁궐 뜰에 엎드려 소리 내어 울었는데, 그 울음소리가 왕의 처소까지 들렸다. 왕이 울음소리를 듣고 모두 하옥하라고 명하였다. 이에 생원 임붕(林鵬) 등 수백 명이 상소로써 정암 등의 무죄를 주장하고 이약빙 등과 함께 옥에 갇힐 것을 자청하였으며, 시골 향리의 많은 사람들도 한결같이 무죄를 상소하였다. ○ 이 무렵 조정의 간사스런 신하들이 소장을 올려 조광조에게 참형을 청하였는데, 대사헌 이항(李沆)과 대사간 이빈(李蘋) 등이 입을 모아 더 죄를 줄 것을 청하였다. ○ 12월 16일, 중종은 끝내 조광조를 사사(賜死)하도록 명하였다. ○ 12월 20일, 중종이 보낸 금부도사 유엄(柳渰)이 조광조의 적려유배지에 닿았다. 이에 조광조는 "임금께서 신하에게 죽음을 주심에는 죄명이 있음이 합당하리니, 청건대 공손히 듣고서 죽겠노라"고 하였다. 그러나 사사의 명(命)만 있었고, 사사하는 문자(文字)도 없었다. 이에 조광조는 "정승의 반열에 있던 사람을 이렇게 허술하게 죽이니, 그 폐단이 근심된다"고 하였고, "간악한 자들이 미운 자를 제 마음대로 죽일 수 있을 것"이라고 한탄하였다. 조광조는 뜰로 내려가 앉아서 북쪽을 향하여 두 번 절하고는 꿇어앉아 명을 받았고, "임금의 옥체는 어떠하신가?"고 물었다. 이어서 조광조는 당시 조정의 벼슬아치들[삼공 육경 대간 시종]이 누군지를 유엄에게 물었고, 그 대답을 듣고는 자신의 죽음은 그들과도 무관하지 않을 것이라고 하였다. 당시 영의정은 김전(金詮), 우의정은 이유청(李惟淸), 좌의정은 남곤(南袞)이었다.

서기	제왕 연대	나이	조광조의 사적
1519년	중종 14	38	○ 이어서 조광조는 집에 보낼 편지를 썼는데, 한 글자도 그릇됨이 없었고, 선영의 묘지에 반장(反葬)할 것을 명령하였다. 주위 사람들에게 말하기를, "내가 죽거든 관을 두껍게 만들지 말라. 먼길을 가기가 어렵다"고 하였다. ○ 도사 유엄이 죽음을 재촉하는 뜻이 있자 조광조가 탄식하여 이르기를, "옛사람은 조서를 안고 엎드려 통곡함도 있었거늘, 그대는 어이 그리도 다른고?" 하고, 드디어 목욕하고 옷을 갈아입고 단정히 앉아 절명시(絶命詩)를 썼다. 愛君如愛父 임금 사랑하기를 어버이 사랑하듯 하였고 憂國如憂家 나라 걱정하기를 집안 걱정하듯 하였노라 白日臨下土 밝은 해가 이 세상을 내리 비추니 昭昭照丹衷 거짓 없는 나의 마음을 훤히 밝혀주리라. ○ 드디어 약(藥)을 마셨으나 아직 절명하지 않으니 군졸이 목을 조르려 하였다. 조광조가 "임금도 이 신하의 목을 보존코자 하거늘 너는 어찌 감히 이러한고?"라고 꾸짖고, 독주(毒酒)를 더 가져오라고 하여 마신 후 피를 토하고 종명(終命)하였다. ○ 교리 양팽손이 스승 정암 조광조의 시체를 염하였다. 이 무렵 양팽손은 기묘사화로 파직을 당하여 고향에 내려와 있으면서 밤낮으로 스승을 정성으로 모셨다.

정암 절명시비 (묘소 아래)

473

서기	제왕 연대	나이	조광조의 사적
1520년	중종 15	-	ㅇ 봄, 경기도 용인 심곡리(深谷里)의 선산에 시신을 옮겨와 안장(安葬)하였다. ㅇ『정암선생문집』의 〈연보〉에는 '장사를 지내던 날, 흰 무지개가 해를 둘렀는데, 동쪽에서 서쪽 끝으로는 세 번 두르고, 남쪽과 북쪽으로는 각각 한 번씩을 둘렀다. 남북쪽의 둘레 밖으로는 두 줄기의 무지개가 있어 띠를 둘러놓은 것 같았는데, 저녁이 되자 또한 신미방(辛未方)에 한 줄기의 무지개가 길이가 열 자 남짓으로 모두 얼마 동안 있다가 없어졌다'고 기록되어 있다. ㅇ 이날 장례식에는 성수종(成守琮), 홍봉세(洪奉世), 이충건(李忠楗) 등이 참석했고, 이연경(李延慶)이 참석하여 축(祝)을 읽고 제물을 바쳤으며, 서로 붙들고 길이 애통해하다가 돌아갔다. ㅇ 참판 김세필(金世弼)이 입대하여 조광조의 무죄함을 변론하며 신구(伸救)하였다가 국문을 받고 귀양을 가니, 이후로 감히 정암의 무죄를 변명해줄 사람도 없게 되었다. ㅇ 여름, 능주(綾州) 중조산(中條山) 아래에 양팽손이 사우(祠宇)를 세웠다. 양팽손은 해마다 스승 정암이 돌아가신 날을 맞아 목욕재계(沐浴齋戒)하고 통곡하였으며, 제자나 자제들에게 춘추(春秋)로 사우에서 제사를 지내게 하였다.
1541년	중종 36	-	ㅇ 좌찬성 김안국(金安國)이 입대하여 조광조의 직첩(職牒)을 복직시켜주기를 청하였으나 허락받지 못하였다.
1545년	인종 원년	-	ㅇ 태학생 복권 등이 상소를 올려 정암의 학문과 덕행, 무고를 당한 것을 극론하고 직첩을 복직시켜 선비의 추향을 바르게 하기를 청하였다. ㅇ 인종(仁宗)은 그 아버지인 중종이 세상을 떠나자 지극한 정성으로 장례 절차를 치렀고, 그러다가 병약(病弱)하여 8개월 만에 세상을 떠나게 되었는데, 병세가 크게 심각해지자, 6월 조광조의 관작(官爵)을 회복해줄 것을 명하였다. 인종은 하교하기를, "조광조의 직첩을 복직시키는 일은 내가 일찍이 마음에서 잊지 않았는데, 전조(前朝) 때 있었던 일이므로 감히 고치지 못하였다. 이제 나의 병세가 이러하니, 조광조 등의 직첩을 회복시키지 아니하면 안 되겠다."고 하였다.

서기	제왕 연대	나이	조광조의 사적
1545년	인종 원년	–	○ 이 해에 인종은 정암이 주창했던 현량과(賢良科)를 다시 실시하게 하였다.
1557년	명종 12	–	○ 12월 24일, 정암의 부인 이씨(李氏)가 사망하여 선생의 묘를 산 서쪽으로 고쳐 옮기고 부인을 합장하였다.
1564년	명종 19	–	○ 퇴계 이황이 선생의 「행장(行狀)」을 찬하였다. 당시 차남 조용(趙容)이 전주판관(全州判官)이 되어 있었는데, 종질 조충남(趙忠男)을 안동으로 보내 〈비문(碑文)〉을 부탁하였으나, 퇴계가 먼저 「행장」을 짓는 것이 우선이라고 하여 찬하였다. 당시 홍인우가 찬한 「행장」이 있었으나 퇴계는 그 내용이 소략하여 다시 지었다.
1568년	선조 원년	–	○ 3월, 소재(蘇齋) 노수신(盧守愼)이 진계하여 선생을 추증(追贈)할 것을 건의하였고, 태학생 홍인헌(洪仁憲), 부제학 박대립(朴大立), 대사헌 백인걸(白仁傑), 영의정 이준경(李浚慶) 등도 추증 , 추시(追諡) 및 문묘(文廟) 배향을 적극 청하였다. ○ 4월, 선조가 명하여 조광조에게 '대광보국 숭록대부 의정부 영의정 겸 영경연 홍문관 예문관 춘추관 영사 관상감사(大匡輔國 崇祿大夫 議政府 領議政 兼 領經筵 弘文館 藝文館 春秋館 領事 觀象監事)'를 추증(追贈)하였다. ○ 9월, 선조가 경연에서 판중추 이황(李滉)에게 조정에서 조광조의 시호(諡號)를 내리기를 원하는데, 그 사람의 학문과 행사를 알고자 물었다. 이에 퇴계는 "조광조는 천품(天稟)이 뛰어났고, 일찍이 뜻을 성리학(性理學)에 두어서 집에서는 효도하고 우애하였습니다."라고 하였다.
1569년	선조 2	–	○ 선조가 조광조의 시호(諡號)를 '문정(文正)'으로 내렸다. 문(文)은 도덕이 널리 알려진 것을 말하고, 정(正)은 바른 것으로써 사람을 심복시키는 것을 의미한다(道德博聞曰文, 以正服人曰正).
1570년	선조 3	–	○ 조정의 명령에 따라 전라도 능주 중조산에 세운 봉안문을 그대로 옮겨 죽수서원(竹樹書院) 건립하였다. 사계 김장생의 건의에 따라 정암 선생을 향사하고 학포

서기	제왕 연대	나이	조광조의 사적
1570년	선조 3	–	양팽손을 함께 배향하였다. 서원의 서쪽 산마루에 대(臺)가 있는데 광해군 2년(1610)에 감사 박승종(朴承宗)이 '천일대(天日臺)'라고 이름을 짓고 기문을 썼다. 이후 광해군 5년(1613)에 죽수서원을 중수하고, 영암군수 조찬한(趙纘韓)이 기문을 지었다.
1573년	선조 6	–	○ 양주목사 남언경(南彦經)이 경기도 양주[楊州, 현 도봉산 입구 영국사(寧國寺) 옛터 자리]에 도봉서원(道峰書院)을 세워 선생을 향사하였다. 도봉산은 정암이 젊어서부터 자주 왕래하며 수양을 하던 곳이다. 정암은 그곳의 물과 돌을 사랑하여 늘 찾아 쉬곤 하였는데, 조정에 들어간 이후에도 퇴청할 때 문득 도봉산으로 향하기도 하였다.
1574년	선조 7	–	○ 전적(典籍) 조헌(趙憲)이 상소하여 김굉필, 조광조, 이언적, 이황 등 사현(四賢)의 문묘종사(文廟從祀)를 건의하였다.
1576년	선조 9	–	○ 여름, 감사(監司) 김계휘(金繼輝)가 평안도 희천(熙川)에 양현사(兩賢祠)를 세워 김굉필과 조광조 두 선현을 향사하였다. 희천은 한훤당 김굉필 선생이 귀양살이를 하였던 곳이고, 정암이 귀양 중이던 한훤당을 찾아가 사승관계를 맺고 수학한 곳이다.
1581년	선조 14	–	○ 호조판서 율곡(栗谷) 이이(李珥)가 경연(經筵)에서 왕에게 조광조와 이황 두 사람을 문묘종사할 것을 계청하였다.
1605년	선조 38	–	○ 경기도 용인 정암 묘소 아래에 심곡서원(深谷書院)을 세웠다.

심곡서원 현판

서기	제왕 연대	나이	조광조의 사적
1610년	광해군 2	–	○ 8월, 예관을 보내 정암을 모신 사당에 제사를 지냈다. ○ 9월, 정암 조광조가 문묘(文廟)에 종사(從祀)되었다.
1656년	효종 7	–	○ 양근(陽根)에 미원서원(迷源書院)을 세워 조광조와 김식(金湜)을 향사하였다. 일찍이 조광조와 김식이 미원에서 더불어 놀며 그 산수를 사랑하여 같이 살 것을 서로 약속하였는데, 정암은 그곳에 손수 회(檜)나무를 심었다. ○ 이 밖에도 정암을 모신 서원으로는 해주의 소현서원(紹賢書院), 나주의 경현서원(景賢書院), 여산의 죽림서원(竹林書院), 영흥의 흥현서원(興賢書院), 송화의 도동서원(道東書院), 함경도의 함흥서원(咸興書院) 등이 있다. 또한 일찍이 율곡 이이(李珥)는 은병정사(隱屛精舍)를 지어 정암과 퇴계 두 분을 모시고 존숭하며 제사를 올렸다. 율곡은 두 분의 문묘종사를 적극 건의하기도 하였다.
1681년	숙종 7	–	○ 이기주(李箕疇)와 이선(李選)이 각각 수집(蒐集)한 것과 정암의 5대손 조위수(趙渭叟)가 집안에서 보관해오던 초본(草本)을 모아 박세채(朴世采)가 교정(校訂) 및 편차(編次)하고 〈부록(附錄)〉과 〈연보(年譜)〉를 붙인 정고본(定稿本) 『정암선생문집(靜庵先生文集)』을 완성하였다. 조위수는 〈부록〉을 줄이고 〈연보〉를 제외하여 남원에서 목판(木版)으로 초간(初刊)하였는데, 이를 호본(湖本)이라고 한다. ○ 정암의 문집에 실려 있는 행장(行狀)은 홍인우(洪仁祐)와 퇴계 이황(李滉)이 쓴 두 가지가 있고, 묘지명(墓誌銘)은 율곡 이이(李珥)가 지었으며, 신도비명(神道碑銘)이 노수신(盧守愼)이 지은 것이다.
1685년	숙종 11	–	○ 박세채가 정고본(定稿本)대로 대구에서 『정암선생문집(靜菴先生文集)』을 중간(重刊)하였는데, 이를 영본(嶺本)이라 한다. 영본은 대구에서 보관하였고, 호본은 능주의 죽수서원에서 보관하였다.

서기	제왕 연대	나이	조광조의 사적
1892년	고종 29	-	○ 양회연(梁會淵)이 전라도 관찰사 민정식(閔正植)의 협조로 양본을 재편(再編)하고 〈부록〉을 증보(增補)하여 능주(綾州) 삼지재(三芝齋)에서 목판(木版)으로 『정암선생문집(靜菴先生文集)』을 간행하였으니, 이것이 삼간본(三刊本)이다.
1929년		-	○ 양회규(梁會奎)가 삼간본을 수정, 보판(補板)하고 추각(追刻)한 후쇄본(後刷本) 『정암선생문집(靜菴先生文集)』을 펴냈다. 그 내용은 「원집(原集)」 5권, 「부록(附錄)」 6권, 「속집(續集)」 1권, 「속집부록(續集附錄)」 5권 등 모두 5 책(冊)으로 되어 있다.
1935년		-	○ 후쇄본을 조영원(趙泳元), 한규복(韓圭復), 이필훈(李弼薰) 등이 경기도 용인에서 중간하였다.

1. 정암 관련 주요 문헌

『靜菴先生文集』, 梁梁會淵 刊, 1892(고종 29)

『靜菴先生文集』, 梁會淵 編, 三芝齋 刊, 1929

『靜菴集』, 趙泳元家 刊, 1935

『韓國의 思想大全集』9 (『靜菴集』), 同和出版公社, 1972

『국역 靜菴趙先生文集』(附原文), 정암조선생기념사업회, 1978

『韓國文集叢刊』22 (『靜菴集』), 민족문화추진회, 1989

『李朝初葉名賢集』, 成均館大學校 大東文化研究院

『靜菴先生文集』, 國立中央圖書館 刊, 1998

『靜菴先生文集』1, 景仁文化社, 1998

『靜菴先生文集』, 景仁文化社, 2004

『수정재역 정암선생문집』, 趙鍾業 譯, 景仁文化社, 2004

『中宗實錄』

『己卯錄』(影印本), 金堉, 국립중앙도서관, 1988

『己卯名賢錄』/『己卯諸賢傳』/『己卯八賢傳』, 金堉 編, 1925

『己卯名賢錄』, 李中均 編, 1925

『己卯諸賢手筆』, 安應國 編

『燃藜室記述』

『國朝寶鑑』

『五賢粹語』, 田愚 編

『退溪全書』(李滉), 『栗谷全書』(李珥), 『學圃集』(梁彭孫), 『孤峰集』(奇大升),
『休菴集』(白仁傑) 『學圃先生文集』(梁彭孫) 『隱峯全書』(安邦俊)

2. 정암 관련 일반 단행본 및 자료

『靜菴研究論叢』(趙光祖先生誕五百周紀念 國際學術大會 資料集), 1982

『靜菴道學研究論叢』, 靜菴論叢刊行委員會, 南陽文化社, 1999

『東國十八賢』, 율곡사상연구원, 1999

姜周鎭, 『조정암의 생애와 사상』, 박영문고, 1979

서기원, 『소설 조광조』(상, 하), 유리문고, 1992

이종호, 『정암 조광조』, 일지사, 1999

정두희, 『조광조』, 아카넷, 2000

최락도, 『우리시대에 조광조가 있다면』, 푸른샘, 2002

李相星, 『정암 조광조의 도학사상』, 심산, 2003

『역사의 라이벌』(2), KBS자료제공 / 박일남 엮음, 계백, 1995

張都圭, 『朝鮮五賢의 삶과 詩文學』, 정림사, 1999

한훤당선생기념사업회, 『國譯 景賢錄』, 삼화출판사, 1984

申鶴祥, 『김종직 도학사상』, 도서출판 영, 1990

서기원, 『조광조』, 중앙일보사, 1994

琴章泰, 『조선 전기의 유학사상』, 서울대학교출판부, 1997

이덕일, 『사화로 보는 조선역사』, 석필, 1998

최인호, 『유림』1, 열림원, 2005

『조광조, 그의 개혁은 실패했나?』(KBS역사스페셜), 2006.5.19, KBS

조기영, 『(위대한) 개혁: 조선 최고의 개혁가 조광조』, 이치, 2006

3. 정암 관련 박사학위 논문 목록

李東俊, 「십육세기 한국성리학파의 역사의식에 관한 연구」, 성균관대학교 대
학원, 1975

金宇寧, 「조선조 도학정치사상의 성격」, 경북대학교 대학원, 1989

李玉仙, 「조선조 사화기의 권력구조에 관한 연구」, 이화여자대학교 대학원,
1990

丁大丸, 「16세기 전반기 한국 성리학의 천인관」, 고려대학교 대학원, 1990

고창훈, 「한국행정의 실천사상에 관한 연구」, 고려대학교 대학원, 1990

金 燉, 「16세기 전반 정치권력의 변동과 유생층의 공론 형성」, 서울대학교 대학원, 1993

崔丙植, 「민주주의와 민본주의의 논리」(밀과 조광조를 중심으로), 성균관대학교 대학원, 1994

金鎔坤, 「조선 전기 도학정치사상 연구」, 서울대학교 대학원, 1994

장도규, 「조선 오현의 도학시 연구」, 단국대학교 대학원, 1999

李相星, 「정암 조광조의 도학사상 연구」, 성균관대학교 대학원, 2001

최병덕, 「조선 성리학의 정치사상적 변용」, 경북대학교 대학원, 2001

최락도, 『조광조의 정치사상과 국정개혁에 대한 연구』, 중앙대학교 대학원, 2002

차주영, 「16세기 사림세력의 집권과정과 정치성향」, 상명대학교 대학원, 2004

4. 정암 관련 석사학위 논문 목록

吳鍾逸, 「조정암의 도학사상 연구」, 1974

李在淑, 「조광조의 개혁사상 연구」, 이화여자대학교 대학원, 1976

金基鉉, 「조정암의 도학관」, 고려대학교 대학원, 1979

李相洙, 「정암 조광조의 정치사상 연구」, 연세대학교 교육대학원, 1980

林起煥, 「정암 조광조의 정치사상 연구」, 경희대학교 대학원, 1982

孫文鎬, 「정암 조광조의 정치사상 연구」, 서울대학교 대학원, 1983

李弘斗, 「정암 조광조의 정치개혁 연구」, 홍익대학교 대학원, 1984

朴連鎬, 「주자학의 근본배양설과 조선전기의 소학교육」, 한국정신문화연구원 대학원, 1984

金鍾敏, 「정암 조광조의 지치사상 연구」, 고려대학교 대학원, 1986

金新平, 「조광조의 도학사상」, 고려대학교 대학원, 1987

金東一, 「조광조의 정치사상에 관한 일고찰」, 대구대학교 대학원, 1987

曺昇鎬, 「정암 조광조의 개혁정치 연구」, 강원대학교 대학원, 1989

安永日, 「정암 조광조의 교육사상 연구」, 한국교원대학교 대학원, 1990

崔和喆, 「정암 조광조의 의리사상에 관한 연구」, 경북대학교 대학원, 1990

李載永, 「조광조의 지치주의에 관한 연구」, 성균관대학교 유학대학원, 1991

姜求律, 「조정암 한시(漢詩) 연구」, 경북대학교 대학원, 1992

이은송, 「조광조의 교학관 연구」, 이화여자대학교 대학원, 1993

金東錫, 「조선초기 사림파의 도학사상과 『소학』에 관한 연구」, 성균관대 유학
대학원, 1994

趙根濟, 「정암 조광조의 도학사상 연구」, 성균관대학교 유학대학원, 1994

朴英珠, 「정암 조광조 연구」, 단국대학교 교육대학원, 1995

김후권, 「조광조의 정치개혁론」, 홍익대학교 교육대하원, 1999

박인배, 「정암 조광조의 교육사상 연구」, 인하대학교 교육대학원, 1999

차주영, 「16세기 사림의 등장과 조광조의 정치개혁」, 상명대학교 대학원, 1999

박광영, 「정암 조광조의 도학사상 연구」, 성균관대학교 대학원, 2000

송웅섭, 「중종대 기묘사림의 형성과 학문적 교류」, 서울대학교 대학원, 2000

조훈영, 「정암 조광조의 도학사상 연구」, 성균관대학교 유학대학원, 2001

이영자, 「조광조의 개혁정치에 관한 고등학교 국사 교과서의 서술」, 전북대 대
학원, 2002

김복섭, 「공자와 조광조의 도에 관한 비교 연구」, 한국교원대학교 교육대학원,
2002

이한조, 「정암 조광조의 개혁사상에 관한 고찰」, 연세대학교 교육대학원, 2003

윤인숙, 「조선전기 『소학』 인식의 진전과 사회개혁에 관한 연구」, 성균관대 대
학원, 2003

구광준, 「조광조 개혁사상의 윤리적 의의」, 한국교원대학교 교육대학원, 2006

5. 정암 관련 일반 논문 목록

金東春, 「지치주의와 조정암」, 『고려대50주년기념논문집』, 1955

李相殷, 「학자적 양심과 정의의 노천 : 정암 조광조」, 『교육평론』106, 교육
평론사, 1967

李東俊, 「조정암의 도학사상에 대한 고찰」, 『동대(同大)논총』2, 1973

柳正東, 「노구마저 울린 그 丹心 : 정암 조광조」, 『월간중앙』60, 중앙일보
사, 1973

柳承國, 「조광조의 도학사상」, 『다리』35, 월간다리사, 1974

崔昌圭, 「조선조 사림정치와 조광조」, 『다리』35, 월간다리사, 1974

金容郁, 「조광조의 정치이념과 그 몰락」, 『원광대논문집』9, 1975

金炯孝, 「정암사상의 철학적 연구」, 『한국학보』10, 1978

琴章泰, 「조정암과 조선조의 선비정신」, 『한국학보』10, 1978

  〃 , 「조광조의 도학정신과 지치의 이념」, 『한국한문학과 유교문화』, 1991

金鎬城, 「정암 조광조의 정치사상논고」, 『서울교대 논문집』15, 1982

김광철, 「정암 조광조의 정치사상」, 『부산사학』7, 1983

오종일, 「전통적 도개념과 정암 도학사상의 성격」, 『동방사상논고』, 1983

徐在日, 「정암 조광조의 언론관」, 『호남문화연구』13, 1983

姜周鎭, 「정암 조광조의 생애와 정치사상」, 『한국문화원』5 · 6, 1985

金丁鎭, 「정암 조광조의 도학사상과 춘추절의 정신」, 『한국의 철학』14, 1986

  〃 , 「정암의 춘추의리정신과 도덕철학」, 『유교사상연구』2, 1987

정병련, 「정암의 도학창명과 지치의 이념」, 『유학사상연구』2, 유교학회, 1987

조승호, 「정암 조광조의 개혁정치 연구」, 『강원사학』6, 1990

조승기, 「정암 조광조의 지치주의 연구」, 『한국학연구』, 3, 1991

정두희, 「조광조의 도덕국가의 이상」, 『한국사 시민강좌』10, 일조각, 1992

  〃 , 「기묘사화와 조광조」, 『역사학보』, 146, 역사학회, 1995

金旺洙, 「이상사회에 관한 한국인의 전통적 관념」, 『인문과학』72, 1994

윤천근, 「유교적 지식인의 꿈과 좌절이 갖는 철학적 의미구조」,『퇴계학』6, 안
　　　동대퇴계학연구소, 1994

김　돈, 「중종대 조광조 일파의 언관권 확대와 그 한계」,『서울산업대학교논문
　　　집』40, 1994

李東仁, 「조광조와 이이의 사회개혁사상 비교연구」,『사회과학논총』7, 충남대
　　　학교, 1996

손문호, 「조선조 중기의 개혁사상-조광조를 중심으로」,『사회과학연구』10, 서
　　　원대학교사회과학연구소, 1997

趙南旭, 「정암 조광조의 도학정치와 의리사상」,『유교사상연구』9, 1997

고영진, 「조광조: 실패했지만 성공한 개혁」,『실패한 개혁의 역사』, 역사비평
　　　사, 1997

　　〃　, 「정암 조광조」,『시대가 선비를 부른다』, 효형출판, 1998

鄭大澈, 「정암 조광조의 언로에 관한 개념적 연구」,『한국사상사학』13, 1999

趙成大, 「정암 조광조의 이상주의적 정치사상」,『한국행정사학지』7, 1999

梁在悅, 「조광조의 생애와 사상」,『유교와 인간주체의 철학』, 동아시아, 2000

陳漢鏞, 「정암선생을 배향한 서원·사우에 관한 연구」,『경기향토사학』6, 2001

최락도, 「조광조의 정치운영과 행정개혁론」,『중앙행정논집』15권 1호, 중앙대
　　　학교국가정책연구소, 2001

김세철, 「정암 조광조의 개혁정치와 말길사상에 관한 연구」,『언론과학연구』2,
　　　2002

정성희, 「조광조의 도학정치사상」,『동양철학연구』29, 2002

徐榮淑, 「정암 조광조의 시에 나타난 갈등양상」,『고시가연구』9, 2002

　　　　, 「정암 조광조의 시에 나타난 현실인식」,『한국한시연구』10, 2002

최병덕, 「정암 조광조의 왕도정치론」,『선주논총』5, 금오공대선주문화연구소,
　　　2002

李相星, 「정암 도학의 역사적 정체성」,『한국사상과 문화』13, 2001

　　〃　, 「정암 도학의 존재론적 특성」,『한국사상과 문화』14, 2001

　　〃　, 「정암 도학의 종교적 특성」,『동양철학연구』32, 동양철학연구회, 2003

최연식, 「정암 조광조의 도덕적 근본주의와 정치개혁」, 『한국정치학회보』
    37, 2003

장도규, 「조선오현의 도학적 배경과 문학관」, 『한국사상과 문화』26, 2004

찾아보기

지은이 ┃ 이상성(李相星)

　　성균관대학교 유학대학 한국철학과 졸업
　　성균관대학교대학원 한국철학과 수료(문학석사)
　　성균관대학교대학원 동양철학과 수료(철학박사)
　　경북대, 성균관대, 국민대 강사 역임
　　현재 성균관대 유학 · 동양학부 겸임교수

저서 『정암 조광조의 도학사상』(심산, 2003)

공저 『한국철학사상사』, 『한국실학사상사』, 『한국철학사상가연구』,
　　　　『동양사상』 해설과 원전, 『지금, 여기의 유학』

공역 『주희의 철학』(陳來 著, 예문서원, 2002)

주요 논문 『외래사상의 수용 · 전개에 관한 방법론적 고찰』, 『양촌 권
　　　　　근의 이기론』, 『정암 조광조의 도학사상 연구』, 『정암 도학
　　　　　에서의 종교성』 外

한국 도학의 태산북두

조광조(趙光祖)

초판 1쇄 발행 2006년 12월 30일
초판 3쇄 발행 2008년　3월 31일

지은이 이상성
표지제자 路石 이준호
펴낸이 서정돈 **펴낸곳** 성균관대학교 출판부
편　집 신철호 · 현상철 **디자인** 최세진
마케팅 김종우 **관리** 김지현

등록 1975년 5월 21일　제 1975-9호
주소 110-745 서울특별시 종로구 명륜동 3가 53
전화 02)760-1252~4　**팩스** 02)762-7452
홈페이지 press.skku.edu

ISBN　89-7986-697-6 04150
　　　　89-7986-481-7(세트)

＊ 잘못된 책은 구입한 곳에서 교환해 드립니다.
＊ 값은 뒤표지에 있습니다.